侯杰 主编

民国中国文化史要籍汇刊

（影印本）

近代稀见旧版文献再造丛书

第九卷

中国文化史

李继煌 译

南開大學出版社

图书在版编目(CIP)数据

民国中国文化史要籍汇刊. 第九卷 / 侯杰主编. —影印本. —天津 ：南开大学出版社，2019.1
(近代稀见旧版文献再造丛书)
ISBN 978-7-310-05709-2

Ⅰ. ①民… Ⅱ. ①侯… Ⅲ. ①文化史—文献—汇编—中国 Ⅳ. ①K203

中国版本图书馆 CIP 数据核字(2018)第 278067 号

南开大学出版社出版发行
出版人：刘运峰
地址：天津市南开区卫津路 94 号　　邮政编码：300071
营销部电话：(022)23508339　23500755
营销部传真：(022)23508542　　邮购部电话：(022)23502200
*
北京隆晖伟业彩色印刷有限公司
全国各地新华书店经销
*
2019 年 1 月第 1 版　　2019 年 1 月第 1 次印刷
148×210 毫米　32 开本　17.75 印张　4 插页　510 千字
定价：220.00 元

如遇图书印装质量问题，请与本社营销部联系调换，电话：(022)23507125

出版说明

一、本书收录民国时期出版的中国文化史著述，包括通史性文化著述、断代史性文化著述和专题性文化史著述三大类；民国时期出版的非史书体裁的文化类著述，如文化学范畴类著述等，不予收录；同一著述如有几个版本，原则上选用初始版本。

二、个别民国时期编就但未正式出版过的书稿如吕思勉的《中国文化史六讲》和民国时期曾以文章形式公开发表但未刊印过单行本的著述如梁启超的《中国文化史·社会组织篇》，考虑到它们在文化史上的重要学术影响和文化史研究中的重要文献参考价值，特突破标准予以收录。

三、本书按体裁及内容类别分卷，全书共分二十卷二十四册；每卷卷首附有所收录著述的内容提要。

四、由于历史局限性等因，有些著述中难免会有一些具有时代烙印、现在看来明显不合时宜的内容，如『回回』『满清』『喇嘛』等称谓及其他一些提法，但因本书是影印出版，所以对此类内容基本未做处理，特此说明。

南开大学出版社
二〇一八年十一月

总序

侯　杰

中国文化，是世代中国人的集体创造，凝聚了难以计数的华夏子孙的心血和汗水，不论是和平时期的锲而不舍、孜孜以求，还是危难之际的攻坚克难、砥砺前行，都留下了历史的印痕，闪耀着时代的光芒。其中，既有精英们的思索与创造，也有普通人的聪明智慧与发奋努力；既有中华各民族儿女的发明创造，也有对异域他邦物质、精神文明的吸收、改造。中国文化，是人类文明的一座巨大宝库，发源于东方，却早已光被四表，传播到世界的很多国家和地区。

如何认识中国文化，是横亘在人们面前的一道永恒的难题。虽然，我们每一个人都不可避免地受到文化的熏陶，但是对中国文化的态度却迥然有别。大多离不开对现实挑战所做出的应对，或恪守传统，维护和捍卫自身的文化权利、社会地位，或从中国文化中汲取养料，取其精华，并结合不同历史时期的文化冲击与碰撞，进行综合创造，或将中国文化笼而统之地视为糟粕，当作阻碍中国迈向现代社会的羁绊，欲除之而后快。这样的思索和抉择，必然反映在人们对中国文化的观念和行为上。

中国文化史研究的崛起和发展是二十世纪中国史学的重要一脉，是传统史学革命的一部分——传统史学在西方文化的冲击下，偏离了故道，即从以帝王为中心的旧史学转向以民族文化为中心的新史学，又和中国的现代化进程有着天然的联系。二十世纪初，中国在经受了一系列内乱外患后，千疮百孔，国力衰微；与此同时，西方的思想文化如潮水般涌入国内，于是有些人开始对中国传统文化产生怀疑，甚至持否定态度，全盘西化论思潮的出笼，更是把这种思想推向极致。民族自信力的丧失既是严峻的社会现实，又是亟待解决的问题。而第一次世界大战的惨剧充分暴露出西方社会的弊端，其文化取向亦遭到人们的怀疑。人们认识到要解决中国文化的出路问题就必须了解中国文化的历史和现状。很多学者也正是抱着这一目的去从事文化史研究的。

在中国文化史书写与研究的初始阶段，梁启超是一位开拓性的人物。早在一九〇二年，他就深刻地指出：『中国数千年，唯有政治史，而其他一无所闻。』为改变这种状况，他进而提出：『历史者，叙述人群进化之现象也。』而所谓『人群进化之现象』，其实质是文化演进以及在这一过程中所进发出来的缤纷事象。以黄宗羲『创为学史之格』为楷模，梁启超呼吁：『中国文学史可作也，中国种族史可作也，中国财富史可作也，中国宗教史可作也。诸如此类，其数何限?」从而把人们的目光引向中国文化史的写作与研究。一九二一年他受聘于南开大学，讲授『中国文化史』，印有讲义《中国文化史稿》，后经过修改，于一九二二年在商务印书馆以《中国文化史稿第一编——中国历史研究法》之名出版。截至目前，中国学术界将该书视为最早的具有史学概论性质的著作，却忽略了这是梁启超对中国文化历史书写与研究的整体思考和潜心探索之举，充满对新史学的拥抱与呼唤。

与此同时，梁启超还有一个更为详细的关于中国文化史研究与写作的计划，并拟定了具体的撰写目录。梁启超的这一构想，部分体现于一九二五年讲演的《中国文化史·社会组织篇》中。在这个关于中国文化史的构想中，梁启超探索了中国原始文化以及传统社会的婚姻、姓氏、乡俗、都市、家族和宗法、阶级和阶层等诸多议题。虽然梁启超终未撰成多卷本的《中国文化史》（其生前，只有《中国文化史·社会组织篇》等少数篇目问世），但其气魄、眼光及其所设计的中国文化史的书写与研究的构架令人钦佩。因此，鉴于其对文化史的写作影响深远，亦将此篇章编入本丛书。

此后一段时期，伴随中西文化论战的展开，大量的西方和中国文化史著作相继被翻译、介绍给中国读者。桑戴克的《世界文化史》和高桑驹吉的《中国文化史》广被译介，影响颇大。国内一些学者亦仿效其体例，参酌其史观，开始自行编撰中国文化史著作。一九二一年梁漱溟出版了《东西文化及其哲学》，这是近代国人第一部研究文化史的专著。尔后，中国文化史研究进入了一个短暂而兴旺的时期，一大批中国文化史研究论著相继出版。在二十世纪二三十年代，有关中国文化史的宏观研究的著作不可谓少，如杨东莼的《本国文化史大纲》、陈国强的《物观中国文化史》、柳诒徵的《中国文化史》、陈登原的《中国文化史》、王德华的《中国文化史略》等。在这些著作中，柳诒徵所著《中国文化史》被称为『中国文化史的开山之作』，而杨东莼所撰写的《本国文化史大纲》则是第一本试图用唯物主义研究中国文化史的著作。与此同时，对某一历史时期的文化研究也取得很大进展。如孟世杰的《先秦文化史》、陈安仁的《中国上古中古文化史》和《中国近世文化史》等。在宏观研究的同时，微观研究也逐渐引起学人们的注意。其中，中西文化交流史研究成绩斐然，如郑寿麟的《中西文化之关系》、张星烺的《欧化东渐史》等。一九三六至一九三七年，商务印书馆出版了由王云五等主编的《中国文化史丛书》，共有五十余种，体例相当庞大，内容几乎囊括了中国文化史的大部分内容。

此外，国民政府在三十年代初期出于政治需要，成立了『中国文化建设会』，大搞『文化建设运动』，致力于『中国的本位文化建设』。一九三五年十月，陶希盛等十位教授发表了《中国本位文化建设宣言》，提出『国家政治经济建设既已开始，文化建设亦当着手，而且更重要』。因而主张从中国的固有文化即传统伦理道德出发建设中国文化。这也勾起了一些学者研究中国文化史的兴趣。

同时，这一时期又恰逢二十世纪中国新式教育发生、发展并取得重要成果之时，也促进了『中国文化史』课程的开设和教材的编写。清末新政时期，废除科举，大兴学校。许多文明史、文化史的著作因非常适合作为西洋史和中国史的教科书，遂对历史著作的编纂产生很大的影响。在教科书撰写方面，多部中国史的教材，无论是否以『中国文化史』命名，实际上都采用了文化史的体例。而这部分著作也占了民国时期中国文化史著作的一大部分。如吕思勉的《中国文化史二十讲》（现仅存六讲）、王德华的《中国文化史略》、丁留余的《中国文化史问答》、李建文的《中国文化史讲话》、范子田的《中国文化小史》等。

二十世纪的二三十年代实可谓中国学术发展的黄金时期，这一时期的文化史研究成就是有目共睹的，不少成果迄今仍有一定的参考价值。此后，从抗日战争到解放战争十余年间，中国文化史的书写和研究遇到了困难，陷入了停顿，有些作者还付出了生命的代价。但尽管如此，仍有一些文化史论著问世。此时，综合性的文化史研究著作主要有缪凤林的《中国民族之文化》、陈安仁的《中国文化史》、王治心的《中国文化史类编》、陈竺同的《中国文化史略》和钱穆的《中国文化史导论》等。其中，钱穆撰写的《中国文化史导论》和陈竺同撰写的《中国文化史略》两部著作影响较为深远。钱穆的《中国文化史导论》，完成于抗日战争时期。该书是继《国史大纲》后，他撰写的第一部系统讨论中国文化史的著作，专就中国通史中有关文化史一端作的导论。因此，钱穆建议读者『此书当与《国史大纲》合读，庶易获得写作之大意所在』。不仅如此，钱穆还提醒读者该书虽然主要是在专论中国，实则亦兼论及中西文化异同问题。数十年来，『余对中西文化问题之商榷讨论屡有著作，而大体论点并无越出本书所提主要纲宗之外』。故而，『读此书，实有与著者此下所著有关商讨中西文化问题各书比较合读之必要，幸读者勿加忽略』。陈竺同的《中国文化史略》一书则是用生产工具的变迁来说明文化的进程。他在该书中明确指出：『文化过程是实际生活的各部门的过程』，『社会生产，包含着生产力与生产关系。这本小册子是着重于文化的过程。至于生产关系，就政教说，乃是权力生活，属于精神文化，而为生产力所决定』。除了上述综合性著作外，这一时期还有罗香林的《唐代文化史研究》、朱谦之的《中国思想对于欧洲文化之影响》等专门性著作影响较为深远。

不论是通史类论述中国文化的著作，还是以断代史、专题史的形态阐释中国文化，都包含着撰写者对中国文化的情怀，也与其人生经历密不可分。柳诒徵撰写的《中国文化史》也是先在学校教习之用，后在出版社刊行。鉴于民国时期刊行的同类著作，有的较为简略，有的只可供学者参考，不便于学年学程之讲习，所以他发挥后发优势，出版了这部比较丰约适当之学校用书。更令人难忘的是，柳诒徵不仅研究中国文化史，更有倡行中国文化的意见和主张。他在《弁言》中提出：『吾尝妄谓今之大学宜独立史学院，使学者了然于史之封域非文学、非科学，且创为斯院者，宜莫吾国若。三二纪前，吾史之丰且函有亚洲各国史实，固俨有世界史之性。丽、鲜、越、倭所有国史，皆师吾法。夫以数千年丰备之史为之干，益以近世各国新兴之学拓其封，则独立史学院之自吾倡，不患其异于他国也。』如今，他的这一文化设想，在南开大学等国内高校已经变成现实。正是由于有这样的文化观念，所以他才自我赋权，主动承担起治中国文化史者之责任：『继往开来……择精语详，以诏来学，以贡世界。』

杨东莼基于『文化就是生活。文化史乃是叙述人类生活各方面的活动之记录』的认知，打破朝代观念，将各时代和作者认为有关而又影响现代生活的重要事实加以叙述，并且力求阐明这些事实前后相因的关键，希望读者对中国文化史有一个明确的印象，而不会模糊。不仅如此，他在叙述中，尽力坚持客观的立场，用经济的解释，以阐明一事实之前因后果与利弊得失，以及诸事实间之前后相因的关联。这也是作者对『秉笔直书』『夹叙夹议』等历史叙事方法反思之后的选择。

至于其他人的著述，虽然关注的核心议题基本相同，但在再现中国文化的时候却各有侧重，对中国文化的评价也褒贬不一，存在差异。这与撰写者对中国文化的认知，及其史德、史识、史才有关，更与其学术乃至政治立场、占有的史料、预设读者有关。其中，既有学者之间的对话，也有学者与读者的倾心交流，还有对大学生、中学生、小学生的知识普及与启蒙，对中外读者的文化传播，及其跨文化的思考。他山之石，可以攻玉。二十世纪二十年代日本学者高桑驹吉的著述以世界的眼光，叙述中国文化的历史，让译者感到：数千年中，我过去的祖先曾无一息与世界相隔离，处处血脉流转，气息贯通。如此叙述历史，足以养成国民的一种世界的气度。三十年代，中国学者陈登原不仅将中国文化与世界联系起来，而且还注意到海洋所带来的变化，以及妇女地位的变化等今天看来都亟待解决的重要议题。实际上，早在二十世纪二十年代，就有一些关怀中国文化命运的学者对十九世纪末到二十世纪初通行课本大都脱胎于日本人撰写的《东洋史要》一书等情形提出批评：以外人目光编述中国史事，精神已非，有何价值？而陈旧固陋，雷同抄袭之出品，竟占势力于中等教育界，垂二十年，亦可怜矣。乃者，学制更新，旧有教本更不适用。为改变这种状况，顾康伯广泛搜集文化史料，因宜分配，撰成《中国文化史》，脉络分明，宗旨显豁，不徒国史常识可由此习得，即史学门径，亦由此窥见。较之旧课本，不可以道里计，故而受到学子们的欢迎。此外，中国文化的海外传播、中国对世界文化的吸收以及中西文化关系等问题，也是民国时期中国文化史撰写者关注的焦点议题。

围绕中国文化史编纂而引发的有关中国文化的来源、内涵、特点、价值和贡献等方面的深入思考，耐人寻味，发人深思。孙德孚更将翻译美国人盖乐撰写的《中国文化辑要》的收入全部捐献给因日本侵华而处于流亡之中的安徽的难胞，令人感佩。

实际上，民国时期撰写出版的中国文化史著作远不止这些，出于各种各样的原因，没有收入本从书，也是非常遗憾的事情。至于已经收入本从书的各位作者对中国文化的定义、解析及其编写体例、使用的史料、提出的观点、得出的结论，我们并不完全认同。但是作为一种文化产品值得批判地吸收，作为一种历史的文本需要珍藏，并供广大专家学者，特别是珍视中国文化的读者共享。

感谢南开大学出版社的刘运峰、莫建来、李力夫诸君的盛情邀请，让我们徜徉于卷帙浩繁的民国时期中国文化史的各种论著，重新思考中国文化的历史命运；在回望百余年前民国建立之后越演越烈的文化批判之时，重新审视四十年前改革开放之后掀起的文化反思，坚定新时代屹立于世界民族之林的文化自信。

感谢与我共同工作、挑选图书、撰写和修改提要，并从中国文化中得到生命成长的区志坚、李净昉、马晓驰、王杰升等香港、天津的中青年学者和志愿者。李力夫全程参与了很多具体工作，表现出一位年轻编辑的敬业精神、专业能力和业务水平，从不分分内分外，让我们十分感动。

总目

第八卷　王德华　中国文化史略

　　　　陈竺同　中国文化史略

第九卷　李继煌译　中国文化史

第十卷　姚名达　朱鸿禧　中国文化小史

　　　　范子田　中国文化小史

　　　　常乃悳　中国文化小史

第十一卷　李建文　中国文化史讲话

　　　　靳仲鱼　中国文化史要

　　　　孙德孚译　中国文化辑要

第十二卷　王云五　编纂中国文化史之研究

　　　　陈安仁　中国文化建设问题

　　　　陈安仁　中国文化演进史观

陈国强　物观中国文化史（上、下）

第十三卷　丁留余　中国文化史问答

姚江滨　民族文化史论

缪凤林　中国民族之文化

第十四卷　王治心　中国文化史类编（上、中）

第十五卷　雷海宗　中国文化与中国的兵

蒋星煜　中国隐士与中国文化

第十六卷　孟世杰　先秦文化史

罗香林　唐代文化史研究

第十七卷　陈安仁　中国上古中古文化史

第十八卷　陈安仁　中国近世文化史

第十九卷　朱谦之　中国思想对于欧洲文化之影响

第二十卷

张星烺　欧化东渐史

郑寿麟　中西文化之关系

梁启超　中国文化史·社会组织篇

吕思勉　中国文化史六讲

李继煌译　【日】高桑驹吉《中国文化史》

高桑驹吉（1868—1927），日本历史学家、汉学家。著有《中国文化史》《北狄史》《印度五十年史》等。

《中国文化史》，一九二四年初印由东京共立社出版，第二年即印第三版，中文译本在一九二六年由李继煌翻译，在商务印书馆出版。全书叙述了从周至清的中国文化发展史，着眼于世界文化史与中国文化史的密切关系。体例是每个时代先作『历史概说』，然后是『文化史』，『文化史』部分分门别类，分为制度、儒学、文学、史学、科学、宗教、音乐、贸易、交通等板块。

中國文化史

歷史叢書

中國文化史

高桑駒吉原著
李繼煌譯述

商務印書館發行

著者序

予不自揣，講授中國文化史者於茲有年，初意將更積研鑽之力數年以成一書，以期有所貢獻於我學界。然而此至難之事業也，必學識貫穿今古，有如炬之史眼，庶幾乃可期以大成；淺學菲才如予者，則固有志未逮耳。且予天性又疎懶，雖懷大願，而此數年所輯，僅乃得其梗概，倘必以完璧相期，則今後得更需幾許年，卽予自己亦無能知。加以客歲巨震，火災四及，予之敝廬，遂與其藏書一萬餘部及稿本若干悉歸烏有；此足致予於困頓落魄而淪於絕望之深淵者也！予於是乃翻然有所悟，念卽不能成完璧，倘使能得其髣髴，則亦較一無所成爲佳，爰重事起草，先敍其綱要而成此一小册子；蓋此一小册之旨趣，私擬倘或萬一不幸，事與願違，而予之事業終莫能告成功，則有此一書，或猶不無能與初學以多少之裨補，是則區區之志也。故博雅君子幸勿嗤其弇陋，倘有誤謬，能賜以駁正，則予亦必不吝遵改。

著者

譯者序

在這一小册裏，將五千年來頭緒紛繁而和我國民生活有密切關係的文化諸面相，平明詳盡叙述無遺，這是此書可譯之點一。

我國關於歷史的著述每忽略我國和世界的關係，今此書卻先炯炯地放其世界的眼光，而後來叙述此一國的歷史，便覺此數千年中，我過去的祖先曾無一息與世界相隔離，處處血脈流轉，聲氣貫通。必如是叙述歷史，而後足以養成國民的一種世界的氣度，這是此書可譯之點二。

書中的叙述凡分若干章，章各分二篇，一篇述其時代的波動概況，一篇述其時代的文化、造成此時代的人物、以及關係此人物的評論。我們讀者，於不知不覺之中，我們的全視野便明瞭而清晰，這是此書可譯之點三。

原著者甚能忠誠地維持其史家的客觀態度，而又濟之以學者剔抉的精勤，如實叙述者，不夾意氣，不雜感情，這是此書可譯之點四。

文化史的缺乏，正是我國學界現時的饑渴，而我國學界因爲種種的原因，急切未必卽有此種著述出世。則此書此時，正足濟緩急之用，這是此書可譯之點五。

倘使能因此書之出，卽有更見完善者出自我學界之手，則此書不無小小的誘導之功，這是此書可譯之點六。

有此六事，所以譯者願執筆伸紙，將此書譯陳於讀者之前；至於譯文，務期不戾於原筆，不漏不溢，必淸必明，是譯者硜硜自守的。

十四年六月譯者

中國文化史

目次

太古的傳說

中國文化史

第一章　周以前之中國文化概觀

中國乃亞細亞東方的一塊大平原，其東南面太平洋，西南有喜馬拉亞(Himalaya) 山脈，西則葱嶺，西北則阿爾泰 (Altai) 山脈限之，而北有黃河，南有揚子江，都自西東流，以橫斷這大平原。而中國文化的曙光，實自黃河流域的地方開始輝煌，而開拓這文化的便是漢族。先是，黃河流域固有種種土著民族住着，迨距今約五千年前，漢族的一團，從黃河上游，沿流東進，和土著民族衝突，或征服之，或驅逐之，遂占領了黃河沿岸，而分爲許多部落，各各統轄於酋長之下；這些酋長裏面，有燧人氏、伏羲氏、神農氏等傳說的君長。燧人氏始鑽燧而教民以火食之法，伏羲氏始畫八卦，結網罟，教佃漁，神農氏始作耒耜，教耕稼，日中爲市以交易云云，於是後人思其功德，遂尊崇他們，稱爲三皇。

黃帝的一統

其後各部族互相攻伐而爭亂以起。黃帝乃起自熊（河南省開封府新鄭縣）出而平定這些爭亂：破神農氏之裔於阪泉之野（山西省的北部），又在涿鹿之野（直隸省宣化府保安州的山）擒獲了他的强敵蚩尤。他遂爲各部族所推戴奉爲天子，而建設一個西至於崆峒（甘肅省肅州高台縣西南），東至於海，北至於釜山（直隸省宣化府保安州西南），南至於揚子江的大帝國。中國的文化上自官職衣冠的制度，下至宮室、舟車、文字、音律、曆數……許多許多，都說是起於這個時代；這便是中國統一之始。

唐虞之世

黃帝之後，經顓頊、帝嚳，至帝嚳之子堯立。賢明而有仁德，都於平陽（山西省平陽府臨汾縣）。用力政治，命羲和二氏掌曆數，以三百六十日爲一年而立曆法之基。到了他的晚年，因黃河漲水，洪水爲災，乃命鯀盡力治水，但是沒有成功；這時堯已舉舜於微賤之中，使之輔政。舜爲瞽瞍之子，父頑、母嚚、弟傲，然舜能克諧以孝，德望極高，遂爲堯所舉用。堯因爲兒子丹朱不肖，打算將帝位讓給舜，但鯀却聯合共工、驩兜、和三苗之族，起來反抗。舜乃相堯除去這四凶而即位，都於蒲阪（山西省蒲州府永濟縣）舉鯀的兒子禹使治洪水。任用禹、稷、契、皋陶等名臣，中央設司空司徒以下的九官，地方置四嶽十二牧的職司，創巡狩朝貢的制度，布五刑，於是天下大治。因爲堯是起於唐（直隸省保定府唐縣）舜起於虞（山西省解州平陸縣）故這二帝的時代，稱爲唐虞之世而爲理想的聖代；自黃帝至舜，其間君主五人，是曰五帝。

禹以治水之功而受舜禪，國號夏，都安邑（山西省解州夏縣）他是備嘗了艱苦來的，故極能通下情，又因爲他能十分休養民力，人民咸服其德，死後，遂推立他的兒子啟；中國王家的世襲，至是遂確立了。啟的兒子太康立，盤遊不返，有窮（國名，山東省濟南府德州）之后羿乃立其弟仲康專政，後又立仲康之子相，旋逐之而自立。未幾，被臣下寒浞弑簒。其後，相的遺子少康，依夏的舊臣靡舉兵滅浞，中興禹蹟；夏自失國至此，凡歷四十年。少康之子杼的時候，國勢隆盛，外藩俱來朝貢，然經六世至孔甲又亂。孔甲之後三世至癸，暴虐荒淫，世號曰桀，遂失民心，爲商之湯王所滅；夏自禹至桀，凡十七代十四世，四百三十九年而亡。

商湯王乃舜司徒契之後，而商（陝西省商州）之君，覩夏的國政紊亂，乃用賢人伊尹，內收民心，外服諸侯，遂滅夏放桀於南巢（安徽省廬州府），都亳（河南省歸德府），國號商。湯王死，其孫太甲立，放縱不守湯之典型，伊尹放之於桐宮（山西省絳州聞喜縣）。後三年，太甲悔過自責，乃奉之歸亳，使復位，由是諸侯咸服，稱之曰太宗。太甲後四代而至太戊，以伊陟爲相，修先王之政，國勢復興，號曰中宗。然自是以後，國勢漸衰，都城亦屢遷，直至盤庚平內亂，都殷（河南省河南府偃師縣），從此改國號曰殷。又二代而至武丁，以甘盤爲師，傅說爲相，國威煥發，號曰高宗。高宗後，國勢又衰，遷都於朝歌（河南省衞輝府淇縣）。至受辛，稱紂，智辯才力過人，顧賦斂繁重，刑罰嚴酷，加以荒淫無度，以致諸侯離畔，百姓怨嗟，卒爲周的武王所滅；殷自湯至是，凡二十八代十六世六百四十四年而亡。

中國是一個奕世革命的國，異姓互相作帝王的。緣於國家的興亡而有周、秦、漢、唐、宋、元、明、清等不同的國號。至於一般稱爲中國、中華、中夏、華夏的，這是對於夷狄而自尊的稱號。蓋中國人自信其國爲世界的中心，自誇其爲獨自文明開化的國，爰有此稱。故這並不是正當的國名，這和古代的波斯人一樣，自稱其國曰伊蘭（Iran 光明之義），而稱北方之國——中央亞細亞一帶——曰土蘭（Turan 暗黑之義），恰是同一理由。而外國人則一般稱中國爲支那，又因漢唐兩代都曾遠遠和外國交通，故或亦稱爲漢或唐。支那一名，原爲外國人所呼的名稱，固非中國人自加之名。尋繹這名稱的起原，却有種種異說，難於決定。但最通行的一說，以爲或者是秦始皇帝威勢振於四境，其附近的人民稱其地曰秦（Chin），後遂轉訛而爲支那（China），乃由海陸兩方面傳於印度、中央亞細亞、波斯、西亞細亞以至歐羅巴，復經佛教徒之手而入中國本國。比如西紀第一世紀希臘人的著書裏面有秦（Thin）、西內（Sinae）、乞內（Thinae）等稱，而中國的佛典裏有至那、脂那、震旦、振旦等稱。這麼看起來，便可推測得了。只是震旦和振旦，乃乞義斯坦(Chinistan)的對音，而乞義斯坦又爲乞那斯他那(China Sthana 支那人的住所之義)的轉訛。至於爲歷朝名號的唐、虞、夏、商(殷)周、秦、漢、隋、唐等，都是用那君主初起的地名或封地爵邑之名，當作全國的總稱，以別於前朝。惟如元如清所採，則爲佳品，而正式公文裏，於國號之上加以大字，乃起於元，明清二朝，遂亦襲用不廢。

漢族之起原

中國文化之開，實爲漢族之力。至其起原，則或者以爲是從中央亞細亞移住的，又有一說，謂其和西亞細亞有關係；然兩者都沒有可以信憑的證據。不過因爲這個民族，其初係繁殖於黃河沿岸，遂推測他們的根源地是在那河的上流地方；又因爲加爾迭亞(Chaldea)的斯麥爾(Smer)及阿卡德(Akkad)二民族的文化，偶然和這個民族的有其類似之點，遂謂其根源地爲西亞細亞，實則這個理由，未免有點太早計了。大概漢族之先，原來是住在支那土耳其斯坦(China-Turkestan)地方的；但他比起別的民族來，蕃殖力要強，而且是具有可

傳說的諸軍長

以發達的要素之優良民族，於是遂向東南移動；及到土著於黃河流域時，受了地勢氣候及其他天然的影響，遂勃然而興。將先住民族，或者征服了，或者驅逐了，次第開擴其占領地，從此我們乃見有中國文化的發達。而通古斯族、圖伯特族、印度支那族、土耳其族等，卽中國人所謂東夷、西戎、南蠻、北狄者，都各各曾占據過中國的大平原來，這是一宗無疑的事實；而漢族勃興的當初，就和這些民族衝突，經了無數的戰爭以後，遂自黃河流域占有至揚子江一帶的地方，這也是可以確實承認的。在這許多民族的當中，和漢族抵抗得最烈的，乃印度支那族中之苗民，其次則爲土耳其族的戎狄。

漢族之土著於黃河沿岸也，乃是各處點在著的許多部落，初無一統的君主；此時似各部落各有其酋長而互相攻伐。中國人於此期間，乃造爲天皇氏、地皇氏、人皇氏等假設的君主欲以神聖其往古，但這是不足信的。（其他古書，尙記有大庭氏、柏皇氏、中央氏、栗陸氏、驪連氏、赫胥氏、尊盧氏、祝融氏、混沌氏、昊英氏、葛天氏、無懷氏等名。）其所記天子之中，有有巢氏、燧人氏、伏羲氏、神農氏等，但這也大抵不過是些羣酋中之强有力的。若夫有巢氏教民架木爲巢；燧人氏教民以鑽燧取火，始火食，始用金屬製作器具；伏羲氏畫八卦，作書契，定嫁娶之法，教佃漁牧畜，傳庖犧（故又稱庖犧氏）之術；神農氏作耒耜，教耕稼，創醫藥，日中爲市以交易。這些傳說，將社會進步的情態人化之而歸諸於個人的事業，殊難置信。

三皇五帝之說

中國人又將這些各傳說的君長某某等，稱爲三皇，次於三皇的稱五帝，而這三皇五帝，遂當他們作聖君賢主的典型。但是關於三皇五帝的選擇，異說甚多，極不一定：有以天皇氏、地皇氏、人皇氏爲三皇的，有以伏羲氏、神農氏、黃帝爲三皇的，又有以燧人氏、伏羲氏、神農氏爲三皇的；至於五帝，則有稱黃帝、顓頊、帝嚳、堯、舜者，亦者稱黃帝、炎帝、大皥、少皥、顓頊者，又有稱伏羲、神農、黃帝、堯、舜者：要之，最通行之說，則爲燧人氏、伏羲氏、神農氏爲三皇，黃帝、顓頊、帝嚳、堯、舜爲五帝。這些三皇五帝，所以這樣紛紛其說不能一定的原因，大概是後世根於天地人三才的思想，或則基於五行之說，遂將古書中所記載諸帝王的名字排列而成三皇五帝的名稱是這樣，便當然不能一致了。

根據傳說去想像，則一統中國而創建出一個大帝國的是黃帝。黃帝生於軒轅之邱（河南省開封府新鄭縣），國於熊，與神農氏之末裔戰克之，又與蚩尤戰擒之，遂爲諸侯所推戴而爲天子。他更北逐匈奴祖先的葷粥，而建一東起海，西至於崆峒，南起江，北至於釜山的大帝國。奠都於涿鹿之阿，劃野分州，得了上萬數的百里之國，營國邑，作舟車，定官制衣冠，使蒼頡作文字，容成作曆，隸首作數，伶倫作律呂，命元妃西陵氏教民以蠶業：是這樣，則黃帝乃中國文化的先驅而統一事業的完成者。但是文化這個東西，是漸次進步，而非急切就可起來的。縱令以黃帝的神聖，羣臣的睿智，而要說是在一代之中，便會成功如許的創作，這也會困難吧。蓋後世欲令黃帝神化而假託附會者，殆不在少數。今試舉一例，像文字製作的這件事，大約在原始時代，言語既經發達，因沒有文字，不能傳久，遂結繩爲符信以補言語不足的方法以起，終至於發明文字。這是一種自然的進步，而必定說是黃帝的時候蒼頡所首創，這就難信了。或者蒼頡是把向來

堯舜之事蹟

的文字加之以改定或統一，那麽，黃帝的時候，已經就有文字，這是我們可想像得到的。

據說顓頊的時代，以建寅之月爲曆元而爲後世之曆之宗，故曆會是在此時代完成的。又說制九州以統領萬國，北起幽陵（幽州之地），南至交阯，西及流沙（甘肅省安西州敦煌縣西南），東至蟠木（東海中之山）。由這麽看起來，那是比黃帝的時代領土又擴張了。又據記載上說，堯命羲氏、和氏（蓋謂遣羲仲於嵎夷，遣羲叔於南交，遣和仲於昧谷，遣和叔於朔方，使從事天象的測量，又使定仲春、仲夏、仲秋、仲冬之夕中天之星也）治曆象，正四時，測日行一週天之期，定十二個月三百六十日爲一年，每三歲置閏月，定七閏爲一章，又配當干支以記日云。曆法至是大體都已完備，後世曆法，都只不過加以修治罷了。曆法所以老早就這樣完備了的，這是因爲農業上耕耘播種，須置有一定的時期，所以有這樣精密地觀測天文的結果；蓋據說那時候就已經有所謂璿璣玉衡的機械，用來觀測天象。這事不獨中國爲然，若埃及、若加爾迭亞、若印度等諸古國，都有這同樣的事實。舜定羣后（諸侯）朝聘之禮，天子五歲一巡狩，會羣后於方嶽之下；又定制羣后須朝覲四次而納貢賦；又制定墨、劓、剕、宮、大辟等五刑。中央則設九官——禹爲司空，後爲百揆所舉，總理庶政；棄爲后稷，掌農事；契爲司徒，布五教；皋陶爲士，掌五刑；垂爲共工，治百工；伯益爲虞，掌山澤；伯夷爲秩宗，掌祭祀；夔爲典樂，諧八音，龍爲納言，出納帝言。——地方則置四嶽（四方的總督）十二牧（十二州的長官）之職：以上堯舜的事蹟，都記載在書經裏面的堯典和舜典，雖記得很明白，可是是否事實，或是出於傳說，這就不能明言，我們只能就古書所說，如是敍述罷了。

禹的功業

禹受治水之命八年，於外，勞心焦思，過家門而不敢入。開九州，通九道，陂九澤，度九山，遂竟全功，乃定九州之貢賦，立五服之制，四夷賓服。他的事實，具在書經的禹貢裏。記着有這一篇，而後中國的地理，於以大明；故後世中國又稱爲禹域的，便是因爲禹有平水土的大功的原故。九州者乃冀州、（當今直隸山西兩省之大部分，在黃河以北，所謂河北之地也。）兗州、（當今直隸省之東南部及山東省之西北境，蓋在黄河濟水之間）。青州、（當今山東省之東北部，渤海與泰山之間）徐州、（當今山東省之南境及江蘇安徽二省之北部，泰山與淮水之間）揚州、（當今江蘇安徽二省淮水以南之地及浙江江西二省，蓋淮水與南海之間）。豫州（含今之河南省及湖北省北部，黄河與荆山之間）。荆州、（當今湖北省南部及湖南省，自荆山迄於衡山之南，）雍州、（當今陝西省北部及甘肅省，蓋西河之西也。）梁州、（當今陝西省之南部及四川省之地而華山之西南。）在舜的時代，更將冀州之東，分爲幷州，東北分爲幽州，青州的東北，分爲營州，凡十二州，但至周仍復九州之舊。從這麽看起來，於今的福建、廣東、廣西、雲南、貴州各地，在那時都還沒有歸入州域裏面。五服者，乃所謂甸服、侯服、綏服、要服、荒服是甸服言國都附近地方千里，天子所直轄；侯服在甸服之外，綏服又在侯服之外，言都是羣后之國的所在。所謂中國之地方三千里，要服在綏服之外，荒服又在要服之外，則皆各種夷狄所居之地，卽東夷、西戎、南蠻、北狄是。如此，禹以治水之功而受舜禪爲天子，但不稱帝而稱王。原來所謂帝所謂王的，都同是

五帝的系統

一種至尊之號，初不似後世之各有區別，故禹王以後，夏殷周三代的天子，都是稱王。

又據古傳，似乎五帝及禹，都是屬於黃帝的系統，但這頗難信。今據史記作五帝的系譜表如下：

黃帝
- 玄囂—蟜極—帝嚳3—堯4
- 昌意—顓頊2
  - 窮蟬—敬康—句望—蟜牛—瞽瞍—舜5
  - 鯀—禹6

就上表看去，盡屬於黃帝的系統，但舜之所自出，就不能無可疑之點。何以呢？蓋照這個表看，則舜爲黃帝的八代孫，而代這舜的禹，却爲黃帝的四代孫。而舜乃堯的四世從孫，且又是禹的四世從孫，乃將帝位一受一授，這事將堯、舜、禹的年齡一比較，我們不能不說這是不可能的事實。所以我們或當是認左傳及國語所記載的，說是舜的祖先國於虞，其系出自虞幕；然就是這樣，雖則證明了舜非屬於黃帝的系統，而其餘帝王的所自出，在我猶不能無懷挾疑問的餘地。

禪讓與王位世襲

在這以前，除去像黃帝那樣的以其勢力由諸侯（諸部的君長）推戴或選舉而爲天子以外，帝位不消説是世襲的；但不知何時，却一變而爲禪讓，遂成一有德之人從先代君主受禪而卽帝位的局面。或者以爲禪讓就是選舉或推薦，但事實似不止此。自禪讓之局開，以堯禪舜，舜讓禹，宜若可爲理想的授受，然禹死後，此例卽跟着破壞。先是，禹也想把王位讓給伯益，可是禹一死，人民懷其功德，乃不歸伯益而推禹之子啓使繼禹爲王，伯益遂自行引退。顧有扈氏（扈國民，陝西省西安府鄠縣）却不承認啓的紹繼而舉兵畔，這時想必會還有別的諸侯響應他也未可知。啓於是攻有扈氏而破之於甘（鄠縣西南），畔亂旋平。如是，我們便可想到，大概是因啓能把這起畔亂平息，以至諸侯就都承認他的王權了。此事我們現在讀書經裏面的甘盤，便可以得到想像。至是禪讓之局又一變而王位世襲的基礎於以確定。常思，所謂禪讓者，乃是一種理想的事情，除了堯、舜、禹的那種例而外，我們不能認爲是那樣可以行得通的。我們但看後世所行的禪讓，竟完全是虛僞的。不獨不是揖讓雍容，實際還是强迫篡奪，便可以明白此中消息了。而況就是堯舜禹，都還有以爲這只是理想的君主，我們不能便認他作事實之說。要之，所謂有德之德，初非如後世儒者所解釋爲道德之德，乃是一個得字的意義，宜歸着到力字上去。果爾，則有德之人便是有力之人，而當其接受禪讓之際，殊難言其便能太平無事理想地以行去；其中固亦有可認爲出於選舉或推薦者，而大抵則我們以爲只是如後世一般的一些篡奪的實例：於此，我則不能不認禪讓乃是理想地美化了的一種形式。

湯王的事蹟

商（殷）的湯王，說是堯舜之際爲司徒而封於商的那位契的後人。而契據後人傳說乃是其母呑玄鳥所遺之卵而生的。呑鳥卵而生出人來，這是不可能的事件，故人有以爲這只是一個荒誕無稽的神話，這當然令人首肯。玄鳥乃燕的一種，晚春時來人家作巢生子，待子長成，及秋而歸。以此中國古代的婦人，便有這麽一種風習：無子則俟玄鳥來時，身往郊野，祈天授之以子。這事讀詩經裏面的詩，我們便可十分明白。那麽，契的母親大概也是從過這種風習，因而生出契來，遂變成神話流傳下來。湯王滅了夏而爲天子，以建丑之月爲歲首，定封建之制，設井田之法，創興學校，獎勵農業，（關於封建、井田、學校等項，次章當詳說，此處且從略）而自第三代以後，忽啓兄弟相續之端，而因繼承之爭，致內亂屢起，迨統一以後，國勢纔又重行興盛起來，加之名君賢相繼踵接武，遂成中興之業；這大概是因爲殷人有一種壯烈剛健之風的原故；我們試讀詩經中所殘留的殷詩，這種風概，便時時發露在我們眼面前，就可想而知了；又當其滅亡之時，乃其箕子、微子、比干等孔子所謂殷有三仁者出，便足可證明上所說的不虛。像殷的次代周人，便大不同了。周人雖有把制度文物弄到完備的偉大的功績，然而結果則流於文弱，以致一蹶卽不復振，除宣王外，更無有可稱中興之君者，這樣一比較，這兩代豈不相差得很遠麼？殷又有迷信鬼神之風，並且很盛。然有善用這個風氣的一位賢王，則高宗武丁任用賢相傅說的一事是。據云，武丁一夜夢得賢人，乃使人畫其相貌，宣示天下，果得傅說爲相；這大概是因爲傅說出身微賤，在當時尊重門地的慣習上，欲重用之，勢有所不能，乃利用這種迷信託之於夢，遂從民間將他拔擢起來。總之，自夏至周千數百年之間，國民的氣質，屢隨其時代而有變遷，所以古人說，夏忠、殷質、周文。大概夏禹承洪水之後，須努力休養民力，凡百以儉素爲主而行忠厚之政，其結果，則人民自然養成一種忠實的氣質。其次至殷，則忠實或遂轉成質樸，雖其質樸，故壯烈剛健之風於以育成。顧吾意質之弊則流而爲愚，遂迷信種種祥瑞，敬鬼之風以盛。又其次至周，則禮樂繁盛，文物昌揚，人民乃靡然崇向文化而涵泳成功一種優美的氣質，前代質樸之氣，至此則又一轉而爲文，然其弊也，則流而爲文弱。

革命的意義與放伐

殷滅夏而有天下，周又滅殷而有天下，這便叫做革命；其後每代帝室的興替，即有一次革命。有德之人代不德之君以治民，民亦得以去不德之君而就有德之人，這是中國人——不論是古時或是今世——一般的信念。而『撫我則后，虐我則仇』的兩句話，最能明白地表現這種思想；我們試看最近清朝滅亡的例，豈不就大可知道麼？又商湯放夏桀於南巢，周武伐殷紂，這又叫放伐。這是表現就是爲人臣的也可以放伐無道之君的思想，然而桀紂雖是暴君，湯武以臣下而放之伐之之際，難道心中就毫無所疚於中麼？我們於今試取夏的甘誓，商的湯誓，周的牧誓把來一比較，便可窺見此中真相了，三誓俱載在書經：甘誓乃禹之子啓征有扈氏時的誓辭；湯誓則成湯伐桀之際的誓辭；牧誓則武王伐紂之際的誓辭。這三者的事情都從同，而啓以天子誅臣下，故內無所慚，其文直壯；乃若湯則是欲以臣放其君，神明內疚，懼天下義士或將以己爲作亂犯上也，懼後世賊臣或將用己爲口實也，故其文如有所恐；又若武，其處境與湯同，顧湯既已作俑於前，彼亦遂恬然無所恇怯，故其文只數紂之昏愚，而未嘗毫末自爲辯護。

食物

中國人的祖先，也和別的原始民族一樣，其初祇是恃天然的產物如禽獸之肉草木之實之類以爲常食。迨人口漸漸增加，知識從而漸漸進步，僅恃天然產物常食遂形不足，於是乃發明耕作之法與牧畜之業。卽所謂伏羲氏教佃漁牧畜及庖犧之法，神農氏作耒耜教耕稼者，乃將社會進步情態人化之而爲個人事業之謂。要言之，則至是時，人民一般乃兼穀食及肉食也。

衣服

太古的中國人，只知以獸皮木葉遮蔽身體，尚未知有織布帛，裁衣服的方法。傳言黃帝時定衣冠之制，教民以蠶業，則是那時已經有了衣服。而堯舜之代，說是施五采作朝衣，分日、月、星、辰、山、龍、宗彝、藻、火、粉米、黼、黻十二章，則我們又可認出衣服之制，到這時已稍稍整齊。至於以蠶絲製絹，麻絲製布，這是從上古以來就傳下來了的。

住居

至於住居，太古時代也是極其粗陋；或結巢樹上，聊避猛獸毒蛇之害，或掘穴土中，以避風雨寒暑之侵。據傳言至黃帝時，始漸有家屋的建築。至於堯舜之代，則我們就其衣服冠冕的制度看去，要不能不信其有相當於這種冠服的宮室，故可以想見家屋的構造已是進步了。但是墨子裏面說：『堯堂高三尺，土堦三等，茅茨不剪，采椽不刋。』又韓非子裏面說：『堯之王天下也，茅茨不剪，采椽不劉，糲粢之食，藜藿之羹，冬日麑裘，夏日葛衣，雖監門之服養，不虧於此矣。』這些話，和堯舜當時的衣服之制不合，似不足信。豈有堯身穿施着五采分了日、月、星、辰、山、龍、宗彝、藻、火、粉米、黼、黻十二章的朝衣，而住在那茅茨不剪，采椽不刋，土堦三等粗陋不堪的家屋裏面的道理？故墨子及韓非子裏面的記事，怕只不過形容堯的生活的質素罷了。如是，到夏殷之世，家屋的構造便大大進步。我們只看殷末紂王興造宏大的宮殿臺榭，便知當時一般住居的體裁已是完備；不過偏僻之地，還往往有造土屋或穴居的，我們看詩經裏面記着周的古公亶父爲陶復陶穴以居，便可證明這話。

婚姻

太古的民族，男女雜居，沒有夫婦的分別，亦有掠奪婦女，或以婦女和物品交換的行事。就是中國，也說是至伏羲氏之時，始創嫁娶之禮，則婚姻的儀式，或於此時已漸次發達。但尙有一夫娶數婦及姊妹共嫁一夫之事。像堯以其二女嫁舜，是以帝王的尊貴而以下民爲女壻之一例。然至夏殷之世，則大抵王的后妃，則娶自諸侯王女則下嫁諸侯及朝臣，其他就可類推了。

喪葬

喪葬此時也還沒有一定的儀式。有直以尸棄之溝壑之中的，但後來相信死者魂魄的存在，乃衣死體以薪而葬之野外，遂定葬禮，作棺槨，而夏殷之世，則益發制成了極鄭重的禮式。

祭祀

太古的中國人，也是崇拜自然力而以之爲神的。以故日、月、星辰、山川、河海、風雨、雷霆、地震等，都以爲一一皆有其主管之神靈而信仰之。像舜時，類上帝，禋六宗，（指四時、寒暑、日、月、星辰、水旱；或謂水、火、雷、風、山、澤；又或謂天宗三，日、月、星辰，地宗三，河、海、岱，其他異說尚多。）望山川的儀式，可知還都是太古人民崇拜自然現象的遺風。而殷世信鬼神之風甚盛，則民間尤有許多迷信的崇拜，自更不消說。

器具

原始民族，不知金屬的用法，故器具都是用石頭造的。太古的中國人也是一樣使用石器，所以從地下發掘出許多石器來，如石鏃、石斧、石鎚、石鑽、石杵、石臼等類。而這種石器的使用，一直傳到後世的例，我們由他們祭祀先用的那塊牌位名稱曰祏，便可看出來。蓋祏字便是示和石的合體字，示乃祭祀時擺設祭器的臺的一個象形文字，如神、祇、祀、禮、祝、社、祠諸字，便都是從這個字，所以曉得祏是石頭造的。但到後世，祏卻是指那裝木主——牌位的石室而言，然原來固是牌位。如此，太古的中國人，不止使用石器、木器、土器等，並且也造作貝、甲、骨、角之類的器具。不過據說到燧人氏時纔發明用金屬製器，到黃帝時纔知鑄造銅器。而自是以後，我們便可以看出金屬的器具便大大地使用起來了。殷世有土工、金工、石工、木工、獸工、草工等官，又據傳說，紂王曾作玉杯象箸，那麼，可知製造器物之術，此時已是大開，我們試看今世所存古器物中，有爲殷世所製作的，其中精巧者甚多。

繪畫 雕刻

繪畫的起原無由知道。但既說是堯舜的時候，已將日、月、星辰、山、龍、華蟲的六章畫在衣上，那麼可知那時就已經有了繪畫之術，其後至於殷世武丁之時，曾畫傳說之像，求之四方。至於雕刻之術，大概也是從太古以來和繪畫之術一同傳了下來的，不過在夏殷的時代，我們找不出什麼可以徵信的實物。或者太古時代的中國人，因爲沒有崇拜偶像，所以繪畫、雕刻，兩樣都沒有發達。此外關於文字、詩歌、音樂、天文、曆數、醫術等，當於次章詳述，此處暫且從闕。

農業

不管是那一種原始民族，其初都是從事遊牧而後移入農業的。故太古的中國人，也說是伏羲氏教佃漁牧畜，神農氏作耒耜教耕稼。那麼，農業會是在黃帝以前就已經開了的。次至夏殷時代，遂大大進步，卒至以農爲立國之本，而天

交易

文學亦因之發達起來。又太古的民族，都是以物與物交易去補充需要和供給，故中國也說是神農氏日中爲市，使民交易。那麽似乎商業這時候還沒有起首。次至黃帝之代，謂其統一天下，奠都涿鹿之阿，劃野分州，得百里之國萬，營國邑，作舟車……是這樣，則似乎道路也開了，交通、運輸都已經便利。在這時候，便自會感到以物與物交易的不便，遂要使用一種爲買賣的媒介的貨幣，而商業因之以起；但這只是把來當末業，要受政府的干涉，故比之農業，商業的發達要遲。

貨幣和商業

而最初的貨幣，初非如後世之用金、銀、銅、鐵之類，乃以貝爲之者；故貨、財、賣、買、賄、賂、貸、貫、賦等字，悉從貝字。又有以刀或布代用貨幣之事，故後世鑄造貨幣，尚取象於刀與布，留存於今世所謂刀布的，便是此物。

第二章　周時代的文化

周之基業

周之祖先，據云乃堯舜之際作后稷的那位棄，至古公亶父爲獯鬻所逼，乃移居岐山（陝西省鳳翔府岐山縣的山）之下，國號周。亶父之孫昌爲殷的西伯（西方諸侯的首領），德高諸侯多歸服之，謂其已保有三分之二的天下云。昌子發立，與呂尙（太公望）謀，乃率諸侯討殷王紂，破之於牧野（河南省衞輝府淇縣南），遂代殷而卽位，都鎬京（陝西省西安府）。爰追尊父昌曰文王，分封宗室功臣於諸方，立五等（公、侯、伯、子、男）之爵。封太師呂尙於齊，封王弟周公旦於魯，封召公奭於燕；以紂之子武庚爲殷後，使管叔蔡叔和叔監之；封箕子（殷的王族）於朝鮮。當時爲諸侯者，凡兄弟十五人，同姓四十人，異姓二十餘人，其他前代的諸侯，皆仍其舊。

周之盛時

發死，諡武王。其子成王幼弱，周公爲冢宰攝政，召公爲太保護王。周公有經綸才，在他攝政的七年之間，制作制度禮樂，完備中國古代的禮制文物，垂爲後世模範。成王之子康王立，召公復輔翼之，故成康兩代，天下盛治，謂刑措不用者至四十餘年云，這實在是周的極盛時代了。

周之衰運

康王之子昭王時，周室始衰。其子穆王好遠略，周遊天下，失諸侯之心。次至厲王，暴虐無道，爲國人所逐，行宰相共和之政者十四年。迨其子宣王立，四夷離畔，玁狁（後來的匈奴）至於逼至京師，王乃命尹吉甫伐玁狁，方叔討荆蠻，召虎征淮夷，王則親伐徐戎。那時仲山甫輔王行政，周室乃復興隆，後世至稱宣王爲中興的英主，然已不能更恢復到周初的那種盛況了。而宣王之子幽王，又因無道爲犬戎所弑，子平王立，爲避戎狄之勢，乃遷都於東方的洛邑（河南省河南府），是謂周之東遷，實西紀前七七〇年也。

春秋之世

周自東遷以後，天子的威嚴便一天一天薄弱下去。諸侯强横，互相攻爭，夷狄頻頻侵寇中國，便現出所謂春秋之世來。春秋之世者，指自周平王四十九年至敬王三十九年，凡二百四十二年（西紀前七二二——前四八一年）

之間而言，係根據孔子所修這時代的魯的史記，（自隱公元年至哀公十四年）名曰春秋而來的。

霸者

在周的初期，諸侯之數，差不多有一千八百，到了春秋時代，大併小，強兼弱，就減到只剩下百六十餘國。其中與周爲同姓的魯、衞、鄭、晉、吳、燕、蔡、曹八國，異姓的齊、宋、陳、楚、越、秦六國爲最強。是時周的王威越加不振，諸侯恣其攻伐，夷狄亦從而侵暴中國。於是諸侯之大有力者，乃以內扶衰弱的王室，外攘凶殘的夷狄爲名，而振其威力於天下，這便是諸侯之長，號稱霸者。如是，齊的桓公、宋的襄公、晉的文公、秦的穆公、楚的莊王這五人都是成功霸業來的，世號五霸；此外吳和越也曾各各稱霸一時。

五霸之業

齊是周的元勳呂尙所封之國，治薄姑（山東省青州府博興縣），爲東方重鎭，有征伐之權的一個大諸侯。桓公甚有大略，用管仲改革稅法和兵制，於是國富兵強，乃會諸侯於北杏（山東省泰安府東阿縣）以平宋亂，復魯之侵地，救邢等各國於戎狄之苦，而邊境以靜，遂會諸侯於鄄（山東省曹州府濮州）而爲霸者。先是，楚之熊渠，趁着王室的衰微，乃掠取江漢之間僭王號，武王、文王、成王相繼立，復併有淮南的各國，遂雄視湖北，北上中國以迫王室。桓公於是率諸侯以伐楚，屈之於召陵（河南省許州偃城縣）。似此，桓公固能以威力攝服諸侯，然乃心則常在王室，尊王之義，未嘗或忘。可是能令他這樣稱霸一世，九合諸侯，一匡天下的，這實在都是靠的管仲的力量。迨管仲一死，齊勢隨着也就不振，到桓公又死，而霸業遂全然衰頹了。於是宋的襄公遂代之而起，曾一時統率諸侯。顧與楚戰於泓水（河南省歸德府拓城縣渙水的支流）爲楚所敗，遂把霸權失掉。初晉獻公之子重耳，爲避國難，流寓各國者凡十九年。至是，得秦穆公之助，乃歸國爲中國盟主，攘赤狄，安周室，破楚於城濮（山東省曹州府濮州南），挫其北上之銳；這便是晉的文公。其後子孫甚能守其遺業，與秦、楚鼎立而爲重於諸侯之間者將近兩百年。秦在襄公之時，以爲周平王攘犬戎之功得爲諸侯，逮周室東遷，得其故地而始大。至穆公，用百里奚、蹇叔等，襲鄭滅滑，破晉得河西之地，納文公爲晉君，又攘戎，增國二十，拓地千餘里，遂爲西方諸侯的霸；秦後至於强大者，實植基於此時。是時、楚的莊王，滅庸伐宋，攘陸渾之戎，觀兵於洛水之濱以侮蔑周室。又平舒，與吳越盟，定陳亂，伐鄭，破晉之援軍於邲（河南省開封府鄭州東）而圍宋，遂乃威振華夏，諸侯皆惟其命是從；傳至昭王，國勢始大衰。

吳越之爭

吳自稱爲周文王的伯父泰伯之後，建都於姑蘇（江蘇省蘇州府。）傳至壽夢國勢日趨於强大，與晉同盟，屢屢侵略楚國。至其孫闔閭，用楚昭王的亡臣伍子胥之謀，發兵大破楚，陷其都城，遂代楚而握南方的霸權稱王。顧其時，越已新興，南來侵吳，遂有吳越之爭。越自稱爲夏少康之後，都於會稽（浙江省紹興府。）至允常，屢與吳戰而敗，而其子勾踐，卻破闔閭於檇李（浙江省紹興府秀水縣）而稱王。闔閭的兒子夫差，謀復父仇，三年而大破越，勾踐至屈身降。旋勾踐用范蠡文種之謀，蓄養實力，精練士卒，處心積慮，及二十年，會夫差赴北方的中國，會諸侯於黃池（河南省開封府封邱縣），勾踐遂乘虛襲吳，繼破夫差，遂滅吳而有其地。踰淮水，會諸侯於徐州（山東省兗州府滕縣）致責於周，遂執中國之霸柄。然踐死後，越勢頓衰，卒爲楚所併。

戰國之世

春秋的時候，雖說是周室已經沒有了主權，然而總算還保持着幾分王家的威嚴，所以五霸迭起，都一定要藉口尊王爲收攬人心之計。其後周室日益衰微，諸侯的勢力卻繼長增高，於是周室更無恢復之望。而大的諸侯則無一不汲汲以侵略兼併爲事，各自僭稱王號，便所賴以藉口的尊王二字，亦不復放在口頭了。加以從春秋的末年起，諸侯漸安於富貴，習於遊惰，以致重臣專擅國事，主權自然從此下逮。這些所謂重臣的，於是就市私恩以收民心，托使節而結外援，終至生出圖謀篡立的來。至於田氏篡齊，韓、魏、趙三分晉國，周王不僅不能制止，反從而承認他們作諸侯。以故從此以後，遂入了所謂戰國之世，自周威烈王二十三年起至秦的統一止，其間凡百八十二年，便是這個時代；若把春秋以後就作爲戰國，則共爲二百六十年間。

戰國的七雄

於是田齊割據東方，占山海之利；韓、魏、趙鼎足中原，區域雖小，然地肥而民衆；楚亦在南挽回其國勢；燕則據東北而南向爭雄；秦則拓地西戎，厚積富力，徐徐而東向中國圖發展：是這樣子，天下的大勢，遂歸了這七國之手，此之謂七雄。至於周室及宋、魯、鄭、衞等，纔不過夾在當中聊保其餘喘罷了。若夫其他諸小國，則更都只是似有如無的一些狀況。

合從與連衡

秦在穆公之世，曾一度爭霸中原，然未幾卽收兵不出。在列國互相攻爭，消耗國力之際，秦則據險要之地，登用人材，靜默地努力內治，徐圖富强者垂二百數十年。至於孝公，用商鞅之策，家有二男者則倍賦，勤於耕織者則免其力役，以爵位獎勵軍功，增財練兵，國力便驟然强大起來；這時候差不多便已有宰制天下之勢。是時，洛陽有辯士蘇秦者，赴秦見惠文王，獻兼倂六國之策，惠文王不納，秦遂去而之燕，說以六國合從之計。從便是縱，當時六國之地，南北縱列，故六國的攻守同盟，策名曰合從。燕王很聽蘇秦的話，秦於是更走趙、韓、魏、齊、楚五國，說以合從的利益，約他們加入。秦乃自爲這聯盟的長，兼佩六國的相印，至受周顯王的郊迎。秦王聞之大恐，乃用離間之計，以破合從，又破了楚、趙、魏、韓、燕的連合軍，秦威於是振於六國之間。而張儀者，又爲秦頻論合

六國的攻爭

從之難，盛言連衡之利，屈六國使服事秦。衡便是橫，六國在東秦在西，故六國服事秦名曰連衡。其後惠文王死，張儀去秦，連衡遂亦隨之而敗；然自是以後，遊說之士輩出，遂成了諸侯的公子大臣們爭相招致之風。如齊的孟嘗君、趙的平原君、魏的信陵君、楚的春申君等，都是各各的門下養食客至數千人以相誇耀。

此後六國一時合從，一時連衡，初無一定之計；又都各自不和，濫耗他們的國力，略不一慮强秦之窺伺於其後。於是，齊湣王破楚侵燕，挫三晉（韓、魏、趙）滅宋而有其地，雖則盛極一時，然燕國的昭王，以樂毅爲將，與秦、楚、三晉同盟伐齊，遂陷其國都臨淄（山東省青州府臨淄縣）使湣王出奔，降齊七十餘城。但是到昭王一死，樂毅一去燕，齊國的田單，馬上就用奇計破燕軍，盡恢復了以前的失城；以上是爲齊燕的報復。是時，趙的武靈王，胡服教國民騎射，略代、雲中、九原，破林胡樓煩等北狄，更南下欲以衝秦之背，不幸被弒，不竟其功。其子惠文王時，有廉頗藺相如等輔佐，猶能抗秦而張其國威。

秦之強盛

在這各國自擾的期間，秦的勢力卻日益趨於强盛；惠文王從魏奪取上郡，令司馬錯取巴蜀，更伐楚略漢中；悼武王使甘茂伐韓；昭襄王以范雎爲相，用其遠交近攻之策而致諸侯孤立，又命白起爲將，攻三晉，破趙軍，坑降卒四十萬人於長平（山西省澤州府高平縣）。時周室已分東西，西周的赧王，見秦攻三晉大恐，乃與諸侯從約伐秦，爲秦所敗而降，於是西紀前二五六年，西周先亡。更七年，東周的惠公，亦欲與諸侯伐秦，旋亦爲秦所滅。周自武王至赧王凡三十七代三十四世，合計惠公則爲三十八代八百七十四年。

六國之滅亡

秦經昭襄王二代而至嬴政，先破楚、魏、韓、趙的連合軍，次用李斯之計，頻發反間離間六國的君相，然後遣將攻之，遂於西紀前二三〇年先滅韓；後二年滅趙；更三年滅魏；又二年滅楚；翌年滅燕；又翌年滅齊，而天下一統；時則西紀前二二一年也。至是六國悉亡，只剩下一個衞君，旋亦於秦二世皇帝時被廢，而封建諸侯的餘影，更不留存，舉天下便都成了秦的郡縣。

周興起之狀態

周之先世棄在堯舜之際爲后稷，封於邰（陝西省乾州武功縣）世世居陝西的西部；迨不窋之時，避夏亂，乃走戎狄之間；又至古公亶父，適當殷亂，獯鬻南侵，復避難，自豳遷於岐山之下，始營城郭宮室，國號周。他那近傍的人民，懷其仁德，來歸附的極多，云遂剏始周的基業。以上這個傳說，自棄至於不窋，又自不窋至於古公亶父，凡亙夏殷兩代，約有千年間的事實不明，故所傳殊難徵信；而且據詩經裏面的緜之詩，則明明古公亶父原來曾在豳營過穴居生活，而謂其爲后稷棄的後人，更難爲信，故不如認他竟是戎狄之南下者，還較好些。傳稱古公亶父有泰伯仲雍季歷三個兒子，季歷的兒子昌賢明，古公想令兄弟相續，以便可由季歷傳世給昌。泰伯仲雍知道父親的意思，遂去國而赴荆蠻之地，便把國讓給了季歷；這我想大概是把立少子的戎狄習慣，假托於殷的兄弟相續而作成了的傳說。

周文王之業

季歷既立，其後以功得爲殷的西伯；昌嗣立，尤能施仁政，於是諸侯歸附的極多。殷王紂疑其有反志，乃囚之於羑里（河南省彰德府湯陰縣北），其臣憂懼，爰竭國中的珍寶良馬以獻，而諸侯亦爲之請命，遂釋之並委之以征伐之權；這我們可以想見當時的周，已經成了一大勢力。昌嘗獵於渭水，得謀臣呂尙而還，說他是先君太公（古公亶父）所切望的，故號他叫太公望。用其言，伐密須及崇服之，乃遷都於豐，（陝西省西安府鄠縣豐水西）謂歸服的諸侯，已及天下的三分之二云。那麼已經就有代殷而有天下的勢力了。又謂虞芮之君，偶起爭訟，欲往請周判決，至其境，則見百姓守禮，耕者讓畔，行者讓路，兩君乃大愧而歸云；昌便是後來的周文王；昌死，子發嗣立，與太公望呂尙謀，會諸侯於孟津（河南省河南府孟津縣。）伐殷的紂王，破之於牧野，遂代殷而爲天子，這便是周武王。要之，周之所由興也，古公亶父開其基。文王樹其德，又濟之以武王之勇武，而王業遂成了功。

周武王及周公之業

周武王既爲天子，遂復商的舊政，以柔和民心。大封宗室功臣及前代帝王之後：以紂的兒子祿父爲殷侯；封黃帝之後於薊，封堯之後於祝，封舜之後於陳以爲三恪；封夏后氏之後於杞，封太師呂尙於齊，封王弟周公旦於魯，封召公奭於燕，封庶叔高於畢；更封弟叔鮮於管，叔度於蔡，叔處於霍，是爲殷的三監，計共封兄弟十五人，同姓四十人，異姓二十餘人。齊魯在當時，還是僻遠未開的現今的山東省，乃以這塊土地，封給太師呂尙及周公旦的，大概是因爲既已使前代的諸侯，各安其舊領土，故更沒有大封可建的餘裕罷。再者如於殷則置三監，於其他異姓諸侯之間則封同姓的諸侯，我們也大足以窺見其用意之周到。於是分封既畢，武王乃以建子之月爲歲首，奠都於鎬京，養老建學，立徹法，作樂，秩序於以大定。武王又問道於箕子，受洪範九疇之學。洪範便是大法之謂，乃上世治道之要目，傳稱此乃上帝所以賜禹的，至於周之禮樂制度，乃出於武王之弟周公旦之所制定，蓋折衷夏殷之制，又加以周公自己的創意而成者。

封建制之起原

中國之封建制，據云起於黃帝之時。蓋黃帝之爲天子也，大約一面令那些歸服了的各部君長，使各各安居於其舊領土；一面對於那些有功勞的，使各各分給以征服地。於此，我們纔認出了封建的制度來。世言舜定羣后朝覲之制，又言夏的禹王爲塗山之會時，執玉帛者萬國，又言周的武王伐殷的紂王時，諸侯之來會者八百，那麽我們便可知道唐虞夏殷之世，也是在行封建制，所以中國

封建之制

的上世，封建制已行得很久，故周之封建，是折衷夏殷遺制而定妥的。其制，將諸侯分爲公、侯、伯、子、男五等的爵位，公侯與以方百里之地，稱大國；伯與以方七十里之地，稱中國；子男與以方五十里之地，稱小國；不滿五十里者稱附庸，使隸屬於大國。大國置三軍，中國置二軍，小國置一軍。又中央地方千里是爲王畿，以充王官之來邑。計大國九，中國二十一，小國六十三，凡九十三國。而畿外五國爲屬，二屬爲連，三連爲卒，七卒爲州，天下共分九州，州有伯，卒有正，連有帥，屬有長，使之制馭地方。是這樣，故周的初期，謂諸侯之數凡千八百國云。然迨王室一衰，併吞攘奪，肆行無忌，及春秋之際，就只剩得百六十餘國，向來謹嚴的制度也跟着破壞得不堪；有以子爵而僭稱王號的，亦有以公爵而降稱爲侯的。尤有擁地千里，或置六卿，或設六軍者，終至降及戰國之世，纔餘强國七，及二三小諸侯而已。

官制之起原

至於官制，也是黃帝之時開始訂定，歷代相繼加以改定。舜時中央有九官：曰司空，總理庶政；曰后稷，掌農事；曰司徒，敷五教；曰士，掌五刑；曰共工，治百工；曰虞，掌山澤；曰秩宗，掌祭祀；曰典樂，諧八音；曰納言，出納帝言；地方置四方之總督，曰四嶽；十二州之長官，曰十二牧。到夏世，云有三公、九卿、二十七大夫、八十一元士之制；殷世有二相、六太、（太宰、太宗、太史、太祝、太士、太卜）五官、（司徒、司馬、司空、司士、司寇）六府、（司土、司木、司水、司草、司器、司貨）六工、（土工、金工、木工、石工、獸工、草工）等官云。

周的官制，有三公——太師、太傅、太保，三孤——少師、少傅、少保者，作爲天子的顧問。這種顧問，初無常任的官守，有有德之人則任之，無則缺之；蓋其職止於論道經邦，燮理陰陽，於行政事務曾無絲毫關係。執掌政務者，則中央政府之組織，有天、地、春、夏、秋、冬之六官：天官以大冢宰爲之長，總理諸政，又掌內外出納及宮中事務；地官以大司徒爲之長，掌民治教育及農商事務；春官以大宗伯爲之長，掌祭祀及朝聘會同的禮式；夏官以大司馬爲之長，掌兵馬出征；秋官以大司寇爲之長，掌刑辟訟獄；冬官以大司空爲之長，掌勸工、勸農及土木；以上諸官，皆各各有大夫、士之屬官六十，故官的總數凡三百又六十。而太師、太傅、太保，是曰三公，大冢宰、大司徒、大宗伯、大司馬、大司寇、大司空，是曰六卿，少師、少傅、少保之三孤，則和六卿並稱而爲九卿。六官的職制，製爲表則如左方所示；後世歷代的官制，俱基於此。

周的中央政府官制表

官	長	職掌	屬官
1，天官	大冢宰	總理諸政	各各有大夫、士之屬官六十，故官之總數爲三百六十云。
2，地官	大司徒	掌民政教育	
3，春官	大宗伯	掌祭祀禮樂	
4，夏官	大司馬	掌兵馬出征	
5，秋官	大司寇	掌刑辟訟獄	
6，冬官	大司空	掌百工土木	

以上爲中央政府之組織，諸侯亦準此而有大同小異的官制，不過在異姓之國，則有有官名不同者，如楚的令尹，宋的左師，司城之類是。

周的地方制

至於地方制度，則以二十五家爲閭，百家爲族，五百家爲黨，二千五百家爲鄉，一萬二千五百家爲州，各相統屬而奉中央政府的約束。關於官的考課之法，亦自上世已來便已施行。至周世，則大冢宰每屆歲終，便察百官之勤怠，記其功過，每三年則行賞罰黜陟一次。天子每六年則巡狩四方，會諸侯於方嶽之下而行黜陟。又士大夫初本世襲，迨春秋戰國之際，以匹夫崛起而爲將相者極多，世襲之風，遂爾全隳。

夏殷周之田制

田制在夏殷以前，已莫可徵考，故我們現在無從知曉。然而當太古田野未開之始，人民都各自開拓其土地，故此時會是私有，顧不知始於何代，所有土地悉收入官，乃轉以之貸與人民，使納貢賦，而班田收授之制以起。於是夏世則行所謂貢法，以田五十畝爲一間，以十間爲一組而授之十家，使各各上納其五畝之收穫；殷世則行所謂助法而用井田之法，將一區七十畝之田九區即六百三十畝，區劃成井字，以中央的一區爲公田，其餘便作私田，凡八家則給他們一井之田，使共耕公田而以其收穫上納；至周則折衷夏殷之制，而依土地的情況兼用貢與助之二法，如近都市而人家稠密之所（都鄙）則用助，遠於都市而人家稀少之所（鄉遂）則用貢；是故這名曰徹法，徹者，通也。不過周世井田，一井有九百畝，一區有百畝，這是和殷稍異的地方，通於三代，一家所受之田各有差異，如此，但這只是依於時代計算各各不同罷了，至於廣狹，則說都是一樣的。人民年二十則受田百畝至六十乃歸還其田。次子稱餘夫年十六受田二十五畝。及周

夏的貢法

五十畝	五十畝	五十畝	五十畝	五十畝
五十畝	五十畝	五十畝	五十畝	五十畝

殷的助法（井田）

七十畝	七十畝	七十畝
七十畝	七十畝	七十畝
七十畝	七十畝	七十畝

周的徹法（井田）

百畝	百畝	百畝
百畝	百畝	百畝
百畝	百畝	百畝

既衰，凡上所云云的制度漸次破壞，下逮戰國，魏李悝以盡地力為教，秦商鞅廢井田，開阡陌（田間的道路，南北為阡，東西為陌）任聽其所耕，不復立分田之制，即各國亦俱破棄井地，經界既淆，井田之制，至是全無存遺。

稅法

稅法則堯時禹治洪水，立九等（上上、上中、上下、中上、中中、中下、下上、下中、下下）之別，夏世則依貢法，以田五十畝授之一家而使納其十分之一，殷世則依助法使八家共耕公田而以其收穫為稅，周世則依徹法，既如殷之以公田收

穫爲稅，又如夏之使納其十分之一。故周世如前所述，其由田而納的曰粟米之征，別有令納絹布若干的曰布縷之征，又每年使用人民爲夫役，是曰力役之征；和稅便是同一個意義。以上三征，爲後世行租、庸、調的濫觴，抑此外猶有所謂山澤之征，漆林之征等項。凡是這些稅制，我想一般諸侯都用過了的，而且到了周末，互相以攻伐爲事，需要費用既鉅，說是遂取到了十分之二或十分之五。

周的兵制，想來是沿着前代定的。不過夏殷之制既已不詳，我們難於斷言，抑周制則固極其整頓者。當時周的王畿方千里，除去山川邸宅等項，約略可得井田六十四萬，以六十四井爲一甸，便有一萬甸。而方里爲井（八家）四井爲邑（三十二家）四邑爲丘（一百二十八家）四丘爲甸（五百十二家）。至於徵集的方法，則以丘與甸爲基礎；丘出戎馬一匹，牛三頭；甸出兵車一乘，戎馬四匹，牛十二頭，甲兵三人，步卒七十二人，人夫二十五人，總計凡百人；以故天子有兵車萬乘，號稱萬乘之君。而軍隊的組織，則五人爲伍，五伍（二十五人）爲兩，四兩（百人）爲卒，五卒（五百人）爲旅，五旅（二千五百人）爲師，五師（一萬二千五百人）爲軍各皆有伍長、司馬、卒長、旅師、軍將等以統率之。天子有六軍（七萬五千人），大國三軍（三萬七千五百人），中國二軍（二萬五千人），小國一軍（一萬二千五百人）。人民服役的義務，從二十歲起到六十歲止，每半年或一年則交代一次，故一生之中少或一次，多亦不過只有兩三次的服務云。但是到了周末，諸侯都互相從事攻伐，際增軍加兵，惟日不遑之時，想來這些制度，不會再能存在了。關於兵器，則有刀、劍、矛、戟、戈、戳之類，皆屬銅造；蓋太古兵器都用石造，自銅器製作發明以來，兵器遂亦皆銅製，直至周末，纔有說鑄造鐵劍的。又有犀甲、兕甲、合甲之類：犀甲以犀皮爲之，兕甲以兕皮爲之，合甲則把革合攏來造成的；又胄大概是用革或銅所造成的；又還有弓、箭、杆、楯之類，但於今都沒有傳，我們無從詳知。

周的法制

周以前的法制，除舜時曾定過五刑，以外便沒有什麼顯著的例。但到周的時候，都似乎有很明顯的一大進步；不過關於刑事者多，關於民事者少。於是周以前之刑，五刑（墨、劓、剕、宮、大辟）而外，尚有流刑（有三等之別）、鞭刑、朴刑、贖刑等類，各各依其所犯之輕重大小而適用之。遇有眚災，則赦罪犯；出於故意之罪，則雖小必罰；罪之可疑者，則有從輕論減之例。而至周時，則更增設刵、髡、椓、梏、焚、辜、肆、徙等刑；其幼弱、老耄、白痴者犯罪無罰；又不知而犯與誤犯及遺忘而犯之罪，則皆有恕宥及減等之寬典；又據書經裏面的呂刑看起來，我們可知在周穆王時，曾經有改定過刑章的這事。至於周末，則益復生出種種酷刑如夷族、車裂、體解、鑿顛、抽脅、鑊烹等類。又有所謂鬼薪、城旦之刑者。鬼薪乃使之採薪以奉宗廟，刑期三年；城旦則使之旦起治城，刑期四年。刑事的訴訟，須先訊之於羣臣吏民而後判決；若所決爲死刑，則士師受其宣告書而擇日執行刑事，然有特例，王族及有爵者不刑於市，又婦人亦不得肆諸市朝。此外士大夫與幼弱者及老耄之徒，無使服徒刑；命夫、命婦（大夫之妻）不能自出而身與獄訟，須使臣下代替。民事訴訟之關於人事者，以訟者之鄰人爲證；關於土地者，以邦國之本圖爲標準。貸借的訴訟，以證劵爲本，賣買的訴訟，以約劑爲據而共斷決之；聽訟之日，史官則將原被告之所陳述者記錄了下來。關於犯罪之訴訟，則有使之先入券書及鈞金之例；關於貨財之訴訟，則有使之先入束矢之例。至於出訴的期限，不論民事刑事，隨着地方有其一定之法，經過了那期限，則不復受理訴訟。於是每屆歲終則收集一年間得之於判決了的獄訟之中的，稱之爲法例，藏諸天府，以備他日的參考。

選舉

中國自古代以來，卽有貢舉或曰選舉的一種官吏登庸法。不過這事曾否在夏殷之世行過，不得而知，惟周世則貢舉便借着學制而具備了的。在周則鄉大夫舉鄉之俊秀送於司徒，是曰選士。司徒又舉選士中之俊秀者送之於學，是曰俊士。既經爲司徒所舉者，則雖在鄉而亦免其鄉役亦不奉社事，供田賦；又既舉於學者，則雖在學而亦免其司徒之役，亦不赴軍旅，奉祭祀；而俊士既舉於學又獲免於役，是時則曰造士。大樂正又舉造士之俊秀者，送於司馬，是曰進士。司馬乃論其才調而授之以官，賜之以爵，與之以祿；由鄉進者鄉大夫掌之，大司徒用之；由國學進者大樂正掌之，大司馬用之。鄉學之所進，自選士而成爲造士者，得爲鄉遂之吏，國學之所進，由進士而升者，得爲士大夫。以上云云的這種制度，大概在周初或許曾經行過幾分，然當着那種尊重門閥世襲的時代，以此法取士，殊不見得使多；然我們由春秋戰國之際絕不依賴選舉，以匹夫崛起而爲將相者之多的這一事看起來，足知這個制度已全然不能通行了。

學制

學校制度及教育之道，在堯舜之際便早已發其端；即書經裏說的舜使契爲司徒敷五教，使夔爲典樂教冑子，這都不外是宣布的教育大方針。其後學制漸備，夏世大學曰東序，小學曰西序；殷世大學稱右學，小學稱左學，謂以爲習禮養老及學造文藝之所；及周而更形發達進步。周世大學設於京師，曰辟雍，或曰成均，使自十五歲以至二十歲之王世子、羣后世子、卿大夫及元士之嫡子與地方俊選之士入學而授以禮、樂、射、御、書、數之六藝；（軍人還征之日，受賜獻馘，亦於大學行之。） 小學則州（一萬二千五百家）有序，黨（五百家）有庠，教八歲以至十四歲之庶民之子弟，使習簡易的學科及室家長幼之序洒掃應對之節；又閭（二十五家）有塾，選閭中之有德而致仕者使教閭民。至於諸侯之國也有大學、小學；大學稱泮宮，比之天子的辟雍，其制稍殺。學制是這樣的完整，教育之

中國文字之起源及其變遷

道又是這樣的得法，無怪春秋戰國之交，一時學者輩出，而爲中國的思想界，放其燦然的光輝了。

太古的中國無文字而用結繩。傳稱黃帝之時，蒼頡始制文字，其真否不可知。但黃帝既要幹統一的政治，則想必文字便也有統一的必要，故可以推測那時已經有了文字，這是不會錯的；而蒼頡與其謂爲製作文字，無寧說他是統一文字，或者還對些。然那時的文字和現在的文字形體不同，多爲象形（摸擬物形而作，如日、月、山、水等字。）迨後世應於時代的要求，乃逐次增加其數，從而造爲指事（以象形爲本，增減其點畫，表現事物的性質，如一、二、三、四、上、下、本、末等字）、會意（合二以上的意義之已經成文者而抽其意義，如武、信等字）、假借（已有語言聲音，顧無其字，則借用與此聲音相符的文字之謂，如竹節之節，可假爲節操之節，竹管之管，可假爲管轄之管是）、諧聲（合兩文爲一字，半以表示形質，半以發出聲音，如江、河等字）、轉注（轉換其義使注之於或一意味而言其轉化之字之謂，如音樂之樂，一轉而爲快樂之樂，尺度之度，一轉而爲忖度之度是）等文字。周宣王時，史籀作大篆；遂漸見有字形的進步；及秦始皇時李斯作小篆，已趨於簡易，逮程邈隸書（今之楷書）出世，遂愈加進步了，至漢遂生出真、行、草諸體來。周世還沒有用紙筆，也沒有印版的發明，寫字乃擊碎細小的竹木的尖端，使含漆而書於布帛或板上，書籍則寫在竹簡上面，用革連綴攏來，乃合而卷之，以便保存；這便是今世稱數書籍爲卷或篇之所由來。

古代的書籍

古代的書籍，云有三墳（三皇之書）、五典（五帝之書）、八索（八澤之誌）、九丘（九州之地理書）之類，俱不傳於今世；今所傳的三墳，屬後人僞造。但尙書、詩、易、禮，已傳及今茲，則這些書籍，便不能不算是最古的。尙書又叫書經，記自堯舜以來，至秦穆公之歷代君臣的典謨誓誥等類，有虞書五篇，夏書四篇，商書十七篇，周書三十二篇。原來比這還要多，據稱被孔子刪去了。詩由風、雅、頌的三類而成：國風載各國的歌謠；雅乃燕饗朝會的樂歌，分大小；頌乃宗廟的樂歌。據稱原來凡有三千餘篇，也是被孔子刪削過，只剩下來三百十一篇，今又失六篇云。易爲卜筮之書，被稱爲諸學之本，據云伏羲畫八卦，文王作彖辭，周公又作爻辭。禮由記周的官制之周禮和記冠婚喪祭燕射朝聘等之儀禮而成，云是周公所作，而禮記則孔子以禮教授門人時，據周禮、儀禮所編纂而成者。此外之古籍，有管子、老子、春秋、論語、墨子、孟子、莊子、荀子、韓非子及其他諸子百家之書與左傳、國語、戰國策等。

文章詩歌

中國文章之起源，在太古時候便已有了，然夏以前的文章不傳於今，莫由知悉。而如尚書的堯典、舜典、禹貢等會是夏的史官所作，若湯誥，若洪範，據云爲殷人所作，那麽，把這些文章看起來，可知夏殷兩代文學的進步。若夫周世，則文辭日益華美，降至春秋戰國，遂呈一極大偉觀，後世至謂此爲文章極盛的時代。照世界各國的通例，凡韻文皆起於散文之先，故中國的詩歌，想來也是要比文章早起。但太古之作既已不傳，只有舜和皐陶的股肱元首之歌，便是最初詩歌之見於書中者。其次由夏而殷，有一稍稍進步之事實，則讀詩經裏面的商頌，便可窺見其一斑。至於周世，則詩歌大見尊重，太師掌之於王朝，樂正以之教國子，天子聽政之時，使公卿以下列士獻詩諷刺，並且巡狩之際，使采詩之官，陳列國之詩，以察知民俗，窺見情僞，於是詩人以此爲叙情之具，王者以此爲爲政之資，學官以此作爲教育的科目；這大概不獨是當時的詩歌發達、進步，並且是致於隆昌之極而流行於天下之所由然。而當時的詩，或爲四言或爲五言，句的長短，雖無一定，然善能抒情寫景，質實無後世浮華纖巧之弊，大足爲窺見是時人情風俗之助。

學術興起之原因

周初重禮樂，文物典章，極一時之盛美，已陷於繁文縟禮之弊，顧有造言之律（周禮卷十地官『以鄉八刑糾萬民：一曰不孝之刑，二曰不睦之刑……七曰造言之刑，八曰亂民之刑。』鄭註：造言訛言惑衆，亂民亂名改作，執左道以亂政也）以取締言論的自由，禁制異說的流行，故新學無自而興。逮春秋以降，王室衰於上，諸侯爭於下，因而解脫思想的束縛，開出言論自由的道路來，於是說治國濟民者多有。及至戰國，天下益加麻亂，上下階級全毀，政府的管束，社會的制裁，都成了束手無可施爲的狀況。如是，信道篤而欲以救民之士，亦有欲以求名立身者，遂四方蜂起，各述其說，各鬪其意見，結果則諸派之學並興，而漢族的智力學問也就以這一時代發達臻於絕頂是這樣子當時勃興起來的學派則有儒道楊墨法兵名縱橫等諸家是之謂諸子百家之學。

儒學

孔子的事蹟

儒學之祖爲孔子。孔子名丘字仲尼生於西紀前五五一年魯之昌平鄉。十五歲卽志於學三十而學成五十五歲仕於魯定公末一年而國政大整遂爲司寇。至哀公因不能用其所言乃辭官而去周遊諸國者十八年。歸魯後遂叙書刪詩序易作春秋以西紀前四七九年七十三歲而卒。孔子之說以仁爲人的行爲之大本以修身齊家治國平天下爲目的以詩書禮樂爲至德的工具門人集錄其言行爲論語二十篇這部書便是窺知孔子學說的唯一經典。其門人有三千人而學德俱勝六藝兼通者凡七十二人就中德行則數顏淵閔子騫冉伯牛仲弓政治則數冉有子路言語則數宰我子貢文學則數子游子夏是爲孔門的十哲云。後來這些徒衆分居四方祖述孔子的學說。次至子思孟子荀子出均倡道儒學而儒學遂普及於天下。及漢而大被采用遂成後世中國政教的基礎。乃更經朝鮮而波及於日本在東洋風化上遂給與以極偉大之影響。

子思孟子荀子

子思爲孔子之孫而鯉之子。名汲，受學於孔子之門人曾參，長著中庸一書，以誠爲人的行爲之基礎，明孔子之道。孟子名軻，鄒人，西紀前三七一年時生，受其母三遷之教而成人，長乃受學於子思之門人。孟子之說，雖說是全祖孔子，但尊王、賤霸、重仁義、輕功利、唱性善，固自有其獨到之處。遊說諸國，既不見用，遂歸，退而與萬章之徒問答，作爲孟子七篇。孟子至漢以後，始漸見尊崇，及唐之韓愈稱其有和孔子相等的價値，迨宋儒刱性理之學而孟子遂被推崇爲儒學的正統。荀況亦曰荀卿，趙人，後孟子五十餘年生，曾仕齊三爲祭酒，被讒而去之楚，爲蘭陵令；又爲讒退之趙，則復被召還楚，仍爲蘭陵令。其所著有荀子三十二篇，顯著之點，則說性惡和孟子的性善說作正反對。如是荀子之學，雖亦爲祖述儒道，但因其抵排孟子及子思，遂被視爲邪道，而其學識卓見，終致湮沒，爲後儒所排議，卒以孟子稱儒學的正統。

道學

老子的事蹟

道學之祖爲老子。老子姓李，名耳，差不多和孔子爲同時代的人，生於楚之苦邑（河南省歸德府鹿邑縣）云。仕周爲藏書室史。然其事蹟極不明瞭，惟據傳稱，則彼見周室的衰微，遂去欲往西方，過關時，令尹喜說：『子將隱矣，請強爲我著書。』遂著一書，飄然而去，不知所之云云。故很有人對於他的實在甚爲懷疑之說。其書分上下二篇，凡五千餘言，後人名之曰道德經。老子之說，主於淸靜無爲，故仁義禮樂在所排斥，以絕聖棄智服從自然爲極則。蓋不外懲於周末之紛紛失其秩序，實原於盛周之繁文縟禮，故欲使之復返於太古醇朴之世云爾。要之，老子之說，欲直以之應用於人的行爲上面，其事極爲困難，故我們與其稱之爲眞理，無寧說他的是一種理想。顧其所言至爲奇拔，其用意又至爲飄逸，以此之故，遂有大影響及於人心，以至文子、關尹子、列禦寇、莊周之徒出，皆祖述老子而別出機軸。後世則尤以老子之說本於黃帝，遂假託附會之而創與一種所謂道教的宗教，大行於世。

列子與莊子

列禦寇鄭人，著有列子。其說本於老子，所主張的，則齊是非，一生死；故世稱其說出於老子，而較老子更加逸出方外云。莊周者宋之蒙人（河南省歸德府城東北），曾傳其爲漆園吏，但亦莫知其詳。其行動也極類似老子，或傳其却楚威王之聘，終身不仕云。他雖和孟子生在一個時代，然互不相知，其爲學極博，以其神絕的一枝奇筆，著莊子十餘萬言。其說自老子出而自立一家之見，每笑儒墨的偏狹，以寓言弄其奇幻，汪洋自恣，殆有不可以端倪者；顧其文縱逸奇變已極，允足爲諸子中之傑出的。

楊家之學

楊家之祖爲楊朱，然其事蹟無傳，我們竟一點也不知道。其說以自愛快樂爲主，謂人生如朝露，須全身逸而生樂，拔一毛而利天下既所不爲，悉天下以奉一身亦所不取。就是說人須以目前的快樂過其一生，損己利人未見其可，蓋所謂快樂說耳。

墨家之學

墨家出於墨翟。墨翟爲宋之大夫，後孔子而生，其所著有墨子。其說恰和楊子相反，以兼愛爲主。謂天既知且貴，以主宰天地萬物而兼愛之，則爲人安可不敬事天？又安可不則天而兼愛？又彼排奢侈，尚節儉，去音樂，省葬儀，生不歌，死不服，博愛施衆，粗陋其住居、衣服、飲食，不可以困窮介意……這也是墨說的特徵。傳其說之有名者，爲班鳩、禽滑釐、胡非、隋巢等。當時楊、墨二家之說，極惹世人的法意，傾向之者極多，故孟子遂盡力以排擊之。

法家之學　法家之學，以名正形，明君臣上下之分，信賞必罰，以治天下；謂仁義禮樂，非切要之圖，遂主張廢棄仁義禮樂而以法術治天下：法者吏之所以治民；術者君之所以御吏。此一學派，發源於管仲、李悝，其徒有申不害、商鞅、韓非等。皆以法術助諸侯而策天下之治。管仲相齊桓公，既舉了實勣，又欲風化天下，乃著管子；李悝收集諸國的刑書，作法經六篇（盜法、賊法、囚法、捕法、具法）大大鼓吹法術的要道；申不害則專說術，商鞅則專唱法，韓非則合法術而兼言之，著韓非子以述其意。韓非爲韓之公子，與李斯俱學於荀況，長於法術、刑名，慨韓之不振，作孤憤、五蠹、說難諸篇，張其峻厲之說，每每出人意表，遂爲秦王政所招致，而赴秦，爲李斯所讒而死；但是後年始皇所施行政策的一端，實在是從韓非的學說胚胎出來的。

名家之學　名家之學，盡屬詭辯，實不過論理學之一端。其徒以趙人公孫龍爲始，後有鄧析、惠施等。其所弄的詭辯，如白馬非馬、堅白同異、雞三足、臧三耳之類，都是以混淆是非真僞爲得意的。公孫龍的堅白異同論說：「堅、白、石三可乎？曰，不可。二可乎？曰，可。謂目視石但見白不知其堅，則謂之白石；手觸石，則知其堅而不知其白，則謂之堅石；是堅白終不可合爲一也」云云，即可以知其一端。

兵家之學

兵家之說乃論兵術者。當春秋、戰國之際，百家之學，爭鳴於時，加之又是戰亂靡有底止的時代，於此時而有說道兵術者出，這我們實不能不說是當然的果也。孫武、吳起遂爲斯說之鼻祖而起。孫武齊人，著孫子十三篇爲吳王闔閭之師；吳起衞人，著吳子四十八篇，初仕於魯，後仕於魏武侯有功，旋去而適楚爲悼王相。後世言兵法者，必取孫、吳之說，然即其文章，亦復莊重雅健，故爲學者所樂誦。

縱橫家之學

縱橫家祖鬼谷子，傳爲蘇秦張儀之師，然事蹟不詳，不能知。惟其說則主於以陰謀權術操縱天下，抑又可以認出其曾斟酌儒、墨、法、名諸家之說而自立其言的痕跡。如是蘇秦、張儀遂敷衍師說，游說諸侯而立合從連衡之策。繼蘇、張而起者，有公孫衍、蘇代、蘇厲、周最、樓緩等人，皆祖述其主義。以上各家之外，尚有尸佼、陳仲、彭蒙、田駢、愼到、鄒衍、鄒奭、許行等，亦各各自唱了一派的學說。

賦家

戰國之世，是這樣的諸子論說蠭起雲湧，互鬬其主義主張，顧楚有屈原者，獨以文章詞賦顯。屈原名平，字原，楚之同姓，仕於懷王，爲三閭大夫。入則與王圖議政事，出則應對諸侯，謀甚行，職甚修。然卒被讒，爲王所疎，由是鬱鬱不樂，輒不能禁其憂愁悲哀之情，乃作離騷，以寓其心懷，以冀王之一反省。顧懷王爲張儀所欺，入秦不歸，遂死於秦，其子襄王立，又信讒言，遷屈原於江南。原於是放浪山野，又作九章，援天引聖以自明，乃王終不省悟，遂投汨羅（湖南省長沙府湘陰縣北西的河）而死；而其離騷則爲後世詞賦的模範，屈原遂被稱爲賦家之祖。其門人宋玉，亦長於賦，作九辯以悲其師之放逐；又作神女、高唐二賦，托之寓言以諷楚之君臣。

天文學

天文學至周頗見進步，推測星宿運行之術亦開，分天體爲二十八宿。（謂將周天之星分爲二十八，四方各有七星：卽東方——蒼龍——有角、亢、氐、房、心、尾、箕，北方——玄武——有斗、牛、女、虛、危、室、壁，西方——白虎——有奎、婁、胃、昴、畢、觜、參，南方——朱雀——有井、鬼、柳、星、張、翼、軫是）。又將列國的領土分配於

曆法

天體，名曰分野。謂屬於分野之分星，若有變異之時，則此分野之國，當有災難；如是看天象的如何，以徵候吉兇的占星術（astrology），便發達起來了。齊有甘德，魏有石中，俱以星占有名。曆法在周，也多少起了一點變動。夏以建寅之月爲正月，殷以建丑之月爲正月，周以建子之月爲正月便是以十二支分方位，正北爲子，正南爲午，正東爲卯，正西爲酉。據北斗星光芒所指之方向而別爲建寅、建丑、建子等。故周之正月，適當夏的十一月，而殷的正月，適當夏的十二月，夏的正月，則現在太陰曆的正月便是。歷代的正朔，是這樣的各自不同，然夏曆行得最古，故降及周世而用之者猶實繁有徒。

醫術

醫術說是神農氏的時候便已經有了的。然在古代，其術至爲陋劣，多以巫覡兼之，藥劑則不過草根木皮之類。但周世則此道甚爲進步，有疾醫（內科醫）瘍醫（外科醫）掌視聽患者之容色聲音而治其病。又有獸醫，則主管整治獸類的疾病。而歲終則有使醫師報告其死亡者之數於官之規定。醫師之有名而顯於春秋之際者，則有像扁鵲那樣的名手，然大概則是時醫者之數甚少，諸侯罹疾病時，往往從鄰國去聘請醫師來，民間則許多依然迷信巫覡等的整治法。又鍼灸之術，當時已行於世。

音樂

中國的音樂，說是從黃帝時伶倫取崑崙山嶰溪之竹作十二律（謂六律六呂也。以黃鐘、太簇、姑洗、蕤賓、夷則、無射的陽六爲律；以太呂、夾鐘、仲呂、林鐘、南呂、應鐘的陰六爲呂）而起，其後歷代大行。雖各有變遷，然至周，一則周公判定禮樂以之爲治國的要具，故音樂遂大見進步。樂在舜時有舜的大韶之樂，在夏有禹的大夏之樂，在殷有湯的大獲之樂，在周有武王的大武之樂。又有雲門、咸池（黃帝之樂）之樂，雲門以祀天神，咸池以祀地祇。至於祀四望則規定了舜大韶，祀山川則大夏，享先妣則用大獲，享先祖則用大武。樂器分金、石、絲、竹、匏、土、革、木的八音，以鐘爲金，磬爲石，絃爲絲，管爲竹，笙爲匏，壎爲土，鼓爲革，柷爲木。而鐘有頌鐘、編鐘之類，絃有琴瑟之類，鼓有鼖鼓、鼛鼓之類，故樂器的種類甚爲繁多。樂官有大司樂、少司樂以掌舞樂，有大師、少師、大胥、少胥、磬師、鐘師、笙師、籥師以掌器樂。音樂的進步至於如是，故精通音律者輩出，如州鳩、師摯、師襄、師曠等皆顯名當世。

繪畫

繪畫至周，也似乎極其發達。云有司繪之職，掌繪畫之事以描畫衣服等物；然詳細的事實，莫可得而徵，故不能知，唯論語有『繪事後素』一語，和其他關於繪畫的二三史實散見載籍而已。

雕刻

雕刻則有所謂玉人者，主於雕琢寶玉，又有雕人之官，掌雕刻之事，所以似乎此道的技術也是很進步了的。

器物的製作

若夫器物的製作，則有攻木、攻金、攻皮、搏埴等諸工各專其業，而作車之法與製弓之術最爲進步。又是時已知用漆之術，惟用於陶器的泑藥，則猶未有發明者。

織物

織物有絹與麻布之二者，用以作衣服。絹有綾羅之類，麻布有絺綌之類，各各的種類都很多。又有染草之官，掌用染草以染絲之事，若布帛則是時已有刺繡之術了。

農業

農業從古以來，便上下都盡力於此，故至周而大見進步發達。周世有草人、稻人、司稼等官，以監督田圃的稼穡之事。人民各皆受田百畝，從事耕作。耕作的方法，兩人相並而耕，故曰耦耕。所播種的穀類，概爲稻、粱、菽、麥、稷、黍。施肥料，除害虫也有種種的方法。養蠶亦已盛行，人民各在自家宅地的傍邊，栽桑而耕作之，於農暇便養蠶，繭成後，有稱繭稅者，隨桑之多少而納繭。

商業

商業在周也極其發達。然政府有種種的干涉，大概在爲政上有這種干涉的必要爾。其時有司市之官，掌市的治教、政刑，以禁止華靡之物，絕去詐僞之風；又有肆長之官，以監督陳列的貨物，不令有美惡混淆之弊；又有賈師之官，則訂定貨物的價值，使無貴賤不淸之事。若夫賣買的物品，則有種種的制限：不得販賣圭璧、璋服等宗廟之器與夫戎器兵車之類；又用器不當其度，布帛的精粗不當其數者，也不許到市上去販賣。市有大市（以百族爲主）、朝市（以商賈爲主）、夕市（以販夫販婦爲主）之別，大市行於日昃，朝市行於早晨，夕市行於晚間。又有旅商，則周歷各地，從事賣買者。而其時各地都有關門，課出入貨物的稅，若有竊關而圖漏稅者，則收沒其貨物。至於貨幣，則齊的法貨，周的大錢，韓的宅陽諸布，至今猶有存者，很可相信。

人民的氣質

周與禮樂，盛文物，故人民亦皆傾向文化，而養成優美的氣質；然其弊則流於文弱，失喪氣力。不過這也各各依於諸侯之地，而各有其不同之點：如齊人之儇黠，秦人之武勁，楚人之輕果，皆其顯著之例。及到戰國之時，則一般人士，又生出活潑有爲的風氣來。通古今而觀之，中國人的氣質，南北總不一其揆，這是由於土地的形勢而顯出地方的特色來的原故。蓋西北之地多山嶽，東南之地多川澤，故西北之人勁直而勇悍，東南之人寬柔而和易。而勁直之弊，則流而爲鬬狠暴戾，則須以嚴致平；寬柔之弊，則流而爲偸懦浮薄，則須以寬爲治。又勇悍之弊，雖失於亂，其兵則有持久之便；和易之弊，雖失於弱，其兵則有速戰之利：故南北爭持時，南方常至於不振，北方則每制勝利。

人民的區別

中國自太古以來，其人民就有士、農、工、商的四大區別，至周世則這種區別甚爲嚴重，士之子恆爲士，農、工、商之子恆爲農、工、商；卽職業是世襲的，顧亦有特例，往往有出身農、工、商而被選爲士的，亦有士進而爲卿大夫的。洎夫春秋戰國之際，則一個人只要有材能，縱是庶民，亦能自致卿相，而上言的區別，乃全然崩潰。

家族之關係

而家族之間，則尊卑長幼之別，極其嚴重，子必從父，妻必隨夫。抑男女之間，則相別尤嚴，七歲便不許其同席，卽授受亦不得相親周重禮樂，以此爲治國之要具，其結果則影響及於風俗、習慣上面者極多極多。周禮之中有冠婚喪祭燕射朝聘等的儀式，就中喪祭最爲重視。

祭祀

祭祀自太古以來即已盛行。而周則尤加尊重，凡天、地、山、川、林、澤等皆祭之。祭祀之中，郊祀與社稷之祭，允稱重典；郊祀乃天子築壇於國都之南郊，燔柴以祀天神中最尊之昊天、上帝而以其祖配享之；社稷之祭的社乃地祇，以后土配之，稷乃穀神，以后稷配之。郊祀只限於天子，諸侯雖得建社稷，然不能祀昊天與上帝。又天子可以祭九州的名山、大川，諸侯則國境以外的山川，便不能往祭。凡有旱災、日蝕等時，必行祭事。

喪葬

喪葬天子及諸侯五日而殯，大夫士三日而殯，天子七月而葬，諸侯五月而葬，大夫三月而葬，士踰月而葬。而王葬同軌（中國諸侯之義）悉至，諸侯之葬，同盟悉至，大夫士之葬，外姻悉至，庶人之葬，族黨來會。棺槨天子四重，諸侯三重，皆用松；大夫二重，用栢；士一重，用雜木。又製竹器瓦器之類，納於棺中，名曰明器。喪期若爲父母者，則服斬衰（不緝系的喪服）三年，自天子以至於庶人皆同；

若爲祖父母伯叔父母昆弟者，則服齊衰（緝了系的喪服）一年；若爲從父昆弟者，則服大功（喪服名，布之精者曰大功）九月；若爲再從兄弟外祖父母者，則服緦麻（黑色的麻喪服）三月。而在父母的喪中則不論貴賤一般只食飦粥，年五十纔不毀瘠，七十則只服衰麻，並得飲酒食肉。

冠禮

冠禮男子年至二十則行之以表其爲成人。行時，先卜日的吉凶，次卜其加冠者，至期，則冠者之父著禮裝，將爲子加冠之人迎來，使爲子加冠且字其子。加冠既竣事，乃有見兄弟姊妹及鄉大夫鄉先生之禮。以上爲士冠禮，即此可以推知其餘，故以外略。

婚禮

婚姻以男子三十而娶，女子二十而嫁爲常例。結婚必與異姓，氏族雖別，若爲同姓，則仍不得相婚。婚姻有納采、問名、納吉、納徵、請期、親迎的六禮，自王侯以至於庶人都莫能外。便是將欲娶女之時，以雁爲贄，使媒人致其意於女父，是謂納采；若得了女父的允許，則更問女的名字，是謂問名；媒人歸來，乃卜吉凶，若屬吉時，則遣使者相告，是謂納吉；其次納玄纁之帛十端與皮二枚作爲證據，是謂納徵；納徵既畢，則請婚期，是謂請期；期日既至，爲婿者則乘黑車赴女家親往迎接，是謂親迎。諸侯之女，嫁往列國時，使其姑姊姪娣相從而爲列妾，蓋夫人若死，則以姪娣相代，故謂諸侯一次娶九女云。而天子則后以外，尚有婦人、嬪御、世婦等等，即庶人亦可公然蓄妾，這固然是原於一夫多妻的遺風，抑尚有一重視嗣續的理由在內。

鄉飲酒之禮

鄉飲酒之禮，乃每三年則集一鄉之人而爲酒宴，鄉大夫爲主人，其鄉之父老爲賓客。在父老之中則指定一習知禮儀之耆宿以爲賓，其餘則爲衆賓。乃自年長者起，順次依年齡的長幼坐定，飲宴之時，有樂人來歌詩奏樂。此禮爲欲明長幼之序，習賓主之儀，故屬必要。

衣服

衣服依貴賤而有等差，一般則有上衣下裳之別，以絹布及麻布之類作之，袖闊而裙寬，爲防寒之用，則盛用狐裘與羊裘。若吉服之制，則有種種的區別：天子祭昊天及上帝時，則服羔羊之裘；享先公時，則着衮龍之衣；享先公而爲饗射時，則衣畫上雉子之服；祀四望及山川之衣，則上畫虎蜼（獸名，猴之一種）祭社稷及五祀（春戶、夏竈、秋門、冬行、——卽路，亦有謂井者。——季夏中霤。）時之衣，則其上縫爲粉米之狀，祭羣小祀之時，則着玄衣以爲例；公的吉服，自袞龍以下，悉與天子同；侯伯的吉服，自畫雉以下悉與公同；自子男以至卿大夫，皆各降一等。

冠冕 冠冕則夏世云有收及毋追，殷世有冔及章甫，然其體裁已無可稽考。周世則有冕（有麻冕、袞冕、毳冕、希冕等等、）雀弁（一云爵弁外尚有皮弁、韋弁、武弁等、）委貌等類，其體裁猶能詳知。

雜佩 佩帶之物，其數極夥；謂男子左佩紛（拭器之巾、）帨（手巾之類、）刀礪、小觿、金燧，右佩玦捍、管遰（刀殼子、）大觿、木燧；女子左佩與男子同，右佩箴管、線纊、鞶袠、大觿、木燧。

頭飾 頭飾男子爲小兒時，將頭髮分開而結之，是曰弁髦，長則以黑布裹髮而簪以笄，以帛束髮根垂髻於後以爲飾；女子長則以髢束髮插以櫛笄之類。

飲食 飲食則每日三餐以爲常食物，於穀類蔬菜而外，並食鳥獸之肉。穀類爲稻米、菽、麥、黍、稷之類，多蒸而食之；蔬菜爲葱、薤、薑、荼之類，或以爲羹或雜入鳥獸的肉裏面；鳥獸之肉，以雞、鴨、雉、雁及牛、羊、犬、豕爲主，而馬、鹿、熊、狼等類亦供食用。飲用之物則有酒、醴、漿、涪。酒（云夏禹王時儀狄始造之）爲饗宴時的必備品；醴乃甘酒，主於用在儀式之時；漿乃酢類，食時用之；涪則肉所煑成之膏汁，亦用於食時。——此外飲料尚多。

住居

住居在周世似極其發達進步，尤以王宮之制作，爲最達於完全之域；設五門（臯、庫、雉、應、路）造六寢（路寢一小寢五），立內朝外朝之區別。惟王侯之宮殿及官衙等屋上，大概皆覆以藁茅之類；亦似有蓋瓦者。但若信史記裏面所說的『秦軍鼓譟勒兵，武安屋瓦盡震』云云，則到了周末，想必都市的屋宇，大概都是用瓦蓋了。中流以上的住宅，在屋內分設種種的房室，敷筵以供坐臥之用；這是緣於當時有在戶外脫履登堂而坐的習慣之故。

第三章　兩漢及三國時代之文化

秦始皇帝之內政

秦王嬴政，襲父祖之餘烈，平定六國，統一天下，自謂德兼三皇，功過五帝，遂號始皇帝，都咸陽（陝西省西安府）。帝懲於周末諸侯之弊亂，納李斯之言，布郡縣之制，將天下分爲三十六郡，置守、尉、監以治之，割賦稅之所得以支給諸子功臣；朝政掌於丞相，兵政掌於太尉，而使御史大夫監察之，以分臣下之權；收民間兵器以防禍亂，聚天下富豪於咸陽以富京師，重中央君主之權，而弱地方臣民之力。帝又盛興土木，建阿房宮於渭水之南，諸郡置離宮七百，屢屢巡幸各地方，行封禪，以示其帝威之盛。

始皇帝之外征

當時中國北方有稱匈奴（與獯鬻、獫狁、玁狁同，皆Hun之對音）之土耳其種遊牧民族者，戰國時屢屢南侵，至秦而其勢至爲强盛。始皇帝乃命蒙恬將兵三十萬，使擊匈奴，斥之陰山之北，盡收河南之地（內蒙古阿爾德斯）

秦之失政與羣雄之興起

增築曩者燕趙等所設之長城，起臨洮（甘肅省鞏昌府岷州）至遼東，以殺其南侵之勢；又征南方百越，新置三郡，曰南海、桂林、象郡（廣西及安南之地）。發兵五十萬駐屯五嶺（湖南和廣西境上的五山）至是而秦之疆域，殆倍於周時。

當是時，戰國餘習猶未盡泯，學者之中，對於新政，有好爲是非議論者，始皇帝於是發挾書的禁令，蒐集民間詩書而燔之；又坑殺儒生四百六十餘人，欲以鎮服人心。顧土木繁興，征役不絕，奔命既疲，民怨其上，加以六國遺臣，又正在相機伺隙，隱隱欲動。於是西紀前二一〇年始皇帝死，二世皇帝立，既愚且暗，秦政以亂；楚人陳勝吳廣起於蘄（安徽省鳳陽府宿州），楚之舊臣項梁與其姪項羽起於吳（江蘇省蘇州府），用范增之計，立楚懷王之孫心爲懷王；沛人劉邦亦起兵於沛（江蘇省徐州沛縣）以應之；此外起兵者尚夥。二世乃遣章邯等先破陳勝吳廣之兵，進而斬項梁；然旋爲項羽破於鉅鹿（直隸省順德府平鄉縣），遂降羽，自關以東，無復秦兵的遺留。其間，劉邦則受懷

秦之滅亡

王之命西進，破嶢關（陝西省西安府藍田縣）至霸上。先是，秦趙高專權，殺二世立公子嬰，嬰又誅高將欲振紀綱，而劉邦之兵已至，子嬰遂素車白馬面縛請降，時則西紀前二〇七年也。秦自始皇帝至是凡三世，僅十五年而亡。

楚漢分爭

項羽怨秦之殺項梁，必欲滅秦。既定河北，乃西行入關，則秦王子嬰已經降了劉邦，乃燒秦宮室，殺子嬰。復嫉劉邦之功，聽從范增之計，欲殺之於鴻門（陝西省西安府臨潼縣）而未果。項羽於是背懷王先入關中滅秦者則爲其地之王之約，而封劉邦以巴、蜀、漢中之地，使爲漢王，以關中與秦降將，使斷劉邦出中原之道；稱懷王爲義帝，移之江南，旋遣人殺之。羽乃自據彭城（江蘇省徐州府）號稱西楚霸王，而封其他諸將於各地。劉邦乃忍氣呑聲，率兵就國，任蕭何爲丞相，張良爲謀臣，拜韓信爲大將，以俟時機的到來。已而田榮及陳餘怒項羽之不封己，乃在東北自立爲王，項羽親率兵伐之。劉邦乃乘此機會襲關中，復進而平定黃河南北，入洛陽爲義帝發喪，檄天下數項羽之罪，引兵五十六萬入彭城。項羽聞之，率精兵三萬急還，破劉邦之軍。劉邦乃扼之於滎陽（河南省開封府滎陽縣）成皋（河南省開封府汜水縣）之間，別遣韓信徇河北搗楚之背以絕其糧道；項羽不得已，乃與劉邦和，二分天下，約鴻溝（汴河）以東歸楚，西歸漢，乃東歸。然劉邦復用張良陳平之謀，破棄和約，追躡楚軍，圍項羽於垓下（安徽省鳳陽府靈璧縣）。項羽潰圍走烏江（安徽省和州城東北），自刎而死。劉邦遂以西紀前二〇二年卽帝位，初都洛陽，繼用劉敬之言，遷都咸陽，定名長安；這便是漢的高祖。

漢高祖的政策

漢高祖起身微賤而有天下，大臣諸侯亦多出自匹夫，不嫻典禮，遂有紊亂朝廷的秩序者；博士叔孫通乃勸高祖定朝儀，旋取則於秦之舊制，訂定宮制及法制。然高祖鑑於秦之滅亡，乃廢郡縣，復封建，封子弟功臣為王侯；顧又懼功臣之漸卽於強橫，乃竊備之；如韓信、彭越、英布等悉誅除之，盡收其地，以分封宗室之子弟；以故高祖末年，同姓之為王者凡有九國，各各模擬帝室制度，置官屬，至其富強殆不亞於帝室，遂為後年吳楚七國之亂的起因。

高祖與匈奴

初，匈奴乘秦末之亂，南下侵河南，又滅東胡，其勢日趨於隆盛，至高祖末年，冒頓單于遂大舉入寇，陷馬邑（山西省朔平府朔州），南抵太原（山西省太原府太原縣），晉陽（山西省太原府）。高祖親將伐之，却被圍於白登（山西省大同府大同縣之山），用陳平之計，始漸解圍，旋議和，令單于尚公主，贈以幣物，結其歡心，北顧之憂，於以緩和。

呂氏之亂

高祖死，其子惠帝立，柔弱多病。然其母呂后，饒有才略，當創業之際，曾與高祖共艱苦，故常參與政治，爲諸王諸臣所憚。至是以帝多病，不能親政，乃乘此攬大權；及帝既死，遂親自臨朝稱制，用諸呂以壓劉氏，呂氏族人幾將奪天下。未幾，呂后死，劉氏諸王，與陳平周勃等，謀共誅諸呂，以絕其難，於西紀前一○八年迎立惠帝之弟代王恆，這便是有名的漢文帝。

文帝之治

文帝始居地方，深通民情，故既卽帝位，卽以儉仁質素臨民，除肉刑，免田租，定賑窮養老之禮，於是天下大治，國用充實；後世至稱其治績爲秦漢以後第一。然自高祖以來，據形勝，擁重兵的一些王侯，見文帝以代王入承大統，又見其是那樣的寬厚仁恕，遂益發驕縱，不復把帝室放在眼裏。濟北、淮南諸王謀反，吳楚齊的諸王，亦皆驕恣，賈誼看破這種患害，乃上治安策，說急宜抑損諸王。於是文帝於齊王襄死後，分封其諸子爲齊、濟北、濟南、菑川、膠東、膠西六國，以割其勢；然吳楚二國，猶擁有大封。

吳楚七國之亂

文帝死，其子景帝立，鼂錯爲御史大夫，屢進削藩之說，每有罪過，卽削地，趙、楚、膠西等皆被削，於是諸王皆怨朝廷。既而削及吳地，吳王濞遂反，楚、趙、膠西、膠東、菑川、濟南的六國，都起而響應之，以誅鼂錯爲名，北結匈奴，南連東甌（浙江省之地）竊與齊、濟北等私通作亂；是爲吳、楚七國之亂。帝於是大驚，斬鼂錯以謝吳、楚，然反王等猶不服，乃拜周亞夫爲大尉，領三十六將軍使討之。亞夫至洛陽，與吳、楚軍戰，破之，反亂悉平，時爲西紀前一五四年。此後帝遂留置諸侯王於京師，以其所封之國的租稅衣食之，不許就國，由朝廷各遣國相以執其國政，故有封建之名，而實際則去郡縣不遠。自是天下承平無事，國家日益殷實，府庫充溢，至於太倉之粟，紅腐不可食云。

武帝之文治

至景帝子武帝立，雄才大略，不可一世，益以承父祖以來豐富之餘，故其

朝鮮征伐

御世五十四年之間，文教盛於四海，國威振於遐方。自秦始皇燔書坑儒以後，學術久已不振，及高祖用叔孫通，惠帝解除挾書之禁，又經文景二帝之世，而後學術始漸次勃興，然猶以黄老申韓之雜學異説爲主。迨武帝即位，始建年號，詔求賢良之士，罷斥諸子而尚儒學，設大學，置五經（易、書、詩、禮、春秋）博士，又多多招集文人詞客。惟時淮南王安訪求四方學者，河間王德探尋先秦遺書，又有公孫弘、董仲舒、司馬遷、司馬相如、孔安國、東方朔、朱買臣、枚皋等學者文人輩出，如是文運遂勃焉以興。即武帝之武功，實尤優於其文績，版圖之大，乃較秦時更增一倍。

古朝鮮之地，乃當今盛京省之南部，東起大同江，西至遼河，謂堯時有祖檀君者曾建國於其地，然史實無考。殷亡後，箕子奔其地爲王，傳至後裔箕準，國爲燕人衛滿所篡，乃遁往南方的馬韓；於是衛氏代箕氏爲王，威振於四鄰。至其孫衛右渠恃勢不肯服漢，更殺漢之邊吏，武帝乃遣楊僕以西紀前一〇八年討滅之，置真番、樂浪、玄菟、臨屯四郡，遂與三韓之境接壤（三韓謂馬韓、辰

南方經略

韓，辨韓，就中以馬韓爲最大，據有半島南部，辰韓居其東，辨韓居其南。

初秦南海郡（廣東省之地）尉趙佗，在楚漢紛爭之際，曾併桂林（廣西省之東境）、象郡（廣東省廉州雷州二府及安南之北部）以爲己有而自立爲南越王。會高祖統一天下，乃降漢受册封。而南越之北有閩越（福建省之地），閩越之北有東甌（浙江省之地）。武帝時，閩越勢强大，破東甌，侵南越，武帝乃討平閩越以救南越，於東甌之故地，封一東越王；其後南越亂，殺漢使，接著東越王也反叛起來，武帝乃悉討平之。先是，中國的西南部自秦滅後，仍復其化外之舊。武帝時，欲令唐蒙通於夜郎國（貴州遵義府），以便張騫經夜郎通身毒（印度）。然不果，僅達於滇國（雲南省雲南府）。至是，武帝以討平南越之餘威，遂降有邛、（四川省寧遠府）筰（四川省雅州府）、冉駹（四川省茂州府）諸蕃。

匈奴征伐

匈奴有冒頓之後老上單于者出，奪月氏之地，其版圖遂東自朝鮮，西抵圖伯特（Tibet），日益强大，心輕漢室，屢屢寇邊。武帝欲雪累世之屈辱，乃命衛

和西域的交通

靑、霍去病、李廣利等出師征討，越狼居胥山（在喀爾喀部）抵瀚海（外蒙古之杭愛山）盡收河以南之地置五原、朔方二郡。尋又出兵隴西，斷絕匈奴和天山南路間的聯絡，定河西，置武威、張掖、酒泉、敦煌四郡而實以屯田之兵；由是匈奴遠遁，漠南更不見有王庭，而往來西域的道路，亦至是始開。

西域爲中國本部以西的諸國之總稱。東起玉門關（甘肅省安西州敦煌縣西）、陽關（敦煌縣西南）西至葱嶺，其間凡有三十六國，後又分爲五十餘國，皆在匈奴之西，烏孫之南，都爲匈奴所役屬。葱嶺之西有大宛（Fergana）、康居（奇爾吉司荒原）、奄蔡（Alani）；其南有大月氏、安息、罽賓（Kashmir）諸國。安息爲拔爾其亞（Parthia）的阿爾沙克司（Arsaces）朝，曩曾與大夏(Bactria) 共畔條支(Seleukos 朝)而獨立，旋破條支國威頓揚，而大夏則爲月氏所滅。月氏在秦漢之際奄有河西之地，其後見逐於匈奴，西走，更爲烏孫所逼而移居媯水(Oxus)河畔，旋滅大夏而據有其地，建大月氏國。武帝之征匈奴也，遣張騫於大月氏，欲結之謀與挾擊匈奴。顧大月氏安於其居無復讎之念,張騫遂不得要領而歸。然自匈奴遠遁北方,西域來往之道,更無阻礙,由是東西交通,漸致頻繁,史謂蕃客之來居留於長安者極多云。

武帝之失政

武帝又迷信方士之說而求神仙,大起苑囿池沼,建造樓臺宮觀,屢行巡狩封禪;加之頻動外征之師,以故國用浩繁,前代蓄積,消耗淨盡。帝於是擢用孔僅、桑宏羊等創作新法,許賣官、贖罪,榷鹽鐵、酒酤,稅緡錢、舟車,發白鹿之皮幣以代錢貨,行均輸平準之法以奪商賈之利;皆欲以救濟財政的困難。然而人民犯法者多,遂任用酷吏嚴刑峻法,以致民心動搖,羣盜起於東方,長安則有巫蠱之亂,天下岌岌已入了危險的狀態。既而武帝悔其既往,罷輪臺(甘肅省迪化府界內)屯田之議,下詔以謝天下,乃幸得無事,復歸於平穩。

宣帝之治

西紀前八三年,武帝死,其子昭帝嗣位。帝時年幼,由霍光受遺詔攝政,收拾了上官傑的謀反,賑濟貧民,減輕賦役,令人民大加休息。昭帝死,無子,霍光乃迎立武帝之曾孫病已,是爲宣帝。帝在民間久,深悉民隱,故霍光死後,帝親政,乃專心用意民治,乘之賢能之臣,接踵而出,君勵於上,臣掖於下,如是內治之盛，稱前後殆無其比。帝又紹武帝之後圖，修邊防，破匈奴，服西域，復討平西羌；以故漢室之隆，至武宣之世而極，向後則漸趨衰運了。

匈奴之衰微

宣帝初年，匈奴怒烏孫之通漢，攻之，多失人馬，帝於是發援兵助烏孫，又命常惠為將，大破匈奴。自是匈奴國勢日傾，其別種丁零迫其北，東胡的一部烏桓迫其東，烏孫迫其西，漢又迫其南，如是羈屬之國盡畔。而其內部五單于之間，又起相續的爭亂，其領土遂全然分裂。其後呼韓邪單于和他的兄長郅支單于相爭而敗，便在元帝的時候降漢；得漢之助，恢復其故土，入朝謝恩，漢妻以宮女，遂為漢婿。郅支單于則西奔阿爾泰，依康居以居，屢侵烏孫、大宛，勢寖盛，然於西紀前三六年為漢西域都護甘延壽襲而殺之。匈奴自是衰微。

西域的服屬

先是西域在昭帝時，樓蘭屢殺漢使，霍光征服之，改其國名為鄯善（Cherchen）。逮宣帝時，車師（Turfan）叛，通於匈奴，鄭吉擊破之，於其地屯田。後來，統領匈奴的西方諸國之日逐王降漢，而葱嶺以東，遂盡行內附，鄭吉乃始為西域都護，建幕府於烏壘城（天山南路Cliator），以鎮撫天山南北三十六國。

宦官外戚之專權

西紀前四九年宣帝死，其子元帝立，柔弱多病，以致宦官弄其威福。及子成帝立，而外戚王氏又代宦官而專權，凡顯要地位，都被他一族占領。就中王莽尤有奇才，懷大望，佯爲謙恭，以博名聲，而爲大司馬。已而擁立平帝，使納己女爲皇后，而自稱宰衡，位在諸侯王之上。而其時天下士民皆阿諛之，上頌德表者至四十八萬人之多。王莽遂弑帝而立孺子嬰，自攝政事者三年，西紀八年卒廢之而篡天下，改國號曰新。漢自高祖至孺子嬰凡十二代二百九年而亡。

王莽之篡立

王莽盡革漢之制度，而採用周制。然政令過於繁瑣，法禁過於周密，州縣不堪其煩，人民苦於重歛；匈奴及西域相繼離畔，豪傑起於四方，天下遂大亂。時漢景帝六世孫劉演、劉秀兄弟，舉兵春陵（湖北省襄陽府棗陽縣），合下江、平林之兵，與諸豪傑共擁立同族劉玄爲帝，大破王莽之兵於昆陽（河南省南陽府葉縣）。於是劉演兄弟，威名大震，劉玄忌之，乃殺劉演，別遣將陷長安，斬王莽。王莽自稱帝至亡，凡十五年，時西紀二三年也。

後漢光武帝之一統

後漢之初政

匈奴之分裂

王莽既亡，劉玄入都洛陽，旋遷長安。是時劉秀正徇河北一帶，平王郎及銅馬諸賊，遂於西紀二五年即位於鄗（直隸省趙州府高邑縣），旋奠都洛陽，這便是後漢的光武帝。已而赤眉賊攻長安陷之，殺劉玄，帝遣將破赤眉，降之。然是時羣雄割據諸方者猶不少，成都（四川省成都府）有公孫述，成紀（甘肅省秦州府）有隗囂，河西（甘肅省甘州涼州諸府）有竇融，河南（內蒙古阿爾德斯）有盧芳，都不服漢。而南方也是爲羣雄所割據，帝於是遣諸將次第討平之，不十年而一統天下。

光武帝改王莽諸政，悉復漢舊，與諸外國斷絕關係，專心一意於內治，修經術，尚禮樂。因欲矯前漢末年諂諛之風，乃極端獎勵名節，如是國內大治，學術甚盛，名節之士亦輩出。子明帝立，亦能紹其遺緒，崇尚學問，努力政治。明帝子章帝亦復以寬厚臨天下，百姓安樂，戶口遂滋殖起來。計自光武帝至此，凡三世六十餘年，漢的威勢輝於內外，實致天下於泰平之域。

前漢之末王莽篡立，中國正在大亂之時，匈奴乃乘機復起；東則結托烏桓、鮮卑西則結托西域諸國，連刼山西、陝西。旣而日逐王比和蒲奴單于起爭端，據南匈奴以內附漢朝而與北匈奴相攻伐，匈奴乃分裂而爲南北。明帝初年，北匈奴屢擾邊塞，帝命祭肜、竇固等合南匈奴之衆北征取伊吾盧(Hami)。又令班超往服西域以斷其右臂。繼而丁零、鮮卑、南匈奴及西域諸國，乘北匈奴之衰亂，乃四周起而攻之；後和帝外戚竇憲亦率大軍至燕然山（外蒙古之杭愛山）大破匈奴，單于乃偕其餘衆遠向西方遁逃，鮮卑遂入其地，隨後漸臻強大；鮮卑和烏桓，同爲東胡之後。

西域諸國之叛服

後漢初，西域諸國請內屬，光武帝時專力內治，不欲與諸國多啟事端，故不許。逮明帝破北匈奴，倣前漢武帝之舊圖，遣班超使西域。班超先至鄯善，斬北匈奴之使者以威服其國王，乃乘勢下于闐(Khotan)、疏勒(Kashgar)，漢乃置西域都護使監諸國。明帝死，西域諸國叛陷都護府，漢遂欲拋棄西域，班超上書自請征討，乃進略莎車(Yarkand)、下龜茲(Kucha)、襲焉耆(Karashar)、招烏孫，破大月氏，遂爲西域五十餘國都護；旋遣部將甘英經安息欲與大秦

和大秦的交通

大月氏之興隆與佛教

通，甘英進至波斯灣頭，不能渡而歸。大秦乃中國指羅馬東領之地而言。如是班超在西域凡三十年，振國威於葱領東西。暨任尚代之，失邊和，西域諸國乃皆叛漢。是時羅馬領有細利亞(Syria)以西，屢與安息及西亞細亞爭，故甘英不能赴彼而歸。後至桓帝時，大秦破安息，其王安敦遣使從海路自印度洋經安南而通於漢。安敦蓋當時的羅馬帝馬克思奧烈留思安敦尼思。(Marcus Aulerius Antoninus)也。自是大秦人因欲得中國的絹和別的貨物，遂屢來中；國而中國商船亦往來於印度洋上，彼此貿易漸盛。

大月氏在前漢末年曾分裂而爲五部，及丘就却(Kozulo Kadphises)王出，乃統一之，西破安息，南併高附(Cabul)。其子閻膏珍(Huemo Kadphises)王，更討滅罽賓的塞種(Saka)，併合北西印度，其版圖直自北印度經中亞細亞而到葱嶺以東。此際在中印度，婆羅門(Brahman)教又已恢復其勢力，佛教漸見不振，如是佛教徒之北奔而投大月氏者極多，北印度之地，遂成了佛教的中心。次至迦膩色迦(Kanishka)王君臨大月氏，深信佛教，極盡皈依於西紀八〇年頃會僧侶五百人開第四回結集；這便是北派佛教而爲大乘教。但是沒有與於這一次的結集的南方佛教徒，乃別以師子國(Ceylon)爲中心，而傳所謂南派佛教。

佛教東流

先是，中國自前漢武帝以來，與西域諸國交通那樣頻繁，所以佛教想必在那時便似乎傳了過來，不過不見得流行罷了。但到了後漢的明帝之世，佛教入大月氏，更傳播於天山南路諸國，帝乃遣蔡愔等往西方求之。蔡愔等抵大月氏，得經論佛像，偕迦葉摩騰(Kashapa Matanga)、竺法蘭(Dharmarakcha)二僧而歸，時西紀六七年也。於是明帝建白馬寺於洛陽，使迦葉摩騰習漢語翻譯佛經，這便是佛典漢譯之始。接著漢的威稜，遍及西域，交通也便利了，於是支婁迦讖(Rokarakcha)來自大月氏，安世高來自安息，康孟祥來自康居，都在中國努力從事譯經。而諸帝皈依者也衆多，從後漢末年起，佛教乃漸次弘通，到三國時代，魏最盛，及晉便大興隆起來。

高句麗百濟新羅之建國

前漢末年占領了今盛京省之北部的扶餘部人鄒牟，避國難入古朝鮮

後漢外戚宦官之專權

之故地，奠都於拂流水（鴨綠江上流）征服附近諸部而建立高句麗國，時爲西紀前三十七年。繼高句麗於前漢末乘王氏之亂侵寇邊境，爲後漢光武帝所擊退，由是屢寇遼東一帶。鄒牟之建國也，其少子溫祚統率南扶餘南下入馬韓，滅箕氏，據慰禮城（朝鮮忠淸道稷山縣）而立百濟國，實西紀前十八年也。先是西紀前五十七年，辰韓的朴赫居世也建都於金城（慶尙道慶州）國號徐羅伐，經四世至昔氏，稱國號曰雞林，更至金氏，乃改名新羅，始稱王，與高句麗、百濟鼎足而立。又當時辨韓之地有小國曰駕洛，介在新羅、百濟之間，不能當二國之强盛，乃求日本的保護，垂仁天皇賜名任那使之內屬。而是時日本的九州土豪中有納貢於漢而受其印綬者。

後漢章帝子和帝卽位，年纔十歲，以幼少故由竇太后聽政，竇氏一族，恃外戚之勢，遂擅政權以至於企圖逆謀。宦官鄭衆，輔帝而黜竇氏之黨，以功封大長秋，遂開宦官弄權之端。次及安帝、少帝，亦俱以幼少卽位，外戚、宦官，益相凌轢，遂惹出漢室衰亡之禍來。順帝時，皇后之兄梁冀，以外戚擅威福，旋毒殺

黨錮之禍

後漢之衰亂

羣雄割據

質帝而立桓帝，帝後惡冀之專橫，與宦官單超等謀，悉殄梁氏，由是宦官代外戚而專政權。於是清節氣概之士，皆憤宦官的跋扈，乃結連大學諸生，肆行誹議朝政，反抗褒貶朝官，宦官於是稱他們作黨人，誣告於帝，悉禁錮之，所謂後漢黨錮之禍，便是此事。桓帝死，靈帝立，大將軍竇武與名士陳蕃等謀誅宦官，事洩，宦官誣之以大逆不道，殺陳蕃、李膺以下百餘人，凡不與己合者，皆加以廢徙禁錮，暴威乃越發恣張。

宦官是這樣跋扈，帝室威令，不復能行，天下將卽於大亂之時，鉅鹿張角的黃巾妖賊數十萬以起，其勢甚盛。漢廷命皇甫嵩等討平之，然其餘衆，散在四方，騷擾州郡。漢廷乃任重臣爲州牧，欲以鎮壓這些騷動，顧自是外權漸重，遂啓羣雄割據之漸。靈帝死，子辨立，袁紹悉誅宦官，詎董卓率河東（山西省的西南部）之兵入京師，廢帝辨而立其弟獻帝，袁紹遂奔關東，與諸將連合伐董卓，卓乃挾帝遷往長安，旋爲王允及呂布所殺。

當是時，關東諸將皆以兼併爲事：曹操據山東，袁紹領山西，其從弟袁術取河南，劉表據湖北，孫堅保湖南，公孫瓚佔有直隸一帶之地，公孫度雄視遼東，劉璋據居巴蜀，天下乃全然四分五裂。其後曹操迎獻帝於許（河南省開封府許州），挾之以臨四方。南滅袁術，收河南江淮之地，其勢頓盛；袁紹擴地河北，斬公孫瓚，併有直隸、山西，然卒爲曹操破滅；公孫度之子康亦歸服曹操；操於是乘勢進襄陽（湖北省襄陽府襄陽縣）討劉表。會表死，遂陷襄陽。時漢景帝之裔孫劉備，在襄陽得名士諸葛亮；及襄陽陷，遂奔江東，投孫堅之子權。權用謀臣周瑜之計，與劉備共邀曹操大軍於西紀二〇八年，大破之於赤壁（湖北省武昌府嘉魚縣東北），遂奄有江南。繼又聽魯肅之說，謀以湖南之地貸與劉備，使劉備進取巴蜀，夾擊曹操。旣劉備溯江而上，劉璋降，巴蜀已入備手，孫權索還湖南，劉備不應，爭持之餘，卒以湘水爲界而中分之；備使其義弟關羽守江陵（湖北省荊州府），而自北進取漢中。自是曹操領有河北，孫權踞江東，劉備在西，遂三分天下。

其間，獻帝雖在位，實不過徒擁虛名，初無天子之實；封曹操爲魏公，旋晉爵為王。操以西紀二二〇年卒，其子曹丕嗣，遂迫帝讓位，國號魏，都洛陽，這便是曹魏的文帝。後漢自光武帝至是，凡十三代百九十六年而亡。其明年劉備聞之，乃據巴蜀，遙承漢之帝統，都成都，這便是蜀漢的昭烈帝。後九年，孫權亦卽帝位，國號吳，都建業（江蘇省江寧府，）是為吳的大帝。以後便是所謂三國之世。

三國之交戰

先是，劉備將欲入巴蜀時，留關羽於江陵，使當曹操及孫權。既而關羽之勢大振，取襄陽，將襲許，曹操大恐，說孫權使襲其後，殺之。劉備既卽帝位，欲為關羽復仇，親將侵吳，然為陸遜所破，遂以憂憤死。子劉禪立，諸葛亮輔之，與吳修好，以共向魏。於是魏的文帝，親率大軍南向征吳者兩次，都沒有渡江，便班師而回。

諸葛亮之出征

蜀的諸葛亮鞠躬盡瘁，勞形於內外之事，專心一意，謀以伐魏；先征服南蠻以絕後顧之患，然後興北伐之師，進至祁山（甘肅省鞏昌府西和縣，）其將馬謖違節度，致蜀軍大敗於街亭（甘肅省秦州府秦安縣。）其次北征圍

魏與高句麗

司馬氏之專權

陳倉（陝西省鳳翔府寶雞縣）復因兵糧俱盡而還。乃專用其力於勸農講武，三年之後，與吳約共侵魏。是時魏文帝已死，其子明帝親出卻退吳軍，命司馬懿禦蜀軍。諸葛亮挑戰，司馬懿不應，兩軍相持於五丈原（陝西省鳳翔府郿縣西南）。正勝敗不決之間，諸葛亮遂攖病死於陣中，時西紀二三四年也。姜維收軍歸蜀，勢自是衰。

高句麗於後漢末侵遼東，爲公孫度所擊敗；迨公孫氏被魏滅後，高句麗又入寇遼東，復爲魏幽州刺史毋丘儉擊走之，屠其都丸都城（朝鮮平安道寧遠府南劍山）。高句麗東川王乃遁走南沃沮，後歸略樂浪帶方之地，建都黃城（平壤之東），國勢乃再恢復。

初，魏之諸帝，多刻薄寡恩，疏害骨肉，以致帝室孤立。明帝死，廢帝芳立，司馬懿殺曹爽，自爲丞相，專國政。次至懿子司馬師，尤專恣，卒廢帝而迎立明帝之姪髦；其間毋丘儉、文欽、諸葛誕等，前後舉兵討司馬氏，皆敗死。迨司馬師之弟，司馬昭爲相國，封晉公，屢行廢立，國家實權，遂盡入司馬氏之手。

三國之滅亡

蜀自諸葛亮死後，姜維掌兵權，恃其才武屢出狄道（甘肅省肅州）祁山北侵魏，因是國力耗盡，加之後帝劉禪，寵用嬖臣，內政不修。魏司馬昭乘其弊，遣鍾會、鄧艾伐蜀，鍾會乃自斜谷、駱谷、子午谷侵入至劍閣（四川省保寧府劍州），爲姜維所扼。會鄧艾自狄道經陰平（甘肅省階州文縣）而入成都，帝禪降。蜀自昭烈帝凡二世四十三年而亡，時爲西紀二六三年。嗣是司馬昭威望益高，加九錫爲晉王，西紀二六五年其子司馬炎，逼魏的元帝遜位而自篡立，國號晉，是爲武帝。魏自文帝凡五世四十六年而亡。又經十五年，吳亦爲晉所滅，自大帝以來，凡四代五十二年。三國自分立後，總凡六十年，至晉又一統中國，時則西紀二八〇年也。

評秦始皇

秦自勃興而統一宇內，其原因有五：（一）其根據地在陝西，占着險要的位置；（二）其人民質樸而剛健；（三）自穆公以來，即敎求人才而任用之以圖富國强兵；（四）有始皇帝英邁之君主；（五）六國濫自攻伐而無一定方針抑秦之勃興，乃與希臘馬其頓尼亞(Macedonia)隆興一事，絕相類似。即秦據險要之地，有剛健之民，而以其偏在西方，致受中國諸侯的侮蔑，不得與於會盟。及秦穆公始稱霸，孝公以後，廣攬天下人材，用商鞅、范雎、李斯等圖富強，逮始皇遂滅六國而囊括四海。而馬其頓尼亞之人民本與希臘人爲同族，顧以風俗鄙野，常爲希臘諸國視如番夷，不得加入列國的隊裏，於是歷代諸王，皆努力輸入希臘文化，欲以進於開明之域。其結果，則斐立勃司 (Philippos) 王時始得參加到列國當中，漸振其勢。遂至其子亞歷山大(Alexander)大王出，而併吞希臘諸國，征服波斯(Persia)，埃及 (Egypt)，侵略印度，遂建設成功一跨有亞細亞、歐羅巴之大帝國。這豈不和秦事很相似麼？始皇雖不如亞歷山大大王之能親自將兵，於以戰必勝攻必取而爲一不世出之雄將，然其利用辯士驅使猛將以討滅六國，遂安坐而有天下，蓋亦蓋世之英主也。始皇既撫有天下，自稱德兼三皇，功邁五帝，乃號皇帝（這大概是因爲戰國諸侯都已稱王，更稱王於至尊之義似嫌已經不彀了）。以古來謚法子議父臣議君爲非禮，乃令廢謚，而立一世二世三世以至於萬世之制，乃自稱始皇帝。廢封建而布郡縣制，改中央及地方官制，總攬行政、兵馬、監察三大政而確立帝權。欲防叛亂於未然，乃收民間兵器而銷之，鑄爲鐘鐻金人；移諸郡富豪十二萬戶於咸陽以富國都；命李斯作小篆以統一文字；役刑徒七十萬人造阿房宮，於各地建離宮，數數巡狩海內以示帝威以行封禪；惡學者誹議新政搖動民心者之多，乃發挾書的政令聚天下的詩書及百家之語而燔之，坑咸陽諸生四百六十餘人；又驅逐北方的匈奴，築萬里長城，南則征百越（兩廣之地）置三郡屯戍於五嶺（廣東和廣西境上的山）。凡以上諸所作所爲，無一不是盡力於統一的大事業。史稱：『始皇爲人，天性剛戾自用。天下事無大小，皆決於上；至以衡石量書，日夜有程，不得休息，貪於權勢至如此！』讀這些話，我們可以想見其勵精的那種狀況。百事皆取決於自己，雖則似乎過於量狹，然若非這種剛愎而英邁之恣，又何能完成這樣統一的大業呢？故我們寧當稱他爲古今的英主，纔能得其平允。顧後世因其有燔書坑儒一事，遂大都非難他爲古今的一大暴主，爰略爲之辯明於此。秦滅後，兩漢四百餘年之間，爲什麼收拾經籍，費去極大的勞力？爲什麽經術的授受，感到非常的困難？一世的人心爲什麽弄到助長成功尙古之風？一代的學者爲什麽訓詁以外，竟不復能幹出別的大發明？以上種種，論其原因，雖則多端，而始皇燔坑一舉，實不能不推爲主因。夫始皇所燔之書，固非必總括天下羣籍而悉加以焚燒；即始皇所坑之儒，亦非必網羅天下學者而悉加以殺戮。顧自三代以來着着進步，卒致達於全盛之域的文學經術，一經秦火，遽頓挫於一朝，遂令兩漢以後，數百千年之間，只能徒耗其心血光陰，孜孜汲汲，一意於補修彌縫，此其罪，固除始皇火坑莫屬。抑始皇者，一世之英主也，天下既經統一以後，初無僅恃武力圖治之意，故彼於滅六國時，固然所使役者皆屬猛將，及欲治天下與太平，彼固又極欲任用文學之士。這確實是他的理想。我們試看他東遊登鄒嶧山，欲刻秦功德於石，乃徵魯諸生議其事，又置博士七十人供顧問；這便很可以知道他也是足能與儒者共樂守成的一個人。而且他曾重用了一代文宗李斯，又嘗讀韓非之書，乃嘆不能得此人而用之，這固然或者是醉心於非的法術主義，然即非的文章，想來會令他也不能無渴慕之處。就是說，他對於文學也多少是有趣味的，決非僅止是以殺風景的文學破壞者自命的一個人。既是這樣，那麼，爲甚始皇又敢然出了燔書坑儒的一大暴舉爲甚麼所坑殺了的四百六十多個儒生，都是無辜受戮的呢？這實在是我們非得公平地去考慮不可的問題。蓋如李斯上書所說的：『異時諸侯並爭，共招遊學。今天下已定，法令出一，百姓當家則力農工，士則學習法令。今諸生不師今而學古，以非當世，惑亂黔首。聞令下則各以其學議之，入則心非，出則造謗』云云，可知對於始皇急激的統一政策，持保守主義的儒生們，便往往要非難新政，搖惑民心，而承周末學術競鳴的餘響。當時學者各各主張自家學說，互相排擠，故海內雖已統一，而海內思想則殊未嘗統一。於是始皇遂決，從李斯之議，蒐集藏於民間的詩書及百家語悉燔之，次則以誹謗當今的罪名，捕咸陽諸生四百六十餘人悉坑殺之；這不消說是極其殘忍的處置，而從爲政者的那一方面看起來，或者也有其不得已而如此斷行了的苦衷，故對於始皇的這種大英斷，似宜與以同情爲得。且據李斯的建議，則一切書籍，皆由當時秦博士官保存；除醫藥卜筮種樹之書而外，民間所藏詩書及百家語始取而燔之；故非天下之書，盡遭燒陁。逮後年秦滅亡時，項羽焚咸陽，博士官的藏書亦盡在一炬之列，而後書纔真燒盡了。所以那些爲始皇時書籍卽已滅盡之論者，殊欠妥當；又若坑殺諸生一事，試從爲政者的一方面去着想，則彼諸生者大抵皆爲妨害治安之言動者，其中還當夾雜着放蕩無賴之徒；這麼說起來，所以專止非難始皇的行動，這實可謂爲大誤。

評漢高祖

漢高祖之爲人，從一面去觀察，固然，他是從大言謾罵的一名亭長出身，只因一朝際會風雲，遂儞滅秦倒楚，卒開漢室萬乘之基的一個幸運兒。他有武略而無文德，乃逐鹿場裏的高材逸足，只知汲汲於功名富貴，馬上得天下，便欲以馬上治之。總之，彼蓋亂世之英雄，而非治世之明主，創業之材，而非守成之器。故摧勁敵，成洪業，是其所長，然其能耐，亦止於狡兎死，走狗烹，至於興一代之文化，定百世之典禮，則其所短也。但是我們又試另換一面以去觀察，那麼，他是器度宏遠，極能收攬英雄豪傑之心，又極能言聽計從而成大事的一個英主。比如他能彀令後趙的石勒這樣說：『若遇高祖當北面事之，與韓、彭比肩耳；若遇光武，當並驅中原，未知鹿死誰手。』又漢的諸將也說：『陛下使人攻城掠地，因與之，與天下同其利；項羽不然，有功者害之，賢者疑之，戰勝而不與人功，得地而不與人利。』便可知高祖是怎樣的擅場收攬人心之術。這不能不說是由於他天性的度量寬宏，故梟雄如韓信至於說：『漢王授我上將軍印，解衣衣我，推食食我，言聽計用，我背之不祥；雖死不易。』而謝去歸向項羽有利的勸說，卒不背。又說：『陛下不能將兵，而善將將，此信所以爲陛下禽；且陛下所謂天授，非人力也！』深深感嘆，一至於此。且彼又能使張良運籌帷幄之中，決勝千里之外；令蕭何守國家，撫百姓，給餽餉，使糧道不絕；任用陳平、酈食其、陸賈、叔孫通等而各令能抒其計略，從其論說，於以輔成大業。但是有一部分的論者，因爲高祖素行，是見有冠儒冠者至，輒解其冠而自溲溺其中，遂謂其本來憎惡儒者，不好詩書；又因其嘗過魯，祀孔子，僅用中牢，遂謂崇拜孔子，初非出於衷心，只不外是收攬天下人心一種英雄的詐略。他們又說，高祖雖善陸賈之言，然非心服詩書，只是爲其口辯所動；卽其任用酈食其，亦非歡迎儒生，只不過把他當說客看待罷了。就是叔孫通，也並不是喜歡他的典禮，實在只是享受他那曲學阿世而已。結局，故漢初文學經術之所由不興，實緣高祖不悅學術之故。以上的一些說法，都是只知其一不知其二的一種見解。何以呢？蓋漢初學術所以不興，實原於戰後瘡痍，乍難卽愈，而直接對於建設新國家之必要的諸般設備，自當爲其所先，而裝飾太平之業的文學經術的復興，不覺因而落後。況不重學術之理由，不止由於高祖對於學術沒有理解，便是當時多數的將相，也是懵然不知。漢初諸臣，以張良生於韓相家爲最貴，次則張蒼爲秦御史，叔孫通爲秦待詔博士，蕭何爲沛主史椽，曹參爲獄椽，任敖爲獄吏，周苛爲泗水卒吏，傅寬爲魏的騎將，申屠嘉爲材官。若夫其餘，則大抵皆出身卑賤，如陳平、王陵、陸賈、酈商、酈食其、夏侯嬰等皆白徒，樊噲乃狗屠，周勃乃織薄曲吹簫而給事喪事者，灌嬰販繒，婁敬輓車，韓信家貧至於寄食漂母，英布曾爲刑徒，而高祖自身則不過泗上的一亭長。是這麼一班的帝王將相，那麼他們把文學經術當作不急之務而不之顧，這又何足爲怪？所以我們看到惠帝時纔解挾書之禁，便足窺此中消息了。當時秦的博士及老儒，固猶有存者，然自火坑以後，皆狼顧狐疑，屏息束手，只不過徒自保其餘喘以送殘生，這實在不能不說是漢初學術何爲不復興的一個頂大的理由。

評後漢光武帝

後漢光武帝不獨才智勇略爲一世傑出，即其博覽經術，淹通文學，深明政治，亦一前世曠無儔匹之聖主。故彼以武勘定四海，以文經緯天地，一面既爲創業之英主，他一面復具守成之資格也。把高祖來和光武比較，則高祖豪放倨傲，而極能令將士折服，光武謹厚溫柔而深得羣臣懷慕；高祖有欲以馬上治天下之陋習，光武則有厭棄兵事敦崇名教之美風；高祖本來便不好儒，反之而光武則厚擢儒雅之士，抑制功臣之跋扈，旌獎循良之吏，禁止武夫之橫。凡是這些大概都是原於一者乃出身於沒有受過教育的亭長，一者則生於名門而爲受過教育的宗室，所以兩人性格是這樣的不同。先是經過了王莽的一次篡立以後，名教掃地，學者都陷於諂佞阿諛，光武乃極端砥礪名節，推崇氣概，以經明行脩四字，作爲進退人士之標準，待處士周黨、嚴光等以殊遇隆禮，賞賜强項令董宣，嘉獎譙玄、李業、溫序等的高節，或則旌表其門閭，或則繪畫其像貌，或則贈以聘帛，或則祠以中牢，要皆不出欲以一矯前漢末年士偷俗弊之習之意。帝又極好學，深知文治之必要，首興大學，稽式古典，修明禮樂，以故後漢之世，文物粲然具備，有名的學者文士，接踵繼軌而出。

漢代人民的風氣

中國人民的氣質，概有隨着那一時代政府的方針而變遷之風。故秦行武斷之政，則當時人民自具勇武之概；漢世武帝大崇文學，而當時士大夫遂富於文雅之風；及詔郡國舉極言直諫孝廉之士，廉吏遂輩出。迨後漢之世，光武帝興學校，盛教育，勵名節，尊處士，尤重孝廉一科，而人民相尚以節概之風從而養成；下逮桓靈之代，宦官操持國柄，朝政日紊，時事日非之時，而清節氣概之士，皆投袂而起，赴義犯險，與之抗衡，遂致成爲黨錮之禍。抑這一種潮流，不獨是搢紳之間如此流行，便是巾幗社會亦從而風披，以故後漢風俗之美，世謂其就令說是上凌三代，下駕六朝，亦非溢美過譽云。三國之世，士風概屬勇武，不意魏、晉之際，清談盛行，士風遂墮於優柔懦弱；這大約是因爲漢末過尊名節之餘，或不無流爲狷介之弊，以致到了魏、晉，生出反動，遂輕視硜守節義而生出棄置禮法於度外的風氣來。

秦的官制

秦始皇既一統天下，中央政府置丞相、太尉、御史大夫；丞相以總諸政，太尉以掌天下之兵，御史大夫則輔丞相而監察諸政。是這樣，則行政、兵馬、監察三權分立，便無一人專權之患；而始皇則總攬此三大權於一身，帝權於是漸次確立。又奉常掌祭祀禮儀，郎中令掌宮殿掖門，衛尉掌門衛屯兵，宗正掌帝王之親族，治粟內史掌穀貨，廷尉掌刑辟，典客掌兵客，太僕掌輿馬，少府掌山海池澤之稅。

漢的官制

而是時尚未有三公九卿之稱，而漢之三公九卿，則實根於這些秦官而來的。漢初亦承秦舊制，設丞相、太尉、御史大夫；至武帝時遂改太尉爲大司馬，冠以將軍之號（如以衞青爲大司馬大將軍，以霍去病爲大司馬驃騎將軍等例）；成帝時改御史大夫爲大司空；哀帝時改丞相爲大司徒；如是大司徒、大司馬、大司空，遂稱三公。然王莽篡天下，官制盡行改倣周制，光武帝重興漢室，始又稍復舊觀，以大司馬爲太尉，而大司徒、大司空則去其大字，如是太尉、司徒、司空遂稱三公，亦稱三司，其後起了如車騎將軍儀同三司的儀同三司之號；然後漢諸帝多以幼年嗣位，遂以太傅錄尚書事，故又起了太傅錄尚書事之號，遂稱太尉、大傅、司徒、司空爲四府。依漢舊制，則大將軍之位在三公下，然自霍光以大司馬大將軍受遺詔輔政以來，外戚之輔政者往往爲此官，故大將軍的權與位，便都在四府之上了。後漢末，罷三公之官，再置丞相、御史大夫，逮魏世則又復三公。三司以下，置太常（秦之奉常）、光祿勳（秦之郎中令）、衞尉（有時亦稱中大夫）、太僕、廷尉、大鴻臚（秦之典客）、宗正（有時改爲宗伯）、大司農（乃秦之治粟內史，有時改爲大農令）、少府，是爲九卿；即太尉之下有太常、光祿勳、衞尉，司徒之下有太僕、廷尉、大鴻臚，司空之下有宗正、大司農、少府，各各分掌事務。而少府之下有尚書以掌祕書，但後來卻參與政治，而尚書令及尚書僕射遂爲重要之官。又到後來，置中書監及中書令以後，其權力又移而歸於中書（原爲執掌詔告之官，但後來遂至參與政治）云。

秦在始皇時，懲於前代封建之弊，改郡縣制，自是歷代各各鑑於其時勢或

漢的封建制

爲封建制或布郡縣制。初始皇之一統天下也，丞相王綰等建議，謂如燕、齊、荆等僻遠之地，若不置王，則難於鎭撫，遂請立諸子爲王。然李斯反對此議，謂『周武王所封，子弟同姓甚衆，後屬疏遠，相攻擊如仇讐。今海內賴陛下神靈一統，皆爲郡縣，諸子功臣以公賦稅賞賜之，甚足易制；天下無異意，則安寧之術也。置諸侯不便。』於是始皇從李斯之議，將天下分爲隴西、北地、上郡、河東、上黨、太原、雁門、代郡、雲中、九原、邯鄲、鉅鹿、上谷、漁陽、右北平、遼西、遼東、齊郡、東郡、碭郡、薛郡、瑯琊、泗水、三川、潁川、南陽、漢中、巴郡、蜀郡、南郡、長沙、九江、會稽、南海、桂林、象郡三十六郡，更小分之爲縣，每郡置守、尉、監，守以治民，尉以掌兵，監以監察。秦於是遂成爲中央集權，諸王大臣不能私有土地民衆，然始皇死後，羣雄蜂起，諸郡無守禦之力而瓦解，秦室遂以孤立而亡。漢世高祖鑑於秦之以孤立亡國，乃兼郡縣及封建兩制度而用之，大封諸王及功臣於各地，又各任諸臣爲郡守。惟漢之封建制度，凡皇子之被封者爲諸侯王，王子之被封者爲諸侯，其諸臣異姓之以功封者爲徹侯。其後高祖懼異姓諸侯之漸臻强横，乃誅除之，而以其地封同姓諸王，故能比於古之諸侯者，只有諸侯王，其數凡九人。這些諸王皆倣帝室之制，置太傅、丞相、御史大夫等官，殆與朝廷不異；大者有七十餘城，小者亦有五十餘城。其勢如此，故合其所領，已過天下之半，租稅之入於帝室者纔不過三分之一；如是中朝威信漸輕。加以諸王亦日即驕恣，朝廷政令，不復聽從。文帝時，賈誼患之，乃上抑損諸王之策；景帝時鼂錯斷行削地之政，是致吳、楚七國之亂。自是朝廷懲於諸侯王之強大，欲漸削其力，乃採分地之策，並將諸侯王留置京師，使衣食其封國之租稅，不許就國，由朝廷各任相以執其國政。次至武帝時，則益復因事而分諸侯之地，大削其力，如是雖曾強大之諸侯王，至是亦成微弱，終至徒存封建之名，實權一切俱亡，所領纔不過三四縣之地罷了；是以王莽得乘漢宗室之微弱不振，安坐而篡帝位。後漢初，光武帝封宗室及絕國之後百餘人，又封功臣三百餘人，但封建之實，既已消滅，止不過僅存其名，有甚至只給虛名，毫不分以土地者。迨魏世益加抑制諸王，其所領有，不過一縣，封建制度，至是完全空虛。

漢的郡縣制

秦的郡縣制已如前述，漢亦仍秦制，郡有太守，司治民進賢，決訟檢姦之事，春則巡回屬下諸縣，冬則決囚，並論部吏的殿最（考察功勞以上功爲最下功爲殿。）縣有令長，治萬戶以上之縣者曰令，治萬戶以下之縣者曰長。太守稱二千石，蓋用其年俸之額言之，如漢書百官表『郡守秦官，掌治其郡，秩二千石』是。至武帝時，郡上置州，爲冀州、幽州、幷州、涼州、益州、交州、兗州、青州、徐州、豫州、荊州、揚州等十二州，每州置刺史，巡回屬下諸郡，監察郡守的施爲。成帝時，以刺史位卑，乃更爲州牧，位於九卿之次，其後再爲刺史，又爲州牧，逮後漢末年，其勢盛強，直等於諸侯，遂乘天下騷亂，割據諸方。

稅制

秦時廢井田之制，許民以土地私有，如是貧富懸隔，相差殊甚，貧者佃作（同於耕作）富者之田而納其收穫十分之五於地主，是所出之稅較井田制約爲五倍之多，並生出地主與佃戶的關係來。漢世察人民困苦如此，乃減其稅率，只徵十五分之一，其後又減到只徵三十分之一，並且文帝十二年減其田租之半，翌年又全免之。然是時佃田而耕者多，故這種輕減的利益，只是給了地主。要之，文、景兩帝之世，海內晏安，國家殷富，史言：『自漢興，掃除繁苛，與民休息，孝文加以恭儉，至景帝遵業，五六十載之間，移風易俗，黎民醇厚，國家無事，家給人足，都鄙廩庾皆滿。而府庫餘資財，京師之錢累鉅萬，貫朽而不可校；太倉之粟，陳陳相因，充溢露積於外，紅腐不可勝食，爲吏者長子孫，居官者以爲姓號，故有倉氏、庫氏，人人相愛而重犯法。然罔疏民富，或至驕溢，兼幷之徒，武斷鄉曲，宗室有土，公卿以下奢侈無度；物盛而衰，固其變也。』由這一段的記載，我們可以確認出是時土地兼倂之風盛行，貧富懸隔日甚的一件事實來了。又田租而外，有從各個人徵收像人頭稅一般的稅，起初是從十五歲到六十五歲爲止者使各出百二十五錢，自十歲到十五歲者出二十錢，其後減輕爲三年間出四十錢。迨至武帝以雄才大略之姿，承文景豐富之後，內盛土木，外征四夷，便把前代所有的積蓄蕩盡，於是遂至稅及緡錢、舟車、馬口，而人民乃大告困窮。猶幸諸稅皆止於爲救濟當時財政的缺乏而起，並沒有繼續到後世，而至宣帝勵精圖治時，史謂其民皆安居樂業，則租稅或許已減輕了。王莽篡漢，更名天下之田爲王田，禁止賣買，而行井田之制，無田者則受田。然因習旣久，人民深以爲不便而不悅，想來富民亦一定反對、故王莽遂至失其人望。後漢百事皆復前漢舊制，後又檢墾田，且將田分爲三等而使以布帛出稅。至曹操秉政，凡田一畝出粟四升，家一戶出絹二匹綿二斤，以此爲始，遂行田租戶調之制而租稅之額稍重。

秦的兵制

秦時中央政府有太尉掌天下之兵，其下有衛尉及其他諸種之官以率軍隊，諸郡置尉使掌兵，又有材官（謂有材力而善於挽强弓者。）及始皇築長城守五嶺，乃發及謫戍（謂發罪人使服兵役）、閭左（謂貧民之服兵役者。蓋閭門之右住富民，其左住貧民故云。）漢世兵制甚備，京師有南北兩軍，南軍屬衛尉守宮城，北軍屬太尉保衛京師；這樣子設置兩軍的理由，想來會是使之互相牽制的緣故。

漢的兵制

武帝時，分北軍爲中壘、屯騎、步兵、越騎、胡騎、長水、射聲、虎賁八校，更置羽林、期門之兵以屬南軍，亦相制之意。其在郡國則選引關、蹶張、材力、武猛之士爲輕車、騎士、材官、樓船之兵，各各依其地勢而配置之；即平地置輕車、騎士，山阻置材官，川澤置樓船也，足可以知其用意之周到了。調兵之制，人民年自二十三至六十五者爲正卒，以一年赴京師入南北兩軍爲兵，一年在郡國爲材官、騎

三國的兵制

士、樓船等兵，其後則歸住鄉里以待調發而爲上番。然武帝時，將北軍分八校而爲募集兵，置羽林、期門之兵爲世襲兵，於是京師軍制一變。及武帝征討四夷，郡國之兵不夠徵發，遂徵及謫吏、謫民，而郡國兵制便也稍稍變動。後漢初也是在京師置南北兩軍，因廢去輕車、騎士、材官的都試（謂檢閱兵士，前漢之世，行於秋冬間）於是郡國武備遂弛；又南北軍亦得以納錢穀而爲兵，故京師軍備亦漸衰，遂爲後來宦官掌握兵權而招致漢室滅亡的原因。三國之世，史但言魏於京師置南北兩軍，州有都督以掌兵權，蜀置五軍，吳則多備舟師，如是而已，以外詳細的兵備，不得而知。

法制

秦時刑罰，同於戰國時代，極其苛酷。如二世時刑李斯，具五刑，腰斬，復誅三族。漢高祖入關，先除秦苛法，約法三章，殺人者死，傷人及盜者抵罪。然這原不過是出於一時的便宜之計，而且在當時高祖也並沒有在關中爲王，故這三章的約法，我們以爲實際還沒有行過，而況高祖直到天下一統之後，草創之際，制度沒有確立，故如誅除韓信及彭越等功臣時，所用的仍舊還是夷三族的酷刑。直至文帝時，這誅三族的辦法，纔得廢棄，並且肉刑也除去了。肉刑在當時猶有黥、劓、刖之類，乃代之以黥則髡鉗而爲城旦舂，（城旦謂旦起治城，舂謂婦人不預外徭而舂米；皆四年刑）劓則笞三百，刖則須刖左趾者笞五百，右趾者棄市。顧因笞而死者尚多，景帝時乃減笞數爲五百，三百者爲二百（後又減二百者爲一百），遂爲後世法則。這實在是中國刑法的一大變革期，此後魏、晉之世，雖屢有欲復肉刑之議，然卒不果行。武帝時，曾設有見知、故縱、腹誹等處死刑之嚴罰，然未幾卽除去。又有連坐而處腐刑之刑，總之漢世刑法，總可算是很寬大的。至於牢獄，則有廷尉之獄、掖庭之獄（卽後宮之獄）等，對於老幼則稍稍從寬處置。如景帝時，八十歲以上及八歲以下者孕婦、瞽者、短人等，雖繫獄而免其桎梏。又如哀帝時，婦女及八十歲以上七歲以下之男子，若非自己犯罪或緣家族叛逆，得不連坐；由這些看來，都可以見其寬大。法律書漢初蕭何於李悝法經六篇之外，又增三篇，凡爲九篇。叔孫通又作傍章十八篇。武帝時謂律令有三百五十九章、大辟四百九條。後漢之世，曾大大削除律令。魏時更作新律十八篇。魏之新律，比之漢律凡增劫掠、詐僞、毁亡、告劾、繫訊、斷獄、請賕、驚事、償贓九篇。通於漢、魏，刑事的法律皆已大具，顧民事的法律獨不能知其詳。

選舉

秦承戰國之後，且統治之年數又少，故無選舉法。漢世則以賢良方正、孝廉、博士弟子三種取士。賢良方正的選舉，始於文帝之時；孝廉及博士弟子的選舉，始於武帝之時。而由郡國舉士，則依人口的比例而定其人數，限以四科。卽人口十萬以下者每三年舉一人，二十萬以下者二年一人，二十萬以上者一年一人，四十萬以上者二人，六十萬以上者三人，八十萬以上者四人，百萬以上者五人，百二十萬以上者六人：所舉之人，四科之中必當其一，乃得與選。四科：一德行高妙，志節清白者；二、學通行修，中經博士者；三、法令明習，足以決疑者；四、剛毅多略，遭事不惑者。其後，選舉之法，不必同一，而孝廉及賢良方正之科，則直至後漢猶在盛行；其中特以孝廉一科爲尤盛，其結果，故氣節之士產生亦盛。但是上言的選舉，不經簡試便儞拜官，故漸漸就生出弊端來。順帝時，乃設限年之格，非年至四十以上者，則不得應選舉，而且儒者須試以經學，文吏須試以章奏。嗣是簡試遂成常法，乃稍稍得人。魏時廢限年之格州郡置中正官以選擇人物，依學行之差而有上上、上中、上下、中上、中中、中下、下上、下中、下下九等之別，各授以官，是謂九品中正。此法先由郡邑的小中正定人材之品，乃上之大中正，大中正檢其實乃上之司徒，司徒再檢，乃付尚書，然後加以選用。其後通兩晉南北朝皆行之，亦因時而有變革，逮隋世乃罷中正，而改定選舉法。

儒學的復興

春秋戰國之世，社會秩序崩壞，解放了言論的束縛，如是諸子百家雜說並起，互相論駁，罔知所屆。既是這種情狀，故秦始皇一旦統一天下，患學者之横議，乃燔書坑儒。那麼秦世沒有設過學校，這自然不消說得了；況就李斯上書所說的『若有欲學法令以吏爲師』的話看起來，則其不認有設立學校以教育士民之必要，又是一件很明瞭的事實。漢初當諸事草創之際，也無暇去設學校興教育，直至武帝，始建太學，置博士，學術乃以復興。先是惠帝時解挾書之禁，文景之代又徵老儒爲博士，甚爲優待儒者。然二帝皆好黄、老，諸儒屏息，所謂博士，只不過備員罷了；故所興起的，只有黄、老、申、韓的雜說，若儒學，卻還沒有講起。迨武

經學的傳統

帝時，衛綰、田蚡相繼入相，乃共勸帝，排除黃、老、申、韓的雜說，而崇尚儒學；公孫弘、董仲舒又皆以春秋起身；帝於是與大學置五經博士，對策考課俱採用通習儒學者；又開獻書之路，置寫書之官以求散亡了的書籍；河間王德搜求先世經典於民間，遺經學之材於後世；淮南王安優禮學者加以保護：如是天下靡然皆趨於儒學一途。自是學者各立一家之說，而五經的討議，諸傳的論駁，遂爾大盛；其弊則黨同門，排他派，肇後世朋黨之端；不過儒學根柢的確立，也委實是在此時，而劉向劉歆父子，實在與有力焉。這樣，故到成帝的時代，大學弟子員增至三千人。然王氏篡立之際，士大夫多遁往山野。繼而漢室中興，肥遯之徒乃皆出仕。光武帝亦重儒術，起大學，尊禮清節之士，以節義倡率民衆，故前代儒者皆集；奠都洛陽，自長安運書籍二千餘輛至，學術至是又大興。次至章帝會諸儒論經書異同，作白虎通，又及明帝順帝增建大學校舍，桓帝時大學學生至三萬餘人，可謂隆盛已極，然而登儒籍者不過萬人，儒風漸衰，詩賦文章則益臻發達。

儒學在戰國時，就已經分爲數家而成各各專攻一經師弟授受之風。迨漢武帝崇儒定爲政教標準，而註解先哲遺經之事遂盛行於世；通一經而爲博士者很不少，而經解書之出世者也極多。現在試先略述經學的傳說，次乃就兩漢及三國時代的儒學大家而一述其梗概。

易

易在孔子之後有卜商（子夏）之傳，漢初田何亦作易傳，何授丁寬，寬授田王孫，王孫授施讎、孟喜、梁丘賀，遂有施、孟、梁丘三氏之學；而別有京房作京氏之學，費直作費氏之學。後漢之世，大學並置施、孟、梁丘、京四氏之學，其後施及梁丘經西晉之亂而亡。

尚書

尚書遭秦火而亡，至漢濟南伏勝口授鼂錯傳二十七篇，是爲今文尚書。其後魯恭王破孔子之故宅，得蝌蚪文尚書，是爲古文尚書。武帝詔孔安國定其書作傳義五十八篇，由是尚書有今古文之別；但有爲古文尚書乃僞書之說者，學者間頗信之。伏勝以其學授張生，張生授歐陽生，歐陽生授兒寬，寬又授歐陽生之子，遂起尚書歐陽氏之學；張生又別授夏侯都尉，都尉授族子始昌，始昌授族子勝，勝又授其子建，遂又有大小夏侯之學起，以勝爲大夏侯氏，建爲小夏侯氏；歐陽大小夏侯三氏之學俱得立於大學，其後亡於西晉之亂。

詩

詩

在漢世有魯詩、齊詩、韓詩、毛詩之別；以魯申公培之訓詁爲魯詩，齊轅固生之傳爲齊詩，燕韓嬰之傳爲韓詩，趙毛萇（趙人荀卿以詩授魯國毛亨，亨作詁訓傳授趙國毛萇）之傳爲毛詩：四氏之詩並行，已而齊詩亡於魏，魯詩亡於西晉之亂。

禮

禮有禮儀周禮及大戴禮小戴禮，漢初高堂生傳士禮十七篇，卽今之儀禮，其後自魯淹中所出之古經，多三十九篇，據云亡於隋、唐之際。又有李氏者得周官之書，獻於河間獻王，是卽今之周禮。如是高堂生之後有后蒼者最通儀禮，以授戴德、戴聖、慶普，遂有三氏之學。又劉向好周禮，始置博士，周禮遂亦行於世。戴德曾刪劉向所纂錄之古文二百餘篇爲八十五篇，是爲大戴禮；而戴聖又削其書爲四十六篇，是爲小戴禮，卽今之禮記。後馬融又增三篇，共爲四十九篇，自是儀禮、周禮、禮記稱三禮，並行於世。

春秋

春秋有公羊、穀梁、左、鄒、夾之傳。公羊傳乃周公羊高之所傳，述其玄孫壽及胡母子都乃錄而成書，後傳於董仲舒，始顯於世；穀梁傳爲周穀梁赤所撰述，漢宣帝好之，遂行於世：前漢之世，此二傳並立大學。左傳乃周左丘明所撰述，賈誼爲之訓詁，經劉歆之考證，然猶未行於世，直至後漢始立博士。鄒、夾二氏之傳，史稱其已亡於王莽時，故後世公羊傳、穀梁傳、左氏傳稱春秋三傳。以上五經的傳統列爲表則如左方：

易　田何—丁寬—田王孫
- 施讎
- 孟喜　京房
- 梁丘賀　費直

尚書　伏勝—張生
- 歐陽生—兒寬（歐陽氏）
- 夏侯都尉　始昌
  - 勝（大夏侯氏）
  - 建（小夏侯氏）

詩
- 中公培（魯）
- 轅固生（齊）
- 韓　嬰（韓）
- 毛　亨（毛）

禮　高堂生　后蒼
- 慶普（慶氏）
- 戴德（大戴氏）
- 戴聖（小戴氏）

春秋——
公羊傳（公羊壽）
穀梁傳（穀梁赤）
左氏傳（左丘明）

儒學的大家

舉漢代儒學的大家來言，則前漢有公孫弘、董仲舒、孔安國、劉向、劉歆、揚雄；後漢有賈逵、馬融、許慎、鄭玄、何休、服虔。這些學者多爲考究諸經的意義而爲之作註釋者，就中鄭玄爲馬融之門人，深通諸經，作周禮、儀禮、禮記及詩書易的精細的註釋，孔安國解釋尚書，服虔解釋左傳，許慎作說文解字，此外爲諸經作註釋者亦復不少，然皆止於訓詁之學，別無有創新說者。蓋後漢之世，訓詁之學所緣流行之理由，一因以當時思潮皆傾注於儒學，再則前漢已將修補經籍的事業弄完，根於時世的要求，或者遂不期而皆從事於文字的訓詁。至三國之世，則魏王肅出而創一種簡約華美的學風，以與鄭玄之敦厚深遠的學說相對立；而何晏、王弼則出而以老、莊之意義解釋經書，開後來清談之基。——何晏註論語，王弼註易。

文章賦

中國古代的文章，語短意長，簡古雄勁。乃自周末至於秦世，則漸趨於華麗，若李斯之徒，皆極其能文之士。然秦除李斯之文外，竟更沒有留下可觀者。至前漢則文帝以來，遂見有長足的進步，賈誼、司馬相如、司馬遷、劉向、揚雄五大家乃輩出。賈誼爲文帝時人，長於論策，理論精確，文辭雄渾，可稱漢代第一；司馬相如爲武帝時人，最精詞賦，有雄麗之作傳世；司馬遷長於叙事，著史記，同時董仲舒亦善論說；劉向爲元帝時人，長於經術及政論；揚雄長於詞賦，亦作工麗之文。惟當時政教學術，俱帶尙古之風，故文章亦復模倣古文。然武帝愛文學之士，而如淮南王安、梁的孝王武，亦俱嗜文章詞賦，於是王褒、鄒陽、枚臯、東方朔等輩出，對於古文而別爲流麗的詞賦，尤其如司馬相如，以詞賦爲武帝所寵用以後，遂益加流行，凡稱文學者，都無有不能作賦的，卽如揚雄，亦常慕司馬相如而作賦焉。以故逮後漢之世，此風猶未衰歇，如班固、崔駰、張衡、蔡邕輩，亦俱作賦，力追前人之蹟。以詞賦流行如此之盛，風聲所被，而一般文章，遂亦漸受其影響，稍稍趨向華美。漢末及三國時，魏曹操秉文武才，擅長詩賦，其子文帝亦嗜文學，文學之士，遂多集其下；與曹植並稱建安七子之孔融、陳琳、王粲、徐幹、阮瑀、應瑒、劉楨等，皆以文名馳譽當世。顧詞賦既日盛，文章遂亦日陷於輕美纖巧，卒至風靡一世而開出六朝文體來；至於像蜀諸葛亮的那種謹嚴真率的文章，則在三國時殊爲少見。

詩

三代之詩，真率簡朴。迨周室既衰，天下大亂，詩遂帶出一種慷慨之風來。其句則多爲四言或六言。至漢而五言七言之詩始起，能描寫及於人情的隱微之作很不少。五言之詩，以古詩十九首（其中有九首云枚乘所作）及李陵、蘇武之作爲始；七言之詩，以武帝時柏梁臺唱和詩爲始。又和着樂器而歌的樂府體之詩亦起：據漢書禮樂志，武帝定郊祀之禮，立樂府，以李延年爲協律都尉，采司馬相如等所作詩賦，論其律呂使和於八音之調。——以此爲始，後世倣其調而作詩，遂稱樂府。後漢張衡，三國魏宗室，皆長於詩，而建安七子，自曹植、王粲以下，所作皆工麗綺靡，傳於後世。

史學

中國歷史之起原，發端於記載帝王言行之史官的紀錄，然卽至周世而歷史之形體猶未見有完備者出世。春秋雖可稱爲編年體之初祖，然殆只類於年表之類；至左傳始可稍稍認出點進步的形迹，抑猶不足稱爲大成；乃若國語及戰國策等，則不過冗漫誣淫的雜談罷了。故中國歷史，不得不說是至漢世始見其進步發達。武帝時，司馬遷之父談爲太史令，乃據左傳、國語、戰國策、楚漢春秋等撰述自太古以來至漢的歷史，未成而卒；遷乃紹其遺志，上起黃帝，下至漢武帝，取其事跡纂而記之，爲十二本紀、十表、八書、三十世家、七十列傳，凡百三十篇稱之曰史記。本紀以叙帝王事蹟，世家記諸侯沿革，列傳述英雄豪傑偉人志士之經歷，表所以使史實一目瞭然，書則凡關於禮樂刑政天文食貨諸事實，悉詳敍無遺。一自司馬遷創設此體例後，歷代正史皆準據之，故我們不能不承認其在史學上有極偉大之功績。惟史實不免有粗漏的非難，然其文辭雄健，才華縱橫，究竟非後世史家所能企及。至後漢班彪惜其自武帝太初以後記載闕如，乃補綴遺事，摭拾異聞，作後傳六十五篇，其子班固繼父志，更加入自漢高祖至王莽之史實，倣史記作十二本紀、八表、十志、七十列傳，凡百篇，名曰漢書，後世乃以固此書與史記並稱曰史漢云。然以漢書比起史記來，雖則史實精確，而文辭已大劣矣。惟班固並沒有及書大成卽獄死，其八表及天文志由其妹班昭（曹大家）踵成之者云。

漢的天文學同於周，多不過星占術。有名的天文家則前漢有唐都及李尋，後漢有蘇伯朗及雅光。又世言張衡製渾天儀，蔡邕及譙周曾有關於天文之著述，則此學似亦可認出多少曾著進步。而尤爲特出者，則有唱地動說者出，以地動比於行舟，與第六世紀印度之大天文學者阿利雅巴達（Aryabhatta）所設之喻全然符合。阿氏主張地球之迴轉，而這迴轉的理由，他就這樣說明：『人若乘船，則跟着船的前進，將見凡不動的對象都往後退，這和星辰本來不動而我們見其像天天在動一樣，恰是一個道理』。蓋古代的諸國民無一不是相信天動說的。像希臘的大哲學家亞里斯多德（Aristoteles）還說：『日月星辰奏着音樂在地球的周圍打迴轉，』而第二世紀的大天文學家曾托勒買阿斯（Ptolemaios）也唱天動說，直至第十五世紀歐羅巴始有德意志的大天文學家哥

白尼 (Copernicus) 主張地動說。果爾，則最初唱地動說的，我們便不能不歸之於漢時代的中國人了。漢世並又發明大章車及候風地動儀。大章車發明於前漢之世；說是在車上設一機關，走着走着之間，便可以知道里數。這大概會和現在的他克西汽車 (Taxi-cab) 上面所裝着的他克西米突 (Taxi Metre) 有點相像；候風地動儀爲後漢張衡所發明。後漢書張衡傳：『陽嘉元年復造形風地動儀。以精銅鑄成，員徑八尺，合蓋隆起，形似酒樽，飾以篆文山龜鳥獸之形，中有都柱，傍行八道，施關發機。外有八龍，並銜銅丸，下有蟾蜍，張口承之。其牙機巧制，皆隱在樽中，覆蓋周密無際。若有地動，樽則振，龍機發吐丸而蟾蜍銜之；振聲激揚，伺者依之覺知。雖一龍發機，而七首不動，尋其方面，乃知震之所在。驗之以事，合契如神，自書典所記，未之有也！』由這段記述，可知這是一個地震測知機了。

又中國自太古以來，便已有指南車，而且關於磁石一物，在鬼谷子裏便說：『其察言也不失，若磁石取鐵。』又淮南子裏也說：『磁石能引鐵。』又漢書藝文志裏也說：『度箴石湯火所施，調百藥劑和之所宜；至劑之得，猶磁石取鐵。』那麽，指示方向的磁石盤，想必也在此時就已經有了；後遂傳至歐羅巴作羅針盤以供航海之用。——但這事卻遠在後世。

曆法

曆法秦時以建亥之月爲歲首，但並沒有改月名，故十月爲一年之始，九月爲一年之終。漢世初亦沿用秦曆，迨武帝時作太初曆，遂據夏正以正月爲歲首。其後成帝時作三統曆，平帝時作四分曆，後漢靈帝時又作乾象曆，故曆法凡四變，然都無大差。三國時，吳、蜀依漢曆用夏正，魏則改正朔以建丑（十二月）之月爲正月。

五行說

五行謂水、火、木、金、土。其說蓋已起自太古，箕子的洪範說：「五行者，一曰水，二曰火，三曰木，四曰金，五曰土：水曰潤下，火曰炎上，木曰曲直，金曰從革，土爰稼穡：潤下作鹹，炎上作苦，曲直作酸，從革作辛，稼穡作甘。」照這些話去看，此時的五行，還並沒有成功一科之學，但自戰國時起，以之與陰陽之說相和，遂成爲一科之學了。下逮漢世，便益旺盛，深入人心。詳其大要，則萬物都是由陰陽二氣所形成，火木屬陽，水金屬陰，土則居中，而由其相生相剋以起變化；於是將人事及世運的變遷，遂盡以歸於五行的推理。而所謂相生，則木生火，火生土，土生金，金生水，水生木；所謂相剋，則木剋土，土剋水，水剋火，火剋金，金剋木也。漢儒的多數，都大大敷衍此說，卽五常、五聲、五味、五色之類，都配之以五行，如董仲舒這樣的大儒也用五行來說春秋，便可以想見其盛了。

讖緯學蓋脫胎於五行之說，而開始於前漢哀平之際。讖，說文驗也，則讖緯者，蓋豫言將來的效驗之謂而記載未來事情的文書。如蜀志孟達與劉封書云：『夫不經之言而有應驗者，號曰讖也；其以緯言者，卽對經之義也』便可證明這是怎樣一門學問。讖緯有易緯、書緯、詩緯、禮緯、孝經緯、春秋緯等之書，錄載奇異之言，王莽最信之，後漢光武帝亦極尊信依照讖文以卽位，卽用人行政，亦往往取決於讖，如讖文有『王梁主衞』之語，便以王梁爲大司空，有『孫咸征狄』之語，便以孫咸爲大司馬。由是讖緯之學大興，直至後漢之末，鉅師如鄭玄亦復不疑，顧張衡獨不以爲然，力駁其說，其後至晉武帝太始三年十二月乃禁之，悉取緯書付之一火。

佛教之傳來中國，當以後漢明帝時爲始，雖有在明帝以前便已傳來之說，但全不足信。佛家之徒欲更古其傳來之說，則謂秦始皇時有釋利房者，曾在中國南方傳布佛教。但是在中國卻沒有可以證明此說的史料。據錫崙 (Ceylon) 的傳說，則印度的摩揭陀 (Magadha) 國阿輸迦 (Asoka) 王於西紀前第三世紀之中葉，曾派遣宣教僧於四方，其中有赴緬甸 (Burma) 及馬來 (Malay) 半島方面者，但往中國布教，卻沒有傳過這話；始皇統一中國，時爲西紀前二二一年，去阿輸迦王派遣宣教僧約後二十餘年。又有一說，謂漢武帝時破匈奴得金人，接着統領匈奴西方的昆邪王來降時，也得祭天金人，本其國俗，燒香致祭，遂以爲金人便是佛像而佛像入中國便會是以此時爲始。然當武帝之時，便是西紀前第二世紀，那時在印度都還沒有鑄造成雕刻佛像的事實，又怎能說到中國？況中國的正確史料裏面也並沒有載着燒香致祭金人的這回事，而且當時出使西域的張騫的報告中，關於佛教竟不曾有一語提到。至於昆邪王的祭天金人，想來怕會是希臘人所作的銅像一類由中央亞細亞將來者，然沒有證據，我們不能斷言;是故佛教說是秦皇、漢武之時便已傳來,這話我們究竟難於承認他作事實,惟其後平帝時,說是博士秦景憲曾受過大月氏使者口授的佛經,這傳說,似乎還有幾分近於事實。先是,占領了中央亞細亞阿庫士(Oxus)河畔的月氏,爲五翕侯所分領,逮西紀前三〇年頃,貴霜(Kushan)翕侯丘就却(Kuzulo Kadphises)滅其餘四翕侯而稱貴霜王,西破安息(Parthia的Arsaces朝),南併高附,(加普爾附近。)又擊占據罽賓(Kashmir)的塞種(Saka),至其子閻膏珍(Huemo Kadphises)遂滅之,及領有北西兩印度後,始皈依佛教。而平帝之世,恰當閻膏珍王之初年,故謂其時來至中國之大月氏使者口授秦景憲以佛經,這事是實際可能有的,只不過流傳不會廣罷了。故佛教之公然傳來中國,仍須歸着到後漢明帝時。明帝之世,漢的威稜振於西域,而且正是佛教從大月氏流傳到支那土耳其斯坦地方的時候,故大概是明帝得着傳聞,便命蔡愔前往西域去求他了。蔡愔等於是至大月氏得佛經及佛像,又得迦葉摩騰(Kasyapa Matanga)、竺法蘭(Dharma-raksha)二僧爲伴,乃以白馬馱經像於西紀六十七年還中國。明帝於洛陽建白馬寺，命二僧先繙譯佛說四十二章經爲漢語；這實是中國設立佛寺，繙譯佛經之始。佛教由是稍稍流興，如楚王英以信仰的結果，遂繪像供禱祀，桓帝亦信之，於宮中建祠。又以明帝以後，漢威遍及西域，從而交通便利，如是支婁迦讖(Lokarakcha)從大月氏，安世高從安息，竺佛朔從印度，康孟詳從康居相繼來中國從事譯經，其勢便漸漸旺盛起來。我們看靈帝時有笮融者，起佛寺，於浴佛日招致五千餘戶施以飲食，便足知後漢末年佛教弘通的盛況。然當時只許西域僧可以布教，至於中國人爲僧則尚在禁止之列，至魏文帝時始開此禁，自是中國人中，稱名僧者輩出。如此，三國之世，佛教以魏爲最盛，西域僧之來建寺院譯經文者亦多，就中如中印度僧曇摩迦羅(Dharmakala法時)居洛陽譯戒律，實中國有戒律之始。吳亦有印度僧渡海來者。

道教

中國自古以來，便有神仙之說，學其道者，稱曰方士，戰國時，燕、齊之地最爲盛行。因爲這兩處地方，當今直隸南部及山東省，人們見着那濱海一帶，星羅碁布的島嶼，遂以爲其間有蓬萊、方丈、瀛州一類神仙們所住的島，島上有不老不死之藥云云；而大概從這些地方又必出了許多稱說奇怪的神仙之蹟的。如是秦始皇信齊人徐市等方士之言，使偕童男童女五百人俱入海求神仙及不死之藥，而如漢武帝及宣帝亦復信任方士，高起樓閣，以求神仙而製不死之藥。試思以一個窮極人生之慾的帝王，而去講求長生之法，這不能不謂爲當然。然武帝遂悟其詐，喝破道：「天下豈有仙人？盡妖妄耳！節食服藥，差可少病而已。」然如列子及莊子等道家之徒亦說神仙，遂推老子爲天仙之長而唱導引、服餌、長生、飛昇之術，更敷衍之而謂去邪累，清心神，積行樹功，累德增善，便可白日昇天而獲長生云云。至，其刼數之說，有類佛氏，化金銀而行符水，則又有似乎巫術了。方士之徒，日漸蔓延，及後漢末年，有張陵者，入蜀之雞鳴山修鍊，自稱得受老君祕錄，行符水禁咒之法，講長生之術，謂著道書二十四篇後，遂爾登天。其徒有張角者，靈帝時以符水療病，派遣弟子於四方，使誑誘徒衆，十數年間遂得數十萬人，乃置三十六方，大方萬餘，小方六七千，各立渠帥，窺漢室之衰弊，一時鬨起，遂出了所謂黃巾之亂，這也就可見道教勢力的不弱了。而張陵之孫張魯亦以符水禁厭推廣其教，由是張氏遂世世襲。

秦始皇時，前代廟樂，只大韶、大武僅存。漢高祖時，叔孫通用秦樂人制定宗廟之樂，又作昭容樂禮容樂，至武帝則甚爲獎勵音樂，立樂府，任李延年爲協律都尉，舉司馬相如等作詩賦，論其律呂使合於八音之調，作歌十九章。張騫之還自西域也，傳胡樂二曲，李延年乃依胡曲作新聲二十八解云。然二十八解，魏晉之際，大抵亡失，僅傳出關、入關、出塞等十曲。至後漢，明帝時，立大予樂、周頌雅樂、黃門鼓吹樂、短簫鐃歌樂。大予樂用之於郊廟上陵等之祭，周頌雅樂用之於辟雍、六宗、社稷之祭，黃門鼓吹樂用於天子大宴羣臣之時，短簫鐃歌樂則列軍陣時用之。其後天下大亂，音樂亦衰，曹操討平荆州，得杜夔，乃命之創定雅樂，夔乃與鄧靜、尹商、馮肅等參考經籍，採摭故事，遂復古樂。故魏世云有正世樂（漢之安正樂）、迎靈樂（漢之嘉至樂）、武頌樂（漢之武德樂）、昭業樂（漢之昭容樂）及昭武舞（漢之巴渝舞）、鳳翔舞（漢之雲翹舞）、靈應舞（漢之育命舞）、舜頌舞（漢之武德舞）、大昭舞（漢之文始舞）、大武舞（漢之五行舞）等。

書

文字在秦始皇時，李斯曾省約大篆而爲小篆以統一之而舉同文之實。其次，程邈作隸書，王次仲作八分，至漢世而真、行、草、飛白諸體出，乃漸漸與今字形相近。隸書漢書藝文志：『秦時始造隸書，起於官獄多事，苟趣省易，施之徒隸也。』此爲徒隸所用，蓋易小篆而作者，是曰楷書，後世遂誤八分爲隸書。八分者，有謂其取於篆者八分，取於隸者二分，故名。又有謂以其字勢像八字一般有偃波之文也。二說未知孰是，要之，卽後世所謂隸書也。飛白原爲後漢蔡邕所造。邕在靈帝時，見工人用堊帚修飾鴻都門而成字，遂創此書體。漢、魏之間善書者稱杜度、崔瑗、張伯英、羅叔景、趙元嗣、鍾繇等，而蔡邕的八分及飛白尤極有名。又筆，秦始皇時蒙恬始作；紙則後漢和帝時蔡倫煑溶樹膚、麻頭、敝布、魚網之類創製之；墨則魏、晉時已製墨丸（用漆煙松煤所作）及膠墨。

繪畫

繪畫則漢宣帝時畫功臣十一人像於麒麟閣，後漢光武帝亦有畫功臣像二十八人於淩煙閣事。而毛延壽、陳敞、劉白、龔寬、陽望、樊育等俱元帝時人，云皆以畫有名於時者，則當時繪事之盛蓋可想見。然關於其畫法，則此時已殊不能詳知，惟就武陵石室及孝堂山石室之畫圖觀之，可知是時之畫，尚極其素朴。

雕刻與石刻

雕刻似乎多少亦有進步，其施於宮殿樓閣者以外，則秦始皇刻石於泰山、芝罘、碣石等處以銘功德，後漢竇憲亦立石勒功，又順帝時曾有以古文篆隸的三體將五經刻於石上之事。今據武陵及孝堂山石圖及其他現存漢碑以觀，可見是時石刻甚爲流行。

印刻

又當時天子及諸士大夫所有之印璽，俱尚雕刻文字，故印刻極可觀。——秦始皇玉璽文受天之命，皇帝壽昌，云五代時尚存。總之，繪畫及雕刻似乎在南北朝之世因佛教盛行之故，須用畫像及雕刻，而後乃大大發達進步。

建築

秦始皇役刑徒七十萬人作阿房宮，史記其東西二百間（五百步），南北五十丈，上可坐萬人，下可建五丈之旗，周馳作閣道，由殿下直抵南山，表南山之巔以爲闕；作複道由阿房渡渭以屬於咸陽云云。但阿房宮始皇在時並沒有完工，倘使完了工，那一定是一個壯麗已極的建築。秦滅不幾時，項羽屠咸陽，燒秦宮室，說是火三月不絕，便大概可以想像其雄偉之致。史又言當時尚有宮殿闕中三百闕外四百那麼，我們便也可以認出是曾經大興土木來。漢武帝時作柏梁臺云其上立有仙人銅像捧着大有七圍的承露銅盤其高凡二十丈；又建蜚廉、桂館、通天基臺等之樓閣，作首山宮建章宮等之宮殿，東有鳳闕西有虎圈，北有太液池，池中有漸臺、蓬萊、方丈、瀛州壺梁之勝，南有玉堂璧門，而又立神明臺作明光宮，皆窮極侈靡。又三國時魏的曹操在鄴所作的銅雀臺——亦名銅爵臺，因屋上置銅製鳳凰故名，據鄴中記：『鄴城西立臺，皆因城爲基址；中央名銅爵臺，北則冰井臺西臺高六十七丈，上作銅鳳』。而明帝亦治許昌宮營洛陽宮，極稱壯覽云。當時的建築術已無由詳知，而其發達的狀況則據以上所言各事實，可以推測而得。

農業

農業自井田破壞，一變而爲貧者佃作富者之田，能耕作自家田地已屬少數，顧猶極稱發達。漢武帝時趙過爲搜粟都尉，設代田之法以改良農業。代田者，一畝作三甽（古畎字，乃廣一寸深三尺的溝，）每年則易其甽而耕之謂。趙過又作田器教授耕種、養苗等事，又不能用牛耕者則令人耕，一日開墾，多則三十畝，少亦十三畝。如是，史謂代田之法，勞力少而收穫多，故當時農民多採用之云。其後田野益開，史謂平常時有田八百二十七萬五千三十六頃（百畝爲頃），故以當時戶數一千一百二十三萬三千除之，一戶當有田六十七畝四十六步餘。

商業

商業秦時稱爲末利而卑之，卽漢世亦禁商人着絹衣乘車，顧租稅雖重而營商業者仍然不少。文帝至命商人的子孫不許入仕，也依舊無效。武帝時，以賣鹽及鑄私錢而致富者甚多，至於有隱然使令縣官之勢，於其行鹽鐵酒榷之法，設均輸平準之法，使爲商人者不能獲巨利，又商車亦課稅；凡是這些，都是因爲當時國用不足的原故，一面也是抑貶商人的一種手段。王莽時，倣周官，起五均及司市之官，使於四時之中月定物價而爲市五穀、布帛、絲綿，若有不能售者則檢其實而官出原價收買之，以俟物價騰貴之時，平其價賣出。此法看去似是極好的制度，可是奪去了人民的利益，以致農商失業，食貨俱廢，人民涕泣於市道云。後漢光武帝悉廢莽制，但對於商業方針，則依然採抑制主義，我們試看其後來用桓譚的上疏舉農業，抑商業，使諸商人相糾告，便可以知道他的用意了。

和外國的通商

武帝時，和西域的交通旣開以後，遂有與外國通商之事，蕃客之留長安者甚多。宣帝時，西域諸國服屬，卽至明帝以後，亦皆歸服，故外國貿易未嘗中絕。中國輸出者以絹爲主，而自外國則輸入寶石、藥劑、香料之類，又交趾、印度等南方諸國，是時交通也開，貿易往來不絕。尤其在桓帝的時候，大秦王安敦就是羅馬 (Rome) 的馬克思奧烈留思安敦尼思 (Marcus Aulerius Antoninus) 帝遣使自海上齎象牙、瑇瑁等至。先是，中國爲絹的出產地，已夙爲歐羅巴人所知曉，而極其珍重這種絹布。但這是要經過中央亞細亞人的手而輸入的，其價便非常之貴；一時節，羅馬的中國絹至於以同一重量的黃金的價格，遂禁止其輸入，並且不準人民再着用絹布。及到後漢之世，羅馬領有細利亞 (Syria) 以西屢與安息卽拔爾其亞 (Parthia) 爭西亞細亞之地。而在中國則稱羅馬東方的領地曰大秦。和帝時，西域都護班超，遣部將甘英欲與通，顧甘英行及波斯(Persia）灣頭，以不獲渡，乃不果其使命而歸。而羅馬亦欲自陸路與漢直接交通，顧每爲拔爾其亞所阻，安敎帝遂破拔爾其亞取波斯灣頭之地，乃由海路遣使者經印度洋至日南（安南）納貢於漢，以求絹布及其他貨物，實西紀一六六年事也。但是在羅馬的史料裏面，沒有發見安敎帝遣使中國的這件事，恐怕是當時羅馬東領之一的埃及（Egypt）的希臘商人，自稱帝使者罷了。此後羅馬商船屢至，而中國商船亦達於錫崙島附近，此往彼來，交易日盛。

貨幣

貨幣秦時以黃金爲上幣，銅錢爲下幣，而秦又鑄半兩錢，至漢亦鑄造之，並有人民私鑄之錢。武帝時，因財政困難，特製皮幣，又作馬幣、龍幣、龜幣。皮幣史記平準書言：『以白鹿方尺，緣以藻績，爲皮幣，直四十萬。』而這種幣使王侯買之以作爲獻璧的袵席之用；而馬、龍、龜各幣，則皮幣之上，繪有此各物的幣也。王莽時更造錯刀、契刀、大錢等貨幣，旋罷錯刀、契刀、五銖錢等，而立錢府，更作金、銀、龜、貝、錢、布、五物六名二十八品的寶貨。五物六名二十八品者，謂金貨一品，銀貨二品，龜貨四品，貝貨五品，錢貨六品，布貨十品。然而因爲是這樣數數變更，以致弄得信用一點也沒有，而民間以私鑄獲罪的遂多，而幣制乃大亂。後漢光武帝中興，乃一復漢的舊制。

祭祀

祭祀秦時以四時（祀白青黃赤四帝）之祀爲主。始皇時屢行封禪之祭。封禪者，築土爲壇而祭曰封，除地而祭曰禪，禪同於墠，指祭庭而言。古者，天子巡狩而至四嶽則必有封大山以祭天禪小山以祭山川之例，如管子言：『封泰山禪梁父者七十二家』。是漢高祖入關中奠都長安，更增立一時（祀黑帝）曰北時，由是關中有五時。文帝時曾郊見五時，又立五帝之廟與壇。武帝亦郊見五時，巡行海內屢行封禪之祭。至於祭天地，則歷代都必行之。

婚姻

婚姻的儀式和周代初無大差，惟身爲王侯而有娶甥或外家之諸姑者，則民間亦必有違禮犯分之婚事可知。又史言長安市民當嫁娶時，有先論財貨多少之風云。

喪葬

喪葬不無與周稍異之處，尤其在漢的末年，三年之喪，縮短到只有三十六日，這是極其顯然的變動。棺槨用木材或用瓦石，王公則有用雲母埋屍者。又有視土地之好否卜埋葬之吉凶而稱爲葬術者，亦起於此時；魏、晉之間，其術盛行。葬時則歌所謂挽歌者，歌名薤露蒿里；葬送王公貴人時歌薤露，士大夫及庶人歌蒿里，其歌者則爲送葬時執紼之人。搜神記：『挽歌者葬家之樂，執紼者相和聲也。挽歌辭有薤露蒿里二章，出田橫門人；橫自殺門人傷之悲歌，言人如薤上露易晞滅也。亦謂人死精神歸於蒿里，故有二章。至李延年乃分爲二曲，薤露送王公貴人，蒿里送士大夫庶人，使挽者歌之。』至薤露歌辭如下：『薤上露，何易晞！露晞明朝更復落，人死一去何時歸？』蒿里歌辭如下：『蒿里誰家地？聚斂魂魄無賢愚。鬼伯一何相催促？人命不得少踟躕！』但是挽歌雖說是起於田橫，然而我們讀左傳哀公十一年條下記云：『爲郊戰，故公命吳子伐齊。公孫夏曰：「二子必死。」將戰，公孫夏命其徒歌虞殯。』杜注：『虞殯者，送葬歌曲，以示必死也。』又疏：『禮，啓殯而葬，葬則下棺，反而虞於日中。蓋啓殯而將虞時之歌，是曰虞殯，而送葬時得作歌者，蓋挽引之人爲歌聲以助哀也，今之挽歌是。』這麼看起來，可知挽歌的由來，蓋很古很古。

衣服冠冕

衣服和周代也是大同小異，不過因時勢的變遷，自不免有多少不同之處。

如男子之冠有通天冠、遠遊冠、高山冠、進賢冠等，又有林宗巾的這麼一種頭巾。婦人則以綾羅覆面而結頭髮；頭髮因其樣式而有種種名稱。

家族之制，與周無異。惟富家豪戶使役奴婢極其衆多，有一家置奴婢至千餘人者，而史言漢武帝時所沒收之奴婢，其數達一千萬以上云。又云，王莽時，長安市中設奴婢之市，與牛馬同欄買賣，遂禁之，然人民反訴其不便，無已，復解其禁。考奴婢之起原，鄭玄註禮（奚三百）云：『古者、沒從坐之男女入縣官曰奴婢，以其少有才智者爲奚；今時之侍史、官婢也。』又說文云：『男入罪曰奴，女入罪曰婢。』又風俗通云：『古制無奴婢，卽以犯事者爲奴婢。臧者，被臧罪沒而爲官之奴婢者也；獲者，逃亡被獲而爲奴婢者也。』以上所云云，皆可供參考。那麼所謂奴婢的原來是沒下的罪人，只供官家使役的，但到後來，民間也就使用起奴婢來了。我們又讀周禮秋官司厲註：『今之爲奴婢，古之罪人也。』則漢世奴婢，固不止罪人，卽家庭普通所使用之男工女工，也都稱奴婢。

第四章　兩晉及南北朝時代之文化

晉室傾倒的原因與八王之亂

晉懲於魏室之敗亡，多封宗室以爲屏藩，諸王威望甚重。加以武帝即位之初，江南尚有吳國存在，故大用意於政治，迨杜預、王濬渡江滅吳，遂漸漸倦勤，而耽於宴樂，又撤去州郡武備，許諸夷族得入內地雜居，遂兆晉室傾倒之基。武帝死，其子惠帝即位，不慧，如是內亂驟起。時汝南王亮總國政，弄威福，極其專横，賈皇后與楚王瑋謀，除亮，繼而殺瑋，又殺太子及太后而自握政權。如是趙王倫乃舉兵黜賈皇后，遂廢惠帝而自立。而齊王冏、河間王顒、城都王穎又共起兵誅倫，使惠帝復位。顧冏獨留京師，恣其横暴，長沙王乂乃又舉兵殺冏。然顒及穎合力破乂，遂握政權，及東海王越奉惠帝黜二王，內亂始熄。以上是爲八王之亂，前後凡亘十六年，骨肉互相殘殺，晉室屏藩一空。

後漢之末，清節之士多厭離亂，肥遯山林；同時，又因兩漢崇儒的反動，遂引起回想黃老的無爲而又因受了佛教東流的餘響，如是魏、晉之際，淸談遂從而流行。淸談者，對俗論而言，棄置法度禮節，排除俗務塵網，而專尚談論虛玄的空理之謂也。此風忽爾披靡一世，上自朝廷大臣，下逮草莽處士，無一不以卑名教任放達爲懷，至於八王之亂迭生，晉室已岌岌搖動，顧未有一人曾以國家人民爲憂者，五胡乘之蜂起，晉室因而南遷。

五胡之蜂起

五胡者，謂匈奴、鮮卑、羯、氐、羌之五族。匈奴爲土耳其種，羯則其別部，鮮卑爲蒙古種，氐、羌俱爲圖伯特種。此五族人自漢代以來，卽移住中國，乘晉內亂，所在競起，割據建國者前後凡十有六，互相攻伐者亘百餘年，經東晉之世以及南北朝之初也。

漢（前趙）之興亡

初，晉武帝時，匈奴多歸化而移入山西及晉亂，西紀三〇四年，匈奴中的劉淵起於左國城，（山西省汾州府永寧州）旋遷平陽，（山西省平陽府）稱漢帝。至劉淵之子劉聰，遣劉曜、石勒攻晉，陷洛陽，懷帝被執，於是愍帝卽位於長安，而西紀三一六年劉曜又取長安，愍帝降而晉亡。劉聰死後，曜遂自立，

成（漢）之興起

前燕與高句麗

後趙之興亡

號趙王。而石勒亦據襄陽（直隸省順德府邢臺縣）號趙王，併合河北山東，以洛陽爲界，與劉曜中分漢地。——史家稱劉曜曰前趙，石勒曰後趙。（石勒爲匈奴別部羯人）

氐原散在自岷山至巴蜀之間，羌則居於青海一帶，後漢之世，降馬援而移於關中、河東，其餘衆多居塞內。至西紀三〇四年，巴西之氐李雄入成都，併有四川、貴州，旋稱成帝，至其從弟壽乃改國號漢。

劉淵及李雄之起也，鮮卑之慕容廆亦併合諸部，奄有遼東遼西，據大棘城（盛京省錦州府義州西北），稱大單于。其子皝嗣，號燕王，南侵後趙，東破高句麗陷丸都城（朝鮮平安道寧遠州南劒山），其勢日熾，高句麗之故國原王，乃移都國內城（盛京省興京懷仁縣）以避其鋒。時百濟殆已統一馬韓之地，其近肖古王擊破高句麗故國原王，而略取黃海道一帶之地遷都於北方之北漢山（京城）。二國原屬同宗，而自是以後，遂世世相仇。

先是，後趙的石勒擒劉曜於洛陽，盡併漢之舊地，南擊東晉，取江淮之地而稱帝，稍致太平。石勒死後，石弘、石虎相繼立，石虎死，冉閔遂篡國號魏帝。於是氐酋苻洪據關中號秦王，漢人張重華據河西號凉王，江北亦亂，燕王慕容皝之子儁，遂乘機入河北，滅魏帝冉閔，併山東，略河南，奠都於鄴稱帝，其勢振於江北。

東晉之治亂

初，晉愍帝既降劉曜，司馬懿之曾孫瑯琊王睿在建康（建業）卽帝位，用王導、王敦分掌政兵，是爲東晉元帝。元帝、明帝、成帝三代，以王敦、蘇峻相繼起內亂，未能伸其驥足於北方。經康帝至穆帝，以桓溫督軍事，乃西入巴蜀滅漢（成），乘勢攻秦主苻健於長安，不能拔，繼討燕，敗於枋頭（河南省衞輝府濬州）而歸。

前秦之興亡

先是，凉主張重華據姑臧（甘肅省凉州府武威縣），其版圖東起隴西，西抵龜茲、鄯善，勢頗强大，迨其弟天錫立，國政遂大亂。時秦苻洪之子健入長安稱帝，至其姪苻堅，英明過人，國勢大振，信任王猛，於以滅燕，次又乘凉之衰亂而滅之，遣氐酋呂光徇西域，奪鮮卑拓跋部之地，遂奄有天下之七八，乃南

江北之分裂與後魏之興起

向晉。時西紀三八三年，苻堅率卒六十餘萬，騎二十七萬侵晉，江南爲之大震。而晉自桓溫死後，謝安秉政，乃舉其姪謝玄以當秦軍，玄領兵八萬，大破之於淝水（安徽省鳳陽府壽州之東）秦軍一時潰散，苻堅僅以身免。這便是淝水之戰。

秦自淝水一敗，江北忽然瓦解：燕之宗室慕容垂據中山（直隸省定州）號後燕；慕容沖起自平陽建西燕；羌酋姚萇號後秦，據長安；鮮卑的乞伏乾歸建西秦於隴西；而河湟青海之間，鮮卑的禿髮烏孤建南涼；河西之地則呂光建後涼；張掖（甘肅省甘州府）則匈奴之沮渠蒙遜建北涼；其西敦煌（甘肅省安西州）則漢人李暠起西涼；秦主苻堅則爲後秦之兵所執而死，其後嗣亦前後被殺，秦遂亡。時鮮卑之拓跋珪崛起盛樂（山西省歸化城南）其勢大振，後南下攻後燕破之，遂卽帝位，都平城，是爲後魏道武帝。於是後燕之族人慕容德建南燕於滑臺，（河南省衞輝府滑縣）後燕之將馮跋滅後燕據龍城（內蒙古土默特）號北燕，二人合力以拒魏。時後秦已滅後涼，旋臣

東晉之末路

服南北西之三涼，勢傾江北，既而匈奴之赫連勃勃叛，建夏於朔方，其勢漸衰。先是，晉劉裕以討桓玄之亂起兵，繼攻南燕滅之，至是乘後秦之衰北伐，亦滅之。如是劉裕威望益高，遂受晉禪，是爲宋之武帝；通東西晉，合百五十六年而亡，時西紀四二○年也。自西晉之末五胡跋扈於內地，建立過兩趙（前後、）三秦（前後西、）四燕（前後南北、）五涼（前後南北西、）漢（成、）夏等十六國，互相攻伐者垂百餘年，至是北有魏，南有宋，雄視於大江南北，已而魏又盡併北方諸國，從此史上是爲南北朝。十六國之外，本尚有冉魏、西燕兩國，然其建國的時間太短，故沒有加入；又後魏則因其統一北方而爲北朝，故亦從省。

五胡十六國興亡表

國名及建國順序	種族	始祖	代數	都城	興亡年代	滅亡之順序及其對手
1前趙	匈奴	劉淵	五	平陽長安	三○四—三二九	1後趙石勒
2成漢	氐	成雄	五	成都	三○四—三四七	2晉（穆帝時）之桓溫

3 後趙	羯	石勒	七	襄國鄴	三一九—三五一	3 前燕慕容儁
4 前涼	漢人	張重華	五	姑臧	三四九—三七六	5 前秦苻堅
5 前燕	鮮卑	慕容儁	二	薊鄴	三四九—三七〇	4 前秦苻堅
6 前秦	氐	苻健	六	長安	三五一—三九四	6 後秦姚興
7 後燕	鮮卑	慕容垂	五	中山龍城	三八四—四〇九	8 北燕馮跋
8 後秦	羌	姚萇	三	長安	三八四—四一七	11 晉（安帝時）劉裕
9 西秦	鮮卑	乞伏國仁	四	苑川	三八五—四三一	13 夏之赫連定
10 後涼	氐	呂光	四	姑臧	三八六—四〇三	7 後秦姚興
11 南涼	鮮卑	禿髮烏孤	三	西平	三九七—四一四	10 西秦乞伏熾盤
12 北涼	匈奴	沮渠蒙遜	三	張掖姑臧	三九七—四三九	16 後魏太武帝
13 南燕	鮮卑	慕容德	二	廣固	三九八—四一〇	9 晉（安帝時）劉裕
14 西涼	漢人	李暠	二	敦煌	四〇〇—四二〇	12 北涼沮渠蒙遜
15 夏	匈奴	赫連勃勃	三	統萬	四〇七—四三一	14 後魏太武帝
16 北燕	漢人	馮跋	二	龍城	四〇九—四三六	14 後魏太武帝

後魏之統一江北

宋代東晉之時，西秦滅南涼，夏主赫連勃勃又滅西秦併隴西，北涼降西涼而統一河西之地，鮮卑之吐谷渾略青海河湟之地，於是三國鼎立關西，互相攻伐。魏自道武帝之後，經明元帝而至太武帝，與宋文帝同時卽位，勇健善用兵，滅北燕，降夏、北涼、吐谷渾三國，悉定江北之地以與宋之江南對峙。

宋之衰亡

宋經武帝廢帝而至文帝，因魏的明元帝畧取河南之地，啣之，乘太武帝征柔然之機，命王玄謨大舉入魏，取碻磝（山東省東昌府茌平縣）圍滑臺。已而太武帝北伐還，親渡河大破宋軍，所過之處，四野爲赤，淮北遂盡入魏手。宋經此一敗，國勢大衰，三傳至明帝，其間多殺戮宗室，遂致帝室孤立，卒爲權臣蕭道成篡國而亡，時西紀四七九年也。

後魏之隆盛與分崩

後魏文成帝立，承太武經略之後，乃專一與民休息，講求富國之策。經獻文帝至孝文帝，因慕中國文化，遷都洛陽，改姓元，禁胡服胡語，興禮樂，定制度，於是凡百文物都備，盛極一時。及孝文帝死，宣武帝嗣，疎隔宗室，引用嬖倖，國政漸亂。至其之孝明帝，平城藩衛的將士，怨賚給太薄，遂叛，爾朱榮恃平亂之

齊梁與東西魏

功，恣其專橫，爲孝莊帝所殺，其族乃起而作亂，朔方鎭將高歡討之，其亂平，乃擁立孝武帝自爲大丞相，開府晉陽（山西省太原府）遂逐帝。孝武帝奔關西，依大都督宇文泰，都長安，是號西魏；高歡又別立孝靜帝於鄴，與宇文泰夾潼關而戰，是號東魏：於是後魏遂分東西，時爲西紀五三四年。其實則所謂東西魏者，只不過高氏和宇文氏的割據，魏室徒有其名罷了。

先是宋蕭道成篡帝位爲齊高帝，五傳及東昏侯寶卷國政紊亂，四方叛離，其疏族蕭懿鎭定叛亂，聲譽隆起，寶卷忌而殺之，其弟蕭衍乃奉寶卷之弟寶融舉兵，入建康，以西紀五〇二年受齊禪，卽帝位，是爲梁武帝。會東魏河南軍事都督侯景與高歡之子高澄有隙，以河南之地降梁，爲河南王，伐東魏，大敗，南奔據壽春。梁武帝爲帝於江南者四十八年，深信佛法，奉行慈善，弛刑辟，廢武備，既伐東魏不克，遂與講和，如是侯景怨之，舉兵陷建康，强爲大丞相，武帝以憂忿死，景遂弑簡文帝，廢太子蕭棟，自立稱帝。時梁之帝室亦自亂，武帝子蕭繹據江陵，其弟蕭綸據江夏（湖北省武昌府），武帝孫蕭詧據襄陽。三

陳北齊北周

人者，互相爭戰，蕭倫降東魏，蕭詧依賴西魏；西魏遂略取巴蜀，圖湖北，東魏則進取江淮，而梁之封疆遂日蹙。已而蕭繹遣王孫辨及陳霸先使共誅侯景，即帝位，稱元帝，然西魏宇文泰伐之，陷江陵，立蕭詧爲梁王，是爲後梁。先是，東魏高澄之弟高洋，受孝靜帝禪爲北齊文宣帝，至是發兵納蕭淵明爲梁主，而王僧辨奉之，顧陳霸先卻擁立元帝之子蕭方智而破王僧辨，旋於西紀五五七年篡帝位，是爲陳的武帝。西魏宇文泰亦以是年死，其子宇文覺受魏禪，爲北周孝閔帝。

如是陳承梁後領有江南，北齊受東魏之禪據有江北，北周則代西魏而保有漢湘二水以西，而天下又成三分之勢。北齊經文宣帝之後，三傳至帝緯，既昏且愚，國政以亂，屢受陳之侵略。時北周有武帝出，剛毅賢明，大治其國，以西紀五七七年自將伐北齊滅之，遂併合江北。至武帝之孫靜帝年幼，太后之父楊堅輔政，旋以西紀五八一年受帝禪，是爲隋之文帝。文帝伐後梁蕭詧，取湖北之地，次乘陳後主叔寶淫虐奢侈，民心離叛，遣次子晉王廣一舉滅陳，於西紀五八九年併合南北，一統天下。自晉室中衰，劉淵起自左國城開五胡割據之始，至是實經二百八十六年。

柔然之興亡

柔然乃匈奴別種，東晉初，有車鹿會者勇健爲部衆所推，始建國，號柔然。其後六傳至社崙頻頻併吞諸部，遂奄有疆域東起高句麗西抵焉耆（Karashar）屢侵魏，迨其從弟大檀時爲太武帝擊破後遂大衰，然其後至頭兵可汗復振，並受東西魏之幣賂，極盡驕傲，後卒爲突厥（Turk）所滅。

高句麗百濟新羅之關係

南北朝之頃，高句麗勢甚興隆，逮廣開土王（好太王）有雄材大略，伐新羅，日本援之，頻與日本軍戰，其子長壽王亦頻頻南下侵百濟，百濟至遷都泗沘（朝鮮忠清道扶餘縣）以避其銳。先是新羅亦恐懼高句麗，因與百濟同盟防其南下，後又與高句麗通而侵百濟，遂乘勢陷任那之日本府而奪其地，百濟乃求援於高句麗，高句麗亦惡新羅之隆盛，卽與百濟連和以當之。南北朝時，高句麗常朝貢北朝，百濟及新羅則貢於南朝。

南北風氣之相異

魏晉的思潮

西晉滅亡之後，中國內地土崩瓦解，五胡諸國競起迭興；北方有十六國之盛衰興亡，南方有東晉後遂成爲南北朝。其間約亘三百年之久，北方有五胡諸族的雜居，而南方則只有漢族，故南北風氣，遂各自背道而馳；這不能不謂爲自然的趨勢。抑兩漢思潮本爲儒教主義，至魏而此思潮乃全然變化，初則延攬申商之法術，後則挹取老莊之虛無，若儒教主義，則幾將一掃而空。當是時，因漢末以來，紛亂之極，政權的移動，遂速如走馬，百姓的流離，已喘息不遑。然若問天下將以何日而統一乎？戰亂將以何時而戡定乎？則爲百姓者固無由置答，卽爲學士大夫者，亦俱噤口莫措一辭。天下既是這樣的狀態，於是天下之士，或者遂絕去經世之志而興起厭世之思，或者則嘲噥儒道之無益於天下國家而縱酒忘憂，或者則痛心仁義惠愛之不足用而致其意於法術，又或者則竟至痛罵禮法之士而假口於虛無，此其勢，馴致兩晉遂至於大大發揮而爲非儒教主義。故兩漢四百餘年之間所修養成功以支配天下人心的儒教，及魏晉而忽然凋落的原因，一面固由於爲政者的方針，自有以使之然，而其他面，則尙別有所存。試思漢代的學者，一式從事訓詁，委其半生歲月以穿鑿一經，白首猶未能通其大義，那麼，這自然會要令天下的士大夫絕叫學問的無用與學者的迂闊了。因此，魏的曹操一旦提倡法術，天下之士，遂沛然歸之，遂使一代思潮，皆傾倒於刑名主義，這是儒教凋落的第一原因。明經之雋，初不必有經世之才，孝廉之選，亦不必有忠貞之行，故繁文縟禮之餘，不求其本，但齊其末，拘牽文例而不顧慮實用，此其弊，會也便是令天下士夫賤禮文，輕德行，因從而渴仰放任之所以然的一個道理，因此晉的武帝一旦提倡曠達，天下之士，遂亦靡然宗之，而一代思潮，便又傾注到虛無一路，這是儒教凋落的第二原因。後漢之世，外戚宦官連袂踵起，而黨錮之禍，則殺戮清節之士爲尤多，旋繼以漢末的騷亂，跟着又是三國的鼎立，跟着又是八王五胡的雲擾，以致殺人如草，血湧川原，屍累丘山，這也足令天下的士夫，致慨人生直如朝露，因而魏晉的思潮，遂投入了厭世的旋渦，同時又是使其彷徨於長生不死的空想之所以然的一個道理，這是儒教凋落的第三原因，如是魏的學者王弼、何晏，都是以一代的碩儒而去咀嚼老莊的旨趣；晉的詩人阮籍、嵇康，則又負一世的重望而鼓吹虛無的流風。自是以來，是致竹林七賢之徒，起而破壞禮法，輕賤名教，崇尚放達，而他們的勢力，遂如風行草偃，他們的清談，遂為君民之間所歡迎。常思他們這一輩人，都是激於季世的風潮，而欲以更揚一波的，都是託於酒以逃於昏迷，一方用以遣其慷慨悲憤之懷，一方又用以縱其放任曠達之行的。這確實是他們覷定了後漢儒教全盛之弊，纔這樣排斥經術，罵倒德教，如是便自然就要弄到縱其情性，安厥恣睢的地位。以故他們的思想，本是破壞的，然而當時的士夫，則方景仰他們之不遑；他們的主義，本是厭世的，然而當時的天子，則方款待他們之不置。他們之中，有些是本能論者，又有些是懷疑論者，然而當時的學者，大抵不是親炙他們，相與清談，便是私淑他們，相與任達。故他們的清談，是這樣為舉世所歡迎，他們的任達，是這樣為天下所樂受，如是以清談有高名，以任達有令聞者，便如雨後春筍，陸續輩出；更經東晉，歷南朝，遺響餘音，累世不絕。故在晉朝的清談之士，便猶之乎在後漢的清節之士一般；不過在兩者的性質上面，其相異之處，前者為老莊的團體，後者為儒

南方風氣

教的團體。故後者則砥礪廉隅，尊崇節操，然其極也，有時則流於虛僞，或亦陷於偏固；前者則鼓吹自由，宗君放任，然其極也，則往往陷於恣睢，墮入浮華。是以以清談之成爲流行，任達之成爲風尚，而其影響所被，便足致南方士民，流連於浮華虛靡，陷溺於優柔弱懦，即國家當風雨漂搖之會，亦無有作憂時奮起之思者，至於說是努力中原，恢復故物，那就更沒有這勇氣，所以南朝之末卒歸北朝呑併。

北方風氣

反之，而北方人士的氣質則和南方人的大異其趣。蓋北方諸國，起自蒙古地方，故極其勇武而兼以活潑，大非南方浮華柔懦之比。加以胡人一旦沐浴中國文明，卻喜其堅實的學術而拒斥其老莊的浮誕，故多篤尚儒道。如漢的劉淵，前燕的慕容皝，都是崇尚經史，而前秦的苻堅，則興建大學，後秦的姚興，則講論經籍，其他君主亦有通於文學經術者。二十二史劄記云：『晉載記諸僭僞之君，雖非中國人，亦多有文學。劉淵少好學，習毛詩京氏易馬氏尚書，尤好左氏春秋孫吳兵法，史漢諸子無不綜覽，嘗鄙隋陸無武，絳灌無文；一物不知，以爲君子所恥。其子劉和亦好學，習毛詩左氏春秋鄭氏易。和弟宣，師事孫炎，沉精積思，不舍晝夜，嘗讀漢書至蕭何鄧禹傳，未嘗不反覆詠之。劉聰幼而聰悟，博士朱紀大奇之，究通經史，兼綜百家之言，工草隸，善屬文，著述懷詩百餘篇，賦頌五十餘篇。劉曜讀書志於廣覽，不精思章句，亦善屬文，工草隸。小時避難，從崔岳質通疑滯。既即位，立太學於長樂宮，立小學於未央宮，簡民間俊秀千五百人，選朝廷宿儒教之。慕容皝尚經學，善天文，即位後，立東庠於舊宮，賜大臣子弟爲官學生，親自臨考，自造太上章以代急就，又著典誡十五篇以教胄子。慕容儁亦博觀圖書，後慕容寶亦善屬文，崇儒學。苻堅八歲，向其祖洪請師就學。洪曰：「汝氐人乃求學耶？」及長，博學多才藝。既即位，一月三臨太學，謂躬自獎勵，庶周孔之微言不墜；諸非正道者悉屏之。自永嘉之亂，庠序無聞，至是學校漸興。苻登長而折節，博覽書卷。姚興爲太子時，與范勖等講經籍，不以兵難廢業。時姜龕、淳于岐等耆儒碩德，門徒各數百人，興聽政之暇，輒引龕等講論。姚泓博學，善談論，尤好詩詠，王尚、段章以儒術，胡義周、夏侯稚以文學，皆常游集。淳于岐疾，興親往問疾，拜於牀下。李流少好學，李庠才兼文武，曾舉秀異科。沮渠蒙遜博涉羣史，曉天文。赫連勃勃聞劉裕遣使來，預命皇徽爲答書，默誦之，乃召裕使至，前口授舍人爲書，裕見其文，曰：「吾不如也！」此皆生於戎羌，以用武爲急，而仍兼文學如此，人亦何可輕量哉。』劄記之言如此。因君主都是這樣好學，故北方風氣，遂亦自然趨於質實，如經學，在後魏之世，出了許多大家，並且出了像孝文帝那樣精通文學經術釋老的帝王。北史稱孝文帝的才學說：『帝雅好讀書，手不釋卷，五經之義，覽之便講，史傳百家，無不讀涉，善談莊老，尤精釋義，才藻富贍，好爲文章詩賦銘頌，在興作，有大文筆，馬上口授，及其成也，不改一字；自太和十年以後，詔冊皆帝文也；餘文章尚百餘篇。』由此便足可以推察到帝何以要興禮樂，改制度，遷都洛陽，欲變易國俗而倣效中國之風。孝文是這樣的興文治，將欲以養成太平之風，顧其結果，則剛健的民性減退，武備漸弛，質實的風氣消失，風俗亦漸流於奢侈，於是國運的衰兆既顯，故帝死無幾，即至分裂，然猶有東西的對抗及與南方的關係存在，故緊張之度，尚非全緩，剛健之風，亦未盡泯，及隋遂奏滅陳而一統南北之效。

北朝殘忍之風

北方人士的風氣，概都是這樣屬於剛健活潑一方，然自後魏以來，北朝殘忍之風，殊足令人戰慄。蓋後魏原起於北地，專以刑殺爲政令，猗盧爲代王時，則旣欲以嚴刑峻罰保其威嚴，史謂諸部人以違命獲罪者至多，後期者則舉部皆被殺戮，或則宗室相攜同赴死所。道武帝伐後燕克中山，收前此害其使者秦王觚之人，皆夷五族，以大刃挫殺之；又討劉衞辰時，收其子弟宗黨五千餘人，悉加誅戮，其末年，輕朝臣之至前者，輒追念其舊惡而殺之；其他或有顏色變動者、喘息不調者、行步乖節者、言詞失措者，則謂其中懷穢惡，故外顯變異，輒手自毆殺之。太武帝之時，詔有司案律令務求其中，然而如誅崔浩的時候，凡清河崔氏無遠近悉夷其族，卽崔浩親黨之范陽盧氏、太原郭氏、河東柳氏，亦俱被牽連族誅，甚至於誅及僮吏的五族及一同修史之人，亦皆在滅族之列。及孝文帝時，始詔：『一人爲惡，殃及合門，朕所不忍，自今非謀反大逆及外奔者，罪止其身。』尋又詔：『五族者降止同祖，三族者止一門，門誅止其身。』自是刑戮稍稍減少，然史謂自先世以來，冤死者多不可以數計云。北齊文宣帝篡東魏後，誅諸元的世哲

南北朝之篡弑

景武等二十五家之男子，無少長皆斬，所殺及三千餘人，餘十九家並禁之；尋又大誅元氏，史謂其壯者斬東市，嬰兒擲空中以槊承之，悉投屍漳水，故剖魚者多獲爪甲，都下爲之不食魚者久之。文宣帝又命諸囚於金鳳臺乘紙鳶而飛，謂最遠者則免其死，元黃頭獨至紫陌，應獲免，然帝命付御史獄餓死之；於是元魏之後，悉被誅戮，竟無遺種。史家遂評道，猗盧爲其子六修所弑，道武帝爲其子紹所弑，是皆及身之報，而既顯然者也；乃若亡國之時，盡被殺戮，竟至更無遺種，是則世世好殺之報也已。是故拓跋氏自祖先以來，以嚴刑峻罰臨其士民，世人皆信其結果足致一般風俗成爲殘忍刻薄焉。

南北朝爲中國古今歷史上廢弑稱最多之一時代。此時代凡百七十年之間，南北俱篡弑廢立相循不絕；而弑逆之多，尤不讓於春秋之時。南朝凡二十四君，以善終稱者止十君；北朝凡二十六君，得善終者亦止十君。試觀左表，便會足以想像那時如何的一個人道消滅的時代。

南北朝弑廢表

代名		帝數	被弑者	被廢者	得善終者
南朝	宋	八	四	一	三
	齊	七	四		三
	梁	四	三		一
	陳	五		二	三
北朝	後魏（合東西魏）	十五	一〇		五
	北齊	六	二	一	三
	北周	五	三		二
合計		五〇	二六	四	二〇

注意：
1. 弑的數目中有二三人係爲敵人所殺者。
2. 被廢時又被弑的，放在弑的數目裏面。

尊尚門閥之風

從兩晉起，直亘南北朝，尊重門閥之風皆極盛。故仕宦一途，雖有九品中正之制，實則並不由於九品而由門閥以爲區別；門閥貴者則授以高官，賤者則止能得卑官，至於世言上品無寒門，下品無世族云。又門地高貴之家，則不與門第

任用寒人之風

卑微之族通婚姻，以故寒門之士，遂無有與世家之子相頡頏者。此風南北同然，其弊害不可勝言。後魏的李冲等雖欲改之，而未能遂願，故降至唐世，此風猶在流行。但是在南朝一邊，任用出身寒微之士以掌機要的君主倘復不少，蓋這些君主，要想和高門大族的權臣相頡頏而立自己的威福，遂不能不任用微賤了。關於這種風氣的起原及弊害，二十二史劄記裏面有一條：『魏正始、晉永熙以來，皆大臣當國。晉元帝忌王氏之盛，欲政自己出，用刁協、劉隗等，卽召王敦之禍。自後非幼君卽孱主，悉聽命於柄臣，八九十年，已成故事。（晉韋華謂姚與曰「晉主雖有南面之尊，而無統御之實；宰輔執政，權在臣下，遂成習俗。」）至宋齊梁陳諸君，則無論賢否，皆威福自己，不肯假權於大臣。而其時高門大族，門戶已成，令僕三司，可安流平進，不屑竭智盡心以邀恩寵。且風流相尚，罕以物務關懷，人主遂不能藉以集事，於是則不得不用寒人；人寒則希榮切而宣力勤，便於驅策，不覺倚之爲心膂云云大臣不能體國，致人主委任下僚；人主不信大臣，而轉以羣小爲心膂，此皆江左之流弊也。（按公孫瓚嘗言，衣冠之人皆自謂職當富貴，不謝人惠所寵皆商販庸兒，亦同此意。）」劄記所言，信足首肯。

兩晉的官制

晉世中央政府有尚書、中書、門下三省及太常、光祿、衛尉、太僕、廷尉、大鴻臚、宗正、大司農、少府九卿，以分掌諸政。尚書省有令、僕射（左、右）及列曹的尚書（西晉有吏部、殿中、五兵、田曹、度支、左民的五曹尚書；東晉有吏部、祠部、五兵、左民、度支的五曹尚書）掌諸政，中書省有監、令等掌詔勅等事，門下省有侍郎、郎中等掌侍從、儐相（掌應對賓客之事）等事；至於九卿之職，則與漢時無大差。又晉世無三公而以太宰、太傅、太保、大尉、司徒、司空、大司馬、大將軍稱八公，位在三省九卿之上。地方官則郡有太守（河南郡因屬京師，特稱爲尹）諸王國有內史，大縣有令，小縣有長，以各掌地方之政。

南北朝的官制

南朝大概歷代都和晉制沒有什麼不同，惟三省之外，增置祕書、集賢二省，似多少有點損益。北朝則後魏道武帝時始訂定官制，至孝文帝有王肅者自南朝來，乃改之使悉倣南朝。迨後魏裂爲東西，則官制亦生出多少異同：東魏固仍依後魏之舊，若西魏則宇文泰執政時，用蘇綽之議，倣周官之制，設冢宰、大司徒、大宗伯、大司馬、大司寇、大司空六官以分掌諸政務；北周亦仍其制，惟地方官則多從魏晉之舊。至於北齊，則依東魏之制，而稍加損益。

△晉的田制及稅法

因兩漢之世，允許土地私有，於是富者厚擁廣田，貧者則無寸土，至晉世遂立均田之制以防此弊；均田乃井田遺意，無男女老壯之別，凡人民皆授以田。此制似東晉及南朝俱未嘗行，惟北朝則歷代皆用之；不過隨着時代而田有多少，租有輕重已爾，茲試說明其大要。晉世男子占田爲七十畝，女子占田爲三十畝，又丁男則課田五十畝，丁女則課田二十畝，次丁之男則課田二十五畝，次丁之女無課。至於租稅，則丁男每年出粟一斛五斗（每畝三升的比例）絹三匹，綿三斤，丁女與次丁之男減半。——正丁謂男女年自十六至六十者，次丁謂十五以下至十三歲又六十一以上至六十五者，其十二以下及六十六以上者，別稱老少。

△北朝之田制及稅法

東晉及南朝歷代之田制與稅法不可得而詳，顧北朝則後魏孝文帝用李安世之議，行均田之法，其遺制猶可察知。卽丁男則課露田四十畝，丁女則課露田二十畝，又別課桑田二十畝，奴婢准良丁之例。男女俱以年十八受田，六十還田爲例，以每年一月爲還受之期，惟桑田則無還受之限。其後公田遂每畝徵稅五升，私田每畝徵稅一斗。在北齊則丁男課露田八十畝，丁女課露田四十畝，又別課永業田二十畝，而每年徵粟二石五斗、絹一匹、綿二兩，奴婢則受田納租，俱爲良丁之半。在北周則有室者課田百四十畝，而年徵粟五斛、絹一匹、綿八兩，丁者課田百畝，徵例視有室者減半。此外如北周時，尚有入門稅、入市稅，又置酒坊收利，設鹽池鹽井之禁等，故租稅種類，頗復繁多。

晉之兵制

兵制在晉初，京師置中、後二衛，與左軍、右軍、前軍、後軍、驍騎的五軍。州郡亦各各置兵，但滅吳以後，大減州郡兵備，大郡不過武吏百人，小郡纔五十人而已，以是諸夷族蜂起之時，竟無有能制之者，以致海內大亂。

北朝之兵制

東晉及南朝兵制，亦無由知其詳細情形，而北朝亦只知在後魏初年，每六十戶出戎馬一匹，其後每二十戶出戎馬一匹、牛一頭，其餘兵制，亦莫能曉。孝文帝時，擇武勇之士十五萬人爲羽林、虎賁，以充宿衛，後來這些宿衛，凶暴已甚，朝廷竟不能制之。後魏裂爲東西後，西魏宇文泰大改兵制，國內設百府以分屬二十四軍，使郎將一人領一府，開府一人領一軍，故有郎將百人，開府二十四人。又有大將軍十二人各領二軍，柱國六人各領四軍，加持節都督二人則總領二十四軍；此制遂爲後世隋唐府兵之基。北周兵制，與西魏同，惟北齊則兵分內外，以外屬於步兵曹，內屬於騎兵曹。人民年二十則當兵，至六十乃免役。

晉及南朝之法制

晉初作晉律二十篇（刑名、法例、盜律、賊律、詐僞、請賕、告劾、捕律、繫訊、斷獄、雜律、戶律、擅興、毀亡、衛宮、水火、廐律、關市、違制、諸侯）以削除前代酷刑，減輕梟斬、族誅、從坐等。南朝則梁時作梁律二十篇（刑名、法例、盜刼、賊叛、詐僞、受賕、告劾、討捕、繫訊、斷獄、雜律、戶律、擅興、毀亡、衛宮、水火、倉庫、廐律、關市、違制）而以死刑分爲梟首、棄市，耐刑（徒刑）分五年、四年、三年、二年，又有贖刑、鞭刑、杖刑，鞭又分制鞭、法鞭、常鞭，杖又分大杖、法杖、小杖。陳時亦作新律，但多依據梁律。

北朝之法制

北朝法制，則與南朝相異之處甚多。後魏初，雖作新律，然夷狄之風不除，刑罰至爲峻烈。其後至太武帝命崔浩更定律令，以經義決疑獄，然猶不脫舊習，過酷之刑尚多。

當時之律有三百七十條，云其中爲門房之誅四、大辟百四十五、諸刑二百二十一。孝文帝時，專以文治爲政，改革制度，除酒禁（先是飲酒者皆處斬）大逆外叛之外，刑止於其身，又減門房之誅，由是刑罰稍寬。其後北齊作齊律十二篇（名例、禁衛、戶婚、擅興、違制、詐欺、鬭訟、賊盜、捕斷、毀損、廄牧、雜）北周又作周律二十五篇（刑名、法例、祀享、朝會、婚姻、戶禁、水火、興膳、衛宮、市廛、鬭競、刼盜、賊叛、毀亡、違制、關律、諸侯、廄牧、雜訟、詐僞、請賕、告言、逃亡、繫訊、斷獄）。又齊律中加入新目，明著重罪十條；一曰反逆、二曰大逆、三曰叛、四曰降、五曰惡逆、六曰不道、七曰不敬、八曰不孝、九曰不義、十曰內亂：凡犯此者，無論何人，皆罪在不赦；自是後世律書，必加入十惡之名。

選舉

晉據魏制，於州郡置中正官，以九品取士。蓋自漢以來，雖以察舉孝廉爲士人入仕之路，然而積久弊生，夤緣勢利，猥濫已甚，於是欲先清其源，遂專歸重於鄉評，而以檢其素行，遂定此制。然雖卽中正及乎久居於其任，則亦任情愛憎，並不據九品之實，其弊至於只計門閥及官資以定品格。二十二史劄記云：『眞所謂上品無寒門，下品無世族；高門華閥，有世及之榮；庶姓寒人，無寸進之路：選舉之弊，至此而極！』良不誣也。東晉初，承喪亂之後，不經策試，即舉孝廉秀才，然未幾，仍試以經，若有落第者則免舉者之官以矯中正之弊。南朝在宋時，令由州舉秀才，郡舉孝廉，依其人物之得失而定舉者之賞罰。梁時則廢去中正官，而州置州重，郡置郡崇，鄉置鄉豪，使各掌選舉之事。每年由州舉二人，大郡舉二人，將以大革舊弊，但其後，又於諸州置中正官；陳時仍梁制。北朝則後魏亦於州郡置中正官以掌選舉，後廢之。至北齊又復舉秀才、廉良之士。北周之制，亦郡舉孝廉一人，州舉秀才一人。故中正官之制，直沿到隋世纔廢，而改訂選舉之法。至於魏晉及南北朝之間中正所以不能罷除之理由，則二十二史劄記裏面說得很中肯緊，錄如下：『然魏晉及南北朝三四百年莫有能改之者，蓋當時執權者，即中正高品之人，各自顧其門戶，固不肯變法；且習俗已久，自帝王以及士庶皆視為固然，而無可如何也。』

學制

學制晉初有大學及國子學，養學生至數千之衆，及晉室傾倒，遂亦隨之廢絕。東晉始重修學舍，置諸經博士，然遂不振，故儒學亦大衰。南朝則宋時設玄史文儒四學，梁時有五經博士，學校則似乎不振。北朝則後魏道武帝時，設大學，置五經博士。獻文帝時又建鄉學，於每郡置博士，盛起學校。至孝文帝時，修國子大學，四門小學，造明堂、辟雍，以獎勵經學，故稱碩學者輩出，卽至北周北齊之世，儒學依然不衰。

兩晉的儒學

儒學在晉初出有杜預左傳集解外，尙有漢魏遺儒所解諸經。至東晉，雖就王弼之易，孔安國之古文尙書，鄭玄之尙書、毛詩、周官、禮記、論語、孝經，服虔及杜預之左傳各置博士，然爲註解者少，止不過出有范寧的穀梁傳集解罷了。故兩晉之際，儒學極衰，而詩歌文章則大流行。惟胡人久沾中國之文明，反而嗜其實用之學，漢劉淵、前燕慕容皝，皆敦尙經史，前秦苻堅興大學，後秦姚興常講究經籍云。總之北方質實而尙經學，南方浮華而崇詩文，此風卽至南北朝之際，尙依然可以認其存在。

南朝的儒學

如是南朝儒學，殊形不振，經學專門之士，絕少可觀，有之，則齊之王儉，通禮樂及春秋，爲國子祭酒，梁之皇侃作論語義疏，又崔伏、何嚴等俱以

北朝的儒學

經學被用這些都是可以稱爲碩學鴻儒者，然大體說來，則南朝儒學比起北朝來，殊覺大有遜色。北朝在後魏之世，經學大家，有山東徐遵明，通諸經，尤精三禮，出其門下者有盧景裕、崔瑾、李周仁、李鉉等；皆爲有名的經學者。尤其如李鉉者，爲北齊博士極見尊重。而其門人熊安生，初爲北齊博士，後爲北周武帝所用，而北周至隋，又出劉炫、劉焯二大家，俱博覽而富於著述，稱當世大儒。要之，儒學至南北朝而其學風分爲二派，北方之學者準古義而祖鄭玄，南方之學者則祖述王肅之說，一般風氣，華而不實。學風既異，則其採用的經解，亦自各別，北朝重鄭玄周易、服虔左傳，南朝則遵奉王弼周易、孔安國古文尚書、杜預左傳，惟鄭玄之毛詩、三禮，則不論南北，通俱尊崇。

兩晉的文章

文章因跟着漢魏以來詞賦流行之故，於是所謂四六駢儷之體盛起，其華美絢爛，足以驚駭人心目者，至夥。然其弊則止知拘泥於形體，而不復問其精神，卒致淪於卑弱之境。其間大家，則晉初有阮籍、嵇康、陸機、潘岳、張華等，而左思、劉琨、郭璞亦俱以文辭有名；此外名家尚續出不已，爰及晉末而有巨擘如陶淵明者出，淵明之歸去來辭，稱南北絕唱也。洎夫南北朝則比起兩晉來，已稍稍遜，顧猶有宋之謝靈運、謝惠連、范曄、鮑照，南齊之任昉、范雲、孔稚等，俱後先輝映，連鑣競響，而梁則武帝博學能文，其子蕭統稱昭明太子，尤詞藻富麗，撰文選一書；沈約別平上去入四聲之音韻而著四聲譜，又剏四六體；稍後，徐陵、庾信、王褒出，尤以徐陵、庾信之文務以音韻相附麗，句用四六，隔句爲對，至得徐庾體之名。其後徐陵仕陳，庾信與王褒則入北周，受武帝的寵信，輝其文名於北朝。如此，江南遂爲詞賦之地，而北朝則鮮文辭之盛。後魏及北齊雖有溫子昇、邢邵、魏收等文士，而把來和南朝相比則實微微不足道，迨庾信仕西魏及北周始稍稍振。又西魏宇文泰命蘇綽倣尚書擬三代結屈之文作大誥，然行而未久。

南北朝的文章

詩在晉初有阮籍、嵇康、潘岳、陸機、張華等皆以能詩名；陸機之弟陸雲亦工詩文。至晉末宋初，則有陶淵明、謝靈運兩大名家，世稱陶謝。陶詩沖雅淡遠，妙造自然之域，在六朝（謂吳、東晉、宋、齊、梁、陳，皆都於建康，總之指三國南北朝之間也）文學中，最爲異彩；謝亦富於才藻，特其詩工麗，以視淵明，人謂有遜色云。謝

兩晉及南朝之詩

靈運之次，宋有顏延之，其詩比謝則尤爲縟麗。齊梁之間，則有謝朓、江淹、沈約等能詩；即梁諸帝，亦皆嗜文學，故善詩者特多出其間。而沈約論四聲之別，興音韻之學，詩道於是大開，經隋至唐，遂極其盛。要之：六朝之文，其流蕩爲華麗，其陷溺爲卑弱，以言其詩，則高尙典雅，特多丰神富贍之作，尤其如五言一體，更爲逼近妙境，而排律之作，亦實以此時代植其根基。

反切之學

自晉世起有反切之學興。反切者，約兩個字的音而現出爲一個字的音之法，比如天字的音爲他前反（又作切），則他字的發聲 ta，和前字的 se 的韻 e 相約，乃更成爲 ten。而兩字其在上者曰字頭（父字），在下者曰字母，亦曰母韻字（母字）。此法謂創始於魏孫炎，大概會是從印度傳來的。又自東晉之末，亘於

音韻之學

南北朝，即文章亦尙聲律，故有音韻之學起。稱文字之韻，有平（發音平易而無抑揚者），上（發音高而烈者），去（發音淸而其響遠者），入（發音短而促者）之別而爲四聲，故詩文音調，遂入於調整，通常皆謂四聲創自梁的沈約，然在沈約以前，晉的張涼已著有四聲韻林，又和沈約同時代有周顒的四聲切韻、劉善經

的四聲指歸、夏侯詠的四聲韻略、王斌的四聲論等，那麼，四聲並非創自沈約，可以說他只是集其大成而著爲四聲譜一書罷了

在這一時代，歷史的著述很是不少，其著者，如司馬彪的續漢書、華嶠的後漢書、袁宏的後漢紀、孫盛的魏春秋、王隱的蜀記、張勃的吳錄、習鑿齒的漢晉春秋等。但大半都已亡失不傳，其尚傳於今而被稱爲正史者，則晉陳壽的三國志、（魏有四紀二十六列傳，蜀十五列傳，吳二十列傳。）宋范曄的後漢書、（十紀、十志、八十列傳。）梁沈約的宋書、（十本紀、三十志、六十列傳）蕭子顯的南齊書。（八紀、十一志、四十列傳。）北齊魏收的後魏書、（十二紀、十志、九十二列傳。）此中最有名者，爲陳壽三國志及范曄後漢書，故茲就二書試略述之。陳壽原仕蜀漢，後仕晉爲著作郎，編魏蜀吳的歷史六十五篇，命之曰三國志。其書敘事簡明而不冗漫，文章純潔而不浮靡，繼史記、漢書稱良史焉。迨南朝時，宋裴松之周覽羣書，爲之作補註，這便是有名的裴注。范曄仕宋文帝爲秘丞，後左遷宣城太守，不得志，遂召集學徒，參考羣籍，編述自後漢光武帝起至獻帝止之事蹟而作

十紀十志八十列傳，然諸志未成而曄被誅，至梁世劉昭，取司馬彪續漢書之志類補成之。命曰後漢書，更至唐世章懷太子命當時學者張太安、劉訥言、革希等數人爲之註，這便是傳於今世的後漢書。

天文及曆法

據中國古來的曆法，則三年置一閏，五年二閏，十七年七閏，而以日月星辰之運行毫無出入而爲同一之時稱爲一章。但猶有些少之差，在數年之後，則冬至之日太陽便不在同位置上面，如是者，稱之曰歲差。東晉之時，虞喜計算歲差，有每五十年則生一度之差之論，而宋的何承天則以爲每百年纔生一度之差，至隋劉焯，則以爲每七十五年則有一度之差，三者都是沒有決定的。

兩晉及南北朝之佛教

後漢之初，東流了來的佛教，伴着魏晉以來黃老之學的流行，以其旨義稍稍相似，遂漸次得了勢力，再經南北朝遂益趨於隆盛。其間，印度及西域的佛教徒之經天山南路及南海諸國而來中國者甚多，而中國的佛教徒亦有赴印度及西域以求經典者。如是晉初法護（Dharmarakcha）赴西域，得了許多的梵經回長安傳譯。其次惠帝時印度僧竺叔蘭等來長安譯諸經，又東晉時印度僧佛圖澄(Budhochinga)來後趙，爲石勒及石虎所尊信，常營佛事，且諮以軍國大事。在這時候，常山的衞道安，獨坐靜室凡十二年，大悟佛教的蘊奧；聞佛圖澄來居鄴，往入其門受教，大獲進益；佛圖澄死後，率門徒南遊，遣法汰於揚州，遣法和入蜀，而自與徒弟共往襄陽從事布教；後入前秦，爲苻堅所尊信，乃訂正前譯諸經之誤謬。繼而其門人惠遠，避前秦之亂至東晉，結白蓮社，專修念佛。先是，佛教之日趨隆盛也，大乘經論雖有被翻譯者，而其數不多；及龜茲僧鳩摩羅什(Kumaradiva)來，大譯大乘經論，遂與中國佛教以一大變化。鳩摩羅什初爲前秦苻堅所迎致，未至而前秦亡，遂留居後涼。繼又受後秦姚興的尊信，乃居長安，與徒弟共譯經論三百餘卷，遂爲三論宗之祖。而其門下，有道生、僧肇、道融、僧叡、道恆、僧影、惠觀、惠嚴八潔；而道生、僧肇、道融、僧叡，更稱關中四潔。又後秦的法顯，受姚興之命，發長安，陸路入印度，繼赴師子國，即錫崙，其所歷遊凡經三十餘國，多得經律，十二年之後，遂由師子國搭商船，經耶婆提(Yavadvipa)即闍婆(Java)自南海歸中國，譯其所攜歸之經典，又著佛國記，載其所見聞；這是中國佛教僧關於印度而有記載之始。及南北朝，佛教之勢，越發旺盛，遂流布於江之南北。在南朝則宋時迦濕彌羅(Kashmira)僧求那跋摩(Gunavarman)來，立戒壇爲僧尼授戒，是爲中國有戒壇之始。南齊時則有法獻法暢等高僧；在梁世則武帝深信佛教，三幸同泰寺捨身以求福利，至宗廟牲牢，皆易以麵製，建康有寺院七百，均極其莊嚴云。是時，南印度僧菩提達磨(Bodhidharma)航海來廣州，已而謁武帝談佛理，旋去，入後魏，留嵩山少林寺，唱直指人心見性成佛之說，面壁九年而死，是爲中國禪宗的第一祖；在陳世則武帝幸大莊嚴寺捨身，羣臣奏請乃還宮，又有真諦三藏者，譯經典甚多；其在北朝，則後魏太武帝滅北涼，取涼州後，其地佛教徒之入內地者甚衆，又取夏地時，其僧惠始來京師教導士民，故佛教之勢甚盛。然帝信崇道教，乃用崔浩之言，焚毀寺塔經像，又坑殺諸僧徒；帝死後，獻文帝解佛教之禁，自以僧曇曜爲沙門統以後，其勢又漸盛。孝文帝七發佛法興隆之詔，度僧尼，興造寺院者甚衆；其敬重之僧侶，有道登、道順、惠覺等。宣武帝時，胡僧之來中國者，達三千之衆，帝命菩提流支(Bodhiruchi)於太極殿譯十地論，次至孝明帝時，宋雲、惠生等赴北印度，得經論百七十部而還，以之流布國內；其旅行記事，載在洛陽伽藍記。佛法如此之盛，故史謂經典之數達四百十五部，寺院三萬餘，僧尼殆二百萬人云。顧北周武帝時，又禁佛教，大毀經像，及隋文帝，始又解其禁而使復興，下逮李唐，其隆盛遂造極巔。

佛教之諸宗派

佛教初進中國的時侯，外來的傳教僧等，專事翻譯經典，聚其全力於傳達教旨，所以那時候並沒有生出什麼分派來。迨閱年既久，跟着佛教的流興，遂不無多少異其所見主義不能盡同者出，如是遂漸漸造成了分派的基礎。而漢魏以來，諸所翻譯之佛典，以經部爲多，至於論部則屬少數，及鳩摩羅什來翻譯大乘經論，於是中國佛教乃漸起變化，以至生出各種派別來。如此，晉世則有三論，宋世則有毗曇、律、成實、涅槃諸宗起；後魏則有地論、淨土二宗興；梁世則禪宗初入；陳及隋世則華嚴、天台、攝論三宗出。至於碩學高德的名僧，則天台的智顗、禪的慧可、三論的吉藏、華嚴的杜順、涅槃的慧遠等，相繼揚聲，照耀後世。

佛教東漸所及於文

佛教東漸，同時亦將來文藝的一大革新。蓋建立伽藍，則促成建築術的發

藝之影響

達，製作畫像，則催進繪畫雕刻的進步。抑猶不止此，彼佛陀的光明，則映入詩人的眼中，文章家的筆端，爰歌頌三寶的功德，而學士大夫的頭腦裏，便又爲因果報應的思潮所浸潤。便是說佛教所及於文學的影響，因思想的變化，同時遂造成辭藻的發達和聲韻的發明。自是詩人則采佛語爲詩料，文章家則用經典術語以行文，卽學者之中亦有締交緇徒而稱意氣投合者。齊張融以調和儒道佛三教爲目的，臨死時，左手取孝經老子，右手持小品蓮華經；卽此一例，足徵當時學者的思潮，已着着向佛教流去。又自魏孫炎始唱反切之法以來，如是有晉時竺法護的四十一字母之說出，又十四字母之說亦起，及梁世而沈約遂著四聲譜，周顒撰四聲切韻，王斌發表四聲論，而聲韻之論，於以大噪；這不能不說都是佛教東漸的影響。

儒佛兩教之流傳於韓半島

東晉之世，前秦的苻堅，幾乎一統江北，其勢熾甚，至高句麗亦臣事之，次至新羅，亦遣使朝貢，於是苻堅命僧順道，齎佛像佛經贈高句麗，以期其流布高句麗。故國原王之子小獸林王遂信奉佛教，開始建興寺院，抑王又興大學定律令，

道教

蓋儒佛兩教之得以流行於韓半島者，實以此王之時爲始。又百濟則近肖古王之時，始置博士之官，而王仁、阿直岐等赴日本，會便是在近肖古王與其子近紈首王之間。其次，近紈首王之子枕流王時，胡僧摩羅難陀從東晉來，王迎之，創設寺院，戒度僧侶，由是佛教遂通行百濟，是實西紀三八四年，蓋比起西紀五五二年，佛教傳至日本，還要早百六十九年。

魏晉南北朝之間，老莊之學盛行，士人多以淸談爲事，而道教遂亦漸即隆盛，駸駸與佛教相並而成一種宗教的勢力。如是晉初葛洪，稱得仙術，著抱朴子以說其理；次在南齊之時有顧歡，梁時有陶宏景出，皆唱道教。後魏初，道武帝信道教，服仙藥；太武帝時，寇謙之隱嵩山修道術，以籙圖真經六十卷獻帝，謂此乃受自神仙之書。時崔浩大然其說，師事寇謙之，又勸太武帝召其弟子四十餘人，起天師道場，改元太平真君，其勢甚盛；帝亦親臨道場受符籙，遂揚道而抑佛，至於誅戮沙門；由是道佛二教相與頡頏，遂開始衝突。後寇謙之死，復自嵩山召韋文秀來，亦大加禮遇。又北齊時有張遠遊、趙靜通等，亦都蒙厚待。北周武帝亦信

清談

道教，欲絕滅佛教，佛教徒起而爭之，乃並罷二教而令道士沙門還俗。

魏晉清談的流行，乃大足反照思想界的大勢。清談者，如後漢書鄭太傅傳所說：『孔公緒清談高論，噓枯吹生。』蓋對於俗論之名而爲清潔的談論之義。顧魏晉之際所流行的清談，却蔑棄法度禮節，排斥世事俗務，而專以言談虛玄的空理爲事之謂。二十二史劄記云：『清談起於魏正始中。何晏王弼，祖述老莊，謂天地萬物皆以無爲本，無也者，開物成務，無往而不存者也。是時阮籍亦素有高名，口談浮虛不遵禮法，籍嘗作大人先生傳，謂世之禮法君子，如蝨之處褌。其後王衍、樂廣慕之，俱宅心事外，名重於時，天下言風流者以王樂爲稱首，後進莫不競爲浮誕，遂成風俗；學者以老莊爲宗而黜六經，談者以虛蕩爲辯而賤名檢，行身者以放濁爲通而狹節信，仕進者以苟得爲貴而鄙居正，當官者以望空爲高而笑勤恪。其時未嘗無斥其非者，如劉頌屢言治道，傅咸每糾邪正，世反謂之俗吏；裴頠又著崇有論以正之，江惇亦著通道崇檢論以矯之；卞壺斥王澄、謝鯤，謂背禮傷教，中朝傾覆，實由於此；范甯亦謂王弼何晏二人之罪，浮於桀紂；應詹謂元康以來賤經尙道，永嘉之弊由此，熊遠陳頵，各有疏論，莫不大聲疾呼，欲挽回頹俗而習尙已成，江河日下，卒莫能變也……梁時五經之外，仍不廢老莊，且又增佛義；晉人虛僞之習，依然未改，且又甚焉。風氣所趨，積重難返，直至隋平陳之後，始掃除之。蓋關陝樸厚，本無此風，魏周以來，初未漸染，陳人之遷於長安者，又已衰苶不振，故不禁而自消滅也。」此諸所言凡關於清談之流行及習俗，述之頗爲詳細，然猶未爲探本之論。要之，以漢末士大夫過重名節，其弊或流爲狷介偏固，故降及魏晉，而其反動遂生出輕視守節而置禮儀法度於度外之風；又因佛教東流的結果，注入了一種特異的人世觀，遂廢棄經學訓詁之風而流行老莊虛無之說，行身以放濁爲通，以節信爲狹，遂至排斥六經，談說虛蕩而名曰清談。加以因當時政權移動的急激，士大夫罔知所適從，於是托名於風流清談，以避禍者亦不在少數；故流風所被，朝野皆披，乃若魏之王弼、何晏、阮籍、嵇康，晉之山濤、王戎、王衍、樂廣，則其最爲著名的了。遂有稱引爲竹林七賢（阮咸、阮籍、嵇康、山濤、劉伶、向秀、王戎）之徒者出，載酒而遊於竹林之中，恣放談，躭逸樂，其流弊所極，至於如史所載：『王衍弟澄、及阮咸、咸從子脩、胡母輔之、謝鯤、畢卓等，皆以任放爲達，醉裸不以爲非。比舍郎釀熟，卓夜至甕間盜飲，爲守者所縛，旦視之，畢吏部也。樂廣聞而笑之曰：「名教中自有樂地，何必乃爾！」』演出醜態至此，而不以爲恥，便也就可覘當時的世風了。如此流弊，浸潤到社會裏面，遂上自朝廷的大臣，下至草莽的處士，大抵皆卑名教崇放達，即或不然，而亦止以努力苟完一身爲事，更不知有國家，故八王亂起，晉室已瀕於動搖之會，而欲求一以國家人民爲憂者，竟不可得。然而就是到了晉室南渡之後，而大江以南，仍是老莊流行，清談旺盛，其弊害雖或不至於如西晉之時之盛，顧以麈尾鳴高玄談稱善者，尚所在多有。更經南朝，其盛猶昔。梁時既講老莊，並講佛教，如梁書馬樞傳云：『邵陵王綸講大品經，使馬樞講維摩老子，同日發題，道俗聽者二千人。王謂衆曰：「馬學士論義必使屈伏，不得空具主客。」於是各起辯端，樞轉變無窮，論者咸服』（大品經謂大般若波羅密經之二十七卷本）是這樣清談之徒，也講起佛經來，則以印度傳來的禪和清談相結合，遂形成了中國的禪宗，似乎便是在這個時候試想隋滅陳而一統南北之後，淸談便自然消滅而絕其跡，同時一迨唐世，而中國禪宗遽然興隆，從這樣一看，我們所以下了如此的一個推斷。

晉初音樂多仍漢魏之舊。荀勗掌音律時，始新整樂調，作正德、大悅二舞。及前趙滅晉，伶官與樂器悉刼奪以去，故東晉始興，是致樂官缺乏。迨後趙滅前趙，又將其樂人移於鄴。其後冉魏爲前燕所滅時，鄴之樂人有來東晉者，而後太樂漸備。然而尙不完全，又至前秦滅前燕時，鄴之樂人悉入秦，後前秦敗，其樂工楊最來江南，至是東晉音樂，始獲完具云。南朝在南齊時，曾定過郊廟的雅樂，梁時武帝欲改古樂，詢之通其學者而自定雅樂，史言至是樂律乃燦然可觀。北朝則後魏太武帝時滅夏得古樂，又平涼得其伶人樂器，然未有能傳習古樂之音制者，聲曲遂多不傳；故卽孝文帝時，音樂亦未完備。宣武帝時，劉芳掌音樂，曾集明樂者教習之，其後採胡聲爲胡舞，用屈茨琵琶、五絃、箜篌、胡篁、胡鼓、銅鈸等，而如琴瑟等類，殆不復留踪影。顧北齊時，祖珽改音樂，復魏晉之舊；又在北周時，史言其曾作六代之樂，定雅音用爲郊廟之樂，並創作鐘律云。

書

書法至晉而益發達，能手輩出，如衞瓘、索靖、王羲之、王獻之等。就中尤以王羲之極盡篆隸真行草飛白等諸體的精妙，故世稱其總百家之能，具衆體之妙；而其子王獻之亦精草隸，後世遂稱之曰二王，而以爲書道的師宗。下逮南北朝時代，書風亦分南北二派，而著名書家，以南朝特爲衆多。

繪畫

繪畫與佛教流行共著進步。晉時顧愷之、戴逵等以善畫著稱，逵子起及顒亦能傳父畫法。宋時有陸探微者，工畫人物、山水、草木，稱古今獨步；其子綏及宏肅亦能畫。梁時有張僧繇者，工畫雲龍、人物、山水，而其畫山水，並不以筆墨鈎緣，卽描出邱壑巉巖，故世謂沒骨皴法，爲僧繇所創；其子善果及儒童亦能畫。又嵇寶鈎者爲張僧繇後名手。

農業

魏晉之際，牧民者率多用心農業，盛闢稻田，大興水利，以供灌溉，江南之民，耕耘則有火耕水耨之法。夫火耕水耨，始見漢書食貨志註云：應劭曰：『燒草下水，植稻。草與稻並生，因悉刈去，又下之以水而灌之，草死稻獨長，所謂火耕水耨也。』又齊東記事云：『沅湘多山，布種時，先伐林木焚之，俟成灰布種，謂之刀耕火種；此火耕之遺意也。」照此所記，則要之，火耕水耨者，乃燒草木於田畝之中，又流水入田中以代耕耘也。後魏布均田之制，獎勵農業；至春徂秋，使男子年在二十五以上者悉出就田畝；養蠶之月，則使婦女年在十五以上者悉從事養蠶；家有牛而無可耕之人，或有人而無牛時，則使之互助；又緣邊之地，則設屯田令民開墾。

商業

東晉及南北朝時，亦有干涉商業之風。尤其在東晉及南朝，因都市置官司課稅，謂人民乃大苦之云。和外國的通商，則因後魏時，與西域諸國及波斯、印度陸路的交通頻繁，故當然是行的；而海路的交通，則吳及晉世，雖止有大秦國即羅馬的商船，往來印度洋及中國海，但至東晉末及南朝之世，因佛教大盛的結果，便和印度以東的諸國，也開了交通，而與林邑（今之交趾支那）、扶南（今之東卜寨）、狼牙修（今之馬來半島中部）、闍婆（Java）、師子國（今之錫蘭）、印度等諸國通商，中國海運，乃漸興起，閩廣商船，遂往來於此諸國之間。

貨幣

貨幣　晉世有大元貨泉等的錢，然至南朝梁初，錢所通用之地，止限於三吳荆江湘梁益，其他各地，則用穀帛爲買賣媒介，於是武帝遂鑄造五銖錢，至其後罷銅錢而鑄造鐵錢，私鑄者遂多，以致生出鐵錢一百只值銅錢七十或三十五的價格來。陳時用兩柱錢、鵝眼錢等，然嶺南諸州，猶以鹽米布等類代用貨幣。北朝則後魏時鑄永安五銖錢，北齊時更鑄常平五銖錢，而當時冀州之北猶在以絹布之類代貨幣。北周時通用錢幣爲後魏之五銖錢及五行大布錢、永通萬國錢等。

婚姻

南北既各自異其人種，自亦各自異其風俗，但年深月久，即胡人亦漸次日進於中國化。婚姻在北朝則依其胡風而有早婚之俗，若帝王及王族，大抵年十三四便已結婚，如後魏道武帝十五歲而生明元帝，景穆太子十三歲而生文成帝，文成帝十五歲而生獻文帝，獻文帝十三歲而生孝文帝，北齊的後主緯十四歲而生子恆，恆弟儼被誅之時年十四而已有遺腹子四人，又北齊的文宣帝之兄高澄年十二而尚東魏孝靜帝之妹馮翊長公主。北朝早婚之風如是，顧南朝却大不然。又北朝有財婚之風，婚嫁以多輸財帛相尚，蓋起於高門之族與卑族成婚，利其多得財賄，而其後遂成風俗，婚嫁必競其財幣之多亦不復以爲怪。後魏文成帝嘗有詔說：『貴族之門，多不奉法，或貪利財賄，無所選擇，令貴賤不分，虧損人倫，何以示後？』則財婚之由來已久可知。而此風直至北齊尙依然存在。

喪葬

喪葬南北都無甚著之差異，惟南朝則葬術盛行。晉時郭璞卽以葬術著名，卽南朝歷代而相墓的專門家亦復出得不少；所謂葬術，便是現今的風水之術。

衣服及頭飾

衣服及頭飾，則南北差異殊甚。南朝人所著者爲逢衣寬袖之服，北朝人則用窄袖寬袴。又南朝人士，仍其周秦以來之舊風，皆結髮於項，而北朝後魏人士則亦循其胡風而爲辮髮。（後魏之拓跋氏原出於鮮卑之索頭部。）顧孝文帝惡其國俗之野陋，欲改之，特自平城遷都洛陽，改國姓曰元，朝廷儀式，悉仿中國，禁胡服胡語，使宗室廢胡妻而與中國名門爲婚，臣民之與漢族結婚者則獎勵之：如是上下俱化而爲中國之風。

輿馬

輿馬秦漢以來，天子宰相出入多用馬車，至南北朝之際，則或乘牛馬，或乘肩輿，惟北朝則不廢胡風，仍多乘馬。

第五章　唐時代之文化

隋文帝之治績

隋文帝一統天下後，遂專其力於內治，更定刑律制度，嚴禁散樂雜伎，以節儉爲天下倡，而又減賦稅，令人民得以休養其力，於是戶口滋殖，天下太平。太子勇好驕奢，帝廢之而立次子廣，已而帝病，廣入侍，有汚行，帝又欲廢之，廣懼而使人弒帝，遂卽位，是爲煬帝。

煬帝之業

煬帝性好豪華，卽位之初，以長安爲西都，洛陽爲東京，役二百萬人，大起宮殿苑囿，發夫百萬，開通邗溝（江蘇運河）、永濟渠（衛江）、江南河（浙江運河等穿）、太行山以通馳道，築長城，起榆林（陝西省榆林府）、達紫河（歸化城西北），遊行諸方，不顧下民之困敝。又屢勤遠略，北則威服突厥，遺裴矩於河西，以引誘西域諸國，擊吐谷渾之餘衆，而開出西方青海（Coco Nor）之地，東南則征流求（蓋今之臺灣）、平林邑（安南之南，卽後之占城(Champa)、東招高句麗，其王不應，帝怒欲征之，伐兵百萬，出遼東，而軍覆兵憊，未能收效者累二次。於是財盡士怨百姓困窮，豪傑競起於諸方，凡小康了十幾年的天下，至是又成麻亂。

羣雄並起

於是林士弘據江西稱楚帝，竇建德取河北國號夏；長安李密從楊玄感起於黎陽，及玄感敗，更與翟讓等下滎陽自稱魏公；劉武周爲突厥所推，號定陽可汗；梁師都稱梁帝與突厥通；蕭銑起江陵號梁王；此外羣雄尙所在皆是。然李世民一旦突出其間，奉父李淵起兵晉陽，遂把這些羣雄一掃而空，以有天下而興唐室。

隋之滅亡

先是突厥連連寇邊，煬帝命李淵爲太原留守以禦之，淵次子世民，見天下已亂，遂勸父借助突厥而舉兵。李淵進至長安，立代王侑爲恭帝，遙尊煬帝爲太上皇而自爲丞相，卒受恭帝之禪國號唐；是爲唐的高祖。時煬帝在江都（江蘇省揚州府），躭於宴飲，不顧天下之亂，遂爲宇文化及所弒；隋凡三世三十八年而亡，時西紀六一八年。

唐之一統

唐高祖卽位之初，李密破宇文化及，繼而王世充滅李密，據洛陽，稱鄭帝；其他羣雄，亦所在割據，互相攻伐。李世民乃先擊破劉武周，次降王世充，擒竇建德，而黃河流域的地方以定。更遣將平梁、楚，定朔方，至西紀六二四年，天下遂歸於一統。故唐之興起，都是李世民一人之功，世民由是威名日盛，其兄建成及元吉顧嫉其功名，謀欲殺之，世民乃先發殺二人，以西紀六二七年受高祖禪而卽位；是爲唐的太宗。

太宗貞觀之治

太宗實創成唐業之君，自始卽扶助高祖以圖釐新內政。旣卽位，舉杜如晦、房玄齡等以總攬政治，用魏徵、王珪等爲顧問，大集其力於治道。改官制，定選舉法，革田稅及兵刑之法規，盛起學校，獎勵儒學文學，置府兵，嚴武備，輕減刑辟賦稅，以撫恤士民；如是海內無事，德化及於四陲，而貞觀之治，遂推爲秦漢以來第一。太宗死，其子高宗嗣，初年有長孫無忌、褚遂良、李世勣等一班文武名臣，受太宗遺詔，輔翼扶佐，故天下尙依然繼續著貞觀的太平。惟是二帝的功業，其外征較內治爲尤鉅；唐初四十年間，東中南三方的亞細亞大陸，殆皆不能脫唐的羈絆，故漢族的勢力，遂呈空前絕後的盛況。

隋與高句麗

隋初高句麗的嬰陽王率靺鞨族侵遼西，文帝大怒，發兵三十萬征高句麗，然無功。煬帝立，又欲征之，以西紀六一一年親率兵攻遼東城（盛京省奉天府遼陽州北）不能拔，後再攻之，亦大敗而歸；旋又欲征之，高句麗遂請降。繼而高句麗與百濟合力數數攻新羅；新羅於隋滅後，屢發使者，乞援於唐，唐諭高句麗使與新羅和。

唐太宗之高句麗征伐

時高句麗之泉蓋蘇文弑其君榮留王而立王姪寶藏王，恣擅威福，又阻新羅使毋朝貢於唐。唐太宗乃發海陸大軍親出遼東，陷白巖城（盛京省遼陽州），繼而圍安市城，六月不能拔，且天寒糧盡，人馬凍飢，遂不及奏効班師，時為西紀六四五年。

百濟高句麗之滅亡

然百濟與高句麗同盟，連侵新羅，新羅求救愈急，唐高宗乃授兵蘇定方，自山東浮海，使與新羅武烈王會，征百濟，陷其都城，義慈王降。百濟之將鬼室福信等迎質於日本之王弟扶餘豐，並乞援兵，且結高句麗圖恢復，於是日本之齊明天皇親率舟師赴筑紫，使阿曇比羅夫救百濟，以西紀六六三年，日軍敗於白村江（錦江）口，百濟王豐奔高句麗，

新羅之朝鮮半島統一

百濟全亡。時高句麗之泉蓋蘇文已死，其二子爭權，國亂，寶藏王不能制，唐高宗於是乘之，命李世勣往討，以西紀六六八年陷平壤，寶藏王降，遂滅高句麗，置安東都護府。其後新羅武烈王之子文武王，頻頻蠶食百濟之故地，逐唐戍兵，又使嗾高句麗餘衆起亂，乃乘之而略唐的領土，遂陷平壤，安東都護府乃遷於遼東。而唐自中宗以後，內訌不絕，無暇用力東方，新羅遂幾於併有朝鮮半島，且其君聖德、景德二王，悉心民治，對於唐則敬恭不懈，遂致太平之治。

渤海之興起

周時代之肅鎮，在漢魏時曰挹婁，南北朝稱勿吉，至隋而稱靺鞨。其種人之住於粟末水（松花江）邊者，曰粟末部，屬高句麗。高句麗之亡也，其部人大祚榮聚靺鞨及高句麗遺民，略定高句麗故地，旋由唐睿宗封之爲渤海郡王，自是改國號爲渤海，時爲西紀七一二年。大祚榮之子武埶，略地及於平安、咸鏡二道及吉林、盛京方面，而通交於日本。其子欽茂移居忽汗河（今之火兒哈河）之東，定名上京，至仁秀而國勢益張，其版圖東抵日本海，西踰遼河而達契丹，在其孫彝震時，建五京十五府，遂爲海東一强國。

突厥之興起

突厥爲北匈奴之支族，居金山（阿爾泰 Altai 山）南，世世臣屬於柔然。迨其部長土門破高車，下其衆五萬，其勢驟盛。土門乃求婚於柔然之頭兵可汗，爲頭兵所卻，遂自立號伊列可汗，旋即伐柔然，殺頭兵。逮其子木杆可汗，遂滅柔然，破嚈噠(Ephthal)，降吐谷渾，東擊契丹(Kitai)，北滅結骨(Kirghiz)，而威令遂遠自遼東以達西海（迦斯毗 Caspi 海）。木杆乃自治東方都斤山（外蒙古三因諾顏之南境），以統領東方諸國，而命從弟達頭可汗居西方千泉（中央亞細亞搭拉斯河附近），以支配西方諸國，如是突厥遂分東西。自是西突厥則與東羅馬連和，屢苦波斯而大擴其領土；東突厥則屢侵中國的西北境，周齊諸帝皆憂之，至與之約爲婚姻，努力以求得其歡心。隋初，木杆之姪沙鉢略(Dizabul)可汗入寇隴西，爲文帝所破，其子都藍立，與從弟染干有隙，染干奔隋，得援歸，平定故土，是爲啓民可汗。隋末，啓民可汗之子始畢可汗又寇邊，勢熾盛，羣雄多向之稱臣，仰其援助，以故雖唐已統一天下，然心

東突厥之滅亡

甚輕唐，始畢可汗之弟頡利可汗與始畢可汗之子突利可汗屢來侵擾邊陲，

西突厥之滅亡

太宗乃施其離間之策，令兩可汗自家互爭，於是東突厥諸部，遂歸分裂，兵勢漸以不振。頡利則尤染習中國奢侈之風，力事模仿，加以戰爭連年，强羈縻諸部以徵發，於是諸部怨之，而鐵勒諸部首舉叛旗。太宗於是乘之，以西紀六三○年命李世勣及李靖夾擊鐵勒之薛延陀部及東突厥，擒頡利，東突厥乃全然分崩，其地遂悉入鐵勒諸部之手。太宗遂更欲併西突厥之地，乃先伐高昌。高昌在天山北路，領有自今吐魯番（Turfan）至烏魯木齊（Urumtchi）一帶之地，其王麴文泰，與西突厥連合，妨害致貢於唐之諸國，太宗乃於西紀六四○年遣侯君集討滅之，後又令阿史那社爾擊破龜茲，龜茲乃今天山北路之庫車（Kutcha）也。是時西突厥達頭可汗之孫射匱可汗，威服玉門關（安肅省安西州敦煌縣）以西諸國，其弟統葉護可汗繼之，破波斯，令為羈縻州，國勢最為隆盛，顧未幾為其諸父阿史那莫賀咄所弑，遂大亂。其後沙鉢羅可汗悉平其地，乃再强盛，屢寇唐邊。西紀六五七年高宗遣蘇定方等擒沙鉢羅，西突厥自是歸服於唐。但後來，其餘衆又響應吐蕃崛起，屢擾天山南路，高宗命

薛延陀回紇黠戛斯之興亡

裴行儉急發兵襲之，悉平其地，時西紀六七九年也。

鐵勒卽高車，漢時丁零之後，散居漠北，其部衆甚多，就中薛延陀及回紇（Uigur）兩部最爲強盛。回紇居獨樂水（外蒙古之土拉 Tula 河）上，薛延陀居其南。——回紇後爲回鶻。唐初，薛延陀之部長夷男（真珠毗伽可汗）和回紇的部長菩薩共滅東突厥而振其勢於漠北。逮太宗末年夷男死，薛延陀遂亂，回紇部長吐迷度破之，盡併鐵勒諸部而歸服於唐。後其部長骨力裴羅受唐玄宗册封，號懷仁可汗，其版圖東起黑龍江沿岸，西抵阿爾泰山之麓，盡有東突厥之故地。在安史亂後，唐室寖衰之際，曾與唐通婚姻，受其金帛而爲之後援，蓋極一時之盛。後爲吐蕃所侵略，遂漸衰，旋又爲黠戛斯（Kirghiz）所破，其餘衆亡走天山南路，或遁往河西，故其國殆遂卽於敗亡。黠戛斯乃古之堅昆，唐初曰結骨，原來居於回紇西北仙娥河（外蒙古之色楞迦（Selenga）河）之沿岸。西紀八三〇年頃，其部長阿熱自號可汗，乘回紇之衰弊，連破之而奪其地，旋受唐册封爲誠明可汗；然其後甚不振，終未嘗成功爲强國。

吐蕃乃圖伯特(Tibet)種，原服屬於吐谷渾，唐太宗時，其君棄宗弄贊(Chitun lun btsan)，篤信佛教，求經典於印度，對內則修明其政治，對外則開擴其壤地，南征阿撒母(Asam)、泥婆羅(Nepal)，東侵吐谷渾、党項(Tanghut)。時太宗已降有吐谷渾及党項，併有青海一帶之地，遂與吐蕃戰，勝之，吐蕃降，求和，乃妻弄贊以公主，從此吐蕃模擬唐之文物制度，唐則因吐蕃而得以通於中印度焉。印度在隋唐之際，尸羅阿迭多(Siladitya)王君臨中東西北之四印度，曾令文學佛教大大興隆，王顧死後，其臣阿羅那順(Arjuna)遂篡國。時唐太宗正遣王玄策經吐蕃赴印度，顧阿羅那順拒不納，王玄策乃發吐蕃及泥婆羅之兵，討平阿羅那順而歸。其後吐蕃之勢日趨强大，天山南路悉爲所併吞，又乘唐有安史之亂，遂奪其河西隴西之地。次在代宗之時，其兵竟侵入長安，雖則爲郭子儀所擊退，然爾後，每唐有內難，輒連結高昌、回紇等，屢屢侵入陝西四川一帶。却是後來其部下沙陀及南詔，俱與唐通，故吐蕃之勢，遂亦漸形不振，迨南詔興隆以後，便益發衰微了。

波斯大食之興亡

波斯以西紀六五一年始與唐通好。先是，安息朝既亡，薩贊（Sasan）朝代興，極一時之隆盛，迨第七世紀之初，亞拉伯（Arabia）有摩訶末（Muhammed）者出，自稱豫言者，參酌猶太、基督二教而創立伊斯蘭（Islam）新宗教，其經典曰可蘭（Koran），於是左執經典，右秉利劍，訴之干戈，以布教於四方。摩訶末之繼嗣，傳次哈利發（Khalifa）阿瑪兒（Omar）時，遂西侵東羅馬，同時又東伐波斯，波斯王伊嗣俟（Yesdigerd）三世防戰敗退，僅能保有呼羅珊（Khorasan），於是哈利發阿斯曼（Osman）乃結好於唐，卽所謂大食（Tazy）國是。迨西紀六六一年伊嗣俟三世之子卑魯斯（Peruz）以國降唐，薩贊朝遂亡，唐乃設波斯都護府，任卑魯斯爲都督，顧其地則已爲伊斯蘭教徒所占領。

武韋之禍

唐雖有太宗及高宗四十年間之治世，呈空前絕後之盛況，然距高宗之死無幾，而內訌遂起於閨闥之內。初，太宗後宮的才人當中有曰武氏的一個美人，高宗見其美，密納爲昭儀。後武氏黜去王皇后而自爲皇后，恃高宗多病，遂乘機干與政治，卒致左右大權，勢傾朝野。高宗死，中宗立，武氏仍自握政權，旋廢帝而立其弟睿宗，親自臨朝稱制，越王貞、李敬業，前後舉兵伐之，皆敗死。武氏見天下之不服己，乃大殺戮唐宗室貴戚，遂廢睿宗，改國號周而自稱神聖皇帝以代唐；是即則天武后。武后性極明敏，善用人材，踐位之初，將相皆得其人，國政大揚。然其晚年，寵用嬖倖，政事以紊。於是宰相張柬之等，及武后方病，乃發兵斬嬖倖，迫后令仍遜位於中宗，唐室如是復興。時為西紀七〇五年。初，中宗被廢而外居之時，皇后韋氏從之，嘗共艱苦，中宗深德之，及復位，乃任其所為，韋氏於是參與朝政，又私與武三思通，遂弒中宗，立溫王重茂，自攝政，同族皆置之要津。於是睿宗之子隆基率兵入宮，斬韋后及諸韋，並誅其黨，遂廢溫王而立睿宗。後三年，睿宗讓位於隆基，是為玄宗，以西紀七一二年即位。

玄宗開元之治

玄宗即位之初，舉姚崇、宋璟為相，勵精圖治，禁驕奢，薄賦斂。姚崇明敏有吏才，抑權倖，力諫諍；宋璟善用人，刑賞無私，俱稱賢相。其後又有張嘉貞、張說、李元紘、杜暹、韓休、張九齡等良相輩出，國家遂益致殷富，文學技藝並興，乃有開元三十年間之治。

節度使之設置

初、太宗時設府兵之制，置折衝府於要地，後其兵制破壞，僅存空名，睿宗之時，乃置節度大使，然高宗末年以來，因武韋二氏之禍，相踵國威漸衰，外夷乘之屢擾邊陲，玄宗於是於四陲要地置十節度使，委以兵馬大權，使之經略四方。十節度使者，乃鎮撫黑龍江附近的平盧（內蒙古土默特之地）節度使、節制奚契丹等之范陽（北京）節度使、防禦回紇的河東（山西省太原府）及朔方（甘肅省寧夏府靈州）兩節度使、備吐蕃的河西（甘肅省凉州）及隴右（甘肅省西寧府）兩節度使、防吐蕃及苗蠻的劍南（四川省成都府）節度使、鎮南海諸國的嶺南（廣東省廣州府）節度使、抑制西域諸國的安西（天山南路喀喇沙爾）節度使及專當突厥的北庭（天山北路迪化府）節度使等是。於是，唐的國威，遂再張於塞外；然而內輕外重的禍根，便也是種於此處。

玄宗之驕怠

玄宗在位既久，驕慢之念漸生，頗好奢侈宴樂；國用匱乏，則從事聚斂。起初任用宇文融，後信任楊愼矜、韋堅、王鉷之徒。時宰相李林甫性柔佞狡猾，結納宦官、宮嬪，迎合帝意，壅蔽聰明。而帝亦內行不修，廢王皇后而寵幸武惠妃，繼又納壽王妃楊太真爲貴妃。由是楊氏一族，驟臻榮盛，恣極奢侈，楊國忠遂代李林甫爲相，未幾而安祿山之亂起。

安祿山原爲營州（內蒙古土默特）的雜胡，狡黠有勇略；巧結玄宗寵妃楊氏之黨，深得帝之信任，兼平盧、范陽、河東三節度使，握土地、財賦、甲兵之權，陰蓄異志；顧深憚李林甫不敢發。及楊國忠爲相，遂以西紀七五五年（天寶十四年）反，率其部下及奚、契丹之衆十五萬南下，風靡河北，陷洛陽，自號大燕皇帝。時府兵之制已廢，無能當賊軍者。賊軍遂破官兵，向長安進發，玄宗奔成都，傳位太子，是爲肅宗，即位於靈武（甘肅省寧夏府靈州）。先是，平原（山東省濟南府）有顏真卿防賊，常山（直隸省正定府）則顏杲卿，睢陽（河南省歸德府）則張巡、許遠，皆殉國難，因之山東、江淮之地得不入賊手；既而郭子儀、李光弼等的勤王軍及回紇、西域的援兵先後來會，官軍之勢遂大振。而安祿山因愛溺少子，爲長子安慶緒所弑，安慶緒又爲其將史思明所弑，史思明亦愛溺少子，爲長子史朝義所弒，賊亂相尋無已，其勢頓衰，官軍乘之，先復長安，迎帝及上皇，次遣諸將討賊。其後肅宗死，代宗立，得回紇援兵，遣雍王适合諸道之兵，擊破史朝義，恢復洛陽，賊將李懷仙又斬朝義來降，而八年的內亂，始告鎭定；是曰天寶安史之亂，然自是塞外諸國遂輕唐，益以各地藩鎭亦跋扈不重朝廷，而唐室遂傾向衰運。

藩鎭之跋扈

節度使雖其初止設置於邊要地方，然因安史之亂，內地亦爲之動搖，遂增設之，而其官遂遍天下。節度使等各各統有數州，握其甲兵、土地、財賦之權，恰如王侯一般，或則令子孫世襲，或則由士卒自定留後，而朝廷亦不能制。藩鎭遂日極驕橫。原河北本爲安史賊黨根據之地，顧代宗急於定亂，賊降將李懷仙、田承嗣、李寶臣等，遂各各畀以盧龍（北京）、魏博（直隸省大名府）、成德（直隸省正定府）等節度使，從此河北諸鎭，遂互相結托，不奉朝命。而淄青（山東省青州府）、淮西（河南省汝寧府）的河南兩鎭，亦强横跋扈，如是唐室威光，日趨闇淡。德宗既立，行兩稅之法，欲以充實國庫，而殺藩鎭之勢，盧龍的朱滔、淮西的李希烈等乃接連叛，德宗發各地之兵令往討賊，顧涇原（甘肅省平涼府）兵逼長安，怒帝待遇之薄，即奉朱泚作亂，德宗出奔於奉天（陝西省乾州府），後得李晟及渾瑊等之援，纔復長安。暨憲宗立，英武不羣，用賢相杜黃裳之議，改姑息之策，命武元衡、裴度等平淮西、淄青、河北諸鎮次第降，遂以制止藩鎮的橫恣；然帝晚年，不能去驕侈，卒爲宦官所弒。

宦官之專橫

唐初宦官本無勢力，及玄宗，宴遊繁盛，其數驟增，遂漸至得勢，於肅宗、代宗二帝蒙塵之際，頗參與機務，至德宗，以宦官統禁軍，其勢彌强，不僅肆行人主的廢立，並至於弒憲宗而立穆宗，後又弒其子敬宗。文宗患宦官之專橫，與鄭注、李訓等謀爲甘露之變，以誅宦官，然謀洩事不成，反益增高宦官的威暴；其後武宗、宣宗、僖宗、昭宗諸帝，皆由彼輩所擁立。

朋黨之爭

先是，穆宗時，李德裕與李宗閔有隙，構陷之，朋黨之爭於以起。文宗以後，李宗閔結牛僧孺以抗李德裕，互爭政權，力事排擠，宦官乃得以出入其間而專權焉。宣宗時，李德裕、李宗閔、牛僧孺等皆前後貶死，黨爭始息，是名牛李之爭。其間武宗曾平澤潞（山西省澤州府及潞州府）之叛，宣宗又收復安史亂時爲吐蕃所取河西隴右等侵地，又鎭定爲吐蕃逼徙內地之黨項諸部的寇亂。顧諸帝雖英武，然而宦官專橫於內，藩鎭跋扈於外，兩俱根深蒂固，卒至莫如之何。

唐末之大亂

宣宗死後，唐威大衰，至懿宗時，裘甫、龐勛等相繼作亂，幸王式討平裘甫，康承訓借西突厥別部沙陀之力，討平龐勛，二亂皆已。於是沙陀酋長朱耶赤心以功得賜姓名爲李國昌，任振武節度使。僖宗卽位之次年，王仙芝起兵山東，旋爲官軍所破，敗死。然其部將黃巢，率領餘衆，剽掠河南、江西、福建、廣東諸州，繼陷洛陽，取長安，稱大齊皇帝。僖宗出奔蜀。時振武節度使李國昌之子李克用，英武有謀略，應召引兵破黃巢，黃巢亂事平，黃巢部將朱溫來降，賜名全忠，任節度使，鎭汴（河南省開封府），以事與李克用有隙，由是互相敵視。

唐的滅亡

僖宗死，昭宗立，宰相崔胤，欲誅宦官，見朱全忠據汴，有勢力，召之。朱全忠乃入長安，悉誅宦官，以功封梁王。全忠乃挾帝遷都洛陽。於是豪傑之士，四方崛起，皆以復興唐室爲名，互相吞噬。時朱全忠見昭宗有英氣，懷恢復之志，憚之，今又見羣雄之起，皆以興唐爲名，懼異變之或生於其中，遂弒帝而擁立其子哀帝，旋篡位，是爲後梁太祖。唐自高祖至是，凡二十代二百九十年而亡，時西紀九〇七年也。

評隋文帝

隋之統一，其事爲混同了南北分流的思潮，而文帝、煬帝的功業，卽在於斷行了自晉武帝以後歷代帝王所想望而不能達到的這一事。自皮相上觀之，則文帝的功烈，似可比於秦之始皇，而煬帝的行動，則可擬於漢之武帝。然我們試仔細一察當時的情勢，則北朝之滅亡，緣於周主幼弱而政權握於外戚，而南朝之滅亡，則緣於陳主庸暗而羣臣耽於宴樂：故取周之易，譬猶摧枯拉朽，卽文帝之才，不必遂謂其足敵始皇；而取陳之無煩多勞，又恰如秋風之掃落葉，故煬帝之器，亦不能謂其可媲武帝。文帝者，富權變之才，而好弄術數之人也。始以外戚之尊，受託孤之重，因利乘變，爰遷周祚，雖招一時舊臣之憤怨，而出其駕御籠絡之術，卒皆使之心服。以故驃騎一朝北進，突厥的可汗，卽通款輸誠，樓船一旦南下，金陵卽爲之失守。而史言：『帝性嚴重，勤於政事，令行禁止。雖嗇於財，賞功不吝；愛養百姓，勸課農桑，輕徭薄賦。自奉儉薄，天下化之。受禪之初，民戶不滿四百萬，末年踰八百萬。然自以詐力得天下，猜忌苛察，信受讒言，功臣故舊，無終始保全者。』便知其原擅權變之才，而好弄術數之巧，以詐力得天下，遂爾猜忌苛察，不肯信人，而聽內寵之言，廢棄太子，惑外孽之說，誅芟功臣。於是君臣之義既破，父子之親無存，故一坏之土未乾，而百年之基旋傾；塚上之木未拱，而天下之亂已形；則隋祚之不能長保，我們實不能不說這是當然必至之勢了。

煬帝之詭譎，又過其父，嘗矯情飾形，以愛母氏、以媚大臣，以交歡中使，卒至廢太子，弒父兄。故彼踐祚以後，驕暴日甚，雖政刑日亂，而亦不以爲意。自比於漢的武帝，企圖外征，揚威四方；尤復盛治宮室，窮極侈靡，東西遊幸，盡流連之樂。是這樣，他已經就不能樹萬世之策，而又不知安億兆之生了。故彼唯知日夜役佳麗數千人，於馬上奏清夜遊之曲以爲歡娛；逮羣雄蜂起，天下已成土崩之勢，而亦在非所恤。史言其『即位，首營洛陽顯仁宮，發江嶺奇材異石，又求海內嘉木異草，珍禽奇獸，以實苑囿。又開通濟渠，自長安西苑，引穀洛水達於河，引河入汴，引汴入泗以達於淮。又發民開刊溝入江，旁築御道，樹以柳。自長安至江都，置離宮四十餘所。遣人往江南造龍舟及雜船數萬艘，以備遊幸之用。西苑周二百里，其內爲海，周十餘里，爲蓬萊方丈瀛洲諸山，高百餘尺，臺觀宮殿，羅絡山上。海北有渠，縈紆注海，沿渠作十六院，門皆臨渠，窮極華麗。宮樹凋落，剪彩爲花葉綴之，沼內亦剪彩爲荷芰菱芡，色渝則易新者。好以月夜從宮女數千騎，遊西苑，作清夜遊曲，馬上奏之。後又開永濟渠，引沁水南達於河，北通涿郡。又營汾陽宮。又穿江南河，自京口至餘杭八百里。置洛口倉於鞏東南原上，城周二十餘里，穿三千窖；置興洛倉於洛陽北，城周十里，穿三百窖，窖皆容八千石。帝或如洛陽，或如江都，或北巡至榆林金河，或如五原，巡長城，或巡河右，營造巡遊，無虛歲。徵天下鷹師，至者萬餘人，徵天下散樂，諸蕃來朝，陳百戲於端門，執絲竹者萬八千人，終月而罷，費巨萬萬，歲以爲常』云云。便可以窺他行動的一斑了。如是及彼親將擊高句麗，百姓窮困，不復能支，而天下遂騷動，羣雄蜂起以割據四方，其終則國滅身喪，舉宗社以爲麋鹿之場委蒼生以充蛇豕之餌焉。抑彼氣宇的闊大，則殊不讓於漢之武帝：親自北巡，次榆林而令東突厥的啓民可汗及義成公主來朝，同時又令吐谷渾及高昌入貢；吏部侍郎裴矩撰西域圖記三卷，述西域諸胡的山川風土及胡中的珍寶奇物帝見之，卽命裴矩至張掖，以利啗之令致諸胡；遣崔君肅赴西突厥，使處羅可汗入貢，而得汗血千里之馬；繼又親巡河右至燕支山令高昌王麴伯雅、伊吾吐屯設等及西域二十七國之君長來謁，示其雄威，置西海（青海之西）、河源（青海之南）、鄯善（甘肅省安西州敦煌縣西）、且末（敦煌縣西南）等郡；又命裴矩說鐵勒部破吐谷渾以致其可汗伏允出奔；取可可諾爾（Coco Nor）之地而置青海郡，更通西域的道路而大張國威於西南；又命劉方攻南方的林邑（安南之南，卽後日的占婆），陷其都，而令國王梵志出走；令常駿至赤土（馬來半島之中部東岸），促其國王瞿曇富利多塞入貢；命陳稜發兵征琉球（今之臺灣）。於是又親征東方的高句麗，雖則敗衄，然而彼之耀其國威於四方，卻是極明顯的事實。而彼又巡幸北方，發江北的壯丁，穿太行山以通幷州馳道；築長城於西北之地，自榆林以達紫河以固備邊圉的防衛。抑彼之功績尤有可以特筆大書者，則爲南北交通往來的便利之故而鑿刊溝（今之江蘇運河）、永濟渠（今之衛河）、江南河（今之浙江運河）等運河一事是。此乃一大工程，有此運河，便可自長安舟行以達於江南。但是因爲他置離宮四十餘於長安江都（江蘇省揚州）之間，以備巡遊，唐的史家，遂謂其開鑿運河，目的，祇不過在於供其遊幸罷了。然而這未免太武斷。何以呢？我們試看他開西北邊交通之路的結果，而武威、張掖等郡，遂成了東西貿易的中心，於是西方賈人之來集於茲者，實達四十餘國之多。那麼，把這一事，用來去推測他開運河的用意，又安知他不是想更在南方闢和海外通商之路，因而開鑿這運河以便連絡南北的貿易途徑呢？如其以上所推測想像的不錯，則我們若僅止據着他一面的行動，便以爲他只是日夜惟沈湎於酒色，耽溺於遊行，而流連荒亡的一位驕暴君主，這實不能不說是爲那些唐史家的曲筆所誤。我們試看他所開鑿出來的運河，自唐以來以至近代，在南北漕運上，曾給以極大的便利，我們便當然要承認他在文化史上的功績的偉大，而且就說是將功折罪，都還只有功餘的，亦不能謂爲過言。

唐的太宗，真是一位英主。力拔山而氣蓋世，以廓清宇內而成就濟世安民的洪業，餘威所屆，猶足以懾服塞外諸國，而東抵高句麗，西及印度。其膽之大如斗；其眼中不見有所謂勁敵，其量如海，有淸濁並呑之槪，其明如日月，有燭照萬物之能。魏徵往常曾勸其兄建成殺彼，然彼若不知有此事也者，不惟不念舊惡，反優禮之而以爲祕書監；王珪亦嘗爲建成謀者，然彼用之以爲侍中。抑彼又正當立一王之制，舉一匡之實之際，卻未嘗爲劃一一代思潮之事，於儒道佛三大潮流以外，凡景教、祆教等細流，悉無所擇而容納焉。最初說高祖以舉大事的是他；令高祖得以轉禍爲福，化家爲國的也是他；撥亂世反之正，而成功三百年帝業的，是他的力；偃武修文，創立一代之典型的，是他的德：這便是何以能令李密驚嘆爲真英主也的所以然。彼初以武爲撥亂勝殘之砭劑，繼又以文爲濟世安民之膏粱，而一代典型，皆成於此時，三百年文化，皆出於其方寸：是故開國之業和興文之功，遂皆不能不歸之於他的一身。他在爲秦王時，便已開文學館，延房玄齡、杜如晦、虞世南、褚亮、姚思廉、李玄道、蔡允恭、薛元敬、顏相時、蘇勗、于志寧、蘇世長、薛收、李守素、陸德明、孔穎達、蓋文達、許敬宗等十八人爲學士，即軍國之際，亦在館中討論文籍，恆至夜分。迨既卽位，遂開弘文館，聚四部之書二十餘萬卷，又選天下文學之士以爲弘文館學士，聽政之暇，則延見之於內殿，商榷古文。因其極力推重文學，尊崇經術如此，故儒雅之風，遂蔚然興起。至其關於政治上之用意，則定出官制、田制、兵制、學制、稅法、刑法等來，去奢省費，薄賦輕徭，任仁義而不任刑法，由是海內昌平，路不拾遺，夜不閉戶，至於商旅野宿，而現出治平的極致，所謂貞觀之治者來。史評他道：『帝雖以武功定禍亂，終以文德綏海內。常自以驕奢爲懼，嘗曰：「人主惟一心，攻之者衆：或以勇力，或以辯口，或以諂諛，或以姦詐，或以嗜慾，輻輳各求自售，人主少懈而受其一，則危亡隨之，此其所以難也。」常問侍臣，創業守成孰難。玄齡曰：「草昧之初，羣雄並起，角力而後成之，創業難矣。」魏徵曰：「自古帝王，莫不得之於艱難，失之於安逸，守成難矣。」帝曰：「玄齡與吾共取天下，出百死得一生，故知創業之難；徵與吾共安天下，常恐驕奢生於富貴，禍亂生於所忽，故知守成之難。然創業之難往矣，守成之難，方與諸公愼之。」自知神采爲臣下所畏，常溫顏接羣臣，導人使諫，賞諫以來之。」便可以知道他的爲人，而又知道他是一位眞的英主。

唐中央政府的官制

唐的制度，乃依照隋時所更新了的制度，而稍微加以損益者。凡諸制度，在太宗時代便已整備，延及日本、朝鮮之律令，亦俱受唐制極大之影響。唐的中央政府，爲中書、尙書、門下三省，以總理天下政治，更於其下分吏、戶、禮、兵、刑、工六部，以分掌行政事務。又別有三師、三公以備天子顧問：三師者，太師、太傅、太保；三公者，太尉、司徒、司空。此三師三公者，其職務止於燮理陰陽，初不涉及實際的政務，故位雖尊而無實權，無其人時，便可缺之，初非常設之官。是故實際掌握中央政府之大政者，還是三省與六部。中書省掌宣奉天子的詔令，其長官曰中書令；門下省掌審查詔令，倘詔令中有甚麼障礙的地方，便塗竄而奉還之，其長官曰侍中；於是尚書省所執掌之事，則中書省所宣奉，門下省所審查而既經確定了的詔令，以之施行於天下，其長官曰尚書令。但是因太宗曾自爲尚書令，其後臣下皆不敢任此職，遂以左右僕射代行尚書令事爲例。僕射本尚書令的副官，分左右二司，左僕射管吏、戶、禮三部，右僕射管兵、刑、工三部。吏部掌官吏的黜陟，戶部掌賦稅，禮部掌禮儀，兵部掌軍事，刑部掌刑罰，工部掌土木；而六部長官曰尚書，次官曰侍郎，各部又各有四司，共爲二十四司。將以上官制製爲表，則如左方所揭：

中央政府職官表

三省	長官	分掌事務	尚書令副	六部	二十四司
中書省	中書令	宣奉天子的詔令			
			左僕射	吏部（官吏的進退）	吏部　司勳　主爵　考功
				戶部（賦稅）	戶部　金部　度支　倉部
				禮部（禮儀）	禮部　主客　祠部　儀制

尙書省	尙書令	施行既經確定之事	右僕射	兵部（兵備）	兵部　職方 駕部　庫部
				刑部（刑罰）	刑部　都官 比部　司門
				工部（土木）	工部　屯田 虞部　水部
門下省	侍中	審查詔令有障礙時則塗竄奉還之			

如是三省長官的尙書令、中書令、侍中，參與國務而握宰相的實權。然自李世勣以太子詹事爲同中書門下三品以來，凡爲宰相的，都加以同中書門下三品之稱；及唐中世，又因黃門侍郎郭泰舉等爲同中書門下平章事，自是同平章事遂爲宰相之職。而尙書省在南，因稱南省；門下中書二省在北，因稱北省。而北省之中門下省在左，中書省在右，因又稱左省右省，通稱曰兩省。又三省之外，尙有祕書省、殿中省、內侍省三省，故合稱六省。此外尤有一臺、九寺、五監、十六衞府諸官，以分掌各方面的行政。其職掌官等如左表：

六省表

名稱	長官	官等	職掌
尚書省	令	正二品	掌總領百官儀刑端揆之事
中書省	令	正三品	掌侍從獻替及制敕册命之事
門下省	侍中	正三品	掌出納帝命相贊禮儀之事
秘書省	監	從三品	掌經籍圖書之事
殿中省	監	從三品	掌衣食車乘之事
內侍省	內侍	從四品	掌宮內供奉宣傳制令之事

五監表

名稱	長官	官等	職掌
國子監	祭酒	從三品	掌學校教育之事
少府監	監	正三品	掌百工巧技之事
將作監	大匠	從三品	掌土木工匠之事
軍器監	監	正四品	掌弓箭甲冑等事
都水監	使者	從五品	掌山澤津梁等事

九寺表

名稱	長官	官等	職掌
太常寺	卿	從三品	掌禮樂郊廟社稷祭祀等事
光祿寺	卿	從三品	掌酒醴膳羞之事
衞府寺	卿	從三品	掌武器軍馬之事
宗正寺	卿	從三品	掌皇族及外戚的屬籍之事
太僕寺	卿	從三品	掌廐牧輿馬之事
大理寺	卿	從三品	掌折獄詳刑之事
鴻臚寺	卿	從三品	掌賓客凶儀之事
司農寺	卿	從三品	掌倉儲委積之事
太府寺	卿	從三品	掌財貨藏市之事

一臺表

名稱	長官	官等	職掌
御史臺	大夫	從三品	掌明刑憲典章而司彈劾糾察之事

尚書省六部表

名稱	長官	官等	職掌
吏部	尚書	正三品	掌官吏的選敍勳封及考課之事
戶部	尚書	正三品	掌口及班田之事
禮部	尚書	正三品	掌禮儀祭祀及燕饗貢舉之事
兵部	尚書	正三品	掌軍衛及武選之事
刑部	尚書	正三品	掌律令刑法及徒隸關禁之事
工部	尚書	正三品	掌百工屯田及山澤之事

以上諸官都是文官。至於武官則有諸衛的將軍以掌兵衛之事。有十六衛府者，乃指左右衛府、左右驍騎府、左右武衛、左右領威衛、左右領軍衛、左右候衛、左右監門府、左右府而言。又關於東宮之官屬，則有詹事府、左右春坊、家令寺、率更令、僕寺、諸率府等，掌關於東宮之諸事。以上諸官，通稱京官，至於地方官則稱外官。而唐之官名，雖依時代而不免多少有點異同，如則天武后時尚書省稱中

臺，中書省稱鳳臺，門下省稱鸞臺，但大體卻沒有甚麼顯著的變革；唯同平章事及節度使之官，乃起於唐之中世，前代固未嘗有。

唐之地方官制

隋末羣雄紛起，各州縣恣其分割，唐興，次第削平之，顧其以土地來屬者，率納之而未加以改動，又往往有割置州縣而與以寵祿者，故唐初郡縣之數，多於隋世數倍。至太宗貞觀元年，始革其弊，而依山川之形便，分爲十道：（一）關內道、（二）河南道、（三）河東道、（四）河北道、（五）山南道、（六）隴右道、（七）淮南道、（八）江南道、（九）劍南道、（十）嶺南道。迨睿宗景雲二年，分山南道爲東西二道，又分隴右道而置河西道，旋罷。玄宗開元二十一年，則更分爲十五道：（一）京畿道、（二）都畿道、（三）關內道、（四）河南道、（五）河東道、（六）河北道、（七）山南東道、（八）山南西道、（九）隴右道、（十）淮南道、（十一）江南東道、（十二）江南西道、（十三）黔中道、（十四）劍南道、（十五）嶺南道。於是道之下有州，州之下有府有縣；府有尹，縣有令，而州有刺史，凡皆以掌其地方之民治，而於每道置巡察史（玄宗時曰採訪處置使，後又改爲觀察處置使）以監察之。又掌軍政者，有都督府、都護府，前者以掌諸州軍政，後者以撫諸蕃禦外寇，然其後遂生出節度使等官。

唐在太宗高宗之代，專用其力於東北西之三面，南方則尙未經營，然而跟着他威力的增加，從而南方諸小國亦前後入朝稱臣，如占婆、（Champa 安南的南部）扶南、（柬埔寨及暹羅之南部）闍婆（Java）室利佛逝（Sri Boja 蘇門答臘之東北部）等國俱曾於太宗高宗時入貢。於是唐的政令所及之處，東起朝鮮滿洲，北併內外蒙古，西自天山南北兩路包有中央亞細亞，南則印度支那之諸國，俱爲唐的屏藩。唐爲管理上的便利起見，爰有六都護府之建置，其下設都督府與州，州有刺史，都督府有都督，都護府有都護以治之；刺史與都督則多以其地原有的部長族長任之。當時四方羈縻的府州，其數凡八百五十六，以六都護統率之，都護特由朝廷派遣，以統監所部刺史與都督。其六都護府所在地及所管區域如左表：

六都護府表

都護府名	所在地	所管區域
1. 安東都護府	初治朝鮮平安道平壤後移遼河沿岸之遼東城	高句麗百濟之故地（滿州及朝鮮之西北部）
2. 安北都護府	初治鬱督軍山之南狼山府後移陰山麓中受降城	鐵勒諸部之地（外蒙古）
3. 單于都護府	治山西省大同府之西北雲中城	突厥諸部之地（內蒙古）
4. 北庭都護府	治天山北路之庭州（今之迪化府）	西突厥之地（天山北路及俄領七川州之地）
5. 安西都護府	治天山南路之焉耆（今之哈拉社爾）	西域諸國（天山南路及中央亞細亞）
6. 安南都護府	治嶺南之交州（今東京河內）	南海諸國（法領印度支那等）

十　節度使

太宗時設府兵之制，於各要地以折衝府配布之，其制後廢，僅存空名，睿宗時，始置節度大使。先是，高宗末年以來，武韋二氏先後作禍，國威傾微，諸外夷乘之，若回紇、若吐蕃、若大食等侵擾邊境不已，於是玄宗時乃於四陲要地置十節度使，委之以兵馬大權使經略四方。十節度使者，平盧節度使（鎮撫黑龍江附近一帶之地）、范陽節度使（制奚及契丹等）、河東及朔方兩節度使（防禦回紇）、河西及隴右兩節度使（防備吐蕃）、劍南節度使（防吐蕃及苗蠻）、嶺南節度使、(鎭撫南海諸國)。安西節度使(抑制西域諸國)及北庭節度使(專當突厥)。是其十節度使之所在地及所管區域如左表:

十節度使表

藩鎭的名稱	所在地	所管區域	所屬都護府	設置的目的
1. 平盧節度使	營州(內蒙古)土默特右翼之地	河北道東部(奉天省)	安東都護府	鎭壓寶韋靺鞨等黑龍江附近諸部
2. 范陽節度使	幽州(直隸省順天府今之北京)	河北道(直隸省)		鎭奚契丹等蒙古東部之諸族
3. 河東節度使	太原(山西省太原府)	河東道(山西省)		防禦回紇
4. 朔方節度使	靈州(甘肅省寧夏府靈州)	關內道北部(甘肅寧夏)	單于安北二都護府	防禦回紇
5. 河西節度使	涼州(甘肅省涼州府高宗時置)	河西道(甘肅西北部)		禦吐蕃回紇
6. 隴右節度使	鄯州(甘肅省西寧州)	隴右道(甘肅省)		備吐蕃
7. 西安節度使	龜茲(天山南路庫車)	龜茲焉耆于闐疏勒四鎭	安西都護府	鎭西域諸國
8. 北庭節度使	庭州(天山北路迪化府)	起天山北路俄領七川州	北庭都護府	制突厥餘衆
9. 劍南節度使	益州(四川省成都府)	劍南道(四川省)		禦吐蕃鎭苗蠻
10. 嶺南節度使	廣州(廣東省廣州府)	嶺南道(兩粤及安南東京)	安南都護府	鎭壓南海諸國

有此十節度使，而唐威乃再振於塞外，逮安史之亂，遂內地也設置起節度使來，遂種下藩權過重的禍根。先是內地在玄宗時改十道爲十五道，每道置採訪處置使，但因安史亂後，爲防餘波動搖起見，內地遂大抵以節度使代替採訪處置使，由是節度使各統數州，手握甲兵、土地、財賦之權，儼然王侯，乃自置所屬文武官吏，從此內輕外重，朝廷竟不復能制之矣。

太宗時依隋制置折衝府六百三十四於十道，其中有二百六十一屬關內道，蓋欲內重外輕，以便制御。折衝府分三等，以兵千三百人者爲上府，千人者爲中府，八百人者爲下府。府兵不僅鎮壓地方，並每年番上交代而以宿衛京師，（遠者稍稀，近者則輪番甚頻，率一月一交代）。故此諸府，皆隸於京師諸衛府。折衝府的職員，有折衝都尉、左右果毅都尉、長史、兵曹、別將、校尉等，而軍隊的組織，則十人爲火，有火長一人，五十人爲隊，有隊正一人，三百人爲一團，有校尉一人。武器則平日收置官庫，有事之時，始給與之。人民年二十則爲兵，六十而免，能騎射者爲越騎，其餘則爲步兵。每歲冬季，折衝都尉則集府兵而習軍陣進退之法，平時則使之耕作，値蕃者則使之宿衛，事變起時，則待契符之下而出兵。但自高宗以後，此上所云云者日卽破壞，卽値番者亦往往失其時。逮玄宗時，衛士尤耗散，至不能充宿衛，乃依宰相張説之議，募京畿府兵及白丁十三萬人使隸諸衛，謂之曰彍騎。顧其後彍騎之法，亦不能持久，而諸州府兵則益復頽廢，卒至募市民以充宿衛，一遇安祿山之亂，卽敗散不中用，而天下於以大亂。亂後，藩鎭之勢漸强，坐擁大兵，不復奉朝廷命令，蟠踞各地，隱然有諸侯之觀，而府兵及彍騎，兩法俱絶，無復留跡。

隋文帝時，定刑律爲十二篇，煬帝時增爲十八篇，至唐又還爲十二篇，（名例、衛禁、職制、戸婚、廐庫、擅興、賊盜、鬬訟、詐僞、雜律、捕亡、斷獄。）故唐的刑法，大抵皆沿隋舊。唐刑名有笞、杖、徒、流、死五種，其中笞、杖、徒三刑分五等，流刑分三等，死刑分絞、斬二等，而皆有納相當之銅則許其贖罪之例。

隋唐五刑表

刑名	一等	二等	三等	四等	五等

笞刑五等	十	二十	三十	四十	五十
杖刑五等	六十	七十	八十	九十	百
徒刑五等	一年	一年半	二年	二年半	三年
流刑三等	二千里配役二年	二千五百里配役二年半	三千里配役三年		
死刑二等	絞	斬			

贖銅斤量表

刑名	一等	二等	三等	四等	五等
笞刑	十（一斤）	二十（二斤）	三十（三斤）	四十（四斤）	五十（五斤）
杖刑	六十（六斤）	七十（七斤）	八十（八斤）	九十（九斤）	百（十斤）
徒刑	一年（二十斤）	一年半（三十斤）	二年（四十斤）	二年半（五十斤）	三年（六十斤）
流刑	二千里（八十斤）	二千五百里（九十斤）	三千里（百斤）		
死刑	絞（百二十斤）	斬（百二十斤）			

然雖如此，而若所犯爲十惡（謀反、謀大逆、謀叛、惡逆、不道、大不正、不孝、不

睦、不義、內亂）之列，則雖當八議（議親、議政、議賢、議能、議功、議貴、議勤、議賓）之條，而亦罪在不赦。八議者，言雖已犯罪而付之平議，求其有可以恕宥之資格之謂。至於十惡之目，則沿齊律而設。又九十以上之老者及七歲以下之幼者，則雖犯死罪，亦不論律。而罪若屬再犯，則加重其罰，自首則論減，二罪俱發則從重者處斷。又死刑固有執行於市之例，而其人若爲五品以上之官則許其於己宅自盡。卑屬親對於尊屬親之罪與奴婢對於主人之罪，毆罪固皆甚重，反之而以尊對卑以主人對奴婢之罪則皆甚輕。犯罪者，以在其罪發之州縣推斷爲例，其在京師，則杖刑以下者委之當局之推斷，徒刑以上者，則送致大理寺。至若糾斷大獄之時，則刑部尚書、御史中丞、大理卿俱集參同。

△唐的田制及稅法

唐田制乃參酌後魏孝文帝所制定之均田法而施行之者。凡男子年十八以上者，給田百畝，以其中二十畝爲永業田，傳之子孫，其餘八十畝，則以爲口分田，止限於一代；但若老男、篤疾、廢疾之人，則給田四十畝，寡妻妾給三十畝。田的收授時期，以每年十月至十二月之間爲恆。狹鄉（田少之處）授田，例得減於寛鄉（田多之處）之半，而將田妄行賣買、貼賃、典質等事，俱屬犯禁之列；惟因移住他鄉或以貧困不能舉葬者，則得以賣去其永業田；又自狹鄉移住寛鄉時，尙可賣其口分田，惟既賣之後，則不復更授以田。如是，受田者每百畝必由其每年收穫中輸粟二斛，此之謂租；又從其鄉土之所產，必納絹綾各二丈，麻布二丈四尺（非蠶絲之鄉則代之以銀）此之謂調；每年必爲國家服力役二十日（逢閏年加二日）。若國家有事加役至十五日則免其調，至三十日，則租調俱免，而欲獲免於役者，則以一日三尺之比例出絹，此之謂庸；故租者田租，調者、家稅，而庸則口稅。其有水旱之災，霜蝗之害，耗其田之收穫至於十分之四時，則免租，至十分之六免租調，至十分之七時，租調庸俱免；桑麻耗損亦免調。是這樣，則唐的田制及稅法，和天下戶口之數，關係非常密切，故戶口的調查極嚴，每三年必造鄉帳（戶籍），每一年必造計帳（賦課的帳簿）。又將人民貲業（同於產業），分爲九等。百戶爲里，五里爲鄉，四家爲隣，四隣爲保；在城邑者爲坊，在田野者爲村。食祿之家，不得與小民爭利；工商雜家，不得與士類爲伍。男女始生爲黃，四歲爲小，十六爲中，二十爲丁，六十爲老。但至玄宗時，班田之制漸破，安史作亂，版籍（記戶口田地之帳簿）亦壞，賦斂無定，課目又增，迫趣取辦而無常準，於是人民不勝困弊，相率逃徙，致多浮戶，而爲土着者遂甚稀少。如是德宗之時，楊炎建議，設兩稅法。其法先計每年州縣所用以及上供之數而賦之於人，爲以出制入之計，每戶不問主客，凡現在者皆載於簿，使各人應其貧富而於夏秋二季（六月十一月）完納一定之稅，行商之人則於其所在州縣而賦課之，此法行，則租庸調雜徭，悉皆省去，於班田之制已破之後，實爲最適於時勢之要求者，故經五代至宋明，皆仍用不廢。

唐的選舉制

隋煬帝時，始設進士科，以詩賦取士，自是進士遂爲後世選舉主要之制。次至唐的取士法，則爲生徒、貢舉、制舉三種。卽從京師諸學館（國子學、大學、四門學、律學、算學、弘文館、崇文館）與州縣各學校，送其諸生之成業者於尙書省而使之受試者曰生徒；不從學校出身而先在州縣受試，及第則赴京師應尙書省試者曰貢舉；天子數年詔行一次而以舉非常之士者曰制舉。生徒及貢舉，有秀才、進士、明經之目，而其試驗科目各異。秀才試以方策五道，進士試以雜文二篇，時務策五道，明經試以每經（易、詩、三禮——周禮、儀禮、禮記——三傳——左傳、公羊傳、穀梁傳）十帖與經策十條。乃更以身言書判之四者而選拔之：身要體貌豐偉，言要言詞辨正，書要楷法遒美，判要文理優良。然而弄到後來，遂致進士暗於經史，明經不明理義。玄宗時，鑒於此弊，乃於進士試以文策之外，又試以大經（禮記、左傳）十帖，於明經試以帖經之外，又試以大義十帖及時務策。進士及明經之科，唐世最爲盛行，其他雖尚有明法、明字、明算、道舉、開元禮、孝廉諸科及史科、三傳科等，然皆不及。

唐的學制

隋文帝併合南北朝統一中國後，於都邑悉設學校，次至煬帝，學校亦盛，及唐則學制尤爲完備。唐的學校，在京師有國子學（以三品以上之子孫爲主，定額三百人）。大學、（以四品以上之子孫爲主，定額五百人）。四門學、（以七品八品之子孫及庶人之俊秀者爲主，定額五百人）。律學、（以八品以下之子弟及庶人之通於其事者爲主，定額五十人）。書學、（同上，定額三十人）。算學，（同上，定額三十人）以屬於國子監；又有弘文館、崇文館（兩者俱以收容宗室及功臣之子孫）以屬於門下省；至於地方，則有府學、州學、縣學之設。太宗又大徵天下名儒爲學官，屢幸國子監聽其講論，增築學舍至千二百間，添加學額滿三千二百六十員。於是四方學者，雲集京師，高句麗、百濟、新羅、高昌、吐蕃諸酋長亦遣子弟，請入國學，升講筵者至八千餘人之多云。至於學校教課，則以經書爲主：以禮記、左傳爲大經；詩經、周禮、儀禮爲中經；書經、易經、公羊傳、穀梁傳爲小經。故所謂學問，雖止不過經學，而選舉則於其他學術亦與之以影響。以上皆安史之亂以前的教育狀況，迨亂後，天下動搖不安，唐室亦日即衰靡，而學校遂不復如唐初之盛。

唐的儒學

隋文帝於都邑悉設學校，詔求遺書，奬勵學問，而刻書之術亦起，遂漸啓文運之端。次至煬帝即位，學校亦盛，徵辟儒生。惟當時舊儒則已大半凋落，止劉焯、劉炫、王通三人，頗於儒學有所貢獻。二劉精通經學、數學、曆算，遺下著述不少；王通則專講經學，倣古作六經，又作中說，擬論語，蓋努力模倣孔子事蹟，其門人私謚之曰文中子。抑晉末以來，集徒講學之盛，首推王通，而唐代學者的風氣，蓋亦可謂由王通所造成，是以後世學者爰推尊他爲隋代儒家中之第一大學者。唐興，太宗在未卽位之先，卽已開館延接學士，逮卽位之後，設國子學、大學、弘文館、崇文館於京師，各府州縣置學校，又聚經史子集，以九經課學生，定大經、中經、小經，令通二經以上者，卽得應舉，於是儒學大興，其盛直凌駕漢魏。然因自古以來，師承多門之故，而經義遂異說紛紜，莫衷一是。太宗欲使之定於一，乃命孔穎達等折衷南北，作五經之疏，名曰正義；疏者，註的註釋也。如是詩經則因毛亨之傳，鄭玄之箋，而孔穎達作疏，曰毛詩正義；書經則因孔安國之傳，而孔穎達作疏，曰尚書正義；易經則因王弼、韓康伯之註，而孔穎達作疏，曰周易正義；禮記則因鄭玄之註，而孔穎達作疏，曰禮記正義；左傳則因杜預之集解，而孔穎達作疏，曰左傳正義：合之是爲五經正義。外此，則周禮、儀禮因鄭玄之註，而賈公彥作疏；公羊傳因何休之解詁，而徐彥作疏；穀梁傳因范寧之集解，而楊士勛作疏。如是，選舉則用以上九經，而必從正義之說，而又必兼論語及孝經，由是學者皆墨守正義定論，更無有出新說者，遂陷於所謂訓詁註疏之弊，幾乎不更見其有所謂進步了。固然像李鼎祚的周易集解、啖助的春秋集傳、陸淳的春秋集傳纂例及辨疑，這些都是出於正義的範圍以外的，但依然是訓詁以外，更設有甚麼新的發明。玄宗之世博集羣書，云經籍達六萬餘卷，經安史之亂散佚，自是儒學愈頹。其後韓愈出，博通諸子百家，推尊孟子，黜楊墨，申孔道之功，力排佛老，倡羣聖傳說之說以扞衛儒道自任。又文宗時亦曾定五經刻石；然雖如此，而並沒有產出卓越的儒者，遂亦沒有發現高遠的思想。

漢唐經說之差異

學者們對於經義的好尚，漢和唐乃有極其明劃的差異。如詩在漢代則兼用齊、魯、韓三家，後世則毛詩獨行；書在漢代用今文尚書，唐代通行者，則為古文尚書；易在漢代用田氏易，（施氏易、孟氏易、梁丘氏易、京氏易。）而唐代則行費氏易；禮在漢代採用儀禮，在唐代則採用禮記；春秋在漢代採用公羊傳，唐代則採用左氏傳。今試表兩漢五經與唐五經之異同如左：

五經同異表

時代	詩	書	易	禮	春秋
兩漢	齊魯韓詩	今文尚書	田氏易（施氏孟氏梁丘氏京氏易）	儀禮	春秋公羊傳
唐	毛詩	古文尚書	費氏易	禮記	春秋左氏傳

又，若欲知儒學變遷的大體，將漢唐間的經學變遷表，示之則如左：

漢唐經說變遷表

經名	經說分派	傳經的儒者	漢武五經博士七家	武帝後說經家	後漢光武五經博士四家	後漢魏晉主要的註家	唐代所行之經與註尤其是五經正義
詩	齊詩	齊轅固	齊詩		齊詩		
	魯詩	魯申培	魯詩		魯詩		
	韓詩	韓嬰	韓詩		韓詩		
	毛詩	毛亨				鄭玄	毛詩正義　毛亨傳鄭玄箋孔穎達疏
尚書	今文尚書	伏勝　歐陽和伯	歐陽尚書		歐陽尚書		
		夏侯都尉		夏侯勝　夏侯建	大夏侯尚書　小夏侯尚書		
	古文尚書	孔安國				鄭玄　王肅	尚書正義　僞孔安國傳孔穎達疏

周易	禮記	儀禮	周禮	春秋 左氏傳	春秋 公羊傳	春秋 穀梁傳	論語	孝經
田何	后蒼	高堂生、后蒼		賈誼	公羊壽	申培	孔安國	
田氏易		后氏禮			公羊春秋			
施讎、孟喜、梁丘賀、京房、費直	戴聖	戴德、戴聖			嚴彭祖、顏安樂		張禹	
施氏易、孟氏易、梁丘氏易、京氏易		大戴氏禮、小戴氏禮			公羊嚴氏春秋、公羊顏氏春秋			
鄭玄	鄭玄	鄭玄	鄭玄	服虔	何休		鄭玄	鄭玄
王弼	王肅	王肅	王肅				何晏	
韓康伯				杜預		范寧		
周易正義 王弼韓康伯註 孔穎達疏	禮記正義 鄭玄註 孔穎達疏	儀禮 鄭玄註 賈公彥疏	周禮 鄭玄註 賈公彥疏	左傳正義 杜預集解 孔穎達疏	公羊傳 何休解詁 徐彥疏	穀梁傳 范寧集解 楊士勛疏	論語何晏集解	孝經 玄宗御註 元行冲疏

爾雅	郭璞	爾雅郭璞註
孟子	趙岐	孟子趙岐註

唐以詩經、書經、易經、禮記、左傳爲五經；而禮記之外，儀禮、周禮並用，是曰三禮；左傳之外，公羊傳、穀梁傳並用，是曰三傳：故詩、書、易三經，加三禮三傳是爲九經。而選舉既在九經之內擇用，又定制必兼論語與孝經。其後至明代，於九經及論語、孝經等十一部外，更加入孟子、爾雅，稱十三經。

北朝之風，質實而尙經學，南朝之風，浮華而尙詩文。逮隋起統一南北，而久分的潮流，始復歸於混同。於是，隋世有陸法言、劉臻、顏之推、魏淵、盧思道、李若、蕭該、辛德源、薛道衡等九人著切韻，承沈約以後之遺風，這實不能不說是襲的南方思潮；而如顏之推之顏氏家訓，王通之中說等，則又皆儒家之言，故又可說是襲的北方思潮。故終隋之世，雖爲年不過三十，而有唐之經術文章，則莫不濫觴於玆，尤其如切韻一書，永爲唐宋音韻學家所祖述，便也就可以知道隋文學的價値如何。唐太宗爲秦王時，卽已開文學之館，延文學之士，卽當軍國倥傯之際，

唐文

而在館中，討論文籍，恆至夜分。既卽位，置弘文館，聚四部之書二十餘萬卷於館中，又選天下文學之士以爲弘文館學士，聽政之暇，則於內殿延接，商搉古文；既敎崇經術，復推重文學，是以唐之文藝，蔚然興起。惟是唐初文章，猶未離於六朝舊習，雅尚駢儷，不免纖弱，如王勃、楊炯、盧照隣、駱賓王，稱唐初四傑，則皆以工爲駢儷之體見稱。則天武后時，陳子昂出，乃作爲素樸之文，欲以挽頹風，振衰敝，玄宗時，元結亦儆屣駢儷，高唱古文，然皆不果而止。顧玄宗極嗜經術文學，又有張說、蘇頲等，均肆力爲雅正之文，由是文學氣運，稍漸開發；顧詩雖已達於精妙之域，而文章則依然不脫駢儷之習。故雖如德宗時陸贄的奏議，本極摯實可觀，而行文則皆出之以偶對。顧韓愈亦德宗時人，乃獨綜覈百家，肆力古文，以精嚴雄渾之筆，昭示當代，遂起八代之衰，復周漢之醇；同時，柳宗元亦作古文，極沈痛雄健之致，世遂以之與韓愈共稱曰韓柳焉。韓愈字退之，柳宗元字子厚，二氏俱爲唐代文章家泰斗。次至李翺、皇甫湜、孫樵、杜牧、皮日休、陸龜蒙等，皆以古文鳴，而中國文章遂劃出一新的時期。抑唐文學中之最爲造極精妙者，顧乃非文而爲

唐詩

詩。

唐初詩賦，襲六朝之後，猶帶沈庾之餘風，頗極高尙典雅，逮則天武后朝，沈佺期、宋之問等益加雕琢，作爲律詩，號稱近體。陳子昂出，始盡掃時習，直倣古詩，力欲摩詩經、離騷之壘，顧猶未能收功。及玄宗之代，李白、杜甫二詩人出，詩風始一變，遂至呈空前絕後之盛觀。李白字太白，天資豪放，嗜酒，長日與酒徒爲伍，顧其詩高妙絕倫，有神仙飄逸之風，尤長於絕句。杜甫字子美，遭遇安史之亂，流落困頓，感傷時難，發爲歌詠，故其詩悲壯沈鬱，獨絕。如是詩壇有李杜二家，猶文壇之有韓柳二家，俱爲後世所尊重。時又有王維、孟浩然、韋應物、岑參、高適等，俱能詩，故詩歌之盛，直成爲充分的發達。而韓愈、柳宗元亦俱能詩，惟韓之詩艱奧，柳之詩則溫雅；同時李賀尤作險怪之詩而別自成一家。稍後元稹、白居易出，以詞句平易見稱，而二人互相次韻而作詩，由是次韻之詩以起。更後則有杜牧、李商隱、溫庭筠等。牧詩豪健，李商隱、溫庭筠則雅近縟麗，當時溫李並稱。最後有韓偓以香奩體（奩乃盛香之器，或曰鏡匣。）韓偓好詠閨女宮娃窈窕胭脂之態，集其詩曰香奩集，自是呼此種詩曰香奩體。）見稱。如是有唐一代，通初唐、盛唐、中唐、晚唐四期，（論全唐之詩者，分之爲初唐、盛唐、中唐、晚唐四期：初唐指高祖武德元年以後百年之間；盛唐指玄宗開元元年以後五十年之間；中唐指代宗大曆元年以後八十年之間；晚唐指自宣宗大中元年以至唐之滅亡，凡六十年間。）皆爲詩歌極盛時代，及唐之衰亡，詩歌亦同時隨之不振，更經五代，遂完全入於頹運。

唐的史學

唐的史學，雖沒見有特殊進步的形跡，然太宗曾命羣臣編纂前代的歷史，故正史的撰述甚多。如姚思廉撰梁書五十八卷及陳書三十六卷，李百藥撰北齊書五十卷，令狐德棻與岑文本、崔仁師、陳叔達等共撰周書五十卷，魏徵等撰隋書八十五卷，房喬等撰晉書百三十卷，皆正史也。就中，隋書爲顏師古、孔穎達撰紀傳，于志寧、李淳風、韋安仁、李延壽、令狐德棻等撰諸志，故最稱完備，至於晉書，則譏之者謂其略實行而獎浮華，忽正典而取小說云。又李延壽憂宋齊梁陳諸史與魏齊周隋諸史之煩蕪，爰自撰南史八十卷及北史百卷。而顏師古雖說是精通漢書爲作註解，然其所具史家的識見，則殊不如劉知幾。知幾歷仕中宗、玄宗，著史通二十卷，論史家體例，述史的源流及古人得失甚詳，其中嶄新之說與奇創之見甚爲不少。唐世又有歷代天子的實錄，如韓愈撰順宗實錄是。

佛教南北朝以來卽漸趨興隆，經隋至唐，又以太宗以下歷代皆尊崇不懈，遂益極旺盛。惟唐初，高祖以僧尼不守法戒的多，會命加以沙汰，逮太宗乃停其命而禁止私度，定其應得度者之數目；此蓋佛教隆盛之反動也。先是佛教有三論、律、華嚴、淨土、禪、天台的六宗，（元固有十三宗，其後或與他宗併合，或廢絕不存。遂只餘此六大宗）迨唐太宗時，有玄奘者開法相宗，玄宗時有善無畏者傳眞言宗，如是遂成爲所謂佛教八宗。就中玄奘以西紀六二九年（貞觀三年）發長安，取天山北路而入印度，所經國數百餘，遍求名師，探訪聖跡，凡十七年間，備嘗艱苦，遂以西紀六四五年（貞觀十九年）得經典六百五十部而歸，開法相一宗，甚得太宗及高宗之尊信，又以講說餘暇，與弟子道宣等從事翻譯，前後凡成新譯（玄奘以前之翻譯曰舊譯）七十四部千三百三十八卷，這實在是佛門的鉅觀，教界的偉績；又其旅行記曰大唐西域記，凡十二卷，至今尚爲學者所珍。視其次高宗時，義淨亦於西紀六七一年（咸亨二年）遵海路赴印度，費時二十五年，歷遊三十餘國，獲經典四百餘部，於西紀六九五年歸，譯成五十六部，又別撰大唐西域求法高僧傳二卷及南海寄歸內法傳四卷。是時，從印度或西域諸國來的名僧亦復不少，就中著名的爲地婆訶羅（Divakara 日照）及菩提流志（Bodhiruchi 本名爲達摩流支，Dharmaruchi）二人，皆來自印度。而則天武后好營造寺院，剃度沙門，士民爲之困苦。迨玄宗時，印度僧戍婆揭羅僧訶（Subhakarasimka 善無畏）、跋日羅菩提（Vadirabodhi 金剛智）、阿目佉跋折羅（Amoghavadira 不空金剛），相繼西來傳真言宗，是爲開元三大師。時慧日（慈愍）六遊印度，經十八年而歸，次則慧超、悟空亦俱曾赴印度；慧超有往五天竺國傳三卷，悟空有入竺記一卷。而當時名士如顏真卿、王維等人俱信奉佛教，故其勢熾甚；而每三年輒作僧尼之籍，由祠部官給以度牒，亦實始於玆。爾來，佛像堂塔的建設日益增多，僧尼的數目也日益繁滋，逮文宗時竟有寺院四萬，僧尼及七十餘萬，佛教之隆，可謂已達其極。及武宗，因深信道教，命道士趙歸真與僧智玄論難，趙歸真敗，帝遂大怒，於西紀八四五年（會昌五年）下制毀佛寺，只許長安、洛陽各留四所，諸州各一所，此外悉令破壞；其僧侶則上寺許留二十人，中寺十人，下寺五人，此外皆令還俗；已毀寺院之木材，則以之作廨驛，金銀則悉交度支財務官，鐵像作農具，銅像銅器鑄錢：共毀寺院凡四萬所，還俗僧尼達二十六萬餘人。我們現在讀那時武宗的詔書，其中有云：『其天下所折寺，還俗僧尼，收充稅戶，於戲！前古未行，似將有待，及今盡去，豈謂無時？驅游惰不業之徒五十萬，廢丹雘無用之室凡六萬區……』云云，便可知這是一件非常的大事，而佛教經此打擊，遂自是大衰。先是，後魏太武帝和北周的武帝，俱曾迫害佛教，後此後周的世宗亦壓抑宗教不已，今又經武宗之厄，故通此四帝，是爲佛教的三武一宗之難。次及宣宗，佛教雖已解禁，而際唐末騷亂之頃，其勢不能恢復，下逮五代，後周世宗又禁私度僧尼，父母無侍養者時，則不許出家，而佛教之勢乃益微。

唐代佛教的八宗

中國的佛教，經晉及唐初四百餘年之間，凡生出十三宗的分派；曰涅槃、曰地論、曰攝論、曰成實、曰俱舍、曰律、曰三論、曰淨土、曰禪、曰天台、曰華嚴、曰法相、曰真言。而涅槃、地論、攝論、成實、俱舍五宗，或則合入他宗，或則勢力未盛，故在唐代，只有律、三論、淨土、禪、天台、華嚴、法相、真言八宗盛行。而當時日本與唐交通往來，甚爲頻繁，結果則此等宗派俱傳入日本。其八宗之變遷，今說明如左：

律宗

律宗以律藏爲宗，故云。律有十誦律、四分律、僧祇律、五分律四種。魏時有印度僧曇柯迦羅（Dharmakala 法時）來洛陽譯四分律，是爲中國有律之始。次至後魏法聰，極深研幾於其義蘊，又數傳而至唐，遂分三派：即相部的法礪、南山的道宣、東塔的懷素是；而以道宣的南山一派爲最盛。律宗至元以後始衰。又唐僧鑑真傳此宗至日本，時爲日本之孝謙天皇朝；鑑真乃道宣弟子恆景之門人。

三論宗

三論宗以中論、百論、十二門論而立宗，故云。以東晉之世鳩摩羅什（Kumaradiva）譯三論爲始，六傳而至隋之吉藏，而此宗大成。如是在吉藏以前者稱古三論，亦曰北地的三論，其以後者，稱新三論，亦曰南地的三論。及唐而高德輩出，此宗大盛但中唐以後遂衰。而吉藏弟子高句麗僧慧灌，於日本推古天皇朝始傳此宗入日本。

淨土宗

淨土宗以希願往生淨土得名，卽念佛宗是。以原無師傳，故又號寓宗。其宗所主，爲三經一論：三經者，無量壽經、觀無量壽經、阿彌陀經，一論則淨土論也。開淨土宗之緒者，爲東晉末惠遠所結廬山之白蓮社，是曰惠遠流。至唐而分善導流、慈愍流二派，善導流最盛，通唐、宋、元、明皆行，明末始衰。而日本之淨土宗亦爲善導流，乃其高倉天皇朝僧源空所開始，初非直接傳自中國者。

禪宗

禪宗以禪那（Dhyana 卽定）爲主，故有此稱。梁武帝時菩提達磨（Bodhi-dharma）從印度來，是爲中國禪宗的開祖，五傳而及唐之弘忍，由此分爲南北二派；蓋弘忍有二弟子，曰慧能，曰神秀，神秀行化於北地，故稱北宗，慧能行化於南地，故稱南宗。北宗至後世雖未嘗更分，而南宗則復分七派：卽自南宗出南岳、青原二派，又由南岳出臨濟、溈仰二派，由青原出曹洞、雲門、法眼三派，其次臨濟派又出楊岐、黃龍二派，而後世尚有黃檗一派。故禪宗歷唐宋元明皆盛行，明末以後始衰。而傳至日本者，有臨濟、曹洞、黃檗三派：臨濟派爲其後鳥羽天皇朝僧榮西入宋所傳來，曹洞派則後堀河天皇朝僧道元入宋所傳來，黃檗派則後光明天皇朝明黃檗山僧隱元赴日本傳之。

天台宗

天台宗以其開祖智顗住天台山，故稱。此宗之起，原出於北齊之慧文，由慧文傳慧思，慧思傳隋之智顗，至顗而此宗大成。更由智顗六傳而至湛然，乃詳作疏釋以授道邃，日本桓武天皇朝有僧最澄入唐赴天台山國清寺就道邃學天台宗，歸日本後建延曆寺，天台宗乃東流。其在中國，則湛然更八傳而至智禮，遂分山家、山外二流；山家屬智禮所傳，山外則悟恩所傳，此宗衰於唐末。

華嚴宗

華嚴宗以華嚴經爲主，故名。華嚴經乃東晉時來後秦之印度僧佛陀跋多羅 (Buddabhadra) 所譯，隋時杜順發揮其學，(杜順亦名法順) 傳於唐之智嚴，智嚴傳之法藏。法藏字賢首，作華嚴疏，大弘此宗，有唐一代，遂爾盛行；然亦至唐末而衰。傳至日本者，係唐僧道璿以其聖武天皇朝齎華嚴經章疏至爲始，次則新羅僧審詳亦將此宗入日本，日僧良辨受而弘之云。

法相宗

法相宗以明諸法之體相爲宗，故有此稱；又因其以唯識論爲本據，故一稱唯識宗。唐玄奘赴印度學於尸羅跋陀羅(Silabhadra)歸而弘法相宗，雖有唐一代甚爲盛行，然及宋而大衰。其在日本，則其孝德天皇朝有僧道昭，入唐就玄奘學此宗，其次齊明天皇朝又有僧智通、智達二人入唐，亦就玄奘及其弟子窺基學之，遂歸而廣其傳。

眞言宗

眞言宗乃以祕密的眞言爲宗，故有此名。唐玄宗開元年間，印度僧戍婆揭羅僧訶 (Subhakarasimha 善無畏) 先至，已而跋日羅菩提 (Vadirabodhi 金剛智) 及阿目佉跋折羅 (Amoghavadira 不空金剛) 偕來，遂開出此宗。嗣阿目佉跋折羅復還印度受瑜伽(Yoga)的祕密，仍來中國，翻譯教論，故此宗之所由弘通，實爲阿目佉跋折羅及其弟子慧果等之力，然亦至宋而衰。至於日本，則其桓武天皇朝有僧空海入唐，就智果學眞言宗，以平城天皇朝歸而弘之。

唐的道教

唐之得天下也，以老子亦姓李，同於帝室，道士遂附會之，稱老子爲國祖，高祖於是建老子廟而祀之；太宗亦尙老子，以之列於釋氏之上；高宗則親幸亳州謁老子廟，奉以太上玄元皇帝之號，命王侯以下皆習道德經，如是道教之勢大熾，人民爲欲免於賦役，則多往爲道士。次及中宗則詔諸州各立觀一所，任道士鄭晉思爲祕書監，舉葉靜能爲國子祭酒，睿宗則命西城、隆昌二公主俱爲女冠；(女道士)而玄宗亦崇奉道教，於五岳置真君祠廟，兩京(長安、洛陽)及諸州則設玄元之廟，以道德經爲羣經之首，使士民每家必藏一本，帝親爲作註解，又於崇玄館置玄學博士使爲教授，於諸州置崇玄學生使應貢舉，謂之曰道舉，而以道士敍高位顯官者尤往往而有，故道教遂成爲帝室的正教。時士民爭奏神異之事，宰相亦有捨宅爲觀者，顧當時佛教亦隆，故兩教軋轢實甚。迨後武宗信道尤篤，召道士趙歸真等八十一人於宮中，親受法籙，又以趙歸真與衡山劉元靖爲光祿大夫，任崇玄館學士，使在宮中修法。會有諫帝者，趙乃更招羅浮山的鄧元超等相與結托，而宰相李元裕亦有所盡力，請於帝，以西紀八四五年（會昌五年）遂下毀佛寺之制，加佛教以極大打擊；而當時在中國流通的祆教、摩尼教、景教、回教等諸外國宗教，亦同遭此打擊而卽於衰微。至是道教勢力驟鉅，然未幾即仍復舊狀，經五代至宋世，纔又隆興起來。

祆教

祆教乃波斯的左羅阿司托爾(Zoroaster)教，拜火，故又名拜火教，又拜天日，故在中國則稱之曰祆教。這宗教據稱爲西紀前一〇〇〇年頃巴克托利亞人左羅阿司托爾所首倡，依其教祖之名，遂名曰左羅阿司托爾教，其經典曰善德阿勿司他(Zend Avesta)乃薩費朝的初期所結集者。依其所教，則謂世界乃有善惡二神，善神曰阿福拉馬慈陀(Ahuramazda)惡神曰阿利曼(Ahriman)。阿利曼不絕地損壞阿福拉馬慈陀所建設之物，而造爲不潔之物，欲俾人心腐敗。此二神者自太古以來即相爭軋，雖其勝敗，猶爲我們所莫能知道，而將來總有一天，阿福拉馬慈陀終竟勝利，惟善獨存，惡則消亡。是故我人爲人的義務，則在毀除惡神阿利曼所造之諸物，於以襄贊善神阿福拉馬慈陀之事業。凡人都得要將存在自己胸中的一切之惡，盡行禁斷，開拓荒野，令成良田；又阿利曼所造之不潔動物，則務須一一夷滅，故被除去土中害蟲的農業，此教遂以之爲神聖的職業。又凡人不論善惡，死後，其靈魂俱須渡一狹隘之橋，惟善人的靈魂，則得以安全通過以達於阿福拉馬慈陀之前，而惡人的靈魂，則從橋上掉落而沒入惡神阿利曼所住之地獄云。此教又以火爲最高神之表章，視之如神聖，因之有拜火教之稱。蓋自古以來，即通行於波斯及中央亞細亞一帶，雖瑟婁可司朝及安息朝之世，波斯人因失其自由，同時亦失其信仰，但至薩賚朝之祖阿爾他胡錫爾，（Artakhshir）崛起於波斯人之中而建新波斯帝國後，乃復興之，而命結集善德阿勿司他經典。抑此教亦至是而生出一大變化，已不復爲純粹的古左羅阿司托爾教而已，變爲所謂波斯教，乃成爲一大勢力；此勢力者足令薩賚朝之諸王鼓舞奬勵其士民，令其爲信仰而戰爭。如是以薩賚朝之盛，此教遂亦東流而入中國，北齊、北周之際，曾流行於其北邊，顧傳布未廣，其後大食（亞拉伯人）勃興，壓迫波斯，波斯人之遁入中國者甚衆，故其教亦隨而流傳於中國。在唐高祖的時候，便已有在長安建設祆神祠的，次至太宗之世，有波斯人何祿，於西紀六三一年（貞觀五年）來長安從事布教，太宗許之，建祆寺於長安，置祆正、祆祝等教職。其後至玄宗，雖曾排斥過一次，然未幾即仍舊恢復其盛，直至武宗時又遭壓抑，其教始衰，自是便似乎是終唐之世，與唐偕亡。

摩尼教乃第三世紀的中葉波斯人摩尼 (Mani) 所開之宗教，故即用教祖之名曰摩尼教 (Manicheism) 摩尼以西紀二一五年生於厄克巴他那 (Ecbatana) 隨其父福他克赴克忒西峯 (Ctesiphon) 就學。而福他克原來信基督教，故摩尼自幼即親炙此教，迨長學成，乃參酌左羅阿司托爾教與基督教，又雜以佛教而自創出一派的宗教；是時彼之年齡剛三十歲。彼之所教，乃以左羅阿司托爾教的二元論爲基礎，以諾亞 (Noah)、亞伯拉罕 (Abraham)、左羅爾司托爾、佛陀、基督爲降生於光靈的世界之豫言者，而摩尼自身，則自以爲乃是爲完成基督之業而降生的一個最後的豫言者。摩尼如是先入波斯王捨普爾 (Shapur) 一世的宮廷，得了他的尊信而後出至四方布教，至西紀二七〇年，雖復歸宮廷，然未幾，即見惡於波斯教徒，遂遁去。其後荷爾摸慈 (Hormuz) 一世立，雖加摩尼以保護，已而巴蘭 (Bohram) 一世立，旋解去保護之命，摩尼遂卒爲波斯教徒，捕而焚之。然而摩尼教則已漸次弘布於波斯與小亞細亞，更入東

唐的摩尼教

羅馬而傳及亞非利加的北部，復東流而入中國。初入中國時，屬唐的則天武后朝，據云為波斯人拂多誕以西紀六九四年（延載元年）來傳之。然而初時流行的範圍，僅止於中國的西北邊及回紇人之間，雖諸所有摩尼寺之設，然不見得旺盛。

景教

景教屬基督教的一派納司托留司(Nestorius)宗，其開祖為高僧納司托留司，以西紀四二八年至四三一年為東羅馬帝國首府君士但丁(Constantinople)的東方教會總營長(Patriarch)。先是，基督教會的正統派(Orthodox)，在西紀三二五年尼開亞(Nicaea)的統一會議席上，就基督而決議出四大原則：(一)基督為真神；(二)基督為真人；(三)基督為神人合一的一人格者；(四)在完全圓滿所調和結合了的一人格者的基督身上，其神人兩性，依然存在，決無何等喪失。但是後來不久，這些獨斷的議論，卻生出分裂來：有人則偏重基督的神性而立說的，有人則偏重其人性而立說的，又有唱基督二人格說的。總之，自第四世紀到第六世紀，凡亙二百餘年之間，其情狀竟是異說百出，議論紛紛。

而納司托留司亦曾以正統派的論客而大大活動過來。會彼反對當時正在醞釀基督教會弊風的處女馬利亞（Maria）神母說而發出宣言謂『神無母。馬利亞乃人的基督之母而非神母』遂惹出物議來。初，納司托留司之否認馬利亞神母說也還只說馬利亞只不過是一個與神同體的人的母親，却並沒有否認基督爲神人合一的一人格者。會彼爲對黨所乘，遂由激論而出以暴論，其極遂至於就基督的人格而主張出二人格說來，而不得不陷入否認正統派所視爲金科玉律的神人合一基督一人格說了。彼既陷入此窮境，在西紀四三一年的愛忽所司（Ephesos）統一會議裏，遂被亞歷山大（Alexandria）的高僧奇里耳（Cyril）一派，視之爲異端外道而加以排斥。已而納司托留司僧職亦被褫奪，遂偕其徒十七人，遁往小亞細亞，便欲在彼弘其教義，顧爲東羅馬帝迫害不已，遂四方遁避，不知所終。其後西紀四八九年納司托留司派本據地的愛德沙（Edessa）修道院，以東羅馬帝則諾（Zeno）之命而被封鎖，而財產亦被沒收，於是教徒等皆遁竄入波斯，這是因爲在先便已有這種教徒赴波斯受波斯王拍樂慈(Peroz)之保護的緣故。於是，納司托留司派教徒，遂相合而為一團體。蒙薩賚朝歷代的卵翼，乃更進而入印度及中央亞細亞，教勢日見興隆，其教主乃定居於克忒西峯，以西紀四九八年與本流的基督教會分離而自稱加爾迭亞(Chaldea)教會或亞細利亞(Assyria)教會。繼而大食國勃然而興，滅薩賚朝，併波斯，而當時納司托留司教主受哈利發(Khalifa)之信任，乃移其本山於八吉打(Baghdad)，又賴其援助而教勢一時隆盛達於極點，第六世紀之末葉，遂入中國，稱景教，旋即盛行弘通至於其所以稱景教的由來，則由大秦景教流行中國碑所記『真常之道，妙而難名，功用昭彰，强稱景教』之語觀之，我們便可以推知其意蓋景有光之義，又有大的意義，那麼可知是採取他光輝發揚的意思了。

唐的景教

唐太宗時，波斯人阿羅本(Olopen)齎景教經典至長安，時為西紀六三五年(貞觀九年)太宗命房玄齡賓迎之，並留阿羅本於宮中，使其翻譯經典，尋於六三八年(貞觀十二年)命有司於長安造波斯寺，度僧二十一人，繼及高宗，諸州置景寺，以阿羅本爲鎮國大法主，由是景教漸見流行。玄宗亦極其尊尙，命寧國等五王臨波斯寺建立壇場，繼又召景教僧佶和等十七人於宮中修功德；又改波斯寺爲大秦寺；蓋緣已知景教之本初非波斯而爲大秦，大秦卽羅馬也。德宗時更於靈武等五郡建立景寺，後代宗亦崇敬之，如郭子儀者亦皈依而修其寺院。景教之勢如是遂大趨隆盛，在德宗之代，西紀七八一年（建中二年）大秦寺僧景淨（Adam）等乃相與謀，竪大秦景教流行中國碑以表其盛。但後至武宗，以崇信道教故，景寺乃隨佛寺共廢，命其僧侶還俗，景教於是衰頹，碑亦埋沒地中。次至宣宗時，雖禁令已經解去，而已更不能恢復其昔日盛況，卒至歸於廢絕。而後人得以知道景教曾在唐世大盛者，則因經後七百餘年，在明之末世，從地中掘出景教碑來，故爾知之。

三夷寺

以上所述祆教、摩尼教、景教，都是從小亞細亞流入中國的，所以唐的佛教徒，遂稱此三教的寺院曰三夷寺。當武宗迫害佛教時，三夷寺亦廢，因之三教俱衰，雖至宣宗時稍稍恢復，會直唐末騷亂，遂全然無存，惟回紇及西域尙有殘遺

景教碑的眞僞

者。

大秦景教流行中國碑，爲西紀七八一年，卽唐德宗建中二年長安大秦寺僧景淨等所建立其高凡一丈餘，幅五尺，厚一尺餘，蓋一大石材也。碑的正面除篆額『大秦景教流行中國碑』各字外。乃一一千八百七十餘漢字之碑頌及序文又有細利亞(Syria)文凡四十餘語。碑之左右兩側，錄景教宣教師姓名凡六十餘人，各各列漢字與細利亞語之本名相與對照。此碑埋地中甚久，說是一直至明之末世纔發掘出來。其所以埋沒的原因雖則不明，而經宋至於明末，凡中國人的著書裏面，都沒有見關於此碑的記事，那麼，怕會是西紀八四五年唐武宗會昌之厄的時候所埋沒了的。武宗會昌五年毀佛寺制裏面說：『顯明外國之教，勒大秦、穆護跋三千餘人還俗，不雜中華之風』云云。照此看來，是當時武宗不獨迫害佛教徒，就是大秦的經教徒以及穆護跋卽摩罕默德(Muhammed)教徒三千餘人，亦俱令還俗；而資治通鑑關於這件事實，也明記著『如外國人，送還遠處收管』之文，則可知外國宣教師之從長安而被放逐出來的實不在少數。若我們所推想的果近事實，那麼，當着遭逢這厄運之際，彼景教僧等，慮此碑之或被破壞，所以就將他埋之地中而去，於是爾來一徑到他發掘出來，凡經七百餘年都沒有被人認出其存在。故景教碑能彀顯然地存在地上的時候，只是自西紀七八一年至八四五年之間，不過六十五年，而其發現，爲明熹宗天啟五年卽西紀一六二五年，故其藏於地下的時節凡得七百八十年。而關於這發現的一事，則又諸說紛紛，極難決一，而最足置信者，則當明之末路熹宗的天啟年間，陝西省西安府（唐民掘地之際，偶然得之云。於是西紀一六二六年（天啟五年）在西安的基督教徒的中國官吏，便將此事報知當時因避明末之亂而蟄居浙江省杭州府羅馬舊教的耶穌會團體，謂於孔老釋教以外，發見一大碑石，上刻文並十字架，同時並將其拓本（會只是漢文的一部分）寄送。其後又經二年，時爲西紀一六二八年（崇禎元年）云有耶穌會的宣教師葡萄牙人阿爾跋勒司瑟默度（Alvarez Semedo），自至西安，曾親就實地檢閱這方碑石，故碑之發掘，當在西紀一六二五年或其前一二年，這是很明瞭的。然懸默度雖能略略了解其漢文的一部分，而既非希臘語，又非希伯來(Hebrew)語的那些碑面上的外國文字以及碑側所有的文字，則都不了解。後三年，瑟默度攜其拓本赴交趾。是時有住在克蘭伽諾爾(Cranganor)的宣教師安敦尼忽爾南迭司(Antonio Fernandez)，始由此人而知那些不明的文字乃是景教用語的細利亞語。次至西紀一六三一年，景教碑文，喧傳於歐羅巴，先由瑟默度譯成葡萄牙語，繼又譯成意大利語，一六三六年，羅馬大學教授阿他那修司哥爾黑爾(Athanasius Kircher)乃發表其發見的顛末，更於一六七八年，將其全文的拉丁譯本出版於安司迭爾當(Amsterdam)。景教碑文既是這樣的喧傳於歐羅巴中，爾來研究的人遂陸續出來：或則疑其為偽作的，或則有努力欲以證明其為真實的。如拉克羅司(La Croze)、福祿特爾(Voltaire)、司庇擇留司(Spizelius)、及英國教會的監督洪(Horn)則皆否定之而斥為耶蘇會徒的偽作；其後德國的諾依曼(Neuman)教授，法國的司他尼司拉司周利安(Stanislas Julien)、愛爾納司特祿南(Ernest Renan)，美國的沙利司巴里(Salisbury)各教授，亦俱疑之。反之，而此碑自發見以來，爲之辯護而研究者亦復不少，尤其至於近時如亞歷山大歪理（Alexander Wylie）、勒格（Legge）博士、威廉（William）博士、及頗傑（Panthier）等諸人，則皆極力主張其非出於後世僞造，而證爲當時實有之物。但在中國及日本的學者中，雖亦有認爲僞造的，則皆忽略其內容的研究，而專於去就外形論斷，故能當肯綮者殊少。單就外形而論者，動以爲其字體在唐代諸金石文字中甚有遜色，又以爲製作在千餘年前，決無有不受風雨剝蝕而毫未見有毀損之痕的道理。殊不知此碑在地上的日月，只不過六十五年的短期間，迨至其發見，埋藏於地中者凡七百八十年，照此事實想來，疑團當可冰釋。且我們又試舉一二景教內部的證據來說，則碑頌之前有『大秦寺僧景淨述』之文，而又有細利亞文『乞義斯坦（Tzinistan 震旦）法主大德僧亞當（Adam）』。那麼不消說得，景淨和亞當便是一個人了。雖則或者可以說，這和碑面所刻其他六十餘名的景教僧等同是架空的人物，不足置信；然而到了近年，則又發見了證據，景淨實有其人。唐德宗貞元年間長安西明寺僧圓照所撰貞元新定釋教目錄裏面載着，迦畢試(Kashmira)僧般若(Prajina)者，經中印度、師子國及南海諸洲而來中國，先至廣州，繼抵長安，時爲西紀七八二年(建中三年)，乃與先來長安住着的親戚名好心者相會，從其請從事譯經，和大秦寺僧景淨共譯大乘理趣六波羅密多經。顧般若當時未解中國語，亦不通細利亞語，而景淨則原未習梵文，亦未解佛理，故不能得完全的翻譯。譯成，獻之朝廷，德宗見其不完全，遂不許流布，乃改命般若以利言、圓照、道液、良秀、應眞、超悟、道岸、誓空等使當譯語、筆受、潤文、證義等之任而譯之。圓照所記如下：『法師梵名般剌若，北天竺境迦畢試國人也。……好心既信重三寶，請譯佛經，乃與大秦寺波斯僧景淨依胡本亦波羅密經，譯成七卷。時爲般若不嫺胡語，復未解唐言；景淨不識梵文，復未明釋教；雖稱傳譯，未獲半珠，圖竊虛名，匪爲福利，錄表奏聞，意望流行。聖上濬哲文明，允恭釋典，察其所譯，理昧詞疏；且夫釋氏伽藍，大秦僧寺，居止既別，行法全乖；景淨應傳彌尸訶教，沙門釋子，弘闡佛經，欲使教法區分，人無濫涉，正邪異類，涇渭殊流；若網有綱，有條不紊，天人收仰，四衆如歸……』

讀圓照此記，足知景教碑竪立後的兩年，景淨還住在大秦寺。又近時法國的東洋學者伯希和(Paul Pelliot)教授於一九〇九年在中國甘肅省所發見的敦煌石室遺書中，見有景教三威蒙度讚及尊經，由是更知道有景教經典之經漢譯者凡達三十五種以上，於此，足可以推知景教當時在中國流行的盛況，同時而景教碑之存在於刻石經竪石碑最風行的長安地方，便也大可以證明其爲決非偶然的一件事情；故我們可以相信景教碑斷不是明代耶穌會徒所僞造的東西。

回教

回教爲亞拉伯(Arabia)人摩訶末(Muhammed)所開之伊斯蘭(Islam)教，以教祖之名，故亦稱摩訶末教，因其爲後世回紇人之所崇奉，故在中國稱之曰回教。伊斯蘭教乃嚴肅的一神教，本於猶太及基督二教之處甚多，其經典曰可蘭(Koran 誦讀之義)，卽以經中所紀載之各條，作爲千載不變的法規，而凡信徒，皆當遵奉。又教人以縱令用劍用火，亦必以盡力弘教爲務，故此教的信徒，視征服異教的人而令之改宗，實本身莫大的義務，至其教稱伊斯蘭者乃神的平和之義，而信徒稱摩斯蓮(Moslem)者則信者之義。於是大食(Tazy)國卽沙拉先(Saracen)帝國勢盛之時，伊斯蘭教亦經中亞細亞而入天山南路，至唐末，遂代有其地之佛教而流行。至於中國，則安史亂後，由回紇人傳來，遂流行於北方，南方則大食國人由海路渡來江南之地時，乃請於唐廷，得在廣州及其他海港建立會堂，遂盛布其教。逮武宗信道，嚴禁其餘諸宗教，伊斯蘭教遂亦隨之衰微。

隋的音樂

音樂在隋文帝時，尙用北周之舊，而聲律未正，及滅陳，得宋齊的舊樂並又得其樂官，而後雅樂漸備。然隋煬帝躭於淫曲，選齊周梁陳的樂工子弟及民間精音之人以付大樂，故雅樂遂大亂。

唐的音樂

唐高祖一統天下，乃命太常少卿祖孝孫考正雅樂，祖孝孫乃斟酌南北，參考古音而作大唐雅樂。至太宗時，遂奉上十二和樂（豫和、順和、永和、肅和、雍和、壽和、太和、舒和、昭和、休和、正和、章和）四十八曲，而玄宗時又添三和樂，故共有十五和樂。至於舞曲，則有太宗所作之七德舞（原稱秦王破陣樂）、九功舞、上元舞三大舞樂；據唐書禮樂志，太宗爲秦王時，征劉武周有功，在軍中作秦王破陣樂，及即位，宴會必奏，重製破陣樂圖，命樂工百二十人被甲執戟，作來往疾徐擊刺之象，其後命魏徵虞世南等改作歌詩，更名七德舞。七德者，蓋取左傳所記武的七德：禁暴、戢兵、保大、定功、安民、和衆、豐財之義，故七德之舞，乃是武舞。九功之舞，乃是命童子六十四人，人戴進賢冠，着紫袴褶而舞，九功乃言其能爲九種之效用者，書經大禹謨『於！帝念哉，德惟善政，政在民；水、火、金、木、土、穀爲修；正德利用厚生惟和；九功惟敘，九叙惟歌；戒之用休；董之用威；勸之以九歌，俾勿壞。』又左傳『六府三事，謂之九功。九功之德，皆可歌也，謂之九歌。——水、火、金、木、土、穀，謂之六府；正德、利用、厚生，謂之三事。』便是此舞之名所本。故九功之舞，乃是文舞。至玄宗時，又作龍池樂、聖壽樂、小破陣樂、光聖樂等，分樂部爲立部伎與坐部伎。而玄宗最嗜音樂，設左右教坊以教授俗樂，故當時教坊生員至二千人，太常樂工上萬餘戶。其後因戰亂之故，音樂甚衰，然宣宗之代，猶有太常樂工五千餘人，俗樂一千五百餘人云。

五代的音樂

沿至五代，雖略有損益，而大抵因唐之舊者多，後漢改十二和爲十二成（禮成、順成、祐成、肅成、騂成、壽成、政成、弼成、慶成、德成、扆成、胤成）後周更改之爲十二順（昭順、寧順、肅順、感順、治順、忠順、康順、雍順、溫順、禮順、禋順、福順。）又史云世宗時曾命王朴更定雅樂。

唐的書法

選舉在唐有筆法遒麗一條，因作書之必要，故善書之家，歷代皆有；就中以虞世南、褚遂良、歐陽詢、張旭、顏真卿、柳公權等爲最著。虞世南之書有秀逸之趣，太宗稱其德行、忠直、博學、文詞、書翰爲五絕。褚遂良工楷隸，有蕭散之風，史言太宗嘗嘆，虞世南死後，無與論書者，魏徵乃薦褚遂良云。歐陽詢之書妍緊，善作小楷，初倣王羲之，而險勁稱過之。太宗時，爲太子的率更令，故其書曰率更體。張旭得草書之妙，意體縱橫，極富神韻，性嗜酒，每大醉時，即呼叫狂走，乃下筆，或以頭濡墨作書，故世號張顛，亦稱草聖。——玄宗時，李白歌詩、斐旻劍舞、張旭草書，並稱三絕。顏真卿之書，遒勁秀拔，肖其爲人，有筆力直透紙背之感。柳公權之書出自顏真卿而能自創新意，結體勁媚，自成一家；穆宗嘗問柳公權用筆之法，答以心正則筆正，帝爲之改容，悟其以筆諫也。

唐世著名的畫家亦復輩出。舉其最大者而言，則太宗時有閻立本，工畫人物；玄宗時有李思訓，乃唐的宗室，爲左武衛大將軍，世號李將軍，筆格遒勁，好作金碧山水，是爲北宗一派之祖；其子李昭道亦長於山水，稱小李將軍；同時有吳道玄者亦善畫，而最擅畫佛；又王維則工詩兼善畫，好爲破墨山水，是爲南宗一派之祖，後張璪傳其法。關於畫的南北二宗，如容臺集云：『禪家有南北二宗，唐時始分，畫之南北二宗，亦唐時分也；但其人非南北耳。北宗則李思訓父子著色山水；南宗則王摩詰始用渲淡，一變鉤斫之法……』又芥舟學畫編云：『前古之畫，多作古賢故實及圖像而已，故論畫者，未嘗及山水。自王右丞李將軍父子，各擅宗派，乃始有南北之分……』又芥子園畫傳云：『禪家有南北二宗，於唐始分，畫家亦有南北二宗，亦於唐始分；其人實非南北也。北宗則李思訓父子傳而爲宋之趙幹、趙伯駒、伯驌以至馬遠、夏珪；南宗則王摩詰始用渲淡，一變鉤斫之法，其傳爲張璪、荊浩、關仝、郭忠恕、董源、巨然、——米氏父子以至元之四大家，亦如六祖之後，馬駒、雲門也。』以上各說，都可供參考。至其傳統，則據學畫編而可得表如次：

南宗傳統表

（唐）王維字摩詰官至右丞——（宋）董源字叔達官北苑——釋巨然——米芾字元章——米友仁字元暉芾子

（元）倪瓚字元鎮號雲林子——黃公望字子久號大癡道人——王蒙字叔明號黃鶴山樵——

（明）董其昌字元宰

北宗傳統表

（唐）李思訓世稱大李將軍——李昭道世稱小李將軍思訓之子——（宋）郭遠——馬遠字遙父——夏珪字禹玉

——劉松年——趙伯駒字千里——李唐字晞古——（明）戴進字文進——周臣字舜公號東村

降及五代，則荊浩、關仝二人最著。荊浩避亂入太行山，隱於洪谷，因自號洪谷子，描山水樹石以自娛；關仝爲荊浩的門人，好畫寒山秋林之狀，世稱其筆簡而氣壯，景少而意多。二人之外，又李成亦以山水名世。

唐初行班田之制，用租庸調之法，大盡其力於民事，故農業漸盛。而太宗即位之元年（貞觀元年，）關中饑饉，絹一匹纔易米一斗，二年，天下又遭大蝗害，三年則大水，然而人民未嘗嗟怨至四年，値大稔，斗米價只三四錢故太宗之世，天下盛治，民物蕃息，史記其『終歲斷死刑纔十九人；東至於海南及五嶺，皆外戶不備，行旅不齎糧，取給於道路焉。』是後班田之制漸壞，租庸調之法亦不能行，富豪兼併之弊起，人民失業者多，雖罰買者使之還地，然勢之所趨，卒莫能救。玄宗時，乃用宇文融之言檢括戶田，顧州縣之吏以正田爲羨田（同餘田，）以編戶爲客戶，張虛數以希上旨者既多，遂招來天下的騷擾，而農業情態，因亦隨而大變。又唐世盛產穀米之地，爲江南地方今之浙江、安徽諸省，皆爲最大產米地；又其時絹絁紵麻的出產地亦多，絹則如宋、亳、鄭、濮、曹、懷諸州，紵則如復州、常州，麻則如宣、潤、蘄、黃、岳諸州，皆爲最上品云。

唐的內地商業

據唐令，京師有市令之官以掌百族交易之事：建標於市，陳肆以分貨物，以秤斗平市，以上中下之三價均市；弓矢長刀須依官定標準造之，且須題工人姓名於上而後許其販賣；其他諸物亦然。若有以僞濫之物交易者，則沒於官；販賣

東西陸路之交通及外國貿易

之物，短狹而不中量者則還其主。至市之集散，則以擊鼓爲例，日午擊鼓而集，日暮擊鼓而散。以上之令，其在地方都市，自亦皆所準據，特度不免多少有異同耳。其邊境交易，則有諸互市監以掌之，交易所得之馬駝驢牛等，各各分其顏色，具其齒數，以申告於所隸州府，州府更申告於太僕，太僕乃派官吏受之。其上馬例須印記而送致京師。其南方海港，則置市舶司之官使掌外國貿易，以徵收關稅。隋煬帝所開鑿成功之運河，至唐遂得南北漕運之便利；唐世每年裝江南租米數百萬石，以船自揚子江泝運河經過淮水，遂出黃河，入洛水而輸於洛陽，乃更送至長安以爲常。其後運輸之法，雖屢變而運送租米一事，卻依然不廢。東方爭亂之時，則泝漢水送長安。

東西陸路之交通及貿易，漢代以後，概都不振，至唐因其版圖，擴至西土，往來頻繁，而貿易遂亦勃興，造極隆盛。先是南北朝之世，後魏勢盛之時，與西域諸國極爲交通，迨隋及煬帝之代，武威、張掖等河西諸郡，則既已成爲東西貿易的中心點，西方商賈之來集於茲者，達四十餘國之多。而唐興，滅東西突厥，開出中央亞細亞、天山南路的通路來，於是西方諸國民之來通商者則益多；而中國人之赴中央亞細亞、波斯、印度等地通商者亦復不少。尤其如熟達商業之猶太人，則更利用此好機，或自紅海經印度洋而來中國南方的海港，或自地中海東岸的安弟阿哥亞（Antiocra），通過波斯經呼羅珊（Korasan）、中央亞細亞、天山南路而來中國的長安。於是唐乃置互市監，徵收關稅。逮大食國勃興，亞拉伯人亦漸次擴充其通商範圍，西自歐羅巴、阿非利加，東至印度、中國，俱掌握着海陸的商權。

△海路之交通及貿易

先是，後漢桓帝之世，大秦始通於中國，吳晉之際，日南、交趾都爲東西貿易之地，羅馬商船殆已專有印度洋及中國海之航海權。顧晉室既衰，中國大亂，交易遂頓形衰微，商船的來往，幾乎全然杜絕。但是到了南北朝之際，因南朝諸帝信奉佛教的結果，和印度以來的佛教諸國開出交通，由是中國海運漸興，經閣婆、室利佛逝而至師子國（錫蘭）的航路，遂歸中國人的手。其次經隋而及唐之初世，閩廣商船，乃更擴張其航路，或自師子國沿印度西海岸而入波斯灣，或沿亞拉伯海岸而抵紅海灣頭阿甸（Aden）。是故當時的師子國，實爲世界商業的中心，中國人、印度人、馬來人（Malay）、波斯人、猶太人、愛其阿吡亞（Ethiopia）人等之諸國民，俱曾來集於茲，從事貿易云。而大食國旣日趨隆盛，自亞非利加及亞細亞之海岸以達信度河口之諸港灣，皆前後入其版圖，於是亞拉伯人與波斯人及猶太人等，益共向東擴張其海運，經印度諸島入中國南海諸港通商，卒乃代中國人而專有亞細亞全航海權。如此，故迨第八世紀之頃，因亞拉伯人之至廣州（廣東省廣州府）、杭州（浙江省杭州府）、泉州（福建省泉州府）諸港通商者衆多，唐於是於此諸港設市舶司，其長官曰市舶使，以海關徵收所得爲歲入一大財源，而其所輸入之物，則有象牙、寶石、香料、藥物、織物等；至於輸出，則爲金、銀、絹布、陶磁器及其他雜貨物。我們現在讀唐末亞拉伯人所著的記行，說是西紀八七九年即僖宗的乾符六年，黃巢破廣州時，伊斯蘭教徒、基督教徒、猶太人、波斯人等之被殺戮者，凡達十二萬人，便可以想見當時中國南海通商的盛大與乎西方諸國民來往的衆多了。但是到了後來，因爲唐的內亂踵接，而大食國亦失其治世，於是交通漸衰，貿易隨而衰頹。

唐的貨幣

唐的貨幣，在高祖時始鑄造開元通寶，其後歷代都有鑄造：高祖時有乾封泉寶，肅宗時有乾元重寶，代宗時有大歷元寶，德宗時有建中通寶，懿宗時有咸通元寶。

養蠶術之西傳

在第六世紀以前，歐羅巴中並非沒有絹絲，然其量和質，俱劣於東亞細亞所產，故中國絹絲，遂依然經印度洋，中央亞細亞及波斯而輸入。然東羅馬帝優司提尼阿奴司 (Justiniamns) 二世的御極之時，適當第六世紀的中葉，會波斯僧侶有布教於中國境內者，得蠶卵藏之空杖中，賚歸君士但丁，謂以此少少的蠶種，因其容易孵化，種類遂爾繁殖，卒至產出希臘的良好絹絲來。這件事實，畢贊廷的史家普羅可挈司 (Procopius) 及瑟阿化爾湼司 (Seopharnes) 二人都是這樣說。不過關於其所將來的地方，普氏則以為是瑟林達(Serinda)，而瑟氏則又說是瑟勒司(Seres)；由二人所說地方的不同而去着想，則當時的瑟勒司，當天山南路地方，瑟林達乃瑟爾、印度的連合名詞，指中國印度的交界之地而言，故這兩地都把來當作天山南路的和闐(Khotan)附近，便不會有大差。是這樣，故自是以後，希臘遂爲歐羅巴唯一的養蠶地。其後經六白餘年，逮西奇利亞(Sicily)王國興隆之時，會與東羅馬戰，獲希臘人的俘虜而歸，而西哥利亞遂亦產絹絲，次乃傳播及於意大利及法蘭西云。

第六章　宋時代之文化

後梁　後梁太祖朱全忠旣簒唐室，稱帝大梁（河南省開封府）然而其領土，實止不過有黃河沿岸之地，其餘地方，則爲吳、楚、吳越、閩、南漢、荆南、蜀、岐、燕、晉等各國所割據。就中晉王李克用懷挾舊怨，屢來侵梁，及其子李存勗滅燕後，遂乘勢於西紀九二三年陷大梁，殺朱全忠之子末帝滅梁，卽帝位於洛陽，是爲後唐莊宗。

後唐　次又降岐併蜀，殆奄有江北，而受吳、楚、吳越之朝貢，遂耽於驕奢宴樂，以致將士怨望，奉王族李嗣源叛，據大梁，莊宗征之途中爲反者所弒，李嗣源乃入洛陽卽帝位，是爲明宗。是時孟知祥乘此內亂，略取四川，據成都，稱蜀王。明宗之後，至閔帝而李從珂遂帝自立，已而忌石敬瑭之威名，乃圍晉陽，顧石敬瑭得契丹之援，破唐軍，於西紀九三六年陷洛陽，卽位於大梁，是爲後晉高祖。

契丹的興起

先是，蒙古種的一派契丹（Khitai）人，占領內蒙古東部一帶之地，歸服隋唐。既而乘唐之衰獨立，及西紀九〇七年耶律阿保機統領諸部，國勢益趨興隆，阿保機遂於西紀九一六年自稱皇帝；這便是契丹的太祖。於是太祖於征服四隣後，跟着遂北侵室韋、女真諸部，西降回紇、吐谷渾、党項，東滅渤海國，又令吐蕃、新羅皆致其朝貢，故其勢頓然强大。其次太祖之子太宗立，乃援石敬塘而滅後唐，然猶隱忍以待南下而侵略中國的機會。

後晉

後晉的高祖石敬塘，因爲是得契丹之援而起的，故割東北的十六州以酬之，每年又納金帛三十萬而稱臣。但至其子出帝立，因失禮，契丹的太宗大怒，於西紀九三六年大舉南下，陷大梁，擒出帝，定黃河南北，國號遼。但中國的人民，憤契丹人之剽掠，屢起反抗，太宗乃留守兵北歸，旋死於途次。世宗立，遂返臨潢（內蒙古巴林部之北）。

後漢

於是晉的舊將劉知遠，乃攘除契丹守兵而卽帝位，是爲後漢的高祖。其子隱帝立，多忌宿將而殺之，如是鄴都鎮將郭威爲衆所推而叛，遂入大梁卽帝位，是爲後周的太祖，時則西紀九四七年也。

後周

初隱帝的叔父劉崇守太原，至是遂於河東立北漢國，而與契丹、南唐、後蜀連和，以當後周。後周則太祖之子世宗立，英資有大略，逆擊北漢之兵，破之，旋略後蜀，伐南唐，又征北方的契丹，幾乘勢將一統天下。會因病死，其子恭帝幼弱，將士等遂擁立趙匡胤，令受後周之禪；這便是宋的太祖，實爲西紀九六〇年。自唐的滅亡以來，羣雄割據稱帝者甚衆，但其中以梁、唐、晉、漢、周五朝隆替繼承，皆在中原，故以此五朝稱五代，而其間凡五十三年，是曰五代之世。

宋太祖太宗的一統

宋太祖用宰相趙普之策，諭諸宿將功臣令罷節度使，而以文臣補之。於州郡置通判，以抑武臣執民政之權，於各地設轉運使，以掌地方的財政，由是唐末以來藩鎮跋扈之勢削，乃選諸道的精兵以爲禁軍，令中央及地方之兵交守邊城。於是太祖既收回民治、兵馬、財政三權，成功內治的革新，然後乃外向以討不廷，乃討滅湖南、荊南、後蜀、南漢、南唐諸國，又降吳越，悉定南方之地。惟北方猶有北漢及契丹，故太祖死，太宗立，乃紹其遺志，先滅北漢，統一中國，繼乃乘勢侵及契丹的南境，時實西紀九七九年。

宋遼的衝突

時契丹則太宗之後，又經二帝而爲景宗在位，乃舉兵大破宋軍於高梁阿（北京之西）進圍瓦橋關（直隸省保定府附近）。自是役以後，兩國平和破裂，河北之地，爲南北交戰之區者垂二十五年，而契丹常强，宋乃大爲防戰所苦。遼契丹的景宗子聖宗時，耶律休哥專當宋軍，破宋將曹彬於岐溝關（直隸省順天府涿州）又威服高句麗及女真，已而聖宗親將侵宋，大舉南下。宋於是由丞相寇準奉真宗至澶州却退遼軍，兩國遂媾和，互稱兄弟，宋約歲輸絹二十萬匹、銀十萬於契丹以爲歲幣，乃各於西紀一〇〇四年收兵。

高麗的興起

新羅在唐末，國勢全衰，政治紊亂，盜賊蜂起。於時甄萱據完山（全羅道全州府）建後百濟，弓裔據鐵圓（江原道鐵原府）稱泰封。其後，王建代弓裔而據松嶽（京畿道開城府）建高麗，納契丹所逐之渤海遺民，遂與新羅後百濟成爲一三國鼎立之新形勢。此三國中，後百濟最爲强盛，遂攻新羅陷其國都，新羅的敬順王逝，降高麗，王建納之，與後百濟戰降之，以西紀九三六年統一朝鮮半島；這便是高麗的太祖。恰在這時候，後晉的高祖代後唐而即位，高麗的太祖遣使與之通，自是遂奉晉漢周之正朝以迄於宋太祖的孫成宗時，契丹的聖祖怒高麗之通於宋，來伐，成宗乞援於宋，不應，遂與宋絕而受契丹封册。成宗死，穆宗立，康兆弑之而立顯宗，契丹的聖宗乃興問罪之師，親將來討誅康兆，陷其國都開京（京畿道開城府）欲令顯宗入朝，不從，又求六州之地，亦被拒，契丹之兵乃連連入寇，顯宗屢破之，然卒知其不能對抗，遂於西紀一〇一九納貢稱臣。

宋與西夏之關係

西夏乃党項之後，屬圖伯特種。唐末黃巢亂時，党項部酋拓跋思恭入援，以功封夏國公，賜姓李，其子孫世世據夏州而領其近傍諸州。傳至李繼捧，時爲宋太宗之代，始入朝，然其弟李繼遷則降契丹，被封夏王，屢來侵宋；後其子李德明，乃並事宋與契丹而稱臣。然德明之子李元昊，雄才大略，伐回紇，取河西，遂建都興慶（甘肅省寧夏府）號大夏皇帝，乃迴鋒東向，迫於宋之邊境，宋仁宗遣諸將防之，由是陝西之地，遂永爲戎馬之郊。而此時，契丹的聖宗之子興宗，乘宋夏之爭，特示其將欲南下之勢，而令宋增其歲幣，次乃調停於宋

宋仁宗之治

王安石的新法

夏之間，約夏受宋之歲幣銀絹茶二十五萬及封册而執臣禮，遂議和，時爲西紀一〇四四年。

宋的仁宗，在位凡四十二年，恭儉而愛民，登庸賢能，奬勵學術，故得與漢文帝並稱賢主，爲有宋一代第一之君。而是時，自韓琦、范仲淹以下若富弼、文彥博、曾公亮、歐陽修、司馬光、胡瑗、周敦頤、邵雍、張載、程顥、程頤等名士布滿朝列，人才之盛，曠古無其儔比。顧宋自國初以來，即已有黨派之爭，大臣之交迭至爲頻繁，而其弊尤極於仁宗之朝：一方則以韓琦、范仲淹、富弼、歐陽修爲首領；又一方則以呂夷簡、夏竦、王拱辰爲首領；兩黨互相出入於朝廷者二十年之間及十七回，是謂慶曆的黨議；慶曆者，仁宗朝年號也。慶曆以後，韓琦、曾公亮、歐陽修輔政，國內號稱平穩，顧失之文弱，外政甚爲不舉，兵備亦非修明，故宋之威德，遂不逮漢唐盛時。

仁宗死，無嗣，太宗的曾孫英宗入承大統。繼及其子神宗即位，年少氣銳，極思外張國威。顧自太宗以來，屢受外國屈辱，贈輸歲幣既多，財政遂陷於極其困難之境，乃舉王安石講求富國强兵之策。王安石乃制定青苗、募役、市易、均輸、保甲、保馬等諸新法：青苗法乃當春則以官錢貸之農民，附息二分，及秋而使之還納之法；募役法乃以稅金代替服役的義務，而另募無業游民使之充役之法；市易乃市場所不能賣之物品，由官購入，或交易；又或以資金貸給商賈而收其利之法；均輸法乃制各地之有無以便轉輸之法；保甲法乃十家一保的民兵制度，而保馬法則賃貸官馬之法也。但是這些新法，都只是以充實國庫爲目的，故人民大不喜懽；而歐陽修、司馬光等朝臣，又以其有違祖制相非難；尤有程顥、程頤等學者，則議其破壞先王之政。然而排斥新法的，雖是如許之多，而王安石剛愎固執，一意孤行，把這些保守黨，盡行斥退，自和韓絳、呂惠卿等斷然行去，不稍顧忌。

元祐的更化和紹聖的紹述

神宗任用王安石厲行新法，內招人民之怨，外則伐西夏、吐蕃、交趾，俱遭失敗，北邊之地，又爲遼（契丹）所奪，竟不能有一事如意而死。其子哲宗嗣，年幼，由太皇太后高氏臨朝攝政。太后察新法之弊，乃任用司馬光，使與呂公

建中靖國及徽宗的紹述

著協力罷免新法，黜呂惠卿、蔡確等而登庸文彥博、程頤、蘇軾等舊法黨；是曰元祐的更化，蓋新舊兩法黨之爭之第一變。時人稱太后曰女中堯舜云。未幾，太后及司馬光相繼死，於是朝廷又起黨爭。朝臣中裂而爲洛蜀朔三黨，相與軋轢，如是章惇、呂惠卿、蔡京、蔡卞等新法黨，乃乘此機會入朝，再振黨勢，新法次第規復；繼則悉貶元祐諸臣，追奪司馬光、呂公著等的謚號，政局於茲再變；這便是所謂紹聖的紹述是。

哲宗死，其弟徽宗卽位，向太后臨朝，用韓琦之子韓忠彥及曾布等而罷章惇蔡京等新法黨，追復司馬光等人的官爵，折衷元祐、紹聖二政。太后誓言，當以至正秉國政，乃改年號曰建中靖國，是爲政局的第三變。然而曾布原出於章惇之門，故曾不幾時，卽與韓忠彥有隙，迎合徽宗意旨，傾向紹述，漸漸排除元祐的舊法黨，而推薦蔡京。顧未幾，韓忠彥、曾布兩人俱罷，蔡京乃以新法黨的領袖而登相位，托於紹述，箝制天子，追尊王安石配享孔子，稱司馬光以下元祐的諸臣曰姦黨，於端禮門外豎黨人碑，禁止舊法黨之子弟入京，是爲

遼的衰替和金的勃興

政局的第四變。自是以後，蔡京永居相位，振其權勢，假托紹述之名，益行財利之政，擅改官制，汲引子弟以列朝端，勸帝以奢侈，盛興土木，羅致珍奇，不復顧人民疾苦，於是宋之國運日非，卒致金兵的南下，遂不獲已而南渡。

先是契丹屈宋使納歲幣，逮聖宗時，又改國號曰遼，勢益强盛。聖宗之子興宗，亦克守先世遺業，爰逮道宗，重新和宋議定疆界，獲新地七百餘里，國威愈振。但是自從親任耶律乙辛以後，賢良去其朝，羈屬畔其服，加以党項復不奉命，西夏遂爾寇邊，國運乃漸趨傾危。已而道宗之孫天祚帝繼承大位，荒淫暴虐，國政大亂，於是女真的阿骨打起於黑龍江附近，連破遼兵，勢猖獗甚。阿骨打之先世，乃是居住黑龍江畔的黑水靺鞨，初隸屬於渤海國，及遼的太祖滅渤海，其在混同江（松花江）之南的則屬遼，曰熟女真；在江之北的，則僅止受其羈縻，不入版籍，曰生女真。宋仁宗時，按出虎水（阿勒楚喀河）附近生女真的完顏部長烏古迺，爲遼的生女真節度使，迨其孫阿骨打，遂率生女真畔遼，定混同江附近諸部，於西紀一一一五年即帝位，國號金；這便是金的

宋金連盟及遼的滅亡

太祖。已而太祖與遼的天祚帝大戰於混同江，破之，熟女真降，進陷遼的東京（遼陽府），遂直逼上京（臨潢府）。

時宋的蔡京，欲立邊功以厚徽宗的信任，乃頻興外征之師，童貫乘擊吐蕃之勢，聽遼的亡臣馬植之言，建連金以夾擊遼之議，徽宗信之，遣使節於金通好，約宋自南取遼的南京（燕京），金自北陷遼的中京（大定府）而分其地，而向來宋所贈遼的歲幣，則移而贈金。於是金的太祖，乃進兵取遼的上京及中京，遂逐天祚帝並陷其西京（大同府）。然而在宋的這一面，則童貫、蔡攸等率大軍北進時，屢爲遼軍所破，南京不能下，乃密乞援於金，太祖應之，立自居庸關入陷南京，以宋既失其出師之期，又不能下南京爲理由，乃求易前約，宋無法，只得從之。乃約於既定歲幣之外，復增錢百萬緡，糧二十萬石，而宋則僅得南京及其附近六州。其後未幾，金的太祖死，其弟太宗立，割陰山以南之地與西夏，令勿納遼的天祚帝，乃頻追帝於其欲奔党項時捕獲之；遼自建國至是，凡九代二百十年而亡，時爲西紀一一二五年。

西遼的建國

遼之亡也其宗室耶律大石，率餘衆二百騎西走，併天山南路的回紇諸部而侵入中央亞細亞尋思罕 (Samarkand) 降之，乃於西紀一一二四年，自稱黑契丹(Kara Khitai)的闊兒汗 (Guru Khan)，奠都於吹(Chui)河之上的虎思斡兒朶(Huz Orda)，即所謂西遼的德宗是。其後色爾鳩克 (Seljuk) 朝的麥立克沙 (Melik Shah) 之子三家兒 (Sanjar) 來攻，德宗擊破之於阿猛(Amu) 河，次又降花剌子模 (Khorasm)，遂領有版圖西自阿拉爾 (Aral) 海，東抵西夏而爲中央亞細亞一旣强且大之國。顧至西紀一一四一年，德宗死，經其子仁宗至孫直魯克(Jiluk)國，遂爲乃蠻(Naimam)的曲出律 (Khutchluk) 及花剌子模的摩罕默德 (Mohammed) 所分割，時則西紀一二〇三年也。

靖康之難

遼旣滅後，金遂輕宋，頻籌南下之策。遂以宋納金之叛將及遼的遺臣，且未贈所約的糧食爲名，乃由金之宗族粘沒渴，斡離不伐宋，直逼汴京，於是徽宗急避位，徵勤王之師。欽宗即位，欲遷都於南以避金軍，顧李綱諫之，謂宜死守汴京而唱主戰說，然當時滿朝皆言講和之利，如是欽宗遂與金約，割三鎭之地贈犒師之資而令金軍退去；李綱等之言既不用，勤王之師亦罷。然而三鎭之地，並不入金，金太宗大怒，復興南征之師，遂陷汴京，虜欽宗及徽宗北歸；當時年號爲靖康，故此曰靖康之難，實西紀一一二七年事也。於是欽宗之弟

宋室的南渡

高宗卽位，因避金軍，遷都於揚州（江蘇省揚州府）。自是以後，是爲南宋。時金的太宗得河東、河北、河南、關中、江淮之地，乃立宋的降臣張邦昌爲楚帝，欲以服漢人之心，一面又遣諸將長驅逼揚州，於是高宗避難赴臨安（浙江省杭州府），旋奔溫州（浙江省溫州府）。是時，宋有岳飛、韓世忠諸將，甚能防禦金軍，而且金軍亦以太宗疾篤引還，於是高宗乃奠都於臨安，時實西紀一一三四年。

秦檜的和議

金太宗既死，太祖之孫熙宗嗣立，宗族蒲魯虎、撻懶等，代粘沒喝用事，宋宰相秦檜，與撻懶有親交，大唱南北講和之利。顧金熙宗疑蒲魯虎、撻懶等通於宋，誅之，而令兀朮南侵，爲宋將岳飛所破。飛於是欲乘勝略定河北之地，而

金之極盛

秦檜固持和議，於西紀一一四一年，以東起淮水西至大散關（陝西省鳳翔府寶雞縣）爲兩國國界，又以宋受金的册封及納歲貢爲條件而講和，別又力壓反對黨興文字之獄以殺戮與己反對者屢誣貶諸將而奪其兵權。時金的宗室迪古乃（海陵王）弑熙宗而簒位移都燕京置五京，親率大軍六十萬南下，顧爲其下所殺從弟烏祿卽位罷南下之師，次又遣使與宋求和；這便是金的世宗。其間，宋爲孝宗在位，銳意圖恢復，出師北伐無功，見金求和，遂應之，於西紀一一六五年講和：宋得減其歲幣之額，又代君臣之禮以叔姪，兩國境界，則仍如前約。當是時，金東則威服高麗，西則懷柔西夏，南自漢淮二水，北抵臚朐河（克祿連 Kerulen 河），奄有版圖之大，東亞細亞直無儔匹；而世宗又力守女真國風，禁戒流於奢侈文弱，以是金室之盛，遂達於極峯。

○宋的叛盟

金世宗和宋孝宗以同年死，金則章宗繼嗣，國勢漸衰，宋則光宗卽位，國人不服。韓侂冑乃擁立光宗之子寧宗而逐去大儒朱熹，竄黜宰相趙汝愚而自專政。乃乘金的國政紊亂，背棄前約，出兵北伐，爲金章宗所邀擊而破之，乃乘勝南下，寧宗於是大懼，乃於西紀一二〇八年，送韓侂冑之首於金，增歲幣之額，贈犒師之費，改叔姪之禮爲伯姪之禮而講和焉。

高麗的盛衰

高麗自顯宗降遼，歷代皆受其封册，迨至文宗，國勢頗極興隆，又至睿宗之時，則伐女真破之，及金太祖興，乃媾和，次至遼亡，乃改事金，以圖保全其領土。其後至毅宗，以淫虐故，爲大將軍鄭仲夫所弒，而擁立明宗，以告於金，金許之，由是高麗權臣屢行廢立，國勢漸衰。會高麗有叛將，以四十餘城降金，金世宗拒之不納，明宗乃得以誅此叛將，遂深德金，爰臣事之。

西夏的衰微

西夏在李乾順時，乘遼爲金所破，正值艱虞之際，因與金的太宗同盟，頻頻出兵，展其邊境，並宋之封册亦不復收受，爰及其子李仁孝，國亂，因金世宗之助，乃漸誅戮其姦臣，由是德金，厚事之，又及其子李純祐，則爲蒙古太祖成吉思汗所攻，兵政俱衰，其從弟李安全弒之而自立，顧益爲蒙古所迫，乞援於金，不得，乃納其女於蒙古請降，西夏由是全衰。

金的衰運

時金章宗已死，其叔父允濟在位，柔弱失士心，國勢大衰，蒙古太祖乘之。

以西紀一二一一年，由三道進兵，陷西京（大同府），拔河東、河北、遼西諸州縣而逼燕京，於是金的大臣等乃弑允濟而立章宗的庶兄宣宗，納公主與金帛求和，太祖乃引兵還。然金因憂燕京之逼近蒙古，乃遷都於汴京，太祖怒其有疑心，復於西紀一二一五年南下陷燕京，更自西剽掠汴京附近而還。至是，金僅能保有北方的真定，東阻黃河，西扼潼關以自衛，而蒙古則幾乎盡已戡定黃河以北之地。

西夏的滅亡

其後，蒙古的太祖。在其征伐中央亞細亞及波斯之時，宋、金、西夏，乃相與約和。顧以連年攻戰不息，國力極其疲弊，及太祖自西方歸時為西紀一二二七年，乃先伐西夏，降其主李晛；西夏自李元昊至是凡十主，百九十六年而亡，其地遂悉為蒙古領土。太祖於是欲更侵金，將東行向汴，行次六盤山（甘肅省平涼府固原州西），忽病死。

金的滅亡

蒙古太祖既死，其子太宗立，紹父遺志，欲即滅金，乃遣其弟拖雷（Tului）向河南，而親將破潼關，腹背夾擊，遂陷汴京。金哀宗奔蔡州（河南省汝寧府）；

乃更遣使於宋，以河南之地爲約，與宋將孟拱，於西紀一二三四年，合兵陷蔡州。金自稱帝以來凡九代百二十年而亡。時宋乘勝金之勢，便欲恢復中原，乃急起逐蒙古守兵，奪還汴京、洛陽，蒙古太宗之子闊端(Khutan)乃引兵直逼江淮，深入四川，頻陷宋的州郡，宋將孟拱等雖極能戰，而其勢亦日蹙。

蒙古太宗之後，經定宗至憲宗，於西紀一二五七年，親率大軍南下，取宋的四川諸城，圍合州（四川省重慶府），遣弟忽必烈（Khubilai）渡江圍鄂州（湖北省武昌府），遣兀良哈台(Uriangkhatai)自交趾北上侵潭州（湖南省長沙府）。如是，宋三方受敵，理宗乃命賈似道使當蒙古軍，似道至鄂州，密遣使於忽必烈，約納幣稱臣請和。會憲宗死於軍中，其弟阿里不哥（Arikbukha)在蒙古，令憲宗諸子及察合台（Chagatai）之子孫等，從已欲爲大汗，忽必烈乃約得江北之地及歲幣而聽賈似道之請，爰於西紀一二五九年，北歸至開平（直隸省宣化府獨石口東北），遂號大汗，進伐阿里不哥，於西紀一二六四年降之，旋奠都於燕京，國號元，這便是元的世祖。蒙古軍之北退也，賈似道秘其稱臣納幣割地之約，而自以身負軍功，得理宗之寵，恣弄威福，不顧國難。已而元使至，申前約，賈似道囚之不聽還，元世祖大怒，先圍襄陽，降呂文煥，即令伯顏 (Bayan) 偕呂文煥共東衞臨安。時宋恭宗即位，乃貶竄賈似道，而徵四方勤王之師，於是文天祥、張世傑等競起勤王之兵。顧臨安既已受圍，陳宜中唱和，草表降元，元兵乃執恭宗、理宗及度宗皇后送之於國。於是宋的諸王羣臣，均遁逃浮海，立恭宗之兄端宗於福州，及元兵來逼，張世傑等乃奉帝奔廣州，帝死，陸秀夫等更奉皇弟衞王昺，遷於厓山 (廣東省廣州府新會縣南的島)。然元兵復水陸並進，文天祥被擒，厓山陷，陸秀夫與帝共投海死；張世傑欲遁往安南，亦溺死。宋自太祖至是，凡十八代，三百二十年而亡，時爲西紀一二七九年。

評宋太祖

宋太祖寬厚仁恕，是一位前代沒有比類的穩健篤實的君主。他懲於五代藩鎮的苛政，乃寬商賈之征，弛麴鹽酒之禁，盛農商，獎工藝，大講休養民力之策；

行開寶通禮，訂定制度；諭宿將功臣，使解兵柄，而塞亂源；罷節度使而置通判、轉運使，收地方軍政及財政之權於朝廷；改宿衛之制，以祛五代以來橫暴之弊；以故在他的一代御宇，遂馴致天下太平，制度典章，重還整備，學術技藝，亦從而彬彬興起。史評他道：『上仁孝豁達，有大度。陳橋之變，迫於衆心，洎入京師，市不易肆。嘗一日罷朝，坐便殿，不樂者久之。左右請其故，上曰：「爾謂爲天子容易耶？適乘快指揮一事，故不樂耳。」嘗宴近臣紫雲樓下，因論及民事，謂宰相曰：「愚下之民，雖不分菽麥，藩侯不爲撫養，務行苛虐，朕斷不容之！」開寶初，修京城及大內營膳畢，上坐寢殿，令洞開諸門，皆端直軒豁，無有壅蔽，因謂左右曰：「此如我心，少有邪曲，人皆見之矣。」平蜀之後，當擇其兵百餘，爲川班殿直，郊禮行賞，以御馬直扈從，特增給，川班擊登聞鼓，援例乞，上怒曰：「朕之所與，即爲恩澤，豈有例耶？」斬其暴訴者四十餘人，餘悉配隸諸軍，遂廢其直。內臣有逮事後唐者，上問：「莊宗英武，定天下，享國不久，何也？」其人言其故，上撫髀嘆曰：「二十年夾河戰爭，取得天下，不能用軍法約束，誠爲兒戲；朕今撫養士卒，不吝爵賞，苟犯我法，惟有劍耳！」五代以來，藩鎮强盛，上以漸削之；罷諸節鎮，專用儒臣分理郡國，以革節鎮之横。又置諸州通判，以分刺史之權。自是諸侯勢輕，禍難不作，專務愛養民力，罷卻貢獻，禁進羨餘，常衣澣濯之衣，寢殿青布緣葦簾。晚節好讀書，嘗嘆曰：「堯舜之世，四凶之罪，止於投竄，何近代法網之密耶！」削平諸國，必招之，不至而後用兵；及其既降，皆不加戮，禮而存之，終其世。嘗幸武成王廟，觀從祀有白起，指曰：「起殺已降不武。」命去之。周恭帝封鄭王，後遷於房州，上以辛文悅長者，俾爲房州守，恭帝先上二年始卒，上發哀輟朝十日，還葬加禮。上始入京，時周韓通死節，追贈優厚。王彥昇棄命專殺，終身不授節鉞。受禪之際，倉卒未有恭帝禪制，學士陶穀，出諸懷中，上薄之，穀久在翰林，頗怨望，上曰：「吾聞學士草制，依樣畫葫蘆耳，何勞之有？」卒不登之政府。內外官有時望者，籍記姓名，以待不次敘用；稱職者，多久任不遷。定銓選法，嚴舉主連坐法，嚴贓吏法，有置極刑者，懲五代藩鎮苛征重斂之弊，寬商征，寬麴鹽酒禁，倉吏多入民租者或棄市。五代多以武人爲牧守，率意用刑，上懲之，故入者必抵罪；定大辟詳覆法；定折杖法；頒新刑統。定差役法；作版籍戶帖戶鈔，長吏有度民田不實者，或杖流之。諸州旱蝗，縣饑捐租，惟恐不及；舉德行孝悌；親策制科，舉人放進士榜，嚴覆試法，御殿親試進士，試書判拔萃；數幸國子監；詔天下求遺書；初用和峴所定雅樂；初行劉溫叟所上開寶通禮二百卷；命宰執日記時政，送史館撰日曆；制度典章，彬彬有條理。」照這以上諸語看起來，那麼在創業的英主和守成的明君裏面，他都可以說是一位古今稀覯的帝王。

宋人的風氣

宋以文章建國，所以國民的風氣，很能在其文學上面看出來。不過宋文學的特色，和唐文學的特色之在於詩歌者異其選，而其特色乃是在於經學文章的進步發達。是故有宋一代，始於趙普以半部論語佐太祖而定天下，又以半部論語佐太宗而治天下，終於陸秀夫於流離顛沛之際，還擁著宋帝昺在舟中講大學章句。其間歷代的天子，皆以經學爲取人的準繩，作爲政的根本，而天下的士大夫亦皆以文章爲立身的階梯；以故有宋三百年，實儒臣寵榮的時代，亦文章家得意的時代。太祖少時，學於辛文悅，晚年最好讀書，用儒臣，嘗謂宰相須用讀書人，這實不啻是發表了他的百年施政的大方針，故自太宗以後，歷代天子，皆紹其志而述其事。我們試一比較唐和宋的文學便覺得唐人氣象要渾厚，反之，而宋人則甚爲褊狹。唐人有力尊前輩獎掖後進之風；反之而宋人則好爲吹求先進之疵，而傷敗後進之名。若說唐之世是屬於情的時代，則我們可以說，宋之世是屬於智的時代；便是說唐人以詩歌達其性情，宋人則以文章闡其議論；而唐的詩人則大抵不遇而啼飢號寒，而宋的文人則率皆得意而顯於廊廟：這便是唐宋兩朝文學大相逕庭之點。加以宋人既有好爲議論之風，遂足致文學上流行一種詩話這麽的批評文學，而經學上則勃興起以義理爲主的程朱之學，以至政治上便惹出激烈的黨爭，其終，則宋人卒以議論而亡其國。蓋以文建國之弊必歸於弱，此乃自然之數，以故有宋之初則見迫於遼，其中則見刼於金，其終則見滅於元。而其君臣上下，則皆甘於小康偷安旦夕，曾無有立百年長計者，雖則真宗之朝有寇準，欽宗之朝有李綱，高宗之朝有岳飛，孝宗之朝有張浚，並皆忠肝義膽，節概無雙，許國之心堅逾金鐵。洎夫和戰之議一起，爲天子者則每主和而黜戰。寇準嘗進百年無事之策，謂不如是，則數十歲後，必復令彼生心，真宗曰：『數十歲後，當有能禦之者，吾不忍生靈重困，姑聽其和。』像這樣姑息的講和主義，初非止真宗一人爲然，卽歷代天子都無不然，此其所以一代思潮，缺乏雄大魁奇的氣勢。惟宋之士夫道義之心有極其堅定者，如陸秀夫、張世傑、文天祥、謝枋得等皆能爲宋室末路作掉尾的一大活躍，這實在不能不說是三百年間崇尚名節獎勵忠孝的結果，而足以裨益於世道人心的了。

五代的官職概沿唐舊，至宋初則以同中書門下平章事爲首相，以參知政事爲次相，而共掌政事，兵權則以樞密使握之；此三者都是有宰相實權的，而三師（太師、太傅、太保）及三公（太尉、司徒、司空）則作爲宰相的加官。樞密使唐代宗時始置，二十二史劄記云：『唐中葉以後，始有樞密使，乃宦官在內庭出納詔旨之地。昭宗末年，朱溫大誅唐宦官，始以心腹蔣元暉爲唐樞密使；此樞密移於朝士之始。溫篡位，改爲崇政院，敬翔李振爲使，凡承上之旨，皆宣之宰相，宰相有非見時，而事當上決者，則因崇政使以聞，得旨則復宣而出之。然是時止參諮議於中，尙未專行事於外，至後唐復樞密使之名，郭崇韜、安重誨等爲使，樞密之任重於宰相，宰相自此失職。今按唐莊宗時，崇韜爲使；明宗時，安重誨爲使；晉高祖時，桑維翰爲使；漢隱帝時，郭威爲使；……郭威爲使時，率兵平三叛，歸西京，留守同中書門下平章事王守恩官已使相，肩輿出迎，威怒之，卽以頭子命白文珂代之；守恩方在客次待見，而吏已馳報，「新留守視事於府矣」守恩遂罷；可見當時樞密之權，等於人主，不待詔敕而可以易置大臣……於是權勢益重，遂至稱兵犯闕，莫不響應也」由此所記觀之，可見五代之時，樞密使權爲最重。又宋的省臺寺監之官，概仍唐舊制，惟居其官而不掌其職的甚多，如尙書、中書、門下三省的長官並無宰相之權，秘書、殿中二省，則名目僅存，卽如九寺五監，亦大概都未嘗司厥職事。這是因爲宋朝的官，其名目只不過由之以定祿秩，至於實際任事，則必有看差遣而定之之慣例。直至神宗之時，始改其弊，欲令名實相協，以中書省取旨，門下省覆奏，尙書省施行，而不置三省長官，令尙書左僕射兼門下侍郎，行侍中之職，尙書右僕射兼中書侍郎，行中書令之職，而兩俱爲宰相；別置中書侍郎、門下侍郎、尙書左右丞以代參知政事爲次相與樞密使共執政事。然至徽宗朝則又改之，以太師、太傅、太保爲宰相，少師、少傅少保爲次相，並又大大變吏官制。次至欽宗，則仍以左右僕射爲宰相。迨高宗，則加同平章事於兩僕射，改兩省侍郎爲參知政事，廢尙書左右丞，且簡省冗職，故九寺五監之中，被罷免者甚多。便是：罷宗正寺以屬太常寺，以衛尉太僕二寺屬之兵部；太府司農二寺屬之戶部，光祿鴻臚二寺屬之禮部，而惟留太常太理二寺；又少府將作二監則合於兵部，國子監則屬之禮部。其後宗正、太府、司農三寺，及少府國子二監俱仍然復舊。是這樣裁汰冗職的原故，大概是因爲南渡以後，財政緊縮，故有如此的必要，抑亦可以說是官制上的一進步。外官則宋初召諸藩鎭於京師，各各賜以邸第，而分命朝臣，出守列郡，號之爲權知軍州事。其本官高者，謂之曰判，以後遂爲定制。其諸府州的軍監，都不設正官，只派文官朝臣，使往治理，而謂之曰知某府事，知某州軍監事；各縣亦不設縣令，而爲中朝官的外補，謂之曰知某縣事。諸州又置通判，以爲佐貳（補貳之官），長吏俱得與通判直接奏事。監司初無其官，後來各路設轉運使以總財賦及其他諸事，乃更置提點刑獄，使屬於轉運使而分其權。此外，尙有專門管理漕運糴買的發運使，常平、鹽茶、茶馬、坑冶、市舶等，則設有提舉；又用兵之時，則設安撫使、宣撫使、招討使、招撫使、經略使、制置使等官。

遼的官制

遼起初於北宰相府南宰相府，各各置左右宰相以掌軍國大政。其後倣唐制，而置尙書、中書、門下三省。續通典云：『遼北宰相府有左右宰相掌佐理軍國之大政，皇族四帳，世預其選；南宰相府有左右宰相，掌佐理軍國之大政，國舅五帳，世預其選。太祖天顯元年，大東丹國置中臺省，有左大相、右大相、左次相、右次相，命其酋長與遼人區別而用之，恩威兼制，此皆北面宰相之制。聖宗統和二十一年七月召北府宰相蕭塔喇葛、宰相漢王貼不及等賜坐論古今至道，倣古制也。其南面官則於中書省設大丞相、左丞相、右丞相，同中書門下平章事，參知政事。尙書省有左僕射、右僕射，其三京宰相府（遼有五京，上京爲皇都，朝官京官皆有之，四京隨宜制官，爲制不一：西京多邊防官，南京中京多財賦官。三京謂東京中京南京也）有左相右相左平章事右平章事，蓋既得燕代後倣唐制也。』由此可以知其沿革的大體，而更據遼史觀之，則北面宰相府，治宮帳部族，屬國之政；南面宰相府，治漢人州縣、租賦、軍國之事；北面之官則有北樞密院（掌兵部）、南樞密院（掌吏部）、北南二大王院（掌戶部）、夷離畢（掌刑部）、宣徽南北院（掌工部）及獻烈麻都（掌禮部），而北南二宰相府總之；南面之官則有三公、三師、樞密院、省、臺、寺、監、衛；外官則有節度使、觀察使、防禦使、團練使、刺史、縣令等。

金的官制

金的官制，大抵皆模倣宋。元遺山張萬公碑銘云：『金制，自尙書令而下有左右丞相爲宰相，尙書左右丞爲執政官，凡內族外戚及國人有戰功者爲之；其次則潢霫人，又次則參用漢進士，不過以示公道而已，無相權也。』又續通典云：『金左丞相右丞相各一員……平章政事二員……左右丞各一員……參知政事二員……爲執政官，爲宰相之貳，俱列於尙書省，位在尙書令下。熙宗時率以宗室王公除拜丞相平章政事或參知政事，往往帶元帥銜，出則統軍，入則佐政，禮遇亦極優焉……』便可以知其大體。至關於其設置之時代，則二十二史劄記云：『韓企先傳：金太祖定燕京，始用漢官宰相賜左企方等，置中書省樞密院於廣寧府，而朝廷宰相自用女直官號。太宗初年，無所更改。及張敦固伏誅，移中書省樞密院於平州，蔡靖以燕山降，又移置於燕，凡漢地選授官職，調發租稅，皆承制行之；自時立愛、劉彥宗、韓企先官爲宰相，其職皆如此，故規爲施設，不見於朝廷之上，惟治官政，庀民事，內供京師，外給轉餉而已。後斜也宗翰當國，勸太宗改女直舊制，從漢官制度，天會四年，始置尚書省以下諸司府等，十二年以企先爲尚書右丞，漢人爲真相，自此始。』而外官亦大抵用宋遼舊制。

宋的稅法

宋的稅法，原於唐制而分夏稅秋稅。夏稅以五月起徵收，及七月或八月而止；秋稅則九月或十月起徵收，至十二月或正月而止。其稅品爲四類：一、穀，二、布帛，三、金鐵，四、物產。而穀類有七種，粟、稻、麥、黍、稌、菽、雜子。布帛之類有十一種，羅、綾、絹、紗、絁、紬、雜、折、絲、線、綿、布、葛。金錢之類有四種，金、銀、鐵、鑞、銅鑞。物產之類有六種，六畜、齒革翎毛、茶鹽、竹木麻草芻菜、菓藥油紙薪炭漆蠟、雜物。至於賦稅的種類，則分公田之賦、民田之賦、城郭之賦、丁口之賦、雜變之賦的五種：公田之賦，由耕作公田者而收其租；民田之賦由人民專有之田而收其租；城郭之賦，爲宅稅地稅之類；丁口之賦，爲計人民的身丁而收其錢米之稅；雜變之賦，指不論牛革蠶鹽之類卽輸其土地產物之謂。神宗時王安石所行的方田均稅法以東西南北各一千步(四十一頃六十六畝百六十步)爲一方每年九月則遣吏分地而檢其肥瘠分作五等以定稅率。

遼的稅法，其詳不得而知，惟據續通典所載，可以知其大概情形：『遼賦稅之制，自太祖任韓延徽始制國用。太宗籍五京戶丁以定賦稅。聖宗太平七年詔諸在屯者力耕公田，不輸賦稅，此公田制也；十五年募民耕灤河曠地，十年始納租，此在官閒田制也；又詔山前後未納稅戶並於密雲、燕樂兩縣占田置業入稅，此私田制也；各部大臣從上征伐，俘掠人戶，自置郛郭，爲頭下軍州，凡市井之賦卽歸之，此頭下軍州賦制也；其餘若南京歲納三司鹽鐵錢折絹，大同歲納三司稅錢折粟，又開遠軍民歲輸稅，向例斗粟折五錢，耶律穆濟守郡時，表請折六錢；

金的稅法

各隨地異宜，當時稱爲利民之政焉。』金的租稅，有夏稅（六月初起，至八月止）秋稅（九月初起至十二月止）其制與宋大同小異，其徵收額則如左表，而猛安謀克（千戶長卽部長）之戶之所輸曰牛具稅，亦名牛頭稅，金史：『以每來牛三頭爲一具，限民口二十五，受田四頃四畝有奇，歲輸粟大約不過一石。』又有稱物力錢之稅者，物力錢亦稱推排物力，乃分按民之貧富而課之之稅，故曰『推排物力』而此亦曰通檢。

金的徵稅表

戶	丁稅		地稅
	丁	驅丁	
金科戶	粟三石	粟一石	每畝粟三升
減半科戶	一石		
協濟戶	一石		每畝粟三升

金史食貨志：『租稅之外，算其田園屋舍車馬牛羊樹藝之數，及其藏鏹之多寡，徵錢曰物力；物力之徵，上自公卿大夫，下逮民庶，無苟免者。』又云：『計民田園邸舍車乘牧畜種植之資，藏鏹之數，徵錢有差，謂之物力錢。遇差科，必案版籍，先及富者，勢均則以丁多寡定甲乙，有橫斜則視物力，循大至小均科，其或不可分

摘者，率以次戶擠之。凡民之物力，所居之宅不預。」由此可以知道此稅的內容，惟金自國初推行此稅以來，弊害百出，人民極感困苦，而章宗以後尤甚，至有怨望者，遂成爲滅亡的一個原因。

宋兵制分四種：(一)禁兵、(二)廂兵、(三)鄉兵、(四)蕃兵。禁兵乃天子的親兵，守衛京師，且備征伐；廂兵乃由諸州募集而供役使者；鄉兵則教人民以武事而能爲防守之用者；蕃兵乃糾內附的蕃人而用之於兵者。以上皆隸屬於殿前都指揮使、侍衛親軍都指揮使、馬步軍都指揮使的三司。宋初，懲於五代之弊，大改兵制，故兵數雖少，而極其精銳。及西夏畔，侵寇西北邊時，乃大行募兵，以充禁旅，由是中外禁兵及廂兵之數，達百餘萬；神宗時乃汰冗兵爲民。王安石則興保甲法：保甲法者，以十家爲一保，選主戶之有幹力者一人爲保長，十保爲一大保，選一人爲大保長，十大保爲一都保，選衆所服者爲都保正，以令部下保丁，使各貯弓箭，講習武技。總之，禁兵、廂兵之初制，極爲完善，甚奏效果，及招募一廣，坐食之兵多而不成兵之用；保甲法行，募兵乃衰，顧此法廢置不定，故民兵之制，卒亦衰替。

遼的兵制

遼兵制有六種:(一)御帳親軍、(二)宮衛軍、(三)大首領部族軍、(四)部族軍、(五)京鄉丁軍、(六)屬國軍此中鄉丁以其爲耕稼之民,不能成爲主力,而屬國則以其非直接屬於遼的治理,只不過有時候略略有點助兵,故兩者都不能爲正式軍隊。惟御帳親軍宮衛軍、大首領部族軍,(親王大臣的私兵)雖其所屬各異,而皆部族軍隊,故遂以這些部族軍作爲正式軍隊。故遼史云:「各安舊風,狃習勞事,……家給人足,戎備完整,卒之虎視四方,强朝弱附,……部族實爲之爪牙云。」

金的兵制

金在初起時,部落極爲寡弱,故諸部壯者無一非兵,而部長則稱曰孛菫。如是,有警則下令本部及諸部孛菫徵兵,諸部孛菫,若戰時兵少,則稱之曰謀克,多則稱之曰猛安。然金初兵數甚少,太祖起兵之後,凡諸部之來歸者,悉授以猛安謀克,卽遼人漢人,亦俱以此授之;其意蓋欲多得他部族之力助也。其後熙宗時乃罷漢人渤海人之承襲猛安謀克,而專以兵柄歸其本族。然海陵王時,率多數的猛安謀克遷都於汴京,於是,從前尚武的風氣,遂日卽消亡。

宋太祖懲於五代藩鎮專殺之弊，於卽位之初，卽定大辟詳覆法，令諸州奏大辟案件而委刑部使之詳覆，次定折杖法，則概沿唐之舊制，分刑名爲笞杖徒流死五種，如左表所載：

折杖法表

刑名	一等	二等	三等	四等	五等
笞刑五等	笞十（臀杖七）	笞二十（臀杖七）	笞三十（臀杖八）	笞四十（臀杖八）	笞五十（臀杖十）
杖刑五等	杖六十（臀杖十三）	杖七十（臀杖十五）	杖八十（臀杖十七）	杖九十（臀杖十八）	杖一百（臀杖二十）
徒刑五等	徒一年（脊杖十三）	徒一年半（脊杖十五）	徒二年（脊杖十七）	徒二年半（脊杖十八）	徒三年（脊杖二十）
流刑三等	流二千里（脊杖十八配役一年）	流二千五百里（脊杖二十配役二年）	流三千里（脊杖二十配役三年）		
死刑二等	絞	斬			

而流刑乃各各加杖而配役，蓋以一人而備受流徒杖三刑也。五刑之外，而又有刺配之刑，既杖其脊，配其人，復黥其面，故這也是以一人而備受三刑。復有淩遲之法，刑極惡之時用之，乃斬其支體而又斷其吭喉也。然刑罰雖是這樣峻烈，而

用刑則甚爲注意，定三限之制，限大事以四十日、中事二十日、小事十日而決，以防滯獄之弊；又太宗時令諸州每十日卽具囚帳及所犯之罪與其禁繫的日數以上聞焉。

遼的法制

遼當太祖初年，庶事草創之際，法制未定，權宜立法，以故遇親王有從逆者，則投高崖殺之，有淫亂不軌及忤逆父母者，則以五車轘殺之，有詛詈犯上者，則以熱錐錐其口而殺之；其從坐之人，則量罪之輕重而處以杖刑。此外又有梟磔、生瘞、射鬼箭、砲擲、支解等刑。其後制死、流、徒、杖四刑，復有凌遲、籍沒、黥刺、八議、八縱、沙袋、木劍、大棒、鐵骨朵諸法，而其他不常用而無定式者尙有許多。起初，契丹人及漢人相毆致死者，法之輕重不均，迨聖宗時，乃以漢律俱等科之。

金的法制

金之舊俗，輕罪則笞用柳蔓，殺人或盜刼者則擊其腦殺之，沒其家十分之四入官，而以其餘十分之六償被害者，其家人以爲奴婢，其親屬則許其以馬牛雜物償，而其牢獄則掘地深廣數丈而作之。其後制死、流、徒、杖四刑，迨熙宗時，參酌舊制及隋唐宋遼之法而定皇統制，（皇統乃熙宗時年號。）又遼章宗改定律令，作泰和律義十二篇，（名例、衞禁、職制、戸婚、廐庫，擅興、賊盜、鬬訟、詐僞、雜律、捕亡、斷獄）實多本於唐律。

宋的選舉法

宋的選舉法和唐制大同小異，有進士、明經、三史、三傳等科，別又有制科、武舉。就中以進士爲最盛，其試有詩賦、雜文、策論、帖經之類。最初每年皆有考試，後爲隔年，又後則每三年一舉行。然詩賦之弊，則流於浮華，帖經之弊，則陷於記誦，故神宗時，遂改之，進士之試，不復用詩賦而代以經義策論，置詩書周禮三經義局，而以王安石爲之提舉，撰三經新義頒之，以試舉人經義，但後來有人論其是非者，遂止，乃分經義與詩賦爲兩科，一直行到南宋。制舉者，乃天子親自策試之制，初無定期，而神宗時罷之；其後或設或廢，卒乃改置弘詞科，後又改之而立詞學兼茂科。

遼的選舉法

金的選舉法

遼因太祖起於朔漠，際干戈倥偬之運，故未置選舉科目。後乃設鄉府省三試，鄉中曰鄉薦，府中曰府解，省中曰及第，分詩賦經義兩科而試進士。至道宗時，設賢良科，應舉者，須先進所業十萬言。金承遼後，前後設詞賦、經義、策試、律科、經童諸科。又有女真進士科，專試女真文字，初唯試策，後增試論，故又稱策論進士。又設制舉弘詞科以舉非常之士。其以詞賦經義策論中選者號進士，以律科經童中選者號舉人。如是，太宗時，欲急得進士以撫輯新附，乃始置科舉，次就南北原來習業之所以取士，號之曰南北選，各皆以詞賦經義兩科選士。然至海陵王時，乃改南北選爲一，繼罷策試科，而諸進士舉人則由鄉而府而省而殿廷，凡四試。而在此之先，武舉制既已早經設立。

宋的學制

宋初，置國子學及大學，俱隸國子監，國子生爲七品以上之子弟，大學生爲八品以下之子弟及庶人之俊異者。其後，大學設三舍之法，外舍二千人，內舍三百人，上舍百人，依序而登用其人。神宗時專用三舍之法而罷去科舉，然高宗時則復科舉而棄三舍。其他又置有律學、算學、書學、畫學、醫學等，至於地方，則州縣各有學校。其後戰亂相續，學制頹廢，無可持筆記錄者。

遼的學制

契丹文字

遼在太祖之時，上京置國子監而設祭酒、司業、監丞、主簿等官。太宗時置大學。道宗時，除在中京置國子監以外無可記之學制。而契丹文字，則太祖之時所製者，有大小二體，記謂神册五年（西紀九二〇年）製大字體以其年九月頒行之云。其字體以漢字爲基礎而損益其筆畫自屬明白的事實，惟經已散佚，無由知曉，間有傳稱爲契丹文字者，然無能完全解釋之者。

金的學制

金在海陵王時，始置國子監，學生爲詞賦經義生百人及小學生百人，宗室及外戚皇后大功以上者入學，十五以下者則入小學。世宗時置大學，其初養士百六十人，後又入五品以上之官之兄弟子孫百五十人，曾得府薦及終場人二百五十人，通凡四百人。其後又置女真國子學，入策論生百人，小學生百人，除用女真文字教授外，凡百皆照漢國子學生制。

女真文字

女真文字乃太祖時西紀一一一九年（天輔三年）八月，命完顏希尹倣契丹文字而製成者，太宗時，乃頒行女真字書，世宗時，又以女真大小字譯尚書，頒行諸路。而此文字，其後傳世甚久，今世猶存有明四夷館所有之女真漢字對照的語彙，故近年德意志人谷祿百（Grube）氏，遂據此書而能讀解。

西夏文字

又有西夏文字者，云是西夏王李元昊於西紀一〇三七年所製，或又謂是以前一〇三〇年其父李德明所作。其字形方整類八分，而筆畫甚多，則又如篆書，蓋也是用契丹文字作基礎而造成的。今居庸關壁刻，上有此種文字，惟除去一部分可讀者外，其餘尚未有能解之者。

宋的儒學發達之原因

宋的儒學乃所謂義理之學者是，可以說是對於從來的學術而開出了一新生面的，彼其盛況真凌唐駕漢，遠足以比周末。因爲自兩漢以來各經都有博士之職傳承成說，排斥新論，以文字的註疏爲先而義理爲後，故其發達，遂不能超出訓詁註疏之外。然而魏晉以來，奔赴隆盛的佛教，至唐而造其極，更至宋，則遍行於天下，士大夫之研鑽之者至衆，如是因其微妙深遠的思想之影響，遂至進而穿求經學的真理，而從來的訓詁註疏，於兹遂廢，而新的義理之學以起。義理之學，單稱曰理學，亦曰性理之學，或格物窮理或道學。

宋的儒學

理學始於仁宗之時，而開出此氣運來的，則爲胡瑗、周敦頤、邵雍諸人。胡瑗字翼之，泰州人，初爲范仲淹所舉，見當時詩賦流行之盛，瑗則率先唱導實學，遠方之士之入其門者無慮數千人，人材輩出，實宋朝教育家之首出，世稱安定先生。周敦頤字茂叔，道州營道人，後居濂溪，篤學力行，深窮易理，著太極圖說，明天理之根源，又著通書四十三篇，說太極之蘊奧，世稱濂溪先生。出其門者有二程卽程顥程頤。邵雍字堯夫，共城人，苦學勵行，安貧樂道，精易通數理，著皇極經世，世稱康節先生。程顥字伯淳，河南人，神宗初爲監察御史裏行，因反對王安石新法，極論其不當而罷。嘗欲求道，汎濫諸家，出入老釋者殆十年，卒乃得孔孟爲歸宿云。其所著有定性書，與太極圖說相表裏而啓理學之祕，死後被諡爲明道先生。程頤字正叔，程顥之弟，哲宗元豐初被召列經筵，旋與蘇軾等不合，遂爲洛黨領袖，紹聖中被貶去，生平以誠爲本，以窮理爲主，著易傳、春秋傳、孟子解，世稱伊川先生。二程門徒甚多，而伊川之門人謝良佐、楊時、游酢、尹焞最優，是稱程門四先生。當時又有張載者，載字子厚，郿縣人，曾一度出仕，與當路者不合，退居南山之下，教授諸生，以知禮成性爲學問之要。蓋謂道無形，須以禮到，則有形之禮與無形之理相合而後始能知道，故以易爲宗，以中庸爲體；其著有正蒙、東銘、西銘，世稱橫渠先生。其他若范仲淹、歐陽修、呂公著、王安石、蘇軾等，雖則不名醇儒，而皆經術湛深，優足以成一家。

降及南宋，因國家多難，儒學未盛。然孝宗及寧宗時，大儒朱熹出，集理學之大成。朱熹字元晦，婺源人，出遊閩，年十八及進士第，在官者五十年，韓侂胄專權被貶。初，程顥之門人楊時，傳其學於羅從彥，羅從彥傳李侗，李侗傳朱熹，故朱熹乃承受程子之學統者。然其學實集周張二程之說而大成之，以居敬爲主，以格物致知，而以反躬踐其實。著書甚多，而易本義、詩集傳、四書集註、小學、近思錄、通鑑綱目最爲名高。年七十一死；其門有蔡沈、黃幹、李燔、張洽、陳淳諸俊才甚著。以上各家中，周敦頤、二程、張載、朱熹的學派，名濂、洛、關、閩；蓋周敦頤濂溪，二程洛陽，張載則關中人，朱熹則曾修學於閩，故。與朱熹同時，江南有陸九淵，淵字子靜，金溪人，嘗出仕，未幾卽還鄉教授，世稱象山先生。常謂程子之言不類孔孟，學者苟知道，則六經皆我心之註脚也，故不用著書，只有門人所輯之語錄；出其門者，有楊簡、袁燮等學者。陸九淵其初與其兄陸九齡共講學，以尙德爲宗，謂學有悟入，蓋稍近於禪之頓悟，故與朱熹之以窮理爲主者不合，世稱江西二陸。二陸嘗與朱熹會於鵝湖，（江西省廣信府鉛山縣）而論辯多違，理學遂分二派。以上諸家之外，尚有張栻，胡安國、楊萬里、呂祖謙、陳傅良、真德秀諸有盛名之學者輩出。

宋朝儒學大家表

	姓名	字	號	主要的著作
北宋	周敦頤	茂叔	濂溪	通書太極圖說
	邵雍	堯夫	康節	皇極經世書
	張載	子厚	橫渠	正蒙、東銘、西銘
	程顥	伯淳	明道	定性書
	程頤	正叔	伊川	易傳、春秋傳
南宋	張栻	敬夫	南軒	南軒易說、論語解、孟子說、知言
	呂祖謙	伯恭	東萊	讀詩記、書說、左氏傳博議、大事記
	朱熹	元晦	晦菴	四書集註、周易本義、詩集傳、小學、近思錄、儀禮經傳通解、資治通鑑綱目等
	陸九淵	子靜	象山	語錄（門人所輯錄者）

文學在唐世雖臻於極盛之域，而以唐末之亂，繼之以五代雲擾，遂從而大

衰。其間曾有徐鉉、杜荀鶴之徒，然若以比唐的文學者，則究竟尚嫌不足。至宋始稍稍回復其氣運，論詩固終不及唐，而言文章則其盛況卻幾乎要駕唐而上之。宋初，太宗時，柳開、王禹偁輩倡導古文，力滌排偶之風，真宗時，楊億、劉筠等，作皆典麗，雖駢儷餘風未盡除，而已有極可觀者。要之，文章尚未能稱發達，而詩則極爲進步，李商隱、溫庭筠創爲縟麗之詩，號西崑體，一時皆化其風，時有穆脩、尹洙之徒，好韓柳文章，欲興起古文，又蘇舜欽、梅堯臣等亦欲扶正詩風，大盡厥力，抑此兩事，其成功則皆緣於歐陽修之力。歐陽修字永叔，廬陵人，始就尹洙而感古文之妙，繼得韓愈之文，苦心習之，遂以文成名，其文有豐腴流麗，迂餘曲折之妙，仁宗嘉祐中掌科舉，痛抑時文，由是場屋之習一變，而宋代文章，始足觀焉。歐陽修又善詩，與梅堯臣極力排西崑體，而尚氣尚力，於是歐梅並稱。歐陽修之門人曾鞏，號南豐，通經術，善爲醇雅之文，又王安石則文奇峭而詩幽深。而眉山人蘇洵，字明允，號老泉，年二十七始志於學，三應科舉不合格，乃閉門讀書者六年，以仁宗末年，與二子軾轍，俱至京師，上其所作文二十二篇，歐陽修一見歎美，稱賈誼不是過，由是蘇洵遂以文名；其文峭勁雄偉，謂得力於韓非子戰國策者居多云。蘇軾字子瞻，號東坡，因反抗王安石的新法被貶竄，後雖被召復任，然又出知數州，抱負遂不獲伸。其爲人有大節，忠義徹骨髓，才氣飄逸，其文若行雲流水，具縱横奔放之勢，而詩亦然，極似李太白。蘇轍字子由，號穎濱，性高潔，文如其人，高雅平正而富奇氣。此父子三人者，世稱三蘇，又稱蘇洵曰老蘇，蘇軾曰大蘇，蘇轍曰小蘇。後世論唐宋之文者，莫不推尊韓柳歐蘇，加入曾鞏和王安石，是稱唐宋八大家。蘇軾之門人有黄庭堅，字魯直，號山谷，工於詩，蘇黄並稱。蓋黄庭堅之詩雖學杜甫，而異其趣，最善律詩。黄庭堅之門人陳師道亦能詩，世稱其師弟曰江西詩派，在當時文壇甚有勢力。

宋朝文學大家表

姓名	字	號	詩文集	擅長
歐陽修	永叔	廬陵	文忠集	文詩
梅堯臣	聖俞	宛陵	宛陵集	詩

蘇洵	明允	老泉	嘉祐集	文
蘇軾	子瞻	東坡居士	東坡全集	文　詩
蘇轍	子由	潁濱遺老	欒城集	文
曾鞏	子固	南豐	元豐類藁	文
王安石	介甫	臨川	臨川集	文
黃庭堅	魯直	山谷道人	山谷集	詩

宋室南渡而後，雖文學已大衰，而猶有李綱、胡銓（澹庵）作爲雅健激楚之文，具有驅逐懦氣之概。其後王十朋、葉適、陳亮、呂祖謙、朱熹繼出王十朋之文沈重，而詩亦渾厚；葉適之文雄贍；陳亮之文矯健；呂祖謙之文，則富於才華；朱熹雖則理學名家，而亦擅長文事。又有尤袤、楊萬里、范成大、陸游，稱南宋四大詩家，而范成大、陸游名最著，謂足與梅黃相頡頏。范成大字至能，號石湖，長於田園之作，善敘雅淡之趣；陸游字務觀，號放翁，才氣豪健，字句老練，最工律詩。至於宋末，則有文天祥、謝枋得。二人固非文人，然其文肖其性格，森嚴沈痛，能與讀者以極大

的感動，以此著稱於世。

詞曲的發達

宋世詞曲發達而大行於世。詞曲乃古樂府之餘流，而後世戲曲的源泉，彼其目的，乃在高歌長吟以和管絃，以合舞蹈，故有詩餘之稱，蓋視之爲詩的長短句之別派；而又有塡詞之稱者，則以其篇有一定之規矩，句有一定之平仄，猶之近體詩然，然而每題各各殊其法式，故詞人須依題而計其平仄排次之法，而塡充每句文字。詞曲始於唐，行於五代而大盛於宋，遂乃流傳於天下後世。故宋乃詞曲極盛之時代，前有晏殊父子，繼之者有蘇軾、辛棄疾、周邦彥、柳永、康與之、張耒、黃庭堅、晁補之、秦觀等，並皆爲一世詞宗；是謂北派之詞。又徽宗時，建大晟府登用詞人及音律家，使作詞曲，稱之曰大晟詞。其後至於南宋，作家如姜夔、吳文英、王沂孫、周密、張炎、陳允平諸人，無不精究音律，善爲新聲；是謂南派之詞。而就中如張夔者，則尤爲傑出，故白石道人之名，遂永爲後世詞曲家所宗仰。如是，詞曲發達於北宋，大成於南宋，而其絕頂隆盛之期，則爲南宋百四十餘年之間。其

小說戲曲及雜戲

後元興，小說、戲曲新起而壓倒詞曲，詞曲之盛，遂爲戲曲所奪而衰，故元明詩人，

稱之曰詩餘，只不過偶一作之，並且亦不能與管絃相和，與舞蹈相合了。小說及戲曲在宋世便已經發達，而其大成，則在元世。此事次章當詳述之，故此處且不說。惟此處有宜說者，則在宋滑稽戲、雜戲等已經盛行，又傀儡、影戲等亦盛行，而傀儡之中，尤有走線傀儡、杖頭傀儡、藥發傀儡、肉傀儡、水傀儡等類。

遼的文學

遼金興於北方，素無文學，且因契丹及女真文字行用於其國民間，故鮮浴中國文化，因是其固有文學遂不能充分發達，然文獻可徵者還多少有一點。而金的漢文學且次唐宋而大家輩出。遼自景宗以下，三世九十餘年之間，爲其全盛時代，文教已漸發其緒，風氣亦漸於革新，以故其王族及將相之中，能詩文者極夥。金在太祖之時滅遼，襲其遺制，太宗之時伐宋，占有江北，且陷汴京，得經籍，遂採用宋的文物，文學至是乃漸見興起。故金的文學之由來，一者承遼之餘流，

金的文學

一者繼宋之文派，而世宗、章宗二朝五十餘年之間，則可以說是金文學的發達時代。金史太祖本紀：『詔令宜選善屬文者爲之，訪求博學雄文之士，敦遣赴闕』云云，便可知太祖則既已留心文事，及其破遼，獲契丹漢人之通漢語者，遂令諸

王子宗室皆學之，由是文藝彬彬然興。次至熙宗、海陵王、世宗、顯宗、章宗諸帝，無不嗜好學問，長於詩文，故二十二史劄記云：『惟帝王宗親，性皆與文事相浹，是以朝野習尚，遂成風會；金源一代文物，上掩遼而下軼元，非偶然也。』又金史藝文傳序云：『金用武得國，無異於遼，而一代制作，能自列於唐宋之間，有非遼所及者，以文不以武也。』據二者所言，其盛況便可想見了。金之詩人，其載在中州集者達二百五十家之多，就中最著者數韓昉、吳激、馬定國、宇文虛中、元好問諸人，而此諸人中，又以元好問一人爲壓倒有金一代的作家。元好問字裕之，號遺山，太原定襄人，年十四，學於郝晉卿，通經傳百家；終業後，出遊燕京，文名振於遐邇，至稱爲元才子。仕至尚書省左司員外郎。金亡後，乃不復仕，以著作自任，欲修金的國史，新構亭於邸中，名之曰野史亭，著金源君臣言行錄、壬辰雜編、中州集等書。

史學至宋，而極形發達，爲體不限於紀傳，便編年體和紀事本末體也都出現了。先是五代時，後唐的劉昫等撰唐書二百卷，但脫誤甚多，及宋世，乃以曾公亮爲監修，而令歐陽修宋祁改删之，成新唐書二百二十五卷，其中本紀及志表，爲歐陽修所撰，列傳則宋祁所撰，於是名劉昫等所撰者曰舊唐書。其次薛居正等又奉敕撰五代史百五十卷，而歐陽修亦私撰五代史七十五卷，遂名薛居正等所撰者曰舊五代史，歐陽修所撰者曰新五代史。以文章言，新史固有優於舊史之處，而以事實言，則新史缺志類，故不及舊史詳密。其後司馬光奉英宗敕，與劉攽、劉恕、范祖禹等，共費十六年之歲月，成資治通鑑二百九十四卷，起於周威王二十三年迄後周世宗顯德六年，其間凡一千三百六十二年，皆記其治亂與亡之迹；其史實既皆精確，益以文章又極謹嚴，而尤其可取的，則此書係以政治的沿革爲主而編修的，故前後貫通，一絲不亂，遂爲編年體的首出之書。據司馬光與友人書言，他每日改書之紙，長凡一丈，以爲日課，逮完成時，其故紙滿屋二架云。又上此書與神宗時，他奏言：『研精覃思，窮竭所有，日力不足，繼之以夜；臣之精力，盡於此書矣！』便可以知道，此書是費了如何的大精力來的。此書所引用之書，除正史之外，尚採雜史諸傳及二百二十二家，以三日課完一卷，作之，司馬光則全體都親自過目加以校訂云:司馬光不止是政治家、學者及德行,皆爲中國第一流的英傑,卽其精通古今歷史,亦復今古罕類,而幫助他的三人,又都是有名的學者,所以此書便自可稱爲空前的善史。書原名通志,神宗賜題資治通鑑,並賜御製序文。其後朱熹本之,撰資治通鑑綱目九十四卷,法春秋,以道德爲標準,寓意褒貶;然其議論迂闊,不免有過於刻薄之譏。不過朱熹所撰的止有綱,目則門人趙師淵等受師意而爲之者。其他撰述,尙有劉恕的通鑑外紀十卷目錄五卷,(錄庖犧氏以後至周威烈王二十二年,以與資治通鑑相接)金履祥的通鑑前編十八卷,(與通鑑外紀同,乃接資治通鑑之前者。)朱熹的續資治通鑑長編五百二十卷;(接資治通鑑之後,錄自宋太祖至欽宗之事。)更至明代,又有陳桱所著通鑑續編二十四卷,(述宋的事迹。)胡粹中的元史續編十六卷,(爲補元史的闕略而編,接續通鑑續編。)商輅等的續資治通鑑綱目二十七卷,(述自宋太祖至元順帝。)薛應旂的宋元通鑑百五十七卷;(述宋元兩朝事蹟,接資治通鑑。)又至清代,則有徐乾學等的資治通鑑續編百八十四卷，(乃與萬斯同、閻若璩、胡渭等所共編而訂正宋元通鑑者。) 畢沅的續資治通鑑二百二十卷；(補資治通鑑續編之不備而作者。) 像以上將屬於通鑑系統的書蒐集攏來，則至太古以迄元代的編年史都已成立，但都是大部的書，僅續完一部，便須費不少的時日，如是乃有一貫此諸書而抄錄的歷史綱鑑補三十九卷，(明袁黃撰) 綱鑑易知錄百七卷，(清周之炯周之燦撰) 等書出，又有清乾隆帝勅撰的御批歷代通鑑輯覽百十六卷，(附明唐桂二王本末三卷) 錄自伏羲以迄明末，由是自太古至明末的歷史大體，便都可以通曉。又宋世袁樞據司馬光通鑑之文，以一事爲一篇，各各詳記其起訖，作通鑑紀事本末四十二卷，是爲紀事本末體的創始；次又有章冲的左傳事類始末及徐夢莘的三朝北盟會編諸著。紀事本末體於一題之中纂錄其事實的本末，有前後明瞭易知之便，故是後冠名紀事本末的史籍著述，甚爲繁富；又不標此名而實具此體者亦續出不已。這些裏面，其最爲普通所知曉者，則有左傳記事本末、(清高士奇撰、五十三卷) 宋史紀事本末、(明陳邦瞻撰、二十六卷) 遼史紀事本末、

(清李萍撰，四十卷) 金史紀事本末、(清李萍撰，五十二卷) 西夏紀事本末、(清張鑑撰三十二卷) 元史紀事本末、(明陳邦瞻撰，四卷) 明史紀事本末、(清谷應泰撰，八十卷) 三藩紀事本末等八種，而合通鑑紀事本末，並稱曰九朝紀事本末。抑在宋世，尚猶不止紀傳體、編年體、紀事本末體都已大備，又有記載制度文物的沿革之作，所出亦復不少。蓋在唐世，杜佑則既已編述通典，逮宋末馬端臨，爰補其不足而編述文獻通考，上起上古，下逮南宋，凡歷代制度典章的沿革靡不記述無遺；此外則鄭樵撰通志，王應麟撰玉海，無不博引廣證，良裨益史學不少。

五代之末，後周世宗，破毀寺院，禁度僧尼，佛教因之大衰。至宋，太祖甚崇佛氏，興復廢寺，許造佛像，遣僧行勤等百餘人使往印度尋求經論，又刋行大藏經，而僧徒之自印度歸者亦復不少，而後佛燄乃復盛熾。次至太宗，度僧尼前後凡十七萬人，立譯經傳法院於東都，使西僧譯經論，而飜譯之業，遂亦大盛；雖真宗時有以院費不貲，罷免爲請者，然帝不之聽，益宏其業，故當時譯作，達四百十餘卷，而僧尼之數，亦至四十六萬餘人云。爾時禪宗最有勢力，仁宗時，設禪寺於汴京，以僧懷璉爲之主，自是禪宗益隆，名僧則有祖印、契嵩之流，而神宗、哲宗之代，名僧尤夥，淨源中興華嚴宗，慧龍則起禪宗黃龍一派。加以其時的搢紳學士，也都與僧徒交往，躭悅禪書，遂足以增助佛門之勢，而同時遂影響及於儒教，以至創出理學。然徽宗時則尊信道教，改寺院爲宮觀，以佛爲大覺金仙，僧爲德士，尼爲女德士，但不幾時，則仍復其舊。次及南宋之時，以國用多端，敕僧尼使納丁錢，或賣度牒以充軍費，故佛教遂又歸於不振。

宋的道教

宋初雖太祖曾賜華山道士陳摶以希夷先生之號，然而還沒有見出尊尚道教的形跡來，逮真宗時卻不然了，加老子以尊號，於京師築玉清應照宮，又賜張道陵的後裔張正隨以真靜先生之號。由是賜號之事遂常行，仁宗時，賜張乾曜以澄素先生之號，至徽宗，則尤尊道教，賜號更頻，如張繼元的虛靖先生、王老志的洞微先生、王仔昔的通妙先生都是；作玉清和陽宮安置道像，又設先生、處士等道階，置侍宸、校籍等道官。其後又崇信道士林靈素，賜號通真達靈先生，道士等則尊帝爲教主道君皇帝，又建道士學，置道學博士，修道史，給道俸，終乃揚道而抑佛。已而林靈素以罪回鄉，徽宗亦爲金所虜，道教之勢始頓衰；降及南宋，因國家多難，遂不再盛。

宋的書風

書至宋，無復進步之迹，只是跟着當時有勢力的人的腕下去流行。如太宗工於書，則一時公卿以上，無不家鍾繇而戶羲之；又如李宗諤掌科舉時，則士人皆習其書；宋綬作參知政事，則舉朝皆效其體，號爲朝體：實則宋寒李俗，世固有其定評。其後蔡襄既貴，士庶皆倣之作書；襄書姿格極高，富於風韻，稱宋朝第一；已而王安石爲相，則時人又盡效其體。由是大抵都不復講古法，惟劉瑗隸書，滕中及趙仲忽的草書，鮑愼由的行書，趙震篆書，爲時之矯矯者，而如蘇軾、黃庭堅之流，亦皆成一家之風，又米芾亦稱能手，而特以蘇軾之書，筆力雄健，富有奇骨，直至今日，亦爲人所歎美。

宋的繪畫

繪畫名手在宋特多，而最著者，前有李成、范寬、董源、釋巨然：李成最精山水，世稱其逼近自然。范寬初師李成，後學荊浩，筆力勁健，亦長於山水；董源擅秋風

書籍的印刷

遠景，多寫江南眞山水；釋巨然山水學董源，造詣極精，有前荆關後董巨之稱。其後，則有李公麟及米芾；公麟號龍眠山人，尤精於山水佛像，山水似李思訓，佛像近吳道子；米芾能書，得王獻之筆意，又工畫，寫山水人物，自成一家之風，其山水多以雲煙掩映樹木，而其子米友仁，亦能書畫，世稱其父子曰大小米。此外蘇軾及其子蘇過亦能畫，文與可以畫竹著，徽宗尤工繪事。

古代書籍都是寫本，沒有印刷的。明陸深的河汾燕閒錄說：『隋文帝開皇十三年十二月八日，敕廢像遺經，悉令雕板，此印書之始也。』可知印書之術，蓋到隋時纔有。然據歷代之寶記（隋費長房撰）則只說復修天下的廢像遺經，並沒記雕板的事實，故陸深之說實誤。然至唐世，佛典雕印之風漸盛，遂旁及其他書籍，次至五代，乃始印行經籍，所以印書之術，說是起於隋末唐初亦無不可。後唐明宗的長興三年二月，宰相馮道等奏命判國子監田敏，欲依石經文字以校正九經而附之印板，見於五代會要，那麼經籍的印行，便不能不說是以五代時爲始。果爾，則所謂監本（指國子監印刷的書籍，言卽官版書籍之稱。）者，當自此時起，其後歷朝沿其故事而設之；宋明稱監，遼稱祕書監，金稱宏文院，元稱編修所，又有祕書監、興文署、藝文監，而明則稱南北監、經廠，清則稱武英殿、古香齋，故清之監本，特有殿板、殿本之稱，然其爲鄉府所印刻，則無不同。又官本，據館閣續錄：『祕書郎莫叔光上言，今承平滋久，四方之人，益以典籍爲重，凡搢紳家所藏善本，外之監司郡守，搜訪得之，往往鋟板以爲官書，其所在各印行』云云，則知其始於有宋中葉；金時，立經籍所於平陽，刊行經籍；元時官本，其在河北，則依金之舊，設局平陽，其在河南，則設於杭州、紹興、平江、信州、撫州諸路，刻印最多；明時，則自南北兩京起以至各地方，盛行雕造，官司之至任者，必刻新書數卷以爲例，其有數年不刻一書而任滿而去者，則羣目爲俗吏，其他官署學校書院亦俱刻書，又各藩王之校刊古籍者亦衆；清時，則在諸地方設官書局，刊行甚盛。而家塾自刻書，則王明清揮麈錄說：『蜀相毋公蒲津人，先爲布衣，嘗從人借文選、初學記，多有難色。公歎曰：「恨余貧，不能力致，他日稍達，願刻板印之，庶及天下學者。」後公果顯於蜀，乃曰：「今可以酬宿願矣。」因命工日夜雕板，印成二書。

復雕九經諸史，兩蜀文字，由此大興；至宋時，其書徧海內。初在蜀雕印之日，衆嗤笑，後家累千金，子孫祿食，嗤笑者往往從而假貸焉。』便可知是始於五代之末的毋昭裔，而其後，所謂家刻本者，乃相次出現。至於出版書籍而販賣，蓋始於唐之末年，建安余氏。而宋時鏤板之地，則在吳越閩三處，以杭州（所謂越板）爲上，福建（所謂麻沙板）最下，其他蜀本亦有名；金元兩朝官設的書籍所在平水，故坊肆一時皆聚於此，而以外吳越閩，亦不減於宋時；明時則燕京、金陵、閶闔臨安，爲書籍的四大集散地，而吳會、金陵，最擅名於文獻，刻本甚多，鉅冊類書，悉聚於此。書籍的印刻，已是如此盛興，而其間活版便當然不得不起來了；杲也，據沈括的夢溪筆談，則宋仁宗的慶曆中，布衣畢昇者，實始作活版：其法用膠泥刻字，薄如錢脣，每字爲一印，火燒使堅，先設一鐵板，於其上以松脂蠟和紙灰之類而冒之，欲印，則以一鐵範置鐵板上，乃蜜布字印，以滿鐵範爲一板，持就火煬之，藥稍稍熔，則以一平板按其面，卽字平如砥云；那麼，則活板可知其實是始於宋仁宗時。據胡元瑞的筆叢，則謂今無有以藥泥爲之者，惟用木作活字，又元王禎

宋的音樂

亦傳易以木字一事，陸深則記爲鉛字，其沿革不得而詳。及至明世，乃始用銅活字，而無錫的蘭雪堂華氏、桂坡館安氏等特著；清世，使用銅活字尤盛，然高宗時，武英殿的聚珍板實以棗木的活字而印刷者。其在歐羅巴，則第十五世紀之初，哈爾蘭 (Haarlem) 人珂司忒爾 (Lawrens Jansson Coster) 纔發明木板的印刻，然而還沒有至於印刷書籍；迨一四三六年曼慈 (Mainz) 人約翰古田伯兒 (Johann Gutenberg) 纔發明金屬的活字，自是至一四五〇年，活字印刷始興；繼而斯屈拉司布爾格 (Strasburg) 人拍迭兒雪或兒 (Peter Sehöffer) 乃改良之，發明活字的鑄造，到處用之，逮一四六二年以後，遂廣被於歐羅巴諸國；故其後於中國木板印刻之發明者約八百年，活字印刷之發明者約四百年。

音樂在五代時，後周的王朴，雖曾改定雅樂，而因其聲過高，有不合於中和者，於是宋太祖時，乃詔和峴更定律呂，是爲第一變；其後仁宗時，李照又請改定之，是爲第二變，未幾，諫官御史等又論其非，遂復舊制；後命阮逸、胡瑗等集禮官，參定聲律，更作鐘磬，是爲第三變；神宗時，楊傑等又條上舊樂之失，乃命范鎮、劉幾共改之，是爲第四變；范鎭亦以其聲不正，乃更改作，是爲第五變，然而楊傑以其樂爲出於一家之學，不用；其後徽宗時，命道士魏漢津更作雅樂，曰大晟樂，是爲第六變。故宋樂前後凡六變，至大晟樂則舊樂已全然變更。次至南宋，國事靡寧，無復盡力音樂的餘暇，遂無可特記者。

宋的農業

宋世於農田水利，極用心思一事，頗爲顯著。太宗時，於河北諸州，開水利田，起堤堰，設斗門，以便灌漑；神宗時，遣使於各路，使察農田水利，又詔諸路監司，於州縣可興水利之地，使造塘堰，自熙寧三年至九年，史謂其修水利者凡一萬七百九十三處，田數凡三十六萬一千一百七十八頃云。又當時江南地方有稱圩田者，築堤圍田，以防外水，故水旱之患甚少，如是圩田盛開。金時，勸民多植桑棗，又禁於農時飲酒，由此，便可以推測其甚爲注意農業。

宋的海外貿易

宋世內地商業，大體如唐以來，無甚著之變化，然其對外及海外貿易，則極有可以注目的地方。對外貿易，在北宋時對於遼夏，南宋時對於金，都有互市，官設榷場而徵其稅；有時則設市易司，由官給以本錢，而成爲一種官營業務。海外貿易則唐世因南海貿易之盛，曾於廣州、泉州、杭州諸港，設置市舶司，徵收海關稅，逮唐亡，經五代至宋，其間，廣州卻失其爲海外貿易中心的地位。這是因爲宋和契丹在北方戰爭，不遑南顧，於是西紀八九五年即太宗雍熙二年，一時遂禁止海外貿易。以此之故，而和北方及高麗的貿易，卻凌駕南海貿易而上之，同時，海外貿易的一部分，遂移到杭州（浙江省杭州府）及慶元（浙江省寧波府）兩地，於西紀一〇〇〇年遂置提舉市舶使，使監察貿易事宜，迨一〇八七年泉州亦置此官。後來宋室南渡，命福建、廣東、浙江的貿易船，不得赴山東以北諸港；至一一三二年則泉州的提舉市舶使亦廢；次至一一五六年則諸州市舶使皆罷。一一五七年則命市舶使探察外國商人的舉動；一一六六年則杭州的提舉市舶使亦閉；一一七三年及一一八二年則和外國人交易使用金塊，加以制限；一一九九年則發布和日本及高麗商人關於交易上計算法的規定：凡是這些，蓋一則怕的這些外國商人，與金私通，作金的嚮導；二則不外是當國家多難之際，慮物質流出海外，或釀本國缺乏之虞的一種消極政策；然而宋自南渡以後，得以長久維持其國命的財源，實不能不歸功於所得海外貿易的利益。海關稅凡十分之一，取之外來船貨，其香藥及寶貨兩種，則由官收買，更由官賣出。凡往海外的商人，必赴兩浙市舶司領官券，若有違誤，則沒收其寶貨。是時大食即亞拉伯商船之來中國廣東、泉州、杭州諸港通商者甚衆，因之中國商人，據彼輩傳聞所得，遂亦多少獲得點關如西方諸國的知識，如阿非利加的東海岸、紅海沿岸、埃及、細利亞等地。當時在極東作海上貿易的中心地的，爲三佛齊（Sarbaza——唐時的室利佛逝，(Sriboja) 便是現今蘇門答臘(Sumatra)島的拔蓮般 (Palenbang) 而三佛齊與泉州之間，一年有兩次的定期航海，中國商船則載磁器、絹布、樟腦、大黃、鐵器、砂糖、黃金屬及雜貨等赴三佛齊，以與香料、寶石、象牙、珊瑚、刀劍、印花布、織物及細利亞、亞拉伯、印度的貨物交換。此外藍無里、(Lambri)——蘇門答臘之北岸) 闍婆、(Java) 勃泥、(Borneo) 交趾、占城、(Champa) 馬尼剌 (Manila) 諸港，亦莫不爲中國及大食商船所輻湊而盛營交易之業。而現今的菲律賓 (Philipine) 羣島的一部分，既已在宋世就爲中國人所知道，那麼，就可

貨幣和交鈔

知西班牙 (Spain) 人之發見該羣島，實後於中國人者五百餘年。

宋世曾屢鑄鐵錢及銅錢。迨仁宗時，蜀人有嫌鐵錢太重者，乃私自作券，稱爲交子，用以流通，於是寇瑊乃創設交子務於益州；其後高宗時，政府亦開始發行交鈔。交鈔便是紙幣，蓋時值國家多難，以財政窮乏的結果，遂爾發行此物，初用時，人民皆感其輕便，遂至流行。而金在海陵王時，亦發行交鈔，和錢貨並行，但弄到後來，因爲濫發的緣故，其價格因而大落。大學衍義補說：『金循宋四川交子法，置交鈔，自一貫至十貫五等謂之大鈔，自一百至七百五等謂之小鈔。』又金史食貨志說：『其鈔分一貫二貫三貫五貫十貫五等，曰大鈔；又分一百二百三百五百七百五等，曰小鈔。其制：外爲闌，作花紋，上書貫例，有令史姓名押字。』可知金的交鈔，共是十種。

第七章　元時代之文化

蒙古之勃興

蒙古(Mongol)乃唐世契丹散處西北之室韋的一部，元遊牧於斡難、(Onon)怯綠連(Keralen)兩河河源的不兒罕(Bulkhan)山邊，(今肯特山的一支必爾喀嶺)世世隸屬遼金。及至部長恰不勒(Kabuluk)乃始稱汗，逮其孫也速該(Yesugay)乃併合附近諸部，勢甚强大；然其後爲塔塔兒(Tartar)所殺。其長子鐵木真(Temutchin)嗣立，時年纔十三歲，諸部欺其幼，多叛去。鐵木真長成，有大略，先助金伐塔塔兒部以報宿怨，以功得爲察兀禿魯(招討使之義)繼與克烈(Kerait)部長汪罕(Wangkhan)同盟，破薛靈哥(Selenga)河畔的蔑里乞(Merkit)部，又降貝加爾(Baikal)湖畔的泰赤烏(Taijut)部和與安嶺下塔塔兒部，如是蒙古之勢頓趨强盛。西紀一二○三年諸部族遂推鐵木真爲蒙古部長，號成吉思汗，(Chingis Khan)蓋强者之義。然汪罕嫉而襲之，反爲成吉思汗所滅；於是乃蠻（Naiman）部長太陽汗，（Tayan Khan）懼其將與蒙古部境接壤，乃誘合以上諸部的餘衆來攻，爲成吉思汗破之於杭海山，（杭愛山）至是已幾於併呑內外蒙古之地。於是，成吉思汗乃於西紀一二〇六年會斡難河源諸部酋長，開庫利爾台（Kuriltai）而卽大汗位；這便是元的太祖。會乃蠻的太陽汗之子曲出律（Khuchluk）與蔑里乞部長脫脫（Tukhta）合，來伐蒙古，太祖擊破之，殺脫脫，走曲出律，乃更迫西夏，於西紀一二〇九年降之；次乃盡全力以向金，於一二一五年陷燕京，幾盡奪黃河以北之地，乃剽略汴京附近而還。

太祖的西征

先是，乃蠻的曲出律投奔西遼，依之，已而與花剌子模（Khorasm）王摩罕默德（Muhamed）勾通，裏應外合，以覆滅西遼，遂以西爾（Sihr）河境爲界而分割其地，今則乘蒙古攻金之虛，將襲取之。太祖如是遣哲別（Chebe）討殺之，悉收西遼故地，遂與花剌子模接境。已而有蒙古隊商百餘人，被殺於訛打兒（Otrar）城，太祖乃乘此機，於西紀一二一八年分遣其四子朮赤、（Djuchi) 察合台、(Chagatai) 窩闊台、(Ogotai) 拖雷 (Tului) 西征，經阿力麻里，(Almalik 伊犂曲城的附近。) 渡西爾河陷花剌子模的國都撒麻耳干，(Samarkand) 摩罕默德遁往呼羅珊，(Khorasan) 爲蒙古將速不台(Subtai)及哲別所追躡，窮蹙之餘卒竄死於迦斯毗海 (Caspian Sea) 一孤島上。時爲西紀一二二一年。摩罕默德的長子札蘭丁(Djelalud-din)募兵於哥疾寧，(Gazni) 圖恢復，太祖急來伐，乃渡印度河遁往德里，依其王阿爾塔摩西。Altamush) 在這當中，速不台、哲別兩將，窮追摩罕默德至迦斯毗海西岸，怒欽察 (Kipchak) 部之曾納蔑里乞餘衆，乃踰太和嶺 (高加索山) 伐之，南斡羅思 (Oros 卽俄羅斯) 的諸侯，乞瓦(Kiev) 的太公密赤思老(Mistislav)等援助欽察部，邀擊蒙古軍於阿里加 (Kalka) 河畔，(阿速 Azov海附近)蒙古二將大破之於西紀一二二四年，掠其地東還。

子弟之分封

太祖既定西域，乃以康里 (Kanli) 部及欽察部之地與長子朮赤，以西遼之故地與次子察合台，以乃蠻之故地與三子窩闊台，而四子拖雷，則與以蒙古本土，其蒙古東南以至女真之地則分與四弟，其在中國的領土以及自阿猛河以西南之地，則不置封王而令地方官管轄。如是，及太祖西歸，以西紀一二二七年，先伐西夏滅之，欲更侵金，乃東行向汴，至六盤山病死，年六十有六。

太宗的南征

西紀一二二七年元太祖既死，蒙古諸王將相會，開庫利爾台，擁戴窩闊台即大汗位，是爲太宗。太宗初奠都於喀喇和林（Karakorum）繼太祖遺志，欲滅金，親將伐之，以西紀一二三四年滅金，乃更圖宋。先是，蒙古之伐金也，遼的遺族等畔金，據遼東國號大遼，乘高麗的高宗用權臣崔瑀，國政紊亂，乃寇之而侵略其北邊；會蒙古部將哈真（Hatim）出遼東，遂討滅大遼，並威服高麗。已而高麗又殺害蒙古使者，西紀一二三一年蒙古將撒里台（Saritai）乃陷其都城；高宗避難於江華島，旋於西紀一二四一年上表稱臣。

拔都的西征

太宗征略東南兩方之時，曩者，爲太祖所逐而遁之印度的扎蘭丁，乃出自德里，集兵恢復其故地，又侵擾西方，太宗遺將剷平之；乃於西紀一二三六年，更起大軍五十萬，以朮赤之子拔都(Batu)爲總督，以其兄斡魯朶(Orda)、己子貴由(Kuyuk)、孫海都(Kaidu)、拖雷之子蒙哥(Mangu)等爲將，以速不台爲先鋒，遣令西征。速不台進渡亦的勒(Ityl)河，今之坡爾迦Volga河)征不里阿兒(Bulgar)；蒙哥攻欽察，拔都則北向屠列也贊(Riazan)陷莫思科(Moscow)及諾弗果羅(Novgorod)，更轉鋒南向燒乞瓦(Kiev)蹂躪斡羅思各地；拔都先率一軍蹂躪拉奇亞(Wallacia)，擊破馬札兒(Magyar匈牙利)軍於沙約(Sayo)河上，陷迫司特，走其國王，冰渡禿納(Danube)河，屠格蘭(Gran)；其別軍則更入墺大利(Austria)直逼意大利(Italy)之威匿司(Venice)。海都則率別軍向孛烈兒(Poland)，取克拉考(Krakau)入西勒斜(Silesia)破歐北諸侯王的連合軍於窪爾斯他特(Wahlstadt)，轉而東南，侵莫拉維亞(Molavia)攻窩爾妙慈(Olmütz)，退至馬札兒，與拔都相會。於是歐羅巴全土胥爲震撼，揑迷思(Niemitz 謂德意志人)。諸邦之民，皆荷擔遁逃，會太宗訃音至，拔都乃以西紀一二四二年，下凱旋之命，令諸將東歸，而自留於南斡羅思，領有之地，東起吉利吉思（Kirgis）曠原，西抵卡爾拔特（Carpathia）山以及禿納河下流、太利嶺之北，乃建都於亦的勒河畔之薩來，（Sarai）立金斡耳朵（Sira Orda）卽欽察汗（Kipchak Khan）國，實西紀一二四三年事也。

大汗嗣立之爭

蒙古以西紀一二四一年，太宗死，皇后脫列哥那（Turakina）稱制，五年而政令大紊，貴由西征歸，爲庫利爾台所推，以一二四六年卽大汗位，是爲定宗。定宗在位僅三年而死，皇后海迷失（Gaimish）及太宗的一族等謀立太宗之孫失烈門，（Siramun）然諸王大臣大半不聽，以一二五一年推拖雷之子蒙哥卽位，是爲憲宗。如是失烈門及其兄弟等咸懷怨望，憲宗乃誅其首領，黜失烈門等而分封太宗之子孫，衆心始漸定。

大理吐蕃交趾的降服

初、唐玄宗時，雲南的南方蒙舍詔，卽南詔的酋長皮邏閣受唐的封冊而爲雲南王，旋屢破吐蕃，大拓領土。其後皮邏閣的六世孫酋龍，號國曰大理，稱皇帝，奄有領地，自交趾以迄印度之間；逮其死後，國乃不振。宋因忙於防禦西北，無暇與大理通，而憲宗既爲蒙古大汗，其弟忽必烈（Khubilai）統率漠南軍事，由四川入雲南，以西紀一二五三年降大理王段興知。吐蕃自始祖棄宗弄贊以來，深信佛教，及唐玄宗天寶年間，乃有北印度僧巴特瑪撒巴巴（Padma Sambhava）來，剏喇嘛教，其勢與年俱進，至西紀一二五〇年頃，喇嘛扮底達（Pandita）的號令已遍及吐蕃全土。忽必烈既降有大理，以西紀一二五三年入吐蕃，與扮底達和。繼令速不台之子兀良哈台（Uringkhatai）伐交趾。時交趾陳晛代李氏而有國，勢隆甚，然及蒙古入寇，防戰而敗，西紀一二五八年遂降。

憲宗及世祖的南征

憲宗既降有西南三國，乃命弟阿里不哥（Arikbukha）留守喀喇和林，以西紀一二五七年親率大軍南下攻宋，死於軍中。其弟忽必烈從賈似道之請，與宋和北歸，一二五九年至開平，乃號大汗，伐阿里不哥，一二六四年阿里不哥降，旋奠都於燕京，立國號曰元；這便是有名的元世祖。至是，世祖乃遣使於宋，迫踐前約，因賈似道囚使不令還，大怒，遣伯顏伐宋，陷其都城臨安，繼取福州，連追宋之君臣極於厓山，遂滅宋而一統中國，時西紀一二七九年也。

先是，西域地方札蘭丁雖已敗北，而有稱木剌夷(Mulahida)的伊斯蘭教徒屬於伊斯買爾(Ismail)派者屢屢作亂，尚猶未能鎮靜，於是憲宗乃命弟旭烈兀(Hulagu)出師西征。旭烈兀乃於西紀一二五三年率西征之軍，自天山北麓至阿猛河畔之柯提(Kesh)伐木剌夷於迦斯玭海之南，平庫喜斯坦(Kuhistan)一二五六年伊斯買爾派教主魯兀乃丁(Rokn u-din)降，繼於一二五八年陷八吉打(Bagdhad)擒殺哈利發莫思他沁，(Mostas-sim)遂滅阿巴司(Abbas)朝，莫思他沁一族，出奔迷思耳(Misr埃及)乃令郭侃等向印度而自引兵西行，襲細利亞陷阿勒坡(Aleppo)取的迷失吉，(Damascus)正將更進而殲滅迷思耳的伊斯蘭教徒；會憲宗訃音至，乃擬班師歸國，値迷思耳的兵正寇細利亞，不果班，乃悉畧定小亞細亞地方，奠都於他不里慈(Tabriz)建伊兒汗(Ilkhan)國於阿猛河以西。

是時，高麗高宗死，元宗立，爲權臣所廢，元世祖乃興問罪之師，盡收慈悲

世祖的南侵

嶺以西之地，使元宗復位，又以女尚元宗之子忠烈王，乃因高麗使之招致日本。日本自唐末斷絕使聘以來，中更五代及宋，雖僧侶、商賈，有私航赴中國者，而國際上的交往，則全然斷絕。是時鎌倉幕府的執權北條時宗，以元的國書無禮，斬其使者。世祖大怒，遣忻都與高麗兵共寇日本之壹岐、對馬，無功，乃再授阿剌罕（Arakhan）及范文虎以戰艦四千五百艘，並高麗之軍，使寇鎮西，日本兵乘颶風擊之，幾盡殲其師，是實西紀一二八一年事也。

世祖既不得志於日本，乃轉其鋒而南向。當時大理國之西南有緬國（現在的緬甸）者，併呑阿羅漢（Arakan）及白古（Pegu），略暹國。（暹羅的一部）雄視南方，因其不應元的招諭致朝貢，世祖乃遣納速剌丁（Nassir-ud-din）伐之，無功，乃更遣相吾答兒（Sangtar）。相吾答兒以西紀一二八三年進陷緬都蒲甘（Pagan），其主生降，遂威服暹及金齒以下諸國。時占城（Champa）國於交趾之南，亦不應元之招諭，西紀一二八四年，世祖命皇子脫歡（Toghan），伐之，欲假道於交趾，交趾之主陳昤峻拒元兵，且擊破之；然

蒙古大帝國之版圖

東西的交通

未幾，陳昤謝罪入貢而占城亦來降。於是馬八兒、(Mabar 印度的南海岸)來來、(Loho)暹羅的南部)爪哇、(Java)蘇木答剌(Sumatra)等，皆相繼入貢，元之威令，遂遍及於南海。

當是時，蒙古大帝國，直跨有亞細亞、歐羅巴兩大洲，阿猛河之西有伊兒汗國，其北有欽察汗國，西爾河外天山附近有察合台汗國，阿爾泰山附近有窩闊台汗國，以中國本部爲中心而統領遼東、內外蒙古、青海、圖伯特、中央及東南亞細亞有元室，而元世祖則以大汗君臨此大帝國，置阿猛河、嶺北、遼陽三行省及阿力麻里、(Almalik)別失八里(Bishbalik)兩元帥府以管理此大版圖：至是，而蒙古的威勢，遂可以說是達到了他的最高點。

世祖之世，蒙古乃是一個空前的大帝國，到處割據的許多的零星小國都滅亡了，因此交通往來的危險也就減少，於是東西的往還，遂極其頻繁。而西亞細亞及歐羅巴的商人，陸路則自中央亞細亞經天山南路，或自西伯利亞之南部經天山北路，遠拓其販路及於喀剌和林及燕京；而中國和波斯、印度的海上交通，也驟然增進，泉州、杭州諸港，實爲當時世界第一的商埠；外國人的來居者甚衆。如彼有名的意大利人馬可波羅（Marco Polo）及摩洛哥（Morocco）的亞拉伯人伊文巴頭陀（Ibn Batuta）等之遠遊中國，實在元的時代；而日本這個國名，能爲西方所知的，也實在這個時代。加以蒙古大汗登庸人材，初不問其國籍，故中央亞細亞及歐羅巴諸國人，多來燕京，仕於其朝；於是西方的天文、數學、砲術等乃輸入中土；而中國的羅盤針及活版術等則傳至西方。

世祖的治勣

蒙古自太祖太宗兩代，重用遼人耶律楚材，參與國政，制作法制，而後其國是稍定。然世祖當爲漢南軍事都督時，即已抱改良內治之志，引用漢人之有才者以爲幕賓。及即位，乃任用劉秉忠、許衡等，新定官制，置中央政府於燕京，設中書省、樞密院、御史臺等諸官省，分掌政務、兵馬、黜陟，其諸官之長，必用蒙古人；次官以下，則不問內外，只應於其才能而博加登庸；由是外國人之來仕者，陸續而至；所從來之國，如契丹、女真、畏吾兒、圖伯特、康里、中央亞細亞、波

七 海都之興

斯、亞拉伯、意大利、法蘭西等。世祖又命喇嘛八思巴 (Phagspa) 制蒙古文字，厚遇基督教徒，又傳播喇嘛教：元的威勢至此時實可以說是達於其最盛期了。

初、太宗諸子孫，俱不悅憲宗之爲大汗，故憲宗死後，遂助阿里不哥以與世祖相爭，及世祖經營東南之際，太宗孫海都乃據也迷里(Emil) 畔。世祖乃以察合台的曾孫八剌(Borak)爲察合台汗，拔都之孫忙哥帖木兒 (Mangu Timur)爲欽察汗以備海都；顧八剌及忙哥帖木兒都和海都連合，仰海都爲大汗以臨欽察、察合台、窩闊台之汗國。惟伊兒汗阿八哈 (Abaka)，係世祖弟旭烈兀之子，故獨抗海都。然其死後，因繼承問題，國內動搖，遂不復能牽制海都，如是海都於八剌死後乃任其子都哇 (Dua) 爲察合台汗，併兵東向侵元，又引誘滿洲、吉林及遼東地方的太祖諸弟之子孫，使挾擊世祖。世祖命伯顏扼海都於喀喇和林而親將平定滿洲，由是海都西去。西紀一二九四年世祖死，其孫成宗卽位，海都又屢入寇，已而大舉逼元，成宗之姪海山，(Karssan)

扼守喀喇和林，逆擊之，海都大敗。海都旋死，其子察八兒（Chapar）乃與都哇共降元，經成宗至武宗（海山）時，察八兒又叛，旋敗，窩闊台汗國遂亡，實世祖死後十六年而西紀一三一〇年事也。

繼承之爭及大臣之專恣

蒙古國風，父子不必次及，即至元室，亦並沒有制出繼承之法，故篡奪之禍相踵；而擁立的權臣，則多有紊國政，損帝威者。世祖死後，諸王中有覬覦大統者，伯顏奉世祖遺命立成宗，而成宗因命劉深及哈剌帶（Karatai）等伐西南夷八百媳婦失利，由是元之國威在西南諸蠻中遂漸致失墜。成宗死，無嗣，皇后卜魯罕（Bulugan）欲立成宗從弟阿難答（Ananda）而廷臣則欲立成宗之弟海山，乃使其弟愛育黎拔力八達（Ayurbaribatra）殺皇后及阿難答而監國政，迎立海山於喀喇和林，是爲武宗。武宗死，愛育黎拔力八達立，是爲仁宗。誅前朝的權臣脫脫（Tukhta）芟除弊政，崇尚儒學，專主恭儉，政令簡明，遂致天下安寧。時鐵木迭兒（Timudar）有寵於帝之生母，爲丞相，恃勢貪虐，兇穢不堪，中外怨憤，帝怒欲誅之，爲太后救免，不果殺，僅罷其相位而止；仁宗死，其子英宗立，鐵木迭兒復爲丞相，恃擁戴功，愈益暴恣專橫，帝漸疎之而專任拜住，(Baidin) 鐵木迭兒遂怏怏病死。拜住以身任國事，紀綱大舉，鐵木迭兒之黨鐵失 (Tekeli) 等，不自安，遂殺拜住，弒英宗而立世祖之孫泰定帝，而鐵失等旋遭顯戮。已而帝赴上都，（開平） 旋死，其子天順帝卽位，時年纔九歲，燕帖木兒 (Yak Timur) 乃迎武宗的次子圖帖睦爾 (Tum Timur) 於大都 （燕京） 而遣兵攻上都，逐帝，遂自漠北迎立圖帖睦爾之兄和世㻋，(Kushala)是爲明宗。然帝卽位後，忽暴死，圖帖睦爾立，是爲文宗。燕帖木兒以策立功握政柄，勢傾中外。次經文宗的長子寧宗而至順帝，伯顏握政權，領諸營兵，漸懷異志，如是其義子脫脫，乃與帝謀，貶伯顏而自代執政；顧是時天下已漸形亂象，元室再也支持不住了。

初，世祖用兵四方，且海都之亂，久而不已，國用遂告窮乏，乃舉波斯人阿合馬 (Ahmad) 使理財政。阿合馬遂興鐵冶，增鹽稅，大事聚斂，卒受士民之怨而見殺於王著。其後盧世榮、桑哥 (Sanga) 等相次登用，濫發交鈔，增鹽鐵榷酤之稅拘致諸路錢穀以救財政之急，於是羣臣彈劾，卒被誅戮；從此財政益紊，遂爲元室衰微的原因。加之世祖以來因歷代尊奉喇嘛教，喇嘛甚爲跋扈，農民乃假托喇嘛，不肯輸租，姦宄又附隨之以獲免於刑戮，紀綱遂爾大壞。其間元室又因繼承問題，禍亂踵接，擁立的權臣既紊國政，復損帝威，迨至順帝，信喇嘛，躭淫樂，益復濫發交鈔，其結果則物價騰起，國帑空虛，賦課愈重，民力愈消，馴至人心離畔，元威掃地；於是多年屈服於蒙古勢力之下的漢族，乃鼓其敵愾之氣，四方競起，天下乃復歸於大亂。

元室威信既失，羣雄並起，浙江則方國珍；安徽則郭子興；徐壽輝則略湖北、江西而稱帝，國號天完；張士誠據高郵，號周誠王；於是海內鼎沸。郭子興部將朱元璋深得士民之心，代郭子興領其衆據金陵；（江蘇省江寧府）會天完之將陳友諒殺其主徐壽輝而奪其土地兵衆，通於張士誠，欲以謀朱元璋，朱乃先發，擊殺陳友諒而併有湖南、湖北、江西，繼又破張士誠，收其江淮之地，更南下降方國珍，定浙江，次又平福建、兩廣之地。是時元丞相槊思監（Chaksukan)壅塞四方警報爲姦，與皇太子愛猷識里達臘(Ayur Siridara)謀斥御史大夫老的沙，(Ratesha)大同(山西省大同府)鎮將孛羅帖木兒(Polo Timur)乃收容老的沙，起兵迫大都，殺槊思監，皇太子出奔，遂自爲丞相專權；如是河南的主將擴郭帖木兒(Kuku Timur)又起兵誅孛羅帖木兒爲丞相先是，朱元璋之將徐達、常遇春，已北進併河北，到處破元軍；至是，遂自四面逼大都，順帝奔上都；元自世祖一統中國，至是凡九十八年而亡，時則西紀一三六八年，於是朱元璋即帝位而君臨中國；這便是明的太祖。

元時代的評論

元朝，原崛起於蒙古的一部族，而併吞四鄰，遂南下倒金滅宋；東則威服高麗；西則掃蕩中央亞細亞、波斯、俄羅斯、波蘭、匈牙利；南則征服西藏、雲南、印度支那諸國，而建一跨有歐亞兩洲的大帝國；彼其版圖之廣大，經略之宏偉，蓋非秦的始皇、漢的武帝、唐的太宗所能及也。元的統一，雖則成於西紀一二七六年，(世祖至元十三年)而其建國則以太祖鐵木真稱大汗於斡難河上爲始，實在宋滅之前七十餘年。然而彼等原屬北方的遊牧之民，故狩獵以外，初無一定生業，手慣劍槊之器，耳習殺伐之音，目不親文籍，心不浴文化，此其所由馬蹄所經，宇內悉遭蹂躪，顧以言文物典章，則依然不過金宋的臣僕。蓋宋以文建國，而元則以武開基，及其一旦得志於中原，乍覩千古文物燦然具備，不覺心醉神忘，驟然軟化，而往年元氣，消於一朝，武威忽弛，宗社遂傾；這和遼的文物將興，而見滅於金，金的典章將盛，而見滅於元，恰是一個樣子。然若太祖鐵木真的雄圖，和世祖忽必烈的英略，却委實是古今所稀見的，所以元的規模宏大這一點，大非宋遼金之比；尤其，世祖用人，不問種族，只努力欲輸入外國文明，這更非他代所能及。假使這個曠古的大帝國而像唐宋一般的國祚長久，那麽，一定會吸收新文明，鼓吹新思想，而爲數千年的學術界開出一新生面，在中國文化史上，劃出一新紀元來；惜乎世祖以後，更不見有英主，帝業忽衰，國命遂絕；這是我們現在所爲爲此大帝國的生命，尚不及百年而悲，而同時又爲此新興國的文化，於將開未開之際，卽已爲風霜所侵而凋落，實抱無涯之遺憾也。既是這樣短了命的大帝國，那麼除物質的文明有稍稍可觀者外，至於說是興起一代的文物，便自然沒有這麼的暇日，所以元的學者，雖則也講究性命理氣，而不能免淺薄之譏；雖則也從事文字訓詁，而不能無散漫之嫌；一代的碩學如許衡、吳澄、金履祥之徒，皆不過履宋儒的故轍，嘗宋學的餘瀝而已。不過元人的剛猛而好殺伐之風，和宋人的空疎而尙議論之習，卻自有其不相一致之點；所以元的詩人，並不規模宋詩，反而祖述唐代、憲章金朝；但唐詩的特色在渾厚，金詩的特色在悲壯，而元詩的特色卻在幽麗，此其相異也。而有特能發揚一代的精華，爲中國文學史上闢一新紀元的，則爲元時代的小說戲曲；這是世間的識者所以激賞元的小說戲曲，至與漢史、唐詩、宋文、元曲相對稱的原故。

元的官制

元的官制，如續文獻通考所說的：『太祖起自朔土，統有其衆，部落野處，國俗淳厚，惟以萬戶統軍旅，以斷事官治政刑；任用者不過一二親貴重臣耳。及取中原，太宗始立十路宣課司，選儒術用之；金人來歸者因其故官，若行省、若元帥，則以行省元帥授之：草創之初，固未暇爲經久之規矣。』蓋蒙古之初興，本不過是一些遊牧的人民，故所有制度，極其簡單，丞相曰大必闍赤，(Bitikchi)掌兵柄者上有左右萬戶。其後征服西域，始置達魯花赤(Darugachi即斷事官)於各城以監治之；及太宗時侵略中國，始設十路宣課司，金人之來歸者，則授之以原官。自世祖為漢南軍事都督，懷抱改良內治之念，乃延漢人之有材能者以為幕賓。既即位，乃命劉秉忠、許衡參酌古今之宜，訂定內外官制：以中書省為總攬政務之所，而中書令為之首相，左右丞相為之副，（其後左右丞相遂有首相之權。）其下有平章政事、左右丞、參知政事；樞密院與宋同，為掌握兵柄之所，有樞密使為之長；御史臺為掌黜陟之所，有御史大夫為之長；此外，有寺、監、衛、府，各有所掌；其在外官職，則為行省、行臺、宣慰司、廉訪司；牧民之官，則為路、府、州、縣；又有關於工藝而設之官甚多，如大都（燕京）與各路，則有諸色人匠總管府；此外到處有局，如織造、繡染、氈皮、貨窰、梵像、瑪瑙、玉石、油漆等諸製造，皆各有專官。但是，凡諸官之長，必為蒙古人，而漢人南人次之；就是說，次官以下，則不擇內外人，但各就其材能而博加採用：二十二史劄記說此事甚詳，可供參考，茲錄之如下：『故一代之制，未有漢人南人爲正官者。中書省爲政本之地，太祖太宗時以契丹人耶律楚材爲中書令，宏州人楊維中繼之，楚材子鑄亦爲左丞相（元制尚右，此在未定制以前。）至世祖時，惟史天澤以元勳宿望爲中書右丞相；仁宗時欲以回回人哈散爲相，哈散以故事丞相必用蒙古勳舊，故力辭，帝乃以伯答沙爲右丞相哈散爲左丞相；太平，本姓賀，名惟一，順帝欲以爲御史大夫，故事臺端非國姓不授，惟一固辭，帝乃改其姓名曰太平，後仕至中書省左丞相：終元之世，非蒙古而爲丞相者，止此三人；哈散尚係回回人，其漢人止史天澤、賀惟一耳。』

元的稅法

元的稅法，概照唐制，其取於內郡者爲丁稅、地稅，倣唐之租庸調；其取於江南者爲夏稅秋稅，倣唐的兩稅法。如續文獻通考所記：『丁稅地稅之法，自太宗始行之：丁稅少而地稅多者納地稅，地稅少而丁稅多者納丁稅；工匠僧道驗地，官吏商賈驗丁；虛配不實者杖七十，徒二年，仍命歲書其數於册，由課稅所申省以聞，違者各杖一百。世祖申明舊制，於是輸納之期、收受之式、關防之禁、會計之法，莫不備焉。』則元的稅法，大抵自太宗以至世祖一統海內之時所定，而地稅，上田每畝取三升、中田二升半、下田二升、水田五升；丁稅，每丁徵粟一石、驅丁五升、（恐是五斗之誤）新戶的丁驅則徵其半老幼不徵；商稅三十分而取一。

元當初興，其軍隊爲蒙古軍和探馬赤軍；蒙古軍爲其國人，探馬赤軍則爲其諸部族。男子年十五以上七十以下悉爲兵，以十人爲一牌，牌有牌頭。凡兵，上馬則從事戰鬬，下馬則屯而牧養。又以孩幼之稍長者，籍而爲兵，是曰漸丁軍；此外尚有獨戶軍、（由一戶出一人）正軍，（由二三戶出一人）匠軍、（取工匠以爲兵）質子軍、（取諸諸王侯及將相之子弟）答剌罕軍（由招募所成）等。其後平定中原，乃發人民爲卒，是曰漢軍，限年二十以上者繼充；及得宋兵，乃號曰新附軍；此外尚有不出戍他方之兵，爲遼東的糺兵、契丹軍、女真軍、雲南的寸白軍、福建的畬軍等；這些蓋是鄉兵，而又別有礮軍、弩軍、水手軍等。世祖時，內則立左、右、中、前、後的王衞，而總以宿衞於諸軍衞設親軍都指揮使；外則於萬戶（萬人長）之下置總管，千戶（千人長）之下置總把，百戶（百人長）之下置彈壓，而使樞密院總領之；若何方有警時，則設行樞密院，事畢乃廢之。世祖又禁漢人南人私藏兵器，以絕亂源。軍器因在宋元之際，已經使用火器，故已大改革，卽戰術亦從而異其方法。先是在唐世，火藥固已用之於破石，爆竹，然尙未有用之於戰爭者；迨宋太祖時始有火箭、真宗時始有火球之名；而金元之戰及宋元之戰，往往見有用大砲而名爲震天雷者，此砲術蓋自西域傳來，在歐羅巴當一三三〇年頃云，德意志僧人伯爾倫德修哇茲（Beltord Schuwaltz）始發明火藥，然火藥之發明，實以中國人爲最古；至於大砲，則我們以爲係亞拉伯人所發明而傳至中國及歐羅巴者。

蒙古初無法律，故百司的斷理訟獄，循用金律，頗極峻刻。迨世祖時，右丞相何榮祖緝公規、治民、禦盜、理財等十事名至元新格（名例、衛禁、職制、祭令、學規、軍律、戶婚、食貨、大惡、姦匪、盜賊、詐僞、訴訟、鬬毆、殺傷、禁令、雜犯、捕亡、恤刑、平反）上之，帝乃刻板頒行，命百司遵守之。其法律雖有不依於古制之處，而刑名則同於古，仍分笞、杖、徒、流、死五種：笞刑自七至五十七，杖刑自六十七至一百七；其所以自十數減三而爲七者，蓋基於天地人各宥其一之意；徒刑與宋無大差；流刑則南人遷北，北人遷南；死刑止有斬而無絞。

元的選舉制

元自太祖始得中原之地，卽用耶律楚材之議，以科舉取士，然未成法卽止，又世祖時，雖曾議定科舉新制，亦未及行，直至仁宗時，始斟酌舊制，定其條制，每三年則行考試，又有鄉會試及御試。當時分進士爲兩榜，以蒙古、色目人爲右，漢人、南人爲左。每試凡三場：第一場試蒙古、色目人以經問五條，試漢人、南人以明經經疑二問、經義一道；第二場試蒙古色目人以策一道，漢人、南人則於古賦、詔、誥、章表之內任科一道；第三場則止有漢人、南人試策一道。又其出身別又有蒙古國子學，回回國子學之目，這是前代所沒有的。而蒙古人之出身科目者，授以從六品官，色目人、漢人、南人則遞降一級而授之。其後順帝時曾罷科舉，然未幾卽復。色目人者指西域諸國人而言，謂其爲異色目之人，卽外國人之義；漢人、南人則皆爲中國人，其區別的來由是這樣的：其初金取遼地的中國北邊人民，以爲漢人，繼取宋的河南山東人民，遂以爲南人；元則先取金地的河南山東以北之人民爲漢人，繼則取南宋之地的人民爲南人也。馬可波羅 (Marco Polo) 的旅行記裏，稱南宋曰 Manzi，這是依據當時呼南人爲蠻子之異名，故云。元是這樣不問國的內外人種的異同以任用人材，而宿衛勳臣之家，並有世襲其職者；故元史選舉志云：『仕進多岐，銓衡無定制。』又云：『吏道雜而多端，』又云：『縱情破律，以公濟私。』又云：『文繁吏敝，』故弊端如此，而選舉之法遂致行之不能完全。

元初任用外國人之例

元自太祖以來，不問國的內外人種的同異而登用人材，故自契丹、女眞、畏兀兒、圖伯特、康里、中央亞細亞、波斯、亞拉伯、歐羅巴等地之來仕而爲文武官吏者，其數至爲不少。而舉其尤爲著名者：則遼人耶律楚材仕太祖太宗爲中書令，參預國政，造作法制以奠定蒙古國是；不花剌 (Bokhara) 人賽典赤贍思丁 (Sayid Edjell Shams ud-din) 正確地說則 Shams ud-din Sayid Edjell 也) 一名烏馬兒(Omar)，於太祖西征時從來歷仕至世祖時，被任爲丞相，而其子納速剌丁 (Nassur ud-din)、哈散 (Hassan)、忽辛 (Hussain)、善速丁兀默里(Shams ud-din Omar)、馬速忽 (Massud) 五人亦俱被任爲文武高官；就中納速剌丁征交趾有功後因黨於桑哥(Sanga)被誅然其子伯顏答兒(Bayanchar)、烏馬兒(Omar)、答法兒(Djafar)、忽先(Hussain)、沙的(Saadi)五人仍歷仕甚高波斯的八瓦耳(Baurd)人阿剌瓦而思(Ala Wardi)降太祖，來仕於蒙古於定宗時掌財賦之事其子阿老瓦丁(Alai ud-din)仕世祖，有武勳於西紀一二九二年以百二歲之高齡而死；扎八兒火者(Djahar Khoja)爲波斯的賽夷(Seyistan)人仕太祖爲名將軍，死時有百十八歲云；太宗時波斯人奧都剌合蠻(Abdur Rahman)有寵掌財政，太宗病，奧都進以酒，太宗飲之而死，定宗卽位，遂被誅；猶太人愛薛通西域諸國語精於星曆醫藥，初仕定宗，世祖時，任之爲翰林學士，成宗時爲平章政事；世祖時西紀一二七一年有波斯人阿老瓦丁(Alai ud-din)及亦思馬因(Ismail)來，出其所攜來之砲援世祖攻襄陽；波斯的天文學者扎馬剌丁(Djamala ud-din)攜測天機來大都，(燕京)貢獻於中國天文學者甚多；凡普通所謂波斯人者，實際都是中央亞細亞西爾(Siht)河畔忽那克特(Fenaket)人，如阿合馬(Ahmad)者，擅理財術，爲世祖所信任，興鐵冶，增鹽稅，成績大著，拜平章中書政事，領製國用司事，更被任平章尚書省事，括天下戶口以至藥林榷茶無遺，專事聚歛，然其人好事刑威，貪於賄賂，中外咸怨，卒爲益都千戶王著所鎚殺；其次，畏兀兒人桑哥（Sanga）亦得世祖信任，掌財政，因濫發交鈔，增稅鹽鐵榷酤，鈎致諸路錢穀，遂招衆怨，爲羣臣彈劾誅死；意大利人馬可波羅（Marco Polo）仕於世祖朝者垂十七年，累官揚州都督、樞密副使；圖伯特人八思巴（Phagspa）者，以佛學爲帝師，製作蒙古文字；畏兀兒人迦魯納答思者，通天竺教（恐是伊斯蘭教）及諸國語，被擢翰林學士承旨；此外，波斯、亞拉伯、中央亞細亞諸國的學者軍人，意大利、法蘭西的美術家、工藝家等之來元求仕者，尚不可以縷指數，因之東西文明，遂呈融合之象，這實在是大可注目的一件事情。

元的學制

元在太宗時，曾設國子總教及提舉官，命侍臣子弟入學受業，然學制卻並沒具備；到世祖時，乃設國學監，建國子學，置學生百二十人，半爲蒙古，半漢人。其後，於諸路設學官，各置教授一人，學正一人，學錄一人；府及上中州則置教授一人，下州學正一人；各縣則設小學，置教諭一人；又設蒙古國子學及回回國子學命蒙古人色目人及漢人之官吏子弟入學；諸路亦有蒙古字學回回字學之設，以教民間子弟。而又有陰陽學、醫學之設。而各行省所在地則置儒學提舉司以統諸路府州縣的學校。於江浙、湖廣、江西則有蒙古提舉學校官；於河南、江浙、江西、湖廣、陝西，亦有官醫提舉司。先是自南宋以來，私人設立書院，其風甚爲發達；逮世祖時，乃詔先儒過化之地，名賢經行之所，命好事之家，出錢粟以贍養學者，並許立書院。（書院中掌教者曰山長）至是內外學制乃都完整。

蒙古文字

蒙古初無文字，太祖征乃蠻(Naiman)時，得乃蠻人所用的畏兀兒(Uigur)文字即回回文字，乃始有文字；其後又假借漢字以濟用。迨世祖時乃命喇嘛八思巴(Phagspa)製蒙古新字而頒行之，這便是今世所傳的蒙古文字。元史說：『命製蒙古新字！字成上之，其字僅千餘，其母凡四十有一；其相關紐而成字者，則有韻關之法；其以二合三合四合而成字者，則有語韻之法；而大要則以諧聲爲宗。至元六年詔頒行天下，凡璽書頒降，並用蒙古新字，各以其國字副之。』由此可知蒙古文字之頒行，在至元六年卽西紀一二六九年也。其書法縱書自左向右，蓋原以畏兀兒文字爲基礎者；然畏兀兒文字原爲景教僧侶用細利亞文字爲基礎而作之者，那麼蒙古文字便也是屬於細利亞文字的系統，而又多少可以認出其受了三思克利特（Sanskrit）及西藏（Tibet）文字的影響之處。

初，宋和金因互相敵視之故，宋儒學說，遂久不傳入北方。元太祖時，獲金的軍資庫使姚樞而重用之，次至太宗之時，使其子闊端（Khutan）南侵，命姚樞從軍，凡儒釋醫卜有一藝之長者悉收之。遂得大儒趙復而還；由是宋儒學說，始得以流播北方；而姚樞亦言此時始得見程朱之書云。其次遂有郝經、許衡、劉因等的儒者輩出，郝經字伯常，澤州陵川人，仕世祖，使宋，爲賈似道所拘，不屈，以忠節顯；許衡字仲平，懷州河內人，仕世祖，甚得信任，學德尤高，門流甚盛，世稱魯齋先生，爲元儒之大宗；劉因字夢吉，容城人，號靜修，初修經學，究訓詁註釋之說，甚覺不滿，其後得周邵程朱之書，一見心服，由是祖述朱子之說，以一身兼諸學文章，爲一代大家，世祖詔徵之出仕，未幾卽歸。同時，宋的遺儒，有馬端臨及金履祥二人：馬端臨字貴與，江西樂平人，著文獻通考；金履祥字吉父，蘭溪人，爲朱子女壻黃幹的再傳弟子，隱於金華山中，後遷於仁山之下講學，故世稱仁山先生。次則南方有吳澄者出：澄字幼清，號草廬，撫州崇仁人，爲黃幹三傳弟子，世祖晚年徵之，辭歸，尋爲翰林學士，泰定帝時又謝病歸；其學以朱子爲宗，而雜以陸氏之說，繼北方的許衡，見稱名儒。其他，成宗時有蕭𣂏、杜英，順帝時有陳櫟、胡一桂、許謙、黃澤等，皆稱一代的大家。

蒙古原無文字，假畏兀兒文字及漢字以濟其用，及世祖時喇嘛八思巴始製蒙古文字，故元雖傳承金宋的文學，而公用則爲蒙古語及蒙古文；中國的語言文學固不置重，而且國運太促，文運遂不及見其充分發達。然而其間卻並非沒有可以稱爲一代文豪之人，如宋的宗族而仕於元的趙孟頫字子昂者，不獨書畫精能，卽詩文亦復清迥奇絕，開有元文學的氣運；次則虞集、楊載、范梈、揭傒斯四大家輩出，而文運乃益宏。虞集字伯生，號道園，初遊吳澄之門，學問洽博，稱一代文宗，然其生平文稿之存者，謂止不過有其十分之二三云。楊載字仲弘，初因趙孟頫成名，故謂其詩取材於漢魏，取音節於唐云。范梈字亨父，世稱其人格高，故詩文亦清遠逸宕，肖其爲人。揭傒斯字曼碩，其詩清麗婉轉，神骨秀削，而體裁尤備。四家之次則有歐陽玄，亦以文著，和揭傒斯共盡力於撰修宋史金史。而與四家相前後，以工於流麗之詞見稱者，則有馬祖常、薩都剌二人，而薩都剌尤詩文俱秀絕，絕句更佳。下逮元末，詩人之有名者，則有楊維楨，字廉父，號鐵崖，元滅後，不仕，最擅樂府、小詞，常能出新機軸。外此，則共潛（字晉卿）柳貫（字道傳）吳萊（字立夫）之徒，皆爲明初文學之胚胎者。

元的戲曲及小說

元代文學，到底不及唐宋之世的隆盛，且其詩文，較之唐宋，亦極顯遜色，然而元代有爲中國文學史上開一新紀元之事，則戲曲及小說之勃興是。中國歷代皆崇尚儒學，故娛樂的文藝，如戲曲小說之類，其發達甚爲遲遲。迨元世，以蒙古人民及諸外國人注入了新思想的結果，遂成爲戲曲小說勃興的這一事。蓋漢世有樂府之一體起，及宋而爲詞曲以益示其發達，逮元，遂大成而爲戲曲焉。戲曲有南曲北曲之別：金元之入主中國也，其所用爲胡樂，其音嘈雜而淒緊，故中國人所爲詞，不能入北人之耳，乃有別創新聲者，是爲北曲；而中國人亦不慣聽北曲之音，遂亦創新體，是爲南曲。元代戲曲，其數甚多，羣英所編輯的五百五十六本中，元有五百三十五本，內中云有無名氏之作百七本，娼夫之作十一本，於是明的臧晉叔乃選其特佳者撰爲元人百種曲，外又有汲古閣本的元人六十種曲傳世，此中之最爲傑出者，於北曲則有西廂記，於南曲則有琵琶記、西廂記世稱王實甫作，其材料取於唐元稹所作的會真記，凡四套四十六折，竟是一部情史，所描寫者皆男女離合的情緒，而其詞采則見稱爲千古絕調；琵琶記爲高則誠作，據云係諷其友王四棄置舊妻而締婣權門，故寫蓋狀孝婦貞妻行路之難，而其意匠比之西廂則尤爲複雜多端，其文詞則異於西廂記之婉麗，而以清冷雅艷勝。總之此兩曲者各有短長，以之對比而論評之人雖衆，而其俱爲千古傑作，則固無容置疑。而王實甫、高則誠二人之外，元代以戲曲名家者，尚有關漢卿、馬致遠、喬夢符等，俱可稱爲第一流。小說之起，遠發源於周之稗官、莊周之寓言、漢之虞初，原來止不過記載神仙、變異、街談巷語之類；及至唐世，稱爲傳奇，而作之者甚衆；逮宋世而彌繁。迨元世又因各種新思想，由蒙古人及諸外國人注入的結果，足令人心喜鬪奇異，而學者亦採錄其耳食所得之異聞，集爲成書，風氣既盛，小說遂於以勃興。然元代所出小說，其數雖多，而就中可推爲白眉者，則不能不數水滸傳，其次則爲演義三國志。水滸傳的作者不詳，謂爲施耐菴之作，似乎可信，而今世所傳種類雖多，要以李卓吾的忠義水滸傳百二十回本爲正。其內容，則據正史宋徽宗之世有宋江者率其徒三十六人橫行河朔間爲盜的一件實錄而構成的，書中令這些豪傑們各各顯其獨得的性格而發爲驚天動地的快舉，作者的手腕，實在是值得稱揚。且其文辭又極雄渾爽銳之能事，直令讀者不覺而起壯絕快絕之感；這在中國的小說中，實所罕見，無怪金聖嘆至稱天下之文無有出水滸之右者。演義三國志之作者，名爲羅貫中，而不確。其內容則據正史三國志而演義者，其脚色文辭，以比水滸傳，俱大有遜色，然亦不失爲稀世之一大小說。次及明世，小說盛昌，及西遊記、金瓶梅出，遂偕水滸傳、三國志，共被稱爲四大奇書。

元順帝時，命脫脫(Tukhta)等撰修宋、遼、金三史，不及三年，便告完成；這實是因爲世祖時有已經編輯了的三史舊本故完成得如此之速。宋史有本紀四十七卷，志百六十二卷、表三十二卷、列傳二百五十五卷，總凡四百九十六卷。此書編纂大旨在於表章道學，其餘則皆姑以備數而已，故不免疎略蕪蔓之譏；而明何維騏，略抄此書，成宋史新編二百卷，反而爲得其要。遼史有本紀三十卷、志三十三卷、表八卷、列傳四十五卷、內又附國語解一卷，總凡百十六卷。遼原來不許國人著作流傳鄰境，故其書史記錄，在滅亡當時，悉遭兵燹，蕩然無存，及脫脫等修史，遂無可考證者，僅能就耶律儼、陳大任二家所記者加以編纂，故疎漏之處甚多。唯國語解一卷，倣古人音義之意，其例甚善，而乖謬亦不少；至清朝，以之與金元二史的國語同加改譯，始略得其真。遼史疎略如此，清厲鶚乃撰遼史拾遺二十四卷，參引他書，以補其闕。金史有本紀九卷、志三十九卷、表四卷、列傳七十三卷，總凡百二十五卷。係據劉祁的歸潛志及元好問的壬辰雜編所纂修，且編者又深明史學，故其體例，至爲嚴整。故陔餘叢考及二十二史劄記俱推獎這書，如二十二史劄記說：『金史敘事最詳核，文筆亦極老潔，迥出宋元二史之上。』

元世雖不乏名儒文豪，然其將相大臣皆出自胡人，不知尊重學士的待遇，故文學經術，不逮唐宋之世之隆。然因世祖之時，盛用外國人，自中央亞細亞、西亞細亞及歐羅巴來仕者甚多，故西方的天文、數學、醫術、砲術、建築術，以及測天機及其他機械，遂陸續傳來，而科學的發達進步乃大著，遂在中國的學術上，開闢出一新時期來。如郭守敬（字若思）世祖時人，通水利、曆數、儀象、制度之學，受命新作授時曆以改治曆法，又創作諸種測儀，著關於天文曆數的各種書籍；同時有李冶（字仁卿）者，研究數學，著測圓海鏡一書。而中國的醫術，在此以前，雖南北朝之際，曾受過印度醫學的影響而多少有點進步，然經隋唐五代至宋，其間凡數百年，而寥然無聞，及金始漸顯其勃興之機運，迨元乃稍稍歸於整備。如金元之際有李杲（字明之，號東垣）著內外傷辨論、脾胃論，振醫學久墜之緒，開來葉尙新之機；次在元，則有朱震亨（字彥修，號丹溪）著格致餘論、局法發揮、金匱鈎玄等書；於是世人乃朱李並稱而尊其術，而醫術一門，研究者乃

元的喇嘛教

漸盛；在我們現在想來，這當是爾時亞拉伯及歐羅巴醫術傳來的影響所致。

佛教至元世而大衰，於是喇嘛教代之而興，喇嘛教者，乃興於吐蕃卽西藏(Tibet)的一種佛教而專以祈禱禁咒爲事者，其僧侶着紅衣，故或亦稱紅教，吐蕃在唐世，其國王棄宗弄贊(Chitsun lun btsan)深信佛教，皈仰玄風，故於卽位之初，卽遣使者十六人赴印度求佛典，且根於佛教的主義而更定國憲及刑法。其後至玄宗天寶年間，王棄隸　贊(Khri ide gtsug-brtan-mesag-ts'oms)吃嘌雙提贊)又遣使於印度自榜葛刺(Bengal)招善海大師(Santarakhuta)來，後聽其言又從北印度招瑜伽(Yoga)派高僧巴特瑪撒巴巴(Padma Sambhava 蓮華生上師)至。於是巴特瑪撒巴巴便帶了許多的陀羅尼(Darani)及秘密修法來至吐蕃而創出適合於其國俗的一種密教；這便是喇嘛教。喇嘛者，同於三思克利特(Sanskrit)語之鬱多羅(Uttara)，乃上者之義而用以稱長老之語也。至是遂成吐蕃佛教的通稱。吐蕃佛教，由是大盛，勢力所及，卽國王亦須受其裁抑，西紀九〇〇年頃，朗達爾瑪(Lang Dharma)王憂之，謀破滅佛教，乃毀除佛塔寺院而命僧侶還俗，然在位僅三年卒爲喇嘛拔爾德爾結 (Pal-derje) 所弒。於是佛教乃再恢復其勢力，朗達爾瑪之孫巴勒科爾贊(Pal K'or-tsang) 王時代，乃再建寺院，前代以來逃赴印度的僧侶，亦漸次歸來；而第十一世紀頃，迦濕彌羅(Kashmira)及印度僧侶又接踵而至，益復助長佛燄，而喇嘛遂至於左右國政。元憲宗之弟忽必烈(Khubilai)於西紀一二五三年率兵侵入吐蕃之時，正喇嘛扮底達(Pandita)威權旺盛之時，故忽必烈與之和而國王唆火脫遂降；忽必烈乃留兀良哈台(Uringkhatai)以攻諸夷之未降者，而自伴扮底達之姪八思巴 (Phagspa Ladoi Gyaltshan) 而歸。已而忽必烈即位爲世祖，憂吐蕃之地險遠而其俗獷悍，乃任用喇嘛，使撫御之；又以喇嘛八思巴爲帝師，使領吐蕃之地，使其命令與詔勅並行，自是以來，威權之盛，更無儔匹；凡歷代天子，即位之時，俱受其戒，而后妃公主，亦無不膜拜頂禮。喇嘛教之盛如是，而八思巴之後，喇嘛相繼爲帝師，其勢力日益强大，卒致弊害百出；如喇嘛僧之往來於吐蕃者，佩金字圓符，濫用驛傳，使地方官苦於支應，而在民間，則驅迫男子，姦淫婦女，橫暴直不可以理諭；而地方官吏又不能逮捕喇嘛僧，如是彼等有時直强奪民田侵佔財物；而奸惡之徒乃從而附其勢燄，以脫於罪網；由是賞罰之途廢；而喇嘛僧者又無納稅的義務，如是農民遂有稱其部民不輸田租者，至歲入爲之減少；彼等以受元室歷代的尊信，遂有營結近侍，强請布施者，而朝廷的供養費之鉅，例如元史所記，仁宗延祐四年定麪四十三萬七千五百斤，油七萬九千斤、酥二萬一千八百七十斤、蜜二萬七千三百斤，以爲其歲供，由此以推，則外此所與之物，其額亦必相當之鉅，便可以想見了；然至順帝時則尤甚；以故國庫益告窮乏之勢，不至於厚斂人民不止；而人民不堪於其負擔，遂至挺而走險；而不屑於爲蒙古所羈絆之漢人，乃崛起四方，而元室以亡；故喇嘛教者，謂其爲元室滅亡的一個原因，亦不爲過。

元的道教

道教自宋徽宗以來，稍稍衰退，卽在南宋，亦不復振。元太祖之在西域，曾自山東招道士邱處機（長春眞人）然初非示其尊崇，止不過爲欲得長生不老之術而已。憲宗時，曾命道佛兩家互相辯難，道士卒不能勝，乃命焚其僞經，又佛教寺院之爲道家占領者悉命退還，逮世祖以後，喇嘛教得勢，道教乃愈形不振。然而元室則固歷代優遇道士者，太祖使邱處機總領道教，準其到處建立道觀；世祖加張氏以真人之號，使其總領江南諸路的道教；又如張留孫者，自世祖以來，歷仕五代，參預樞機，大得寵任。於是，元世所行道教，凡有四派，卽正一教、真大道教、太乙教、全真教是：正一教爲張氏所傳，專行於江南；真大道教創始於金末道士劉德仁，五傳而至酈希誠，憲宗乃賜以真大道教之名；太乙教者因傳太乙三元法籙之術，故有此名，始於金道士蕭抱真，五傳至李居壽，獲賜太乙掌教宗師之印；全真教爲宋末道士王重陽所創，至其弟子邱處機得太祖的尊信，而其江北的根據以固。

元的伊斯蘭教

伊斯蘭教雖唐世曾一入中國，而未至於盛行，逮唐末則並其跡而絕。惟天山南北兩路之地，此教流傳，卻極見盛況，遂乃代佛教而有其勢力。而尊信之最篤者，厥爲回紇（Uigur）人，以此，中國乃稱之曰回教。故伊斯蘭教，直至宋末，亦不見其再在中國流傳。然元太祖攻金時，其軍中有奉伊斯蘭教如畏兀兒（與回紇回）；人者而太祖西征，伊斯蘭教徒之來仕者亦衆；次及太宗憲宗，攻金與宋之時，從軍者亦有伊斯蘭教徒；迨世祖一統中國後，盛用西域人，致蒙古的王族將相中，亦有信奉其教者；由是流傳中國，而尤以中國本部的西邊爲盛。

元的基督教

蒙古勃興之頃，正歐羅巴人對於西亞細亞的伊斯蘭教徒起了幾回的十字軍之時。會蒙古在太祖及太宗時，亦起西征之軍，到處覆滅伊斯蘭教國，如是基督教徒，遂以爲蒙古人是替基督教徒來撲滅伊斯蘭教徒的，便想合蒙古人同盟。於是羅馬法王因諾建（Innocent）四世，乃命卜拉諾迦爾毗尼（Joan du Plano Carpini）於一二四五年至一二四七年之間訪欽察（Kipchak）汗拔都（Batu）於薩來（Sarai），更訪元的定宗於喀喇和林（Karakorum）以窺探蒙古的勢力；其次法蘭西王路易（Luis）九世，間旅行於巴勒斯丁納（Palestine）的拔都之子撒里答（Sartakh）信奉基督教，乃於一二五三年遣佛蘭西司可（Francisco）派的路不路克（Guilelmus de Rubruquis）訪撒里答及拔都，更訪元的憲宗於喀喇和林，以謀弘布基督教；其後佛蘭西司可派僧孟德可兒威諾

(Joan du Monte Corvino) 又奉羅馬法王尼古拉司 (Nicholas) 四世之命，經印度，以一二九三年遵海路達中國，至燕京，得元世祖的許可，從事布教，隨而信徒漸多，達六千餘人，乃建教會堂於罕巴里(Khmbalig)即燕京也；次至一三〇六年可隆(Cologne)僧阿諾爾(Arnold)來，共盡力於布教。孟德可兒威諾以書報告羅馬教會在極東及印度的發展狀況，羅馬法王克勒勉(Clement)五世，嘉其功，於一三〇七年特命孟德可兒威諾爲迦台(Cathay)即中國的大僧正，且許其設立自副僧正以下的各種僧職，以便助其傳道。當時基督教的會堂，不止燕京有之，以外如泉州杭州及其他地方，亦俱建立，從而信徒的數目，亦日見增加，而宣教師之來中國者，遂踵武於途云。繼自一三一六年至一三二八年之間，波爾迭農(Pordenon)的僧正窩多利克(Friar Odoric)亦經欽察、波斯、細利亞、印度，自海路來中國，沿途訪廣州、泉州，遂達杭州，入燕京，時爲元的文宗之世。一三三六年元順帝命意大利人安德勒阿士(Andreas de Perouse)致親書於羅馬法王別納弟克特 (Benedict) 十二世，云其翌年，曾得覆書。又次，一三四〇年佛蘭西司可派的馬利略里(Joan du Marignolli)，秉羅馬法王的使節，從陸路向中國，中途建教會堂於阿力麻里(Almalik)此地乃一三三九年西班牙宣教師被虐殺之處而其後馬利略里教堂亦復破壞。而馬利略里則於一三四二年入燕京，逗留三四年而歸；又後尼古拉司、德邦納特(Nicholas de Bonnet)至燕京，爲孟德可兒威諾之後繼者。然是時，元威已歇，羣雄割據四方，國內雲擾，布教漸陷於困難；迨元亡，東西交通亦斷，而基督教之在中國，遂次第歸於廢絕。

元的音樂

元因起自蒙古，其初音樂未備，至世祖時，始命宋周臣領樂工，又命王鏞作大成樂，以後登歌及文武的二舞，用之於太廟，並選定社稷的樂章；次及成宗，爰製郊廟的曲舞，仁宗時，又命太常補綴樂工，而後樂制乃大備。

元的書畫

通於有元一代言書法者，以趙孟頫、鮮于樞、鄧文原明爲最著；就中，趙孟頫及鮮于樞二人，尤以畫得名。畫在元初，有趙孟頫、高克恭；趙孟頫字子昂，號松雪道人，爲宋的同族，仕於元，擅書畫文章經濟，而畫山水木石花竹人馬並妙；高克恭字彥敬，號房山，初師米芾及其子友仁，後學李成、董源、巨然之風，善山水。其次則有陳仲仁、顏暉、張嗣成等諸大家，而鮮于樞亦以能畫稱：陳仲仁字元長，能山水人物花鳥；顏暉字秋月，長於道釋人物，世稱其筆法奇絕，有八面生動之致；張嗣成號大玄，工畫龍，兼善山水草書。其後又有黃公望、王蒙、倪瓚、吳鎮四人，稱元末四大家：黃公望字子久，號大癡道人，長於山水，初師董源、巨然，晚年一變其法而自成一家；王蒙字叔明，號黃鶴山人，學巨然之風，善山水，以墨法秀潤著；倪瓚字元鎮，號雲林，初學董源，晚年造詣愈深，遂一變古法，以天真幽淡爲宗，善爲林木平遠竹石，世稱其清疎瀟遠風致絕倫，絕無朝市塵埃之氣云；吳鎮字仲圭，號梅花道人，學巨然，善山水，並工花鳥。

元的農業

元初立司農司，以董文用爲山東西道的巡行勸農使，大闢東方之地。後頒農桑令，以每村五十家爲一社，以高年而通曉農事者爲之長，使專以教督農民。其不及五十家者，則與別村合社，若地遠而不能與別村合者，許其得自立社；因此，農業遂漸次發達。

元的工商業

在元以前，歷代皆有重農輕商的積弊，故工商業頗不見其發達。及元之興，因侵略外國，版圖擴張的結果，和外國的交通頻繁，通商既盛，故內地的工商業，亦從而發展。而在元時，如政府自營貿易及立官設工場以製造供給官用物品等事，尤其可以窺見其進步的一斑。元史所載關於官營之業，如設梵像提舉司（掌雕刻繪畫）、出臘提舉司（掌出臘鑄造之事）等的署場；設局以製造繡繪繡紋綿紗羅瑪瑙金銀木石油漆窰冶等物；又於各地置染織提舉司，凡十六所，以掌染絲綿織布帛等事；由此便可以想見是時產業之盛。而且元世科舉，又未遍行，故士民之不得伸其驥足者，遂唯有走於工商二途，從事商工業者既多，民間產業，因亦趨於隆盛。然世祖時，外勤遠略，內盛聚斂，而鹽鐵榷酤商稅田賦等的征利以重；逮明宗以後，苛斂尤酷，卒致民怨沸騰，不及百年而國祚以隕；如是，日趨隆盛的民間商工業，遭此頓挫，故其發達，或遂因此而不能達於完全之境。

元的漕運

自元以上，南北運輸，都由河川，及元乃有海運。然海運，若遇風信失時，則自江南地方以抵燕京，為時期年裁達，故不能全恃海而須廣開新河；然又因舟多破損，尋罷，卒專用海運。其後開會通及惠通二河，乃有漕運。然武宗時，派官吏至江南議海運事，令江南各地運糧，仍悉遵海道，由是海運益盛。惟其航路，屢經變更，其最後所開者，若使風信得宜，則自浙西至燕京，旬日便可達，雖時有漂沒之患，然謂比之漕河所費，其所益已多云。

元時代的東西交通及通商

蒙古勃興以後，至於元的時代，東西交通，所由頻繁，凡有兩大原因：(一)因空前絕後的一個大帝國興起以後，其隨在割據的許多小國都歸滅亡，交通往來，因以自由；(二)以政治上及軍事上的目的，故新開官道，設宿驛，置守備，而旅客的危險困難，遂從而減少。有此二因，東西的交通，乃為之面目一新；而中央亞細亞、西亞細亞、波斯、印度，以及歐羅巴的商人之走海陸兩路而來蒙古及中國者，遂繁然不絕。其由陸路而來者，則發程於西亞細亞及歐羅巴，一則經中央亞細亞、天山南路，一則通過西北利亞的南部經天山北路以達於喀喇和林及燕京；其遵海路而來者，則發程於波斯、印度的海岸經印度洋、中國海而抵泉州、杭州諸港；故如泉州者，在當時實為世界第一的貿易港，亞拉伯人、波斯人及其他外國人之來此居住者，其數直達萬以上云。如是則如馬可波羅 (Marco Polo) 及伊文、巴頭陀 (Ibn Batuta) 等的旅行記裏所載的中國的寨東(Zayton, Zaiton) 或寨村 (Zaitun) 遂不得不推定其爲泉州。蓋泉州城的異名曰刺桐城又曰瑞桐城，方輿勝覽：『州城留從效重加版築旁植刺桐環繞名曰桐城；如先葉後花，其年五穀豐登否則反是故謂之瑞桐。』（留從效五代時人，初仕南唐後仕於宋太祖。）由是可知寨東乃刺桐及瑞桐之對音，故可推定爲泉州；雖有些學者，推定寨東爲漳州的，然殊難令人首肯：緣漳州及漳州二港，至今尚爲南洋貿易的要港，兩俱爲廈門 (Amoy) 灣的樞要之地，故彼推定漳州以爲寨東者，亦非全無理由，特泉州自唐宋以來，卽以外國貿易港而見重，故寨東之爲泉州，實無可以置疑。元世祖時，泉州、上海、澉浦、溫州、廣東、杭州、慶元七港俱設有市舶司，以驗查輸出輸入的貨物而取關稅十分之一，粗者十五分之一。及盧世榮掌財政時，乃具船給本選人使赴海外貿易所獲利益分爲十分，官取其七，其餘三分以與貿易者，其有人民私航海外作買賣者則禁止之；然盧世榮死後，制亦隨廢。舉此時代自歐羅巴及西亞細亞而來蒙古及中國之旅行家與宣教師之著名者，則如卜拉諾、迦爾毗尼、路不路克、孟德可兒威諾、窩多利克等宗教家以外，尚有小阿爾美尼亞 (Armenia) 王之弟偕東 (Haython) 於一二五五年來蒙古謁憲宗；有名的意大利人馬可波羅，則於一二七五年至中國，仕世祖朝垂十七年；摩洛哥的亞拉伯人伊文、巴頭陀則在順帝時，自一三四六年至一三四八年之間居於中國。其他亞拉伯、波斯、中央亞細亞等的學者、軍人、技術家，意大利、法蘭西的學者、畫家、技術家、職工等之來仕於元室者尤衆。以此，故西方的天文、曆法、數學、砲術、建築術、工藝等，遂傳於中國，而中國的磁石盤、活版術等，則傳入西方。就中，馬可、波羅乃意大利的威匿司 (Venice) 人，以一二七五年隨其父尼可羅、波羅(Nicolo Polo)及叔馬獲波羅(Maffeo Polo)俱來中國，仕於世祖，先學蒙古的言語風俗，次出使於喀喇和林、大理、緬國、占城、南印度等地，旋被任為揚州都督，在職者三年，益得世祖的信任，累進至樞密副使。於是，波羅等逗留中國，重十七年之久，其間曾屢請西歸，世祖俱不之許。會世祖有女與波斯的伊兒汗

(Ilkhan)阿兒渾(Arghun)締婚，將由海路送公主往，而蒙古人憚於航海，世祖乃命波羅等任護行之役，遂於一二九二年之初發泰東的泉州，護送公主往波斯，逮其任務既畢，乃更向鄉里，於一二九五年之末歸於威匿司。已而威匿司與日內瓦(Genova)有爭端，馬可、波羅出與日內瓦軍戰，於一二九八年戰敗被擒，被繫於日內瓦之獄者一年，其間乃以其在東方所見聞者，語其同檻的披沙(Pisa)人路司謫其阿諾(Rusticiano)，至後年，其諸所告語者遂成爲一部的書籍而行於世，這便是有名的馬可波羅遊記。馬可波羅以一二九九年被赦還威匿司，至一三二四年死，年七十歲。如是，第十三世紀之末至第十四世紀之初，馬可波羅遊記出世以後，而後日本一名，始喧傳於歐羅巴中，同時，爲歐羅巴人所一向沒有知道的東洋各國的事情，也因此書而獲闡明，遂刺激起歐人的冒險心來，爰以通商傳教及別的種種目的，爭赴東方，遂成爲喚起第十五六世紀的海陸發見的動機。所以我們實在不能不承認此書影響之及於世界文化者，其功績至爲偉大。抑一三四〇年出世的拍果羅謫(Francesco Balducci Pegolotti)

的通商指南一書，其功績亦爲我們所不可忽略看過的。拍果羅諦當第十三世紀之末生於意大利之惠連宅（Florence），壯年時，傭於該市的富豪巴爾敵(Bandi)之家，一三一五年後，乃主安威爾士(Anvers)、倫敦(London)、奇普魯士(Cyprus)等地的商館，一三三五年頃，在奇普魯士從小阿爾美尼亞王處得到通商的特權，次至一三四〇年乃蒐集各種材料，著成通商指南(Libro di divisamenti di paesi e di misuri di mercantazie e d'altre cose bisognevoli di sapre a' mercanti 到了後年普通都稱此書曰 Pratica della mercantura，乃通商指南之義。）一書。此書開頭爲諸國的物產志，並記其用途及買賣方法和稅法等，次則詳記當時的商業的道路、著名的商業地、輸出入稅、通貨的換算價格、度量衡的換出法等，此外則凡爲通商貿易上所必不可缺的各種條項，悉網羅無遺。以前中國和印度、波斯、中央亞細亞、西亞細亞等地，雖則其交通往來頻繁已極，而直至第十四世紀的前半期爲止，歐羅巴中的消息，傳到中國來的，極爲稀罕，故如孟德、可兒威諾云不得本國音信者垂十二年。但因爲跟著商業貿易的發展形勢遂忽爾一變，一三四〇年，此書一旦出世，而歐羅巴的商人，乃卽得以詳知在中國及印度等各市場的貿易商路、沿途各國的貨物通貨、以及中國的交鈔。如是，日內瓦、惠連宅的商人欲從海路走中國及印度者乃續出，而東洋貿易遂頓呈活氣。故拍果羅諦的通商指南一書，我們也非得承認其曾經給世界文化以偉大的影響不可。

元的交鈔

元在太宗之時，始造交鈔，至世祖，又造中統交鈔九種，卽十文、二十文、三十文、五十文、一百文、二百文、三百文、一貫文、二貫文是已。又造至元交鈔，分自五文以至二貫十一等。而每年印造的數目，則自數十萬以至數百萬焉。其法以絲爲本，用絲鈔一千兩代銀五十兩，（卽至元鈔1貫＝銀$\frac{1}{2}$兩＝金$\frac{1}{20}$兩的比例）諸物之價，並從絲例。其後武宗時，又造至大銀鈔，及仁宗罷之，故惟中統至元二鈔，終元之世，皆行使之。如是，起初時，於各路立平準行用庫，以爲金紙的交換，又立回易庫，俾故鈔與新鈔交換，又丁錢、田賦，皆可用交鈔完納，故交鈔遂風行天下。迨積日既久，回易庫一閉，不復交換，僞造復多，由是信用墜地，物價騰貴，鈔價下落，而經濟上乃大起擾亂。至順帝時，遂依丞相脫脫（Tukhta）之議，廢止鈔法，而鑄造至正通寶，使與歷代銅錢並用，然未幾，而元亦旋亡。

第八章　明時代之文化

明太祖的經略

明太祖即位之初，元順帝尚在上都，有帝號；夏主明玉珍之子明昇則據四川不應明的招諭；而元的宗室把匝剌瓦爾密(Patsaluarmi)尤雄踞雲南遙作元的聲援。已而明軍入四川，降夏帝明昇，討雲南，破把匝剌瓦爾密，乃更進而把大理金齒等諸蠻都降服了，由是西南之境悉平。其間元順帝已死，太子愛猷識里達臘據喀喇和林稱大汗；次則其子脫古思帖木兒(Tukus Timur)立入寇遼東，然爲明軍所破，蒙古的部族乃全然解散。明於是平定了漠南及滿洲而一統天下，時則西紀一三八八年也。

太祖的政策

太祖既定南北，於邊要之地特置行都指揮使司以嚴國防，改修律令，復唐代衣冠；收兵權入於朝廷，分政務與六尙書，再興科舉之法，天下大設學校以盛教化。而太祖又懲於宋元兩朝之布郡縣制，致來帝室孤立之憂，乃分封

靖難之役

諸子凡二十四王於要地以爲屏藩；因之邊陲諸王，遂權有征伐之權，其勢强盛，隱然有與朝廷對抗的形勢。加以太祖以其功臣多屬武人，懼其身後作變，乃起胡藍二大獄，殺其徒數萬人；以此之故，其後靖難之役起，故內無一人曾爲惠帝勤王者。

太祖死後，其孫惠帝（建文帝）卽位，憂諸王之强大，乃與齊泰、黃子澄等謀，倣漢削平七國之例，乃廢周、代、岷、齊、湘諸王，其餘諸王，乃自然因之疑懼不安。時太祖之子燕王棣在燕京，坐鎮北方，夙有重望，陰懷異圖；至是乃招納元的降卒，起靖難之兵南下，又併有寧王之衆，遂大舉衝京師。帝用方孝孺之議，割地請和，然燕王不聽，終逼金陵，其中宦者多與燕王通，城遂陷，帝出奔，生死不明；燕王卽位，是爲成祖，時爲西紀一四〇二年；其後成祖遷都燕京，爲北京，而舊都則稱曰南京。

成祖的南征

初、元室之傾也，安南王陳暭通於明，受其封册，其後黎季犛立邊功，乃私攬政權，於西紀一四〇一年遂自立以代陳氏，國號大虞；時陳氏之裔天平，避國難於老檛(Laos)，乃入明哀訴，成祖欲納之還安南，中途爲黎季犛所要殺。於是成祖乃命張輔南征，破安南之軍於富良江(紅河)畔，生擒黎季犛父子，安南平，乃置交趾布政司，由是占城、老檛等地皆望風降明。曩者陷金陵時，惠帝不知所終，成祖疑其或者逋逃海外，曾授中官鄭和以水師三萬七千餘，使之遍歷南海諸國；至是，安南陷，諸國皆服明威，入朝來貢者有琉球、眞臘、暹羅、滿剌加(Malacca)、渤泥(Borneo)、蘇門答剌、爪哇、榜葛剌(Bengal)等三十餘國。

成祖的北伐

當是時，蒙古有元的太祖之弟槊只哈薩兒(Djuchi Khassar)之後裔阿魯台(Alutai)者，迎立順帝之後本雅失里(Benia-cheli)爲韃靼(Tartar)可汗，不應明的招諭；成祖乃遣邱福擊之於臚朐河畔，不利，西紀一四一〇年，成祖親率大軍五十萬北征，大破本雅失里於斡難河。其時占領着外蒙古的西部及天山北路的瓦剌(Oirut)部長瑪哈木(Mahmud)，乃乘此機殺本雅失里而擁立其子洽里巴(Dalbek)，勢甚振，阿魯台遂降明。於是瑪哈木乃一統漢北，將入寇，西紀一四一四年成祖親征破之，追瑪哈木至圖拉(Tula)河旋師。其後阿魯台又漸得勢，爲邊患；成祖亦起親征之師，前後凡兩回，於西紀一四二四年還至開平之西北榆木山病死。

宣宗之治

成祖之子仁宗，在位一年而死，其子宣宗立，卽位之初，卽親征平叔父漢王高煦之叛；後又北巡，破兀良哈(Uriangha)之兵。兀良哈者，女眞之別種，前者曾助成祖靖難之役有功，得大寧(山西省灤州大寧縣)附近之地，乃漸盛，至是遂爲帝所擊破。時朝廷有楊榮、楊士奇、楊溥等名臣，國內大治，雖則安南征伐，曾招失敗，而明威顧不以是損；是爲宣德之治。宣宗死，其子英宗立，太皇太后張氏性明敏，信任上言三楊，政治淸明。顧太后一死，三楊亦相繼去世，宦者王振弄權，屢思耀武揚威，發大軍擊破麓川(雲南的西南部)蠻，又征兀良哈，無功而深招北人之怨，卒來瓦剌入寇之禍。

土木之變

宣宗之世，瓦剌部長瑪哈木之子脫歡(Toghon)，襲殺韃靼部長阿魯台而併吞諸部，立元的後裔脫脫不花(Tukhta Buka)爲可汗，而自爲相，稱太師，專權勢。逮英宗時，脫歡死，其子也先（Yessen）爲太師，富有勇略，瓦剌的勢力乃日趨強大於西紀一四四九年遂大舉侵明，入大同陷諸城。英宗於是聽王振之勸，率大兵五十萬親征之，至土木（直隸省宣化府懷來縣西）爲也先所襲；帝被擒，瓦剌之兵一直進逼北京，城中震駭，有言南遷者。然孫太后擁立英宗之弟景帝，用于謙之議，盡力禦敵，也先遂解圍而退，明年，復通好，送還英宗。

宦官嬖倖的跋扈

及景帝疾篤，石亨與宦者曹吉祥等謀，乃廢之而令英宗復位，並殺于謙，負其擁立之功，恣擅威福。英宗重祚八年而死，其子憲宗立，宦者汪直、李孜省、僧繼曉等相繼弄權，朝政大紊。憲宗死，子孝宗立，恭儉勤政，遂成所謂弘治之治。然孝宗之子武宗，性狂暴，親近劉瑾等羣小，朝政復紊，盜賊屢起。時安化王寘鐇反，未幾平。而帝又寵任江彬，巡遊無度，寧王宸濠遂起叛亂，帝正欲起親征之師，會王守仁起兵討平之。

大禮之議

武宗無嗣而死，楊廷和奉遺詔迎立孝宗之弟興獻王之子厚熜，是爲世宗。已而追崇興獻王之議起，禮部尚書毛澄，受楊廷和的意旨，根據漢宋故事以孝宗爲父稱皇考，興獻王則稱皇叔父，而帝則自稱姪皇帝。既以此請，帝怒而卻之，廷臣等無已，乃欲以孝宗爲皇考，以興獻王曰本生皇考興獻帝，其妃曰本生皇太后爲請；然桂萼則欲以孝宗爲皇伯考，興獻王曰皇考爲請；張璁則謂宜去其本生之稱。如是廷臣相與論爭者，直亘三年之久，終乃依席書等之議，稱孝宗爲皇伯考、其皇后爲皇伯母，興獻王稱皇考、其妃稱聖母、武宗則稱皇兄、其后稱皇嫂，而詔告天下，尊稱遂定；是曰大禮之議。

土木變後，瓦剌的也先，遂弑脫脫不花而自稱大元田盛可汗，縱極驕暴，然旋亦爲其重臣所殺。韃靼部長孛來(Polai)乃與毛里孩（Molikhai）謀擁立脫脫不花之子麻兒可兒（Malkol），顧二人又爭權，互相攻伐，於是瓦剌及韃靼之勢，遂兩俱衰頹。其後脫古思帖木兒的六世孫韃延汗(Tayan Khan)立，有雄略，定沙漠南北，取河套（陝西省邊外北河之西）之地，號大元大可汗，屢次寇明邊，西紀一五〇一年遂南下陷寧夏。韃延時，封少子札賚(Jalair)

俺答入寇

於漠北蒙古，以漠南蒙古之東半與長孫卜赤(Bodi)，其西半則以與次子巴爾色(Paldi)而使爲吉囊(Djinong 副王之義)。巴爾色之子究弼里克(Gunpilik)尋亦爲吉囊，居河套爲鄂爾多斯(Ordos)部之祖，而其弟俺答(Altan)則據陰山爲土默特(Tumet)部之祖。韃延汗在位凡七十三年，以西紀一五四三年死，卜赤立，稱亦克罕(Alak Khan)，其子打來孫(Daraism)徙宣化府之北，子孫世世繼汗位，其部落曰察哈爾(Chahar)。

蒙古自明武宗時屢來侵，迨世宗時，俺答勢張，甚連擾陝西山西，總督曾銑禦之有功，乃唱恢復河套之議。於時世宗信奉道教，日事齋醮，不問政事，於是嚴嵩弄權，讒殺曾銑，西紀一五五〇年俺答乃大舉侵入，進迫北京，顧明之將士無肯出戰者，聽蒙古兵縱掠而去。如是俺答乘明室之微弱，屢來寇擾，肆其剽刧掠奪者，前後垂三十年。其後降瓦剌，略青海時，漸知崇奉喇嘛教，厭棄殺戮；世宗子穆宗時，遂來與明通好，受封順義王，時爲西紀一五七一年。迨一五八一年，俺答死，其子黃台吉(Khung Taichi)嗣，亦尊奉喇嘛教甚至；至是

交趾的叛服

寇明之事遂稀。

先是，交趾雖一時曾成爲明的州縣，顧陳氏的餘衆復起，張輔、沐晟等乃擒獲陳季擴而後陳氏乃全亡。然清華人黎利又煽動安南人作亂，屢與明軍戰破之，於是西紀一四二七年，明將王通等乃與黎利講和，棄交趾而還。黎利乃遣使至明，得宣宗的許可，立陳氏後人以爲國王；然未幾卽自請明册封爲安南王，國號大越，時西紀一四三一年。迨黎利之孫黎灝，有英略，親征滅占城，降老撾，伐緬甸，大揚國威，遂建中興之業。又迨其孫黎瀅，內亂忽起，莫登庸鎮定之，遂乘勢弒二君，西紀一五二八年篡王位。於是黎氏舊臣阮淦乃偕其女婿鄭檢共奉黎氏之後據清華，以莫氏篡弒之行訴之於明，世宗發兵，欲討莫氏，莫登庸請降，乃授莫氏以安南都統使之職，並許其世襲，時爲西紀一五四一年。如是莫氏僭竊及六十五年，屢與黎氏戰，一五九二年鄭檢之子鄭松遂滅莫氏，一統安南，明神宗時乃授黎維潭以安南都統使之職。而阮淦之子阮潢又惡鄭松之恃功專橫，於西紀一六〇〇年據順化(Hue)併占城之故地，國號廣南，以謀鄭松，而鄭松亦挾黎氏據交都以與對抗，安南自是遂分爲大越、廣南兩部。

明太祖時征雲南，威服大理、金齒諸蠻。然宣宗時，麓川（雲南的西南部）部長思任發叛，併呑孟養、木邦等部，英宗時，乃遣王驥等南征，追思任發入緬甸，擒之。其後至世宗時，孟養部長思倫爲思任發之裔，怨緬甸之應明而捕思任發也，侵之，陷其國都阿瓦(Ava)緬甸王的少子莽瑞體(Mon Taya Shweti)出奔洞吾(Toungoo)，後爲其地酋長。其時，喜望峯(Cape of Good Hope)的航路已開，葡萄牙(Portugal)人之來印度及馬來半島者極多，莽瑞體乃傭之以攻伐四方，西紀一五四四年遂恢復阿瓦，爲緬甸王；又上溯金沙江(Irawade)，下雲南諸蠻，破暹羅，侵及明之南徼。暹羅之地，原分暹(Shan)及羅斛(Lakok)兩部，元末有羅摩直波智(Ramathibodi)者，始統一兩部而建暹羅國，定都於猶地亞(Ayuthia)，至是爲緬甸所破。於是西紀一五八三年緬甸王莽瑞體之子莽應裏(Burankri Naunchan)率大軍入寇雲南，明將劉綎擊破之，更南進陷阿瓦，暹羅亦乘機略其東陲，緬甸之勢，乃由此衰。

明初的倭寇和日明的交通

元自東侵以後，日本國民對外之氣，爲之大振。然其國內分爲南北兩朝，爭亂相踵，垂五十餘年，遂致財用缺乏，其諸國的豪族中，乃多求通商之利於元及高麗。已而元室式微，日本的南朝亦衰傾，其遺臣遂偕西陲的流民剽掠元及高麗沿海。迨明初，元末羣雄張士誠、方國珍等的殘黨，又與日寇相結，出沒海上，北至山東，南至浙江、福建，無年不備蒙其害。明太祖乃遣使於日本的征西將軍懷良親王，請禁邊寇，然無效，乃設防倭衞所於沿海諸要地，專備寇盜。成祖時，日本南北朝已歸一統，其將軍足利義滿，自稱日本國王，遣使於明，修睦鄰交，得明的勘合印信，從事貿易，且屢屢捕殺海賊，由是明之海患，始得以稍紓。

倭寇的猖獗

而日本的中國及九州等地的諸侯，遂亦有商船，往來於明及朝鮮，以致富强。然未幾，日本出了應仁的大亂，遂入了戰國擾亂之世，四方不逞之徒，乃投身商賈，假名貿易，頻向海外，而明的奸商等乃與官吏結合，以欺日本商民，購物而不給値於是此等人乃憤怨不已遂又起而剽略沿岸如是日本的貿易商民遂一變而爲沿海的寇盜其徒多則一萬少亦數十浮游海上以弋貿易之利無利則侵略州縣殺人放火到處劫掠明人稱之曰倭寇畏怖遁竄無能桿禦而明的奸民大盜亦投身寇中導之以攻掠沿海故倭寇之勢遂猖獗極一時就中徽州人汪直寓居日本肥前的平戶屢導海賊西紀一五五三年賊船數百艘蔽海而至侵掠浙之東西揚子江之南北亘三年之久及一五五七年汪直爲胡宗憲所誘殺而後倭寇之勢稍衰繼而又寇福建廣東西紀一五六二年陷興化府據平海衛（福建省興化府蒲田縣東）其明年俞大猷戚繼光等擊斥之倭患乃真衰然猶以台灣島爲根據地以出沒於明之南海岸倭寇既如是爲患沿海明人乃深怨日本其後萬曆年間日本興師寇朝鮮時明乃出兵援之遂交干戈要之倭寇初非盡屬日本人明之奸民亦居其半且皆烏合之衆並沒有豪族大姓作他們的統率然明人顧乃畏之如虎至與蒙古並稱曰南倭北虜而明室的命脈直亦爲此二患所縮短也。

朝鮮之興起

初、高麗自忠烈王以來，每事都要受元的干涉，直至第十四紀中葉，恭愍王立，始得脫元的羈絆。然是時，外則來倭寇之侵擾，內則有僧遍照之擅權，故國勢至復微弱。次及明興，曾一旦奉其正朔，然恭愍王無子死，遍照之子辛禑據遺命嗣立，乃與蒙古通，欲討明，遣李成桂等爲將帥，使侵遼東，顧諸軍既渡鴨綠江，李成桂忽班師，謂大國不可侵犯，遷辛禑於江華島，而立其子昌，已又廢之而擁立高麗王族恭讓王，尋受禪遷都於漢陽（今之京城）以西紀一三九二年遣使至明，受國號及封册；這便是朝鮮的太祖。

萬曆朝鮮之役

於是，朝鮮自太祖以來，凡得數世，國內大治，盛講程朱之學，大興文化。然傳次燕山君，暴虐無道，國內遂亂，及其弟中宗立，乃改革虐政，然因倭寇爲患，州縣疲弊，至中宗之孫宣祖時，遂爲日本的豐臣秀吉所侵寇。時日本的豐臣秀吉既一統國內，乃更欲假道朝鮮以圖明，命朝鮮爲嚮導，宣祖拒之，秀吉乃興師先寇朝鮮，西紀一五九二年日本兵入朝鮮，加藤清正、小西行長等連下諸城，京城、平壤，相繼陷落，宣祖乃出兵義州，求救於明。時明爲神宗在位，乃命遼陽總兵祖承訓出師援朝鮮，與小西行長戰於平壤，大敗；更遣李如松，乃破行長；然與小早川隆景戰於碧蹄館，（朝鮮京畿道礪石嶺之北）卻又大敗，神宗遂遣沈惟敬就行長議和；議熟日本諸將，乃退出京城；西紀一五九六年，明使至日本秀吉以其璽書之無禮及條約之不一致，拒不納明年乃復興師侵朝鮮及明，曾擊破朝鮮軍；又明年，秀吉病死，諸將奉其遺命收兵還，宣祖始得重歸京城。此前後二役，都在明神宗的萬曆年間，故此謂之曰萬曆朝鮮之役。

滿洲的興起

自金亡後，通古斯族久已沈淪不復有聞，降及明世，乃有據今盛京省之東北的滿洲部愛新覺羅（Aisin Gioro）氏者起。愛新覺羅氏者世世居寧古塔（Ninkuta）之西南鄂多里（Otori）明英宗頃，乃移於赫圖阿拉（Hotoala 今之興京）其後經百數十年至神宗萬曆年間，奴兒哈赤（Nurhachu）出，以父祖遺甲十五副起而統一附近諸部，次又降有通古斯族的扈倫、長白山諸部及蒙古的科爾沁部，西紀一六一六年遂自立爲汗，立國號曰後金；這便是清

東林的黨議

的太祖。太祖由是侵明的邊境，一六一九年破遼東經略楊鎬的大軍於渾河畔，遂取瀋陽、遼陽，乃遷都瀋陽，是即今之奉天。

明自太祖以來，力許言論的自由，故英宗以後，宦官權臣，舞弄政柄之時，學者遂多亦從而議論政治的得失。神宗時，顧憲成剛直有學識，帝寵鄭貴妃，欲以妃所生幼子常洵爲太子，顧憲成諫之，罷歸鄉里無錫（江蘇省常州府無錫縣）乃修東林書院，與弟允成及同志高攀龍等託於講學以諷刺時政。時鄒元標、趙南星亦不得志去朝，集徒講學，爲顧憲成聲援，論朝政之可否，由是在野的學者，爭景附之，而廷臣亦有嚮慕風聲，遙爲應和者，遂乃崇尚氣節，以與政府對抗；在朝當局則稱此輩曰東林黨，而加以排斥。會神宗已定長子常洛爲太子，已而有號長差者入太子宮梃擊門者，世人以爲此乃鄭貴妃所嗾使，非東林黨欲置之不理，東林黨則主張必須糾訊，是爲梃擊之案。神宗死，光宗立，數日，有疾，服鴻臚寺官李可灼之藥，俄死，東林黨又主張糾彈，非東林黨則以爲可灼無罪而反對之，是爲紅丸之案。光宗死後，其寵妃李選侍與宦官謀擁立光宗之子熹宗，閹臣慮有後患，乃移選侍於別宮，如是，東林黨乃贊美閣臣之處置適當，而非東林黨則大攻擊其非禮，是爲移宮之案。

明的衰微

熹宗卽位之初，葉向高爲相，與趙南星、高攀龍、楊璉、左光斗等協力從政，東林黨一時勢頗盛。已而宦者魏忠賢握政柄，與帝之乳母客氏謀，恣殺諸臣宮嬪，廢除東林黨而禁錮殺戮之，暴戾拔扈，無所不用其極，國政是以大紊。熹宗弟毅宗立，乃貶殺魏忠賢等。然是時國民疲弊已達極點，流賊起於各地，加之滿州勢力又日强盛，進逼邊境，明室覆滅之期，乃迫於旦夕。

滿洲的強盛

滿洲於西紀一六二六年太祖死，其子太宗立，使阿敏征朝鮮，陷平壤，逼京城，朝鮮王仁祖服，乃轉兵逼明。時明毅宗以袁崇煥防滿洲，爲太宗破之於大凌河，拔錦州，乘勢進兵，直抵山海關。曩者俺答勢振漠南時，韃靼的可汗，纔能保有察哈爾部，逮卜赤的遠孫林丹 (Lingdan Khan) 汗，其勢稍又復振，屢屢寇明，明乃以重幣厚賂誘之使禦滿洲，林丹乃侵及遼東，又壓迫蒙古諸部，如是諸部乃歸降滿洲請援。太宗乃合蒙古諸部兵併擊察哈爾，林丹敗走

流賊蜂起及明之滅亡

死，其子孔果爾汗（Khongkhorkhan）降，獲傳國璽，於是更國號曰清，實西紀一六三六年也。是時朝鮮又與明通，太宗既平漠南蒙古還，乃親督軍攻朝鮮，陷京城，朝鮮王仁祖遂與明絕而受清之封冊，時爲西紀一六三七年。

明自神宗時，援朝鮮，與日本構兵，國用不足，乃大大講求富國之方：開礦山，增徵鹽茶船舶等稅，悉以宦官領之，於是礦監稅監遍於各行省；彼等乃乘勢凌虐良民，慘毒四流，是謂礦稅之害。光宗立，依遺詔罷免礦稅，然時則害毒之深，已及全國，逮熹宗時，國民疲弊，遂造其極，乃人人思亂。毅宗時，會年穀不稔，如是李自成、張獻忠等乃乘之而起，造亂於陝西，各地流賊，遂四起響應。而明自成祖以篡奪得大位，其後遂削減諸王兵力，故藩鎮之權，甚爲輕微，兼之時當邊陲多事之秋，國內武備，自形不足，以此流賊之勢，乃窮極猖獗；張獻忠略四川、湖南，據成都，李自成席卷陝西、河南，據西安，抄掠山西，進逼北京；毅宗於是召還擔當着防禦滿洲之任的吳三桂，然李自成勢極熾，吳三桂未到，即已陷北京，毅宗縊死於萬歲山，時則西紀一六四四年也。其後明之宗室福王、唐王、桂王等雖曾相次傳帝統，然僅能守有明室之名，至於明的天下，則固可以說在毅宗的時候就早已亡了。明自太祖至毅宗凡十七代二百七十七年，至桂王則二十代二百九十五年。

評明太祖

照中國歷代的慣例，一代的國是每出於英主的方寸中，那麼明有天下，其規模之不能弘大便可以說是毫不足怪。明太祖固然可以說是一世之英傑，然其英略，不能比於唐太宗之洪懷，其雄圖不能媲美元太祖及世祖之豪膽，而其氣宇則尤不若宋太祖之雅量。是故一統天下以後，收拾人心，爲子孫立萬世之計時，固亦力事修明治道，奬勵文事，求遺賢於草莽，徵山澤之逸民，襲歷代英主所執之慣用手段而一一行之。但是他既沒有河海之量，又復無天日之表，陽施恩惠於百姓，陰則猜忌刻薄以疑人，遂乃屢起大獄，族誅無罪的功臣。如胡維庸之獄，他殺李善長以下至三萬餘人，藍玉之獄，又殺傅友德以下一萬餘人，他固然是倣效的漢高祖的故智，懼功臣等之爲武人，恐其作亂於身後，然而詩人高啓，亦蒙腰斬，文臣宋濂，則使之遠戍而死，這便足以證明他的褊狹和刻薄而有餘；所以靖難役起，內無一人說是爲其孫惠帝勤王者，這不能不說是他自己所下的因而結的當然的果。他鑑於宋元之以孤立而亡，乃分封諸子二十四人於名城大都爲王，這自然是學的漢高祖誅除功臣而封諸子的一套政策。所以後來起的禍害，也就和吳楚之亂一般而有燕王棣的篡立。夫成祖的遠略，固亦足以方之漢的武帝，但是他以太祖的遺謀爲政，又因他自己已經就是一個篡立的模範，所以他的子孫，也就常不免於藩王之禍；況乎邊境則屢來戎狄的入寇，沿海屢蒙海賊的侵掠，宮庭則已萌佞倖跋扈的見端，故其禍也極有類於漢的宦官外戚之專橫。而降及明末，正義之士一時崛起，遂成爲東林之黨，這又和漢末的黨人，抵抗宦官，其事同，而其揆一了。這自然是天下的儒宗以及清流之士，一時之間，一唱百和，遂相團結而成風尙，而其狹量與徒好議論之風，恰恰又和漢末儒生往往誹議朝政，臧否人物，其弊正復類似；蓋兩者都是文學的國家之小規模所養成的國民態度表現之結果也。太祖又定爲科舉之法，以經義取士，這是根據着宋神宗以後，以經義試進士來的。此其目的，初不在於欲網羅一代的鴻儒碩學止不過想令天下的驥足，蠶牢絡進自家的圈套內罷了。尤其在憲宗以後，科舉文體乃用八股，自是一派濁流，遂泛濫橫溢於文學界裏，以腐化文士的心腸，遂生出專伺有司的鼻息以圖一時的迎合之風。以此，真正精確的儒業，既不見興，而雄渾壯大的文學，竟亦不現：有明三百年的文化，便止能在小規模的天地中局促過了，而原始要終，便都不外是一幅太祖面目的存在。

明的官制　明太祖初照元制設中書省而置左右丞相，及胡維庸謀反，乃俱廢之，而以天下大政分隸於吏、戶、禮、兵、刑、工的六部；由是六部尚書權力極大，無宰相之名而全有宰相之實；抑其中吏、戶、兵三部尤盛。太祖諭羣臣道：『以後嗣君……毋得議置丞相，臣下有奏請設立者，論以極刑。』便可以看出有明一代所緣不置宰相的理由了。然而這種制度，在天子英明，能自勤萬機之時，固亦未嘗不適當，獨至一遇着庸懦無能之主，那時便終於行不去了，所以所謂殿（中極殿、建極殿、文華殿、武英殿）、閣（文淵閣，東閣）學士者，乃起而代握宰相的實權。殿閣學士者，原爲文學侍從之臣，管票擬批答等事，蓋不過前代翰林學士之流，故在太祖之時，亦止以之預備顧問。迨成祖時，解縉等居此職，參與機務，仁宗時楊榮及楊士奇以東宮師傅的舊臣領部事又兼領學士之職，而後其地位乃漸高，權力乃漸重，世宗時遂儼然有宰相之實，而政務樞機乃歸內閣。（明史：『以其授餐大內，常在天子殿閣之下，……故亦謂內閣。』）六部以尚書爲長官，侍郎爲次官，其下有郎中、員外郎等執事之官。都察院（元的御史臺）以左右都御史爲長官，其下有左右副都御史、左右僉都御史以及十三道的監察御史，以掌糾彈百官，辨明冤枉。通政使司以通政使爲長官，掌通達內外的章奏之事。又有宗人府、（與前代的宗正寺同）詹事府、翰林院、國子監及太理、太常、光祿、太僕、鴻臚諸寺，其職掌與前代無異。惟太理寺與刑部、都察院並稱爲三法司，翰林院則自景宗時起，非進士不得入翰林，非翰林不能入內閣，其位置固極清高。京官之制，大略如左。而外官，則明初亦倣元制置行中書省，然其後廢之。各省（南直隸、北直隸、山東、山西、陝西、河南、浙江、江西、湖廣、四川、福建、廣東、廣西、雲南、貴州）設承宣布政使司與提刑按察使司：布政使司之長官爲布政使，掌一省的財賦；按察使司的長官爲按察使，理一省的刑獄。省之下，府有知府，州有知州，縣有知縣，以掌各地方的政令。又至明末，曾有總督及巡撫之設，原爲臨時派遣之官，巡撫常派都御史，總督亦以都御史兼之，至清遂儼然成了定設之官，其權力遠出兩司之上。

（明的兵制

明的兵制，蓋爲唐的府兵的遺意，其京師有諸衛（凡二十六衛）及五軍都督府。（左右前後中）諸衛爲天子親軍，謂之上直衛，五軍都督府（左右都督爲長，有同知、僉事）分轄地方的都司、衛所。都司大抵各省有一個，以都指揮使爲長，而統督衛所。又有北京衛，以所有衛所之兵調充，衛爲五千六百人，指揮使爲之長。所有千戶所，凡千百二十人，以千戶爲之長，有百戶所，凡百十二人，以百戶爲之長，百戶以下有總旗二人、小旗十人。自衛指揮使以下之官多世襲，而其軍士亦父子相繼。（太祖時，有都司十七、內外之衛三百二十九、千戶所六十五）取兵有從征、歸附、謫發之別。凡衛所之兵，平時則從事屯田，有事征伐之時，則待

明的稅制及役法

符信而出兵，事平，將則上其佩印，兵則各歸衛所，統率之權，在都督府，征伐調遣，則由兵部。至英宗時，曾創立團營以簡閱精銳。經憲宗、孝宗、武宗、世宗之代，營制屢更，兵威越加不振；且五軍都督府之勢力亦大衰，衛所之兵則耗散，及流賊蜂起，明室遂爾滅亡。兵器與前代無異，惟世宗時右都御使汪鋐，曾昌言佛郎機（於茲當言葡萄牙）砲的便利，迨武宗晚年，乃傳其製法，以銅為之；熹宗時，因防禦滿洲，曾命基督教士製造銃砲。

明的賦役之制，視歷代制度要較為整齊的，這全是因為有黃冊及魚鱗圖冊故：黃冊及魚鱗圖冊，乃太祖時編造成的，明史：『黃冊以戶為主，詳具舊管新收開除實在之數為四柱式；魚鱗圖冊以土田為主，諸原坂墳衍下隰沃瘠沙鹵之別畢具。魚鱗圖冊為經，土田之訟質焉；黃冊為緯，賦役之法定焉。』可知黃冊便是戶籍簿，以冊面用黃紙，故稱；魚鱗圖冊乃土地登錄簿，以寫田地的方圓、丈尺、字號、四至及主名，因其狀恰如魚鱗，故名。如是，賦役遂以黃冊及魚鱗圖冊為準。丁有役，田有租。租與前代同，有夏稅、秋糧，夏稅以麥為主，秋糧以米為主，但得以銀鈔錢絹代納稅率在太祖時，官田每畝爲五升三合五勺，民田三升三合五勺，重租之田八升五合五勺，蘆地五合三勺四秒，草塲地三合一勺，沒官田一斗二升。（蘇松常嘉湖因曾爲張士誠抗守故太祖怒之乃更課以數倍之租。）納稅之期，夏稅限至八月，秋糧限至明年二月。納稅之職，由納糧萬石之地選納租額之最多者二人以爲正副糧長，使掌稅糧之事，但沿及後世，乃有私官糧之事，弊竇叢生。稅額在成祖時，天下的稅糧凡三千餘萬石、絲鈔等三千餘萬計，其後漸見耗減，至世宗時，乃更增稅率（每畝加九釐）較常租猶增加至五百二十萬石。役法，凡人民年至十六以上，卽爲成丁，十六以下，爲未成丁，成丁則有役，六十乃免之。又役以戶計者曰甲役，以丁計者曰徭役，由於臨時的命令者曰雜役。又有力役及雇役之別，通常凡成丁、每歲於農隙赴京師服役三十日間，其法具於明史，讀之可悉：『以一百十戶爲一里，推丁糧多者十戶爲長，餘百戶爲十甲，甲凡十人，歲役里長一人，甲首一人，董一里之事，先後以丁糧多寡爲序。凡十年一周曰排年。在城曰坊，近城曰廂，鄉都曰里。里編爲册，册首總爲一圖；鰥寡孤獨不任役者，附十里後爲畸零。僧道給度牒。有田者編册如民科，無田者亦爲畸零。每十年有司更定其册，以丁糧增減而升降之。册凡四，一上戶部，其三則布政司府縣各存一焉；上戶部者册面黃紙，故謂之黃册。』田稅丁賦之外，又有鹽稅、茶稅、坑稅、商稅、市肆門攤稅、塲房稅及契稅等雜稅；其中以鹽茶兩稅尤爲重要，而商稅所取則爲三十分之一。

明的刑法，在太祖時制定大明律三十卷四百六十條。明史：『草創於吳元年，更定於洪武六年，整齊於二十二年，至三十年始頒行天下。』又草創之初，律令總裁官李善長議：『歷代之律，皆以漢九章爲宗，至唐始集其成，今制宜遵唐舊』云云。太祖從之可知其大略皆仍唐宋之舊。唯其名例的次第爲吏律、戶律、禮律、兵律、刑律、工律，此爲與前代稍稍不同者。吏律有職制、公式二目；戶律有戶役、田宅、婚姻、倉庫、課程、錢債、市廛七目；禮律有祭祀、儀制二目；兵律有宮衞、軍政、關津、廐牧、郵驛五目；刑律有盜賊、人命、鬪毆、罵詈、訴訟、受贓、詐僞、犯姦、雜犯、捕亡、斷獄十一目；工律有營造、河防二目；此外有名例四十七條，合之凡四百六十條。

刑名分笞、（五等）杖、（五等）徒、（五等）流、（三等）死（二等）五類二十等，亦與前代同；其他十惡八議之類亦與以前無異；唯徒流附加杖，而未配役，則較宋時爲輕。其犯十惡、殺人、强盜、竊盜、放火、發塚、受贓、詐僞、犯姦等者，則遇常赦亦不釋；若所犯爲常赦得宥之罪者，倘其祖父母父母有疾、或家無次丁之時，得許具罪名上奏之後，存留養親。又親族互相容隱，則不論其罪。若犯罪之時爲壯大，迨厥罪發覺，適丁老疾，則據老疾論罪；犯罪之時爲幼少，而發覺之時，已屬長大，則據幼少論罪。其他自首減輕，再犯加重等，皆與前代相同。掌刑獄之官，京師有刑部、都察院、太理寺，是爲三法司：刑部受天下的刑名，都察院掌糾察，太理寺掌駁正。地方則知縣、知州、知府、按察使，皆有處決犯罪之權。若犯人不服知縣的處分時，得以控訴於知府、道台乃至抗告於按察使。若按察使的處分亦不服時，還可以上告到京師的都察院。這自然全是爲的慎重刑獄起見，用意不能不說是周到，然實際則史言姦吏恣其私心，小民多無處告愬云。

明的選舉法也和前代一般，有鄉試、會試、殿試之別：凡子午卯酉之年於各省試士；是稱鄉試；直隸則行於京師，各省則行於布政使司，鄉試及第者稱舉人，明年（丑未辰戌之年）則舉人集於京師，試於禮部，是稱會試；次則天子親試之於殿中，是稱殿試。其詳如明史選舉制所說：『三年大比，以諸生試之直省，曰鄉試；次年，以舉人試之京師，曰會試。中式者，天子親策於廷，曰廷試，亦曰殿試。狀元、榜眼、探花之名，制所定也。而士大夫又通以鄉試第一爲解元，會試第一爲會元。鄉試以八月，會試以二月，廷試以三月；商輅三試皆第一，士子豔稱爲三元，明代一人而已。』至其科目，則唯有進士一科，一場試以四書義三道、五經義四道，二場試判語五道，（詔誥表之內課一道，）三場試經史、時務策五道，殿試課時務策一道。如是分殿試及第者爲三等，一等爲一甲，限三名，第一者曰狀元、第二者曰榜眼、第三者曰探花，皆賜進士及第；二等爲二甲，賜進士出身；三等爲三甲，賜同進士出身。二等三等無定員。狀元除翰林院撰修，榜眼、探花，除翰林院編修，此外爲庶吉士，或爲知縣之候補。又自憲宗以後，應科舉者必用八股文，此種文體，乃設爲對仗而廣之爲八股，故曰八股。清顧炎武日知錄：『經義之文，流俗謂之八股，蓋始成化以後；股者，對偶之名也。天順以前，經義之文不過敷衍傳注，或對或散，初無定格，其單題亦甚少。成化二十三年會試，「樂天者保天下」文起講先題三句，卽講樂天，四股；過接四句，復講保天下，四股；復收四句，作大結。弘治九年會試「責難於君謂之恭」文亦然。每四股中，一反一正，一虛一實，一淺一深。其兩對題，扇扇立格，則每扇之中有四股，次第之法亦復如之。故今人相傳謂之八股。』由茲所記，便可窺見此種文體的大概。——成化爲明憲宗年號，弘治爲孝宗年號，天順者，謂天啓、順治；前者爲熹宗年號，後者則淸世祖年號。又起講者，謂扼一篇之綱領而發揮其大旨也。

、明的學制

明的學制，於南北兩京設國子監，有祭酒、司業、博士等職以爲教授。凡肄業國子監者，均稱監生，其中又有舉監生（舉人）、貢監生（生員）、蔭監生、（品官的子弟）例監生（捐貲）之別。地方則府設府學，州設州學，縣設縣學，有教授、教諭、訓導等職以爲教授；府學置教授一人、訓導四人、生員四十人；州學置學正一人、訓導三人、生員三十人；縣學置教諭一人、訓導二人、生員二十人。生員有廩膳生員、增廣生員、附學生員之別。其諸衞所、亦設有學校。而又別有宗學、社會、武學等。成祖時，撰四書大全、五經大全、性理大全以分配於各學校，以爲教授之主，應科舉時，必照此諸書，故苟欲希冀榮達者，必暗記大全之文而從其說，至於受驗用的八股文，這更是照例要學的。

明自太祖以來，卽尊重程朱之說，至成祖，則更命胡廣、楊榮、金幼孜等儒者採宋元諸儒之說，撰四書大全、五經大全、性理大全分布各學校、且令應舉者必皆依此諸書立言，故士子苟懷榮達之想者，無不暗記大全之文，不敢稍自違異，如是，程朱之學則固弘於世，而真正的儒學，則多未有研究之者，間有之，遂生出河東、姚江兩學派之別。河東派起於英宗時人薛瑄。瑄字德溫，河津人，故其學稱河東派。其學以程朱爲本，以躬行復性爲主，謂『欲淡則心淸，心淸則理見，』又謂『自朱子後，斯道已大明，無著作之要。』次則有吳與弼（字子傅）及其門人胡居仁（字叔心）亦確守朱子之說，不敢違背，卽有所說，亦不過述先儒的陳說罷了。但是，和胡居仁同門的陳獻章（字公甫）卻專一主靜，謂『靜坐久，卽可見吾心之體隱然呈露,』其說稍近陸象山而爲姚江學派之先河。姚江派者,王守仁所開。守仁字伯安,號陽明,餘姚人,故其學稱姚江派。嘗築室陽明洞中,研幾極深於老佛之學,孝宗的弘治十二年,舉進士,曾出仕,未幾以事謫龍場,窮荒無書,乃日繹舊聞,遂悟格物致知,當自求之於心,不當求之於事物,喟然歎曰:『道在是矣!』其說專以良知良能爲主,揚陸而抑朱,是謂姚江之學,亦曰陽明學。其門有羅洪先、(字達夫)錢德洪、(字洪南)王畿、(字汝中)鄒守益、(字謙之)王艮(字汝止)之徒,皆祖述師說。由是儒學分爲河東、姚江兩派,互相爭以張其門戶,然兩俱止談性命理氣,而不一顧漢唐的註疏,後遂激出清初考證之學的反動來。自考證大行,而儒學面目遂亦爲之一新。

明初文章以宋濂爲第一,王禕、劉基亞之。宋濂字景濂,號潛溪,元末曾被舉翰林院編修,不就,明初爲翰林學士承旨,經學湛深,所爲文敷腴朗暢。王禕字子克,其文醇朴宏肆,人或以爲出宋濂之右。劉基字伯溫,佐太祖有功,後爲胡維庸毒殺,其文雄奇豁達,而詩尤得其妙,甚有頓宕之作。宋濂之門則有方孝孺,字希直，博學有氣概，又能文，以筆力勁健稱。詩在明初，以高啓爲第一。啓字季迪，號青邱，博學多才，上自晉魏，下至盛唐，無所不窺，尤長七古七律，其詩風神飄逸，李杜以來稱名手；仕太祖爲戶部侍郎，後以忤旨腰斬於市。與高啓同時有楊基、（字孟載）張羽、（字來儀後改附鳳）徐賁（字幼文）共稱四傑，以比唐之楊炯、王勃、盧照隣、駱賓王。四人外，則袁凱（字景文）亦多雄健蒼老之作。次則楊士奇（名寓）以閣臣而作爲簡淡和易之文，稱臺閣派之祖，曾一時風靡文壇。後至明中世，李東陽出，乃一開新氣運。李東陽字賓之，仕至吏部尚書大學士，才情兼美，詩文共妙，稱海內詞宗。然李夢陽（字獻吉）獨識其萎弱，謂文必主秦漢，詩必宗盛唐，才思雄鷙，卓然以復古自任，與何景明、徐禎卿、邊貢、朱應唐、陳沂、鄭善夫、康海、王九思等結詩社，號十才子；又李夢陽、何景明、徐禎卿、邊貢、康海、王九思、王廷相，稱七才子。何景明字仲默，其詩雖高邁之氣不及李夢陽，而人稱其隱秀則遠過之；徐禎卿字昌穀，能詩，別與唐寅、文徵明、祝允明結詩社，稱四才子。已而李攀龍、王世貞起，昌言古文辭，推李夢陽爲正宗；又與梁有譽、吳國倫、徐中行、宗臣、謝榛結詩社，稱八才子。李攀龍字于鱗，王世貞字元美，世以李王並稱，執詩壇牛耳。李攀龍死後，王世貞掌文盟者二十餘年，殆風靡海內，然其實則斷斷能力仿盛唐，不過模擬剽竊罷了。如是在李王弊風，橫流一世之時，雖則有王愼中、（字道思）唐順之等出，爲文以歐陽修、曾鞏爲主，爲詩則遵奉初唐，然究亦不能與李王之勢相抗衡。其間能卓然自維持其一家見識的，止有一王守仁。守仁固屬儒者，然其詩文俱成新調，可讀者極多。次則有歸有光者，爲文以唐宋爲標準，所作優美秀麗，一矯李王弊風。有光字熙甫，號震川，其文法度森嚴，深本經術，排詆王世貞，遂成有明文辭的中堅。於時，又有袁宏道（字無學）兄弟三人（兄名宗道，弟名中道，故宏道號中郎）者出，亦欲力矯李王之弊，吐爲清新輕浮之詞，一時流行，幾於傾靡一世，而其弊則陷於卑淺，遂生出鍾惺、（字伯敬）譚元春（字友夏）等以幽深孤峻之詞爲主的一派來。迨明末，有張溥、（字天如）陳子龍、（字臥子）俱以工詩文顯。

明代二百七十餘年之間，其最爲隆盛者，厥爲一種復古文學，要不過以修辭爲主，盛爲擬古的詩文，故卒未能發揮出一種國家的特色。而卽其戲曲小說，亦止承元代發展的餘響，毫無異彩可言。據明史藝文志所錄，明一代的箸作中，其屬於小說者，有宋濂的蘿山雜言以下百二十七部三千三百七卷之多，然而這些都止是輯錄雜話瑣談的一些隨筆漫錄之類，曾無有洞穿世態人情之微而出之以精深微妙之筆者；唯湯顯祖的續虞初志八卷，約略可以認爲出色之作。蓋曾經元代長足的進步之戲曲小說，至明乃忽遭頓挫，不獨羞出之於士君子之口，一般並視之爲誨淫之書而加以排斥，詆之爲亡國之文而加以輕蔑。以此之故，戲曲家若湯顯祖、沈靑門、陳大聲等雖出，而終不能博一世人心的歡迎。湯顯祖字若士，萬曆十一年進士，歷任太常博士、禮部主事，尋爲知縣，著治蹟，其後，以坐事免官，家居二十年而死。性慷慨有志節，自幼卽善屬文，夙愛宋濂之作而排擊李王的古文辭，極有聲名，旣罷官家居，乃以其不平之氣，託之於筆，作邯鄲夢、紫釵記、南柯記、牡丹亭還魂記等四種，皆說夢，故有玉茗堂四夢之名。就中，牡丹亭還魂記最稱傑作，以趣向的奇幻、情緒的纏綿及思想的豐富擅勝，實足以追隨西廂記、琵琶記之後也。而明的小說中，其最爲膾炙人口的，以西遊記爲第一，而金瓶梅次之。西遊記全篇達一百回，以唐玄奘赴天竺取經爲經，而緯之以孫悟空、猪八戒、沙悟淨的活動，用奇幻的着想巧妙的筆致，以道破生人的性情，縷述解脫的方便，遂使幽深玄遠的教理，卽衆生亦胥得解會焉；至於金瓶梅，則爲一以複雜的雜話爲脚色，而精緻地描出個個的性格之名著；然往往雜入淫猥，遂大足以損其趣味。以上二書，後世以之與水滸傳、三國志相配，稱中國小說的四大奇書；然其實則西遊記不及水滸傳，而金瓶梅又不敵三國志明甚。此外明代所出的演義小說之類，尚復不少，然謂足以匹敵上言二書的都沒有。

明太祖於洪武之初，得元十三朝的實錄，乃詔命李善長、宋濂等十餘人編纂元史。然其書僅六月卽成，故甚爲失之草略，且缺順帝元統以後的歷史，故其明年，乃命儒士歐陽祐等往北平採輯遺事，又詔宋濂、王禕再總其事而續修之，凡成本紀四十七卷、志五十三卷、表六卷、列傳九十七卷，共二百十卷。然猶不免脫誤甚多及人名不一致之譏，惟志類則可觀者甚多。其次，胡粹中以元史詳記世祖以前攻戰之蹟，而略於成宗以後治平之事，且於順帝時尤爲闕失，遂乃撰元史十六卷以補之。又柯維騏者憂宋史之蕪雜，撰宋史新編二百卷，評者謂此書比之宋史要爲精簡得宜。而陳經撰通鑑續編二十四卷以續司馬光資治通鑑之後而述宋的事迹，然有事實頗近蕪雜之評；而胡粹中的元史續編則接續此書而作者。尋薛應旂亦撰宋元通鑑百五十七卷以續資治通鑑之後，顧事實極其複雜，拙作也。此外有陳邦瞻的宋史紀事本末二十六卷及元史紀事本末四卷，取捨甚爲得要，足以續通鑑紀事本末。

明的科學

明代的科學，直至其末世以東來的基督教宣教師之力始一改其面目外，在此以前，則以視前代，亦未見其有何較着的進步的痕迹。獨其間，在神宗時，有李時珍者撰本草綱目三十九卷，是爲中國學術史上可以特筆大書之一事實。李時珍字東璧，蘄州人，好讀醫書，憂其混亂，乃芟煩補闕，積三十餘年而成，名之曰本草綱目，實藥用植物學也。據清趙翼的陔餘叢考，謂本草一名之見於書目，始於齊的七錄，蓋本書的原本應是成於張仲景、華陀等之手，而梁的陶宏景、唐的于志寧李世勣等更有所增益，宋仁宗嘉祐中掌禹錫作之注，而歷世增益尙多，至李時珍爰更增益作注，遂成三十九卷，乃名以本草綱目也。書成，將上梓，李時珍遽死，神宗詔使購求，而時珍之子建言乃奉父遺表並其書獻之，遂命刊行天下。其天文、地理、曆法、數學、砲術等，固明末清初的東來的基督教宣教師之力而一改其面目之事實，當於明及清的基督教條述之，茲且從略。

明的佛教

明太祖幼時曾爲僧，即位後，遂大崇佛教而加以保護，同時又監督僧侶以謀其興隆，又皇后馬氏死後，選高僧使侍諸王。成祖時，加西藏僧哈立麻（Harima）尊號，使統領天下佛教，又詔南北兩京各印刻大藏經。武宗亦好佛教，學經典，通曉梵語，自稱大慶法王。然至世宗時，則甚崇道教而排佛，命毀京師寺院，除宮中佛殿，由是佛教次第衰頹。

明的喇嘛教

元滅後，明太祖以元的帝師喇嘛僧喃迦巴藏卜（Nan Kapa Tsamp）爲國師，是後相繼有灌頂國師、贊善王、闡化王、正覺大乘法王、如來大寶法王等諸封號，使各領西藏的人民以服屬於明。次至成祖亦以公哥監藏巴藏卜（Konchen Tsam-i Tsamp）爲圓智妙覺弘教大國師；又聞有異僧哈立麻（Harima）者，召之，封爲萬行具足十分最勝圓覺妙智慧普應祐國演教如來大寶法王四天大善自在佛，使領天下的佛教，其徒孛羅（Polo）以下三人皆爲國師，尋封法王，尊崇甚爲優隆。先是，喇嘛以戴紅帽着紅衣，娶妻而傳其子爲例。迨宗喀巴（Tsong Khapa）出，創格爾格（Gerg）派，戴黃帽着黃衣，不娶妻，以化身轉生而傳其教。由是，喇嘛教遂分爲紅（Samar 即紅帽派）黃（Saser）兩派。明中葉以後，紅教全衰，黃教興隆，凡蒙古西藏之地皆奉之焉。宗喀巴者，以西紀一四一七年即成祖永樂十五年生於甘肅之西寧衞，初修紅教，後見其有弊，遂自創黃教，建甘丹（Galdan）寺於拉薩（Lhasa）東十餘地而居之，以西紀一四七八年即憲宗成化十四年死；死時，遺言命其兩大弟子達賴喇嘛（Dalai Lama）班禪喇嘛（Panchen Lama）以化身轉生而傳其教，故是後兩喇嘛死時，必指示其所轉生之地，乃自其地迎立此嬰兒，遂以爲例；達賴喇嘛居拉薩附近的布達拉（Potala）班禪喇嘛居札什倫布（Tashi-lhun-po）而交掌其教焉。

明的道教

明自太祖時，曾以道士張正常爲真人，授二品秩，稱其僚佐曰贊教、掌書，由是歷代皆保護道教然而並沒有信奉他，迨世宗時，乃深溺於道教，而宮中建立道觀，以道士邵元節爲真人使總領天下道教後又舉道士陶仲文。邵元節進至禮部尚書死，贈少師，諡文康榮靖，陶仲文進少保禮部尚書，後封恭城伯，死諡榮康仲肅四字之諡實開古來未有之先例。如是西紀一五六一年使御史姜儆、王大任等求天下的符籙祕書，道士之來集於京師者極衆道教之勢大臻隆盛，世宗遂服道士王金等所獻丹藥而死，及穆宗卽位乃誅戮道士中之奸惡者而大抑道教顧終明之世，尚能維持其勢力於不墜。

明的基督教

因元世與歐羅巴交通隨着而流傳到了中國的基督教，至明世交通一滯，教迹亦從之而湮；然此僅爲一時之事，降及明末東西交通既復，流傳乃又不絕。是時歐羅巴有新舊兩教之爭，舊教徒因新教之故而失之於西的勢力，乃從事外向而欲獲之於東，海上新航路既開，遂爾陸續東向一五五二年耶穌會派(Jesuits)的佛蘭西司可德扎維爾(Francisco de Xavier)發印度的臥亞

(Goa) 經滿剌加 (Malacca) 而來中國，然不許登陸，病死於上川島；次又有同派的墨爾其窩兒奴涅司、(Melchior Nunes)（一五五五年）多美尼珂派 (Dominican) 的加司拔答克魯司、(Gaspar da Cruz)（一五五六年）馬丁司赫拉達 (Martins Herrada) 所率的奧古司丁派(Augustin) 教士（一五七五年）及迫德羅德阿爾法羅（Pedro d' Alfaro）所率的佛蘭西司可派 (Franciscan) 教士（一五七九年）均各各來中國，居於上川島。耶穌會派的會堂於一五七一年建於澳門，多盡力於日本的傳道。其中國的傳道，則在一五八二年亞歷山德羅哇里尼亞尼(Alessandro Valignani) 來中國以前，却沒有開始過。一五八一年耶穌會派的米卡爾路遮羅 (Michael Ruggiero) 羅明堅、意大利人）及馬竇利其 (Matteo Ricci 利瑪竇、意大利人）最後來澳門。翌年，哇里尼亞尼至，乃命二人在中國傳道，馬竇利其乃赴廣東，留居總督所在的肇慶府，於教授天文地理數學等科學之傍，盡力於布教者垂二十年；其間曾一至南京，即欲進赴北京，顧不果而還；其後，始於一六〇一年乃和同派的鐵果德潘脫牙(Diego de Pantoja 龐迪我、西班牙人)同入北京，獻時計及基督書像於明廷，漸漸乃獲得徐光啓、李之藻等名士的皈依，盡力宣教，後遂得神宗的崇敬，賜第宅，建天主堂於北京。於是沙巴諦奴司德烏爾西司(Sabbatinus de Ursis 熊之拔，意大利人)等耶穌會教士，俱相繼來中國，傳教一時頓呈盛況。顧自一六一〇年馬竇利其死不幾時，而强烈的反對乃起於南方，而朝廷亦遂爲南京禮部侍郎沈漼等之言所動，一六一八年遂下嚴禁邪教之令，北京教士自代替馬竇利其以營理各省教士的尼古拉窩龍果巴爾滴(Nicolao Longobardi 龍華民，意大利人)起，悉放逐之於澳門，並封禁天主堂及邸第。但是，在這時候，滿洲之勢，益益興隆，明廷爲防禦滿洲之故，乃有製造銳砲的必要，一六二二年憙宗乃遣使澳門，命周亞俄德羅卡(Joao de Rocha 羅如望，葡萄牙人)、馬諾爾爹亞士(Manoel Diaz 陽瑪諾，葡萄牙人)及龍果巴爾滴等製造銃砲，翌年，又召用周主俄阿勒略(Julio Alenio 艾儒略，意大利人)、佛蘭傑司珂山畢亞索(Francesco Sambiaso 畢方濟，意大利人)等及葡萄牙人。於是西教之禁漸解，龍果巴爾滴乃再入北京，着手布教和約翰特連司（Johann Terrens 鄧玉函，德意志人）共開曆局於宣武門內聖堂東邊的首善書院，推步天文，製造象眼儀、紀限儀、平懸渾儀、交食儀、列宿經緯天球、萬國經緯地球儀、平面日晷、轉盤星球、候時儀、望遠鏡等；又翻譯或纂修曆書，已而亞當沙兒（Johann Adam Schall von Bell 湯若望，德意志人）及雅珂布司羅（Jacobus Rho 羅雅谷，意大利人）又來助之，徐光啓等亦參加焉。亞當沙兒利羅兩人共續其星曆之業，一六四〇年奉毅宗命鑄造戰砲，其明年曆書完成，及冬，進崇禎十五年（一六四二年）新曆，會翌十六年（一六四三年）三月朔日有食之，欽天監的推步，不合於天行，而亞當沙兒等的曆局推步則密合無間。先是，自太祖以來，以生出時差，故曆法的改正，已久爲明廷懸案，至是，毅宗遂斷然有改革之志，欲以西洋新法代大統回回兩曆，通行天下，上諭已擬就，而政府當局躊躇不決，遂不果施行，明一六四四年三月，明朝滅亡。明亡後，亞當沙兒等仍留北京，受淸朝的優待，盡力於天文、地理、曆法、數學、砲術之業，此諸事實，當於次章詳述，茲姑從略。至於他們對於中國的科學及藝術的貢獻，觀左表便可了然；（表中科學及藝術以外之著述不載。）

明末清初在留中國基督教士著譯科學藝術書籍表

原名	滿名	國籍	到著—死年	著書
Matteo Ricci.	利瑪竇	意大利	一五八一—一六一〇 萬曆九—三十八	幾何原本、西琴曲意、同文算指通篇、句股義、圜容較義、乾坤體義、經天該、測量法義、渾蓋通憲圖說、
Edward-da Sande.	孟三德	葡萄牙	一五八五—一六〇〇 萬曆十三—二八	晝答睡畫二答
Nicolao Longobardi	龍華氏	意大利	一五九七—一六五四 萬曆二五—順治十一	地震解
Sabbatinus de Ursis.	熊三拔	意大利	一六〇六—一六二〇 萬曆三四—泰昌元	泰西水法、表度說、簡平儀說、
Alphuso de Vagnoni.	高一志 王豐肅	意大利	一六〇七—一六四〇 萬曆三五—崇禎十三	寰宇始末、空際格致、推驗正道論
Manoel Diaz.	陽瑪諾	葡萄牙	一六一〇—一六四九 萬曆三八—順治六	天問略
Julio Alenio.	艾儒略	意大利	一六一三—一六四九 萬曆四一—順治六	坤輿圖說、幾何要法、西學凡、職方外紀
Francesco Sambiaso.	畢方濟	意大利	一六十四—一六四九 萬曆四二—順治六	崇禎歷書、長歷補注解惑、遠鏡說、渾天儀說
Johann Terrens.	鄧玉函	德意志	一六二一—一六三〇 天啓元—崇禎三	遠西奇器圖說錄、測天約說、黃赤距度表、正球升度表、大測、諸器圖說

明王太后之遣使羅馬

Johann Adam Schall von Bell.	湯若望	德意志	一六二三—一六六六 天啓二—康熙五	古今交日考、西洋測日歷、星圖、交食歷指、交食表、恒星歷測、恒星表、八線表、恒星出沒、學歷辯、測食略、測天略說、大測、新歷曉惑、新法歷引、歷法西傳、新法差異
Jacobus Rho.	羅雅谷	意大利	一六二四—一六六四 天啟四—康熙三	測量全義、比例規解、五緯表、五緯、歷緯、月離歷指、月離表、日躔歷指、日躔表、黃赤正球、籌算
Joo Monteiro.	孟儒望	葡萄牙	一六三七—一六四八 崇禎十—順治五	天學略義
Ferdinand Verbiest.	南懷仁	比利時	一六五九—一六八八 順治十六—康熙二七	驗氣圖說、坤輿圖說、儀象志、儀象圖、康熙永年歷法、測繪紀略、坤輿全圖、簡平規總星圖、赤道南北星圖、神武圖說、御覽簡平新儀式用法、進呈窮理學
Thomas Pereira.	徐日昇	西班牙	一六七三—一七〇八 康熙十二—四七	律呂正義續編
Joachin Bouvet.	白進	法蘭西	一六八七—一七三〇 康熙二六—雍正八	天學本義
Ignatius Köglers	戴進賢	德意志	一七一六—一七四六 康熙五五—乾隆十一	儀象考正

以耶穌會派教士等的熱心毅力，而信奉基督教者遂增加至數千人之衆。尤有明之朝廷，上自毅宗，下至廷臣，都有崇信者。即其滅亡之後，纔保餘喘於南方的桂王朝臣，若瞿式耜、（聖名Thomas）若丁魁楚、（聖名Lukas）若龐天

壽等皆爲基督教信者，而王太后、（聖名 Helena 烈納）馬太后、（聖名 Maria 瑪利亞）王皇后（聖名 Anna 亞納）及太子慈烜（聖名 Constantinus 當安）等，亦因龐天壽等之勸而受洗禮。先是自一六四三年以來，波蘭人而耶穌會教士的卜彌格（Michael Boym）來中國布教時，和同派的安德勒查維爾珂夫勒爾（Andre Xavler Koffler）俱極蒙桂王的信任，桂王乃授卜彌格以王太后的諭文（本文現藏羅馬法王廳巴其坎 Vaticano 的文書館）署年月永曆四年十一月十四日者，（一六五一年一月）及龐天壽的書信，使將之往羅馬，呈法王因諾建（Innocent）十世，兼與威匿思（Venice）共和國及其他基督教諸國通殷勤。蓋是時桂王頗思賴法王之威德以及基督教的功德而求得一安心之地，並欲得諸督教諸國的同情助以精銳的武器以期再造明室。如是，龐天壽乃以家人伴卜彌格自廣州（廣東）西航赴印度的臥亞（Gca）乃自此登陸經印度、波斯以一六五二年九月抵小亞細亞之斯密納，（Smyrna）乃更西航，其翌月入威匿思，面謁威匿思共和國的總統，（Doge）致龐天壽的書信，一六五三年一月，抵羅馬，奉王太后的諭文及龐天壽的書信呈法王。當時，法王已得在留中國的耶穌會教士的報告，深知中國的情況，倘其表示好意於到底已無恢復之望的明帝，則止徒買新勝的清朝之嫌忌，於後來布教影響不小，因此遂荏苒不作答書，迨一六五五年因諾建十世死，新法王亞歷山大（Alexander）七世當進，始於是年十二月作覆書於王太后及龐天壽。於是卜彌格於一六五六年就歸途，一六五八年還至中國。然而是時兩廣之地，則既已入清朝，桂王播遷雲南，王太后及龐天壽已夙死，卜彌格乃去而流離於安南之境，中途嬰病，以一六五九年八月死，而桂王亦於一六六一年被執於緬甸，由是明室更不留餘影。

明在太祖時欲興復雅樂，曾命諸臣考定，顧終已不能返於古音。成祖亦曾問人以黃鐘之律而無應者。英宗、景宗、憲宗、孝宗之世，樂器亦皆不過虛設，止爲具文。世宗頗以制作自任，用張鶚、李文察，皆明樂之士，然亦終未成功。要之，明的音樂，大抵本於漢唐宋元之舊，僅易其名，其聲容的次第、器數的繁縟，雖有可觀，而究不免雅俗雜出之譏。神宗時，利瑪竇所將來的樂器，說是『縱三尺，橫五尺，載櫝中，絃七十二，以金銀或鍊鐵爲之，絃各有柱，端通於外，鼓其端而自應』云云，則其爲批亞娜（Piano）可知；又利瑪竇所著書中有西琴曲意，足知當時西洋音樂已入中國。

明初，有王冕、王履以畫名，其後沈周仇英出，乃稱大家。沈周字啓南，號石田，亦稱白石翁，博學，能詩文，又工於畫，凡峯巒煙雲波濤花卉鳥獸蟲魚無不妙造自然，性行高潔而至孝，世人稱沈孝廉而不名，畫成必題詩其上，故時人又呼以二絕先生。仇英字實甫，號十洲，畫學周臣，長於畫人物鳥獸山水樓觀旗輦車容之類，而尤工人物，以秀雅鮮麗神采生動見稱。同時又有唐寅、文徵明：唐寅字伯虎，又號子畏、六如，能詩文，亦師周臣，工畫山水人物花鳥，無一不能，人稱其畫法沈鬱，風骨奇峭。文徵明名璧，號衡山，能詩文書畫，而書學李應禎，尤名滿天下，其詩雅潤不失法度，略同於其書畫，畫法曾就沈周學之，而兼趙孟頫、倪瓚、黃公望之體，當時來乞其詩文書畫者，四方踵至，雖富貴之人欲得其片紙隻字亦不易云。如是以上沈、仇、唐、文，是爲明四大家。其他則陳獻章經學湛深而工於畫，其畫運筆遒勁，甚多可觀；又關思（字何思，號虛白）亦以擅長山水有聲。迨明末，有董其昌字玄宰，其書初宗宋的米芾，後遂於晉唐諸家出之以錯綜變化而自成一家；畫則初學黃公望兼仿董源，後乃集宋元諸家之長而以己意行之，人稱其瀟灑生動，非人力所能及，而他自己也說『余畫比之文徵明，各有長短；徵明之精工具體，非吾所能及，至於古雅秀潤，則余卻更進一籌』云云，其爲山水樹石煙雲，流潤自在而神氣具足，又出之以儒雅之筆，風流蘊藉，評者謂宜其爲一代宗師也。

明的農業

有明一代的農業，與前代初無異狀，唯耕作之法，則極有可以見出其進步之處者。江蘇、安徽、江西、浙江、湖南諸省，多水田，有灌溉之利，故產稻米至多；就中江蘇、浙江尤爲豐富。福建、廣東、廣西，固亦產稻米，而其額不多。山東、直隸、山西、陝西、甘肅及滿洲一帶，則多高原而產小麥、大麥、高粱。農民亦多於耕耘之傍，兼事牧畜。凡以上情景，直至清代，亦大概都無變化。又明末徐光啓所撰的農政全書六十卷，內分農本田制、農事、水利、農器、樹藝、蠶桑、蠶桑廣類、種植、牧養、荒政十一門，蓋甚爲完備的一部著述，而其水利中所述則尤參用熊三拔著的泰西水法也。

明初，改元的關市之稅到十分簡約，然後來又漸漸增加，除農具和書籍外，大抵課稅爲三十分之一。又命在京兵馬指揮，管領市司，每三日則檢查街市的度量衡一次，稽考牙儈的物價。其後宣宗時，設鈔關以稅通行河川船舶之積載貨物者，故商賈頗大感困難。至於外國貿易，則在寧波、泉州、廣州設市舶司，置提舉官，蓋寧波通日本，泉州通琉球，而廣州則通占城、暹羅、西洋諸國也。渤泥（明時稱婆羅）以西曰西洋，以東則曰東洋，這大概是緣於航路之便而區別的。如是，和日本的貿易，遂極其旺盛。然因日本人中有爲侵掠之事者，遂設制限，定每十年船二艘，人數二百，以勘合印信及表文爲驗；勘合印信，乃所授的合符，以爲往來諸國之證者，蓋加印而裁爲兩半，後此須勘合，故有此名。此種勘合印信，以太祖洪武十六年（西紀一三八三年）授與暹羅爲始，如廣東通志所說，便是此物。志云：『勘合簿、洪武十六年始給暹羅，以後漸及諸國。每國勘合二百通，號簿曰扇。如暹羅國，暹字勘合一百通及暹字底簿各一扇，發本國收塡羅字號簿一扇，發布政司將比過送貯內府。羅字勘合一百通及暹字號簿一扇，朝貢塡字國使臣姓名年月方物，令使者齎至，布政使先驗表文，次驗簿比相同，方許護送至京。每紀元更給。』又有送至日本之勘合印信，野史外國傳引外國書翰言：『景泰元年編完日本國日字壹號至壹百號勘合底簿壹扇，付本國差來專使允澎等齎回。』蓋將軍足利義滿初和明貿易時，明成祖與以勘合百通，約每十年一貢，每貢正副使不得過二百人。若非其時，人員逾數，帶刀劍則並以寇論，乃定以寧波爲貿易地點；至足利義政時，改爲一貢三百人。然其後勘合印底簿爲海賊奪去。又後土御門天皇時，日本海賊侵掠朝鮮全羅道海岸，朝鮮王不能禦，乃與海賊和，與以蓋有王的印璽之書，約期計船的大小而與以財帛，是爲朝鮮有勘合印的濫觴。其後日本的大內氏，世世掌明及朝鮮的勘合印而駛商船，這大概是從海賊去奪來的；又義興時曾奪正德的勘合印而盛營貿易。日本大永七年八月將軍義晴遣使請新勘合印金印不通，天文八年明乃再許以十年一貢，每貢限三百人，然商人未嘗遵守，明遂又拒絕之。而其實則明的商賈希望和日本貿易的甚多，故日本的商民遂爲密商通貿易，其後遂變而爲倭寇。於是明世宗時乃罷市舶。自是倭寇侵略日盛，貿易從此中絕。迨倭寇勢衰，始復三市舶司，一時雖尋廢，後又復之。先是，葡萄牙人來廣州，後又於寧波、廈門，並設商館，至西紀一五六六年遂租借澳門；尋西班牙人亦以馬尼拉(Manila)爲根據而和中國通商，其後荷蘭人及英吉利人亦來廣州貿易。至於北邊貿易則以馬爲主。其地點在開原的南關，東關及廣寧，此諸地俱可和蒙古地方的馬騾開交易之業。其後廢開原的東關及廣寧而在宣府、大同開馬市。

明的外國交通

元亡後，明太祖於西紀一三九五年遣使中央亞細亞往撒麻耳干(Samarkand)訪帖木兒(Timur)大王。明使經哈密(Hami)、土魯番(Turfan)、伊犁、(Ily)而至撒麻耳干，更經西拉志(Siraz)赴亦思法抗(Ispahan)，逗留彼土者數年。據當時來撒麻耳干的喀司諦拉(Castilla)使節克拉維(Clairjo)的旅行記，謂一四〇四年有旅客一隊，以駱駝八百頭載絹、麝香、大黃、寶石等物，自迦台（Cathay 指中國）的罕巴里（Cambalu 指北京）至撒麻耳干云。其載在明史則帖木兒的後嗣沙哈魯（Shah Rukh）、兀魯伯（Ulugh Beg）等的使節於西紀一四三〇年、一四三七年、一四四五年、一四四九年，俱曾來至中國。而明的使節，又曾巡歷過哈密、土魯番、賽蘭（Sairam）、訛答剌（Otrar）、達失干（Tashkend）撒麻耳干、渴石（Kesh）、不花剌（Bokhara）、哈烈（Herat）、特爾墨德（Termed）等地。成祖即位之初，即遣中官馬彬往使於爪哇（Java）、蘇門答剌（Sumatra）等諸國，已遣李興使暹羅（Siam）、尹慶使滿剌加（Malacca）及柯枝（Cochin 印度的西南海岸）。迨西紀一四〇五年，又命太監鄭和及王景和等赴南海諸國。鄭和等乃大賫金幣，率大船六十二隻，兵三萬七千餘人，自蘇州之婁家港（今之瀏家口）出發，泛海至福建，其次達占城，乃遍歷南海諸國，到處宣示明之威德，厚賜其君長，使之歸服，有不服者，即以兵威之，由是諸國悉惟命是聽。在鄭和歸航之時，競遣使朝貢。鄭和等歸未幾，又被命遍歷南海諸國，於是來朝者益多。及安南陷，朝貢之國，凡有琉球、占城、真臘、暹羅、緬甸、滿剌加、渤泥、蘇門答剌、爪哇、榜葛剌等三十餘國焉。如是鄭和歷仕成祖、仁宗、宣宗三朝，出使南海者凡七回，共二十五年，擒舊港（唐時代的室利佛逝，宋時代的三佛齊而蘇門答剌的拔連班也）之酋陳祖義，錫蘭（Ceylon）王亞列苦奈兒及其妻子，蘇門答剌的王子蘇幹剌等，故其足跡所經遠及於亞拉伯之南端阿丹（Aden）及亞非利加之東海岸木骨都束（Magadoxa）、竹步（Jubb）、不剌哇（Brava）。由是諸國的人民，利中國的貨物，遂往來不絕，南海貿易乃益趨茂盛。中國商賈通商往來者既衆，爰有移居其地者，因之漸以養成勢力；如明史所記呂宋的潘和五、婆羅的王、爪哇新村的村主、舊港的梁道明、陳祖義皆是。

明的幣制

明太祖懲於前代鈔法的極弊，乃停止交鈔而鑄洪武通寶。然其弊則：（一）需費鉅，國家負擔一時加重；（二）因為要命民間輸銅，人民乃極以為苦；（三）私鑄者極多；（四）商賈苦於銅錢的笨重而不便運輸。因此諸弊，乃又造交鈔，發行一貫、五百、四百、三百、二百、一百文六種，其價格定為鈔1貫＝錢1000＝銀1兩＝

金$\frac{1}{4}$兩。令一百文以下用錢，其他專用鈔票，已而鈔價下落，乃更造小鈔而禁用錢。於是至成祖時，乃鑄造永樂通寶而禁用金銀，然而鈔價愈跌，至宣宗時乃鑄造宣德通寶而停造新鈔，新增稅目，收回舊鈔，悉令燒棄，而鈔法之弊，始得掃淨。顧交鈔雖盡，而一時亦不能鑄出爾許銅錢，乃再興出以布帛代用的習慣，並通用銀兩，政府徵收租稅，亦許得用銀完納。

第九章　淸時代之文化

世祖的一統

西紀一六四三年淸的太宗死，其子世祖立。翌年，聞明的流賊李自成犯北京，乃命叔父睿親王多爾袞圖進取。時明將吳三桂負防禦淸軍之任，駐山海關附近，聞李自成遂陷北京，毅宗自殺，乃降淸，請申討李自成。世祖爰命多爾袞援助吳三桂討李自成而走之陝西，遂定山西、陝西，遷都於北京。毅宗之死也，明的遺臣等乃擁立神宗之孫福王於南京，史可法則督軍謀恢復中原。世祖於是命叔父英親王阿濟格定陝西，平李自成，命豫親王多鐸伐明，以西紀一六四五年入揚州，史可法死之，乃渡揚子江，陷南京，執福王於蕪湖，乃下令漢人，令悉爲辮髮，從滿洲之俗。然明的遺臣等猶擁立唐王於福建以與紹興的魯王相應而固守江西、浙江、福建諸地。西紀一六四六年世祖乃命肅親王豪格和吳三桂入四川，平張獻忠，命貝勒博洛定浙江，走魯王，遂入福建，擒唐王於汀州。然明之遺臣等固猶未屈，仍立神宗之孫桂王於廣西；又有據江西、湖南、四川而從之者，故自是以下，凡亙數年，明清激戰不已。然西紀一六五九年，清軍入雲南，悉平明的舊境，桂王亦遁入緬甸。時緬甸辨陀格勒（Ben-tagle）王實迎桂王而置之赭經（Sagain），乃和雲南諸部同心協力以抗清軍，又寄寓的葡萄牙人也都加入。但是，緬甸人不樂王之納明遺族而招禍也，王弟莽猛台（Maha Parara Dahmma Raja）遂弒王而自立，西紀一六六一年，吳三桂等討緬甸，迫阿瓦（Ava），莽猛台請降，執桂王以獻。自桂王遁走緬甸以來，中國已更無明的遺族，故謂世祖實爲一統中國者。

西紀一六六一年世祖死，其子玄曄立，是爲有名的清聖祖；因其年號爲康熙，故又曰康熙帝，其一代曰康熙朝。帝天資英邁，才兼文武，蓋一古今無可比類之英主，在位凡六十一年之久，恭謙而愛民，故雖起自夷狄，統御漢人，然能得其愛戴，這實可以說是無愧於其聖祖之聖。茲舉其偉業之主要者，則：（一）削平三藩的反叛；（二）滅鄭氏，取臺灣；（三）結尼布楚（Nertchinsk）條約定清俄的境界；(四)征準噶爾(Dsungar)(五)鎮定西藏；(六)改革制度、獎勵學術、任用名儒、編纂大部書籍。

平三藩

世祖征明，以明的降將吳三桂、孔有德、尙可喜、耿仲明之功爲最多，故明的遺族既盡，乃封吳三桂於雲南；孔有德戰死無後；封尙可喜於廣東；封耿仲明之子繼茂於福建；繼茂死，其子精忠襲封；皆握有兵權，勢力雄厚，是謂三藩。迨聖祖親政，憂三藩之强大，欲撤之，會尙可喜請撤藩歸遼東，聖祖立許之，吳三桂不自安，西紀一六七三年先反，侵掠四川、貴州、湖南各地，耿精忠亦舉兵，與臺灣鄭經連和，而尙可喜之子之信亦幽其父而應之；於是，嫌厭清的辮髮令之漢人，亦皆爭起影響，西南數省，乃皆陷入亂中。顧未幾，尙之信與吳三桂有隙，耿精忠又與鄭經不協，皆前後降清，獨吳三桂稱帝號，都衡州，已而病死，其孫世璠繼立，戰敗走雲南，旋自殺，內亂乃平；時則西紀一六八一年也。

征服臺灣

臺灣在昔本未隸中國，明之中葉，始有移住此土者；逮明之末造，日本亡命者據之，稱其地爲高砂，旋於西紀一六二三年爲荷蘭人所奪；迨一六六一

締結尼布楚條約

年，鄭成功乃逐荷蘭人而取之。初，明的海賊鄭芝龍寓日本的平戶，娶於田川氏女而生成功，其後歸明，屢立戰功，曾迎唐王於福建，已又畔而降清。然鄭成功誓志恢復明室，據廈門，與清軍連戰十餘年，逮明已全滅，乃取臺灣據之，以西紀一六六二年病死。其子鄭經嗣立，亦紹父遺志，三藩亂起，舉兵應之，屢攻福建、廣東沿岸，然不得志而死。子鄭克塽立，幼弱，將士不服，聖祖乃遣施琅伐臺灣，既至，克塽出降，由是臺灣始歸清的版圖，時西紀一六八三年；其後西紀一七二一年臺灣民朱一貴自稱明帝之裔起事，然不二月，福建官兵討平之。

居住黑龍江流域的通古斯族諸部，在太宗時，曾服屬於清。先是，俄羅斯既取西比利亞(Siberia)，清世祖時，俄國的將軍哈巴羅夫(Khabarof)乃取雅克薩之地，築阿爾巴井(Albazin)城，由是俄清之間乃時起爭鬭。迨三藩亂平，聖祖乃用意於北，築愛琿（Agun）城，置將軍以鎮北邊，又遣使雅克薩，命俄羅斯人退去，俄羅斯人不應，西紀一六八五年乃遣彭春攻阿爾巴井城下之。俄人雖退，然清軍一去，則復來據雅克薩，聖祖於是乃介荷蘭人致書於俄帝彼得（Peter）一世，請定淸俄的境界。於是俄國的全權戈羅文、（Feodor Ale-xevitch Golovin 費曜多羅）和淸國的全權索額圖於西紀一六八九年會於尼布楚（Nerchinsk），定以外興安嶺、（Stanovio 山脈）格爾必齊（Kerbechi）阿及額爾古那（Argun）阿爲兩國境界，俄羅斯人乃約退出雅克薩，這便是尼布楚條約。

親征準噶爾

準噶爾爲明代瓦剌之後，居伊犂。及噶爾丹（Galdan）爲部長，遂併合靑海蒙古諸部，降服回部，卽天山南路諸國，威制西藏，西紀一六八八年遂侵略喀爾喀。（Khalkha）喀爾喀卽外蒙古，乃達延（Dayan）汗之末子札賚爾（Jalair）的後裔札薩克圖（Jassaktu）汗、土謝圖（Tushiyet）汗、車臣（Tsetsen）汗之所分領，噶爾丹既侵入三汗部，衆乃皆東走至於漠南而降淸朝。聖祖乃於西紀一六九〇年出兵，擊破噶爾丹於烏蘭布通（Ulan Putung），已又侵入喀爾喀，聖祖乃親征之，西紀一六九六年，破之於昭莫多。（Chao Modo）噶爾丹既外征久不歸，而準噶爾部遂爲其姪策妄阿拉布坦（Tsewang Arabdan）所併，回部、青海亦俱離叛。由是噶爾丹腹背受敵，進退維谷，西紀一六九七年乃仰藥死，而後蒙古及青海蒙古乃皆為清的藩屬。

鎮定西藏

西藏自明中葉以後雖黃教獨占勢力，然達賴、班禪兩喇嘛，止於總裁教務，至於一般的政務則第巴（Dipa）實司之，而漸張其權勢；故至第巴桑結（Sange）遂擅自擁立第六世的達賴喇嘛焉。然和碩（Khoshot）部的拉藏（Ratsan）卻不服，而拉藏又為是時藏中之大有力者，遂殺桑結，而別立新達賴喇嘛於西寧，於是策妄阿拉布坦乃乘此紛擾，以西紀一七一七年侵入西藏，襲拉薩（Lhasa），殺拉藏汗。聖祖於翌年遣皇子允禵發兵擊退準噶爾兵，迎西寧的達賴喇嘛於拉薩而立之，與以封冊，自是清的威力乃遠振西藏。

聖祖的文德

聖祖極用意內治，創定制度，獎勵學術，尊用國內的名儒，使著作大部的書籍，又命基督教教士，講究推步之術及器械的製造等事而編製全國的地圖。抑又極其尊尚儒教，以收服漢人人心，利用喇嘛教以懷柔西藏、蒙古，而此外政治上的施張，可觀者尚極不少；總之，清室的基業，蓋在聖祖時而完成也。

世宗的西北征伐

西紀一七二二年聖祖死，其子允禛立，是爲世宗。翌年，青海的羅卜藏丹津（Robtsan Tanjin）畔，搧動青海、西藏的喇嘛使作亂。西紀一七二四年乃遣岳鍾琪等鎭定之，置駐藏大臣於拉薩，置青海辦事大臣於西寧，以鎭撫青海、西藏。已而策妄阿拉布坦之子噶爾丹策零（Galdan Tsereng）屢擾邊疆，青兵苦於征伐。土謝圖汗的一族策凌（Tseling）擊退之，世宗乃分土謝圖汗之地以封之，號賽音諾顏（Sain Noyan）部，由是喀爾喀之地乃有四部。

高宗之業

西紀一七三五年，世宗死，其子弘曆立，這又是有名的清高宗，因改元爲乾隆，故亦稱乾隆帝。其一代曰乾隆朝，在位六十年，治世之長，亦同於聖祖，而治功之偉亦不劣於聖祖，因用武十度，皆未嘗有失，自作十全記。十全者：平準噶爾，攘金川，受廓爾喀（Gurkha）之降者各各二回，定回部，靖臺灣，降緬甸、安南各一回，故云。而高宗又極好學，亦命儒臣編纂大部的書籍。

征伐金川準噶爾回部

金川在四川的西邊，而金沙江的上流，分大金川、小金川。西紀一七四七年，大金川畔，高宗命傅恆及岳鍾琪平之，然其後兩金川又亂，更命阿桂討之，

緬甸和暹羅

西紀一七五七年，乃全然平定。準噶爾自噶爾丹策零死後，內訌大作，策妄阿拉布坦之從孫達瓦齊（Dawatsi）乃篡立，惡其族人阿睦爾撒那之恃功橫暴，擊破之，阿睦爾撒那乃率所部降清。高宗乃於西紀一七五五年命班第和阿睦爾撒那共討準噶爾，擒達瓦齊。然阿睦爾撒那旋又據伊犁反，殺班第，一七五七年高宗命兆惠等討之，先平衞拉特（Werat）諸部，阿睦爾撒那遂敗走俄羅斯，旋死，準噶爾悉平。先是，回部、卽天山南路之地，乃察合台汗的後人喀什噶爾（Kashgar）、土魯番（Turfan）的諸汗之所領，聖祖時，此諸汗者，盡爲噶爾丹所滅，由是屬準噶爾，迨準噶爾既亡，伊斯蘭教的僧族和卓（Khoja）及布羅特尼（Barhan ud-din）兄弟作亂，高宗仍命兆惠進討，西紀一七五八年悉平。由是天山南北盡爲清的領土，清之威力，乃遠振於葱嶺以西。

緬甸自辨陀格勒王以後，國勢不振，白古（Pegu）乘之而獨立，西紀一七五一年陷其國都阿瓦。於是木蔬部（Moksabo）的土司雍藉牙（Aung Zeya）一名阿龍卜拉（Alompra）者，起兵抗之，西紀一七五四年，乃恢復阿瓦而爲緬甸王。已又征服白古，侵雲南的西南部，屢破清軍。西紀一七六七年，高宗命明瑞討之，敗，戰死，一七六九年又命傅恆及阿桂征之，亦無功。先是，雍籍牙既死，其子孟駁（Maung Upa-Raja）及辛標仁（Simpyuin）相次立，頻頻侵擾暹羅。西紀一七六七年遂陷其國都猶地亞（Ayuthia）。然未幾，暹羅人即恢復其勢力，反而侵入緬甸，加以清軍又頻來征討，雍籍牙的少子孟魯（Mon Tara-Rri）乃懼而降清，西紀一七九〇年受册封爲緬甸國王。暹羅在明之季世，卜拉、憍卜拉沙登（Phra Chau Phrasattong）曾建造新王朝，用日本的山田長政爲政，曾奮其國威，迨王死，內亂即作，長政亦遇害。清聖祖初年，希臘人康士但丁華爾根（Constantine Phaulkon）來暹羅，勸國王請法蘭西保護，招其兵入國內，暹羅人惡之，起內亂，緬甸人乃乘隙侵入。西紀一七六七年，國都猶地亞陷。至一七七八年，暹羅遺民擁漢人鄭昭爲主，逐緬甸人而建國，奠都於盤谷（Bangkok）。然其後鄭昭又因內亂被殺，其將鄭華（Phaya Chakri）嗣位，西紀一七八六年受清的封册；這便是現在暹羅國王的祖人。

安南

廓爾喀和台灣

清朝衰替之兆

安南自明末以來，大越、廣南兩國相對立者垂百八十餘年。其間，大越則黎氏諸王僅擁空名，而實權盡在鄭氏；廣南則初取南方的占城，繼略柬埔寨(Camboja)，一面又和日本通商，國勢曾一時頓增隆盛。然西紀一七七三年阮文岳阮文惠兄弟起自廣南的西山(Tay-son)：阮文岳先滅廣南，以西紀一七八六年爲交趾王；阮文惠於西紀一七八七年滅大越，稱東京(Tongking)王。於是大越王黎維祈請援於清，高宗命孫士毅於西紀一七八八年率兵往，恢復東京。然明年，阮文惠來襲，敗而歸，黎維祈遁奔清。已而阮文惠請降，西紀一七九〇年自請入朝，高宗許其請，封之爲東京王，自是黎氏乃不能再歸國。

廓爾喀(Gurkha)部，原居喜馬拉亞山之南，尼波羅(Nepal)之西，後乘尼波羅有內亂，乃奪其地而據之。西紀一七九〇年侵略西藏，高宗使福康安等討之，迫其國都喀特曼慈(Khatmandu)，受降而還。臺灣因清之官吏貪縱失民心，西紀一七八六年彰化林爽文作亂，陷諸縣，高宗遣福康安等討平之。

高宗雖則在這些外征上面克奏膚功，然其間，則內地亦有臨清的清水教徒之亂，甘肅的伊斯蘭教徒之亂，幸皆未幾卽平。然而西紀一七九二年所起的白蓮教匪及繼起的貴州苗猺之亂，則猖獗極一時，淸廷大爲所苦。故淸朝在高宗之世，其盛固足以比於聖祖，然而隆盛之中衰兆已形，由是國家乃漸致多事。高宗以西紀一七九六年退位，其子永琰立，是爲仁宗，改元嘉慶。其時白蓮教匪又大起於湖北，蔓延及於河南、陝西、甘肅、四川，到處肆其殺戮；而四川賊徐天德、王三槐等亦起而抄掠郡縣，討伐九年始得平靜；此次之亂，教匪、苗猺並起，糜財二億，殺賊數十萬，官兵鄉勇之戰死，五省民庶之罹災者直不可以數計，慘狀蓋不忍言。抑其間又有海盜蔡牽出沒定海，浙江提督李長庚逐之，奔臺灣，未幾復與福建的海盜朱濆合，犯浙江。尋二賊不相能，各分離，蔡牽自稱鎭海王，大逞抄掠，後爲李長庚所破，奔安南，旋又還與朱濆合；然兩人終亦爲淸軍擊死，而後閩浙兩洋巨盜始全平。西紀一八二〇年仁宗死，其子宣宗旻寧立，改元道光。已而回部變叛，天山南路大亂。

回部之亂

曩者，天山南路既平，布羅尼特之子薩木克(Sarimsak)遁走浩罕(Khokand）圖恢復，不果，其子張格爾（Jehangir），有雄略，乘天山南路的參贊大臣斌靜荒淫失民心，乃襲喀什噶爾的邊塞西紀一八二六年遂佔喀什噶爾，乘勢連陷英吉沙爾（Yengishar）、葉爾羌（Yarkand）、和闐（Khotan），進逼阿克蘇（Aksu）。宣宗命楊遇春及長齡會於阿克蘇伐之，楊遇春等既破賊復喀什噶爾，又進復英吉沙爾、葉爾羌、和闐，於是張格爾遁走浩罕，長齡放反間誘之，要擊之於喀什噶爾城下，張格爾生擒。清廷於是遂移參與此次叛亂的伊斯蘭教徒於伊犂，且與浩罕絕，不復與互市。浩罕大怒，援張格爾之兄玉素普（Yusuf）陷喀什噶爾，又擾回部，清廷復平之；西紀一八三一年與浩罕的互市復舊而使監禁和卓的一族於其國，自是天山南路，乃得以小康一時。

英吉利在中國的貿易，起初爲葡萄牙人所妨礙，頗復不振。迨英吉利東印度公司得志於印度以後，乃頻謀擴張，尤自印度大輸入其鴉片（opium），流毒無藝。清廷嚴禁之；高宗仁宗之世，曾兩燒鴉片數千箱。顧其後法禁漸弛，及宣宗道光年間，比年販賣者達三萬四千箱之多。如是民命耗損，資財濫出，害患之深靡有底届，湖廣總督林則徐乃上書痛論之。宣宗遂舉林則徐爲兩廣總督，使得以便宜行事，林則徐乃於西紀一八三九年命留在廣東的英吉利商人，限三日内悉出其所藏鴉片，凡得二萬二百八十三箱，乃悉數焚棄，又以全數未盡，因不從命，令禁絶通商，令廣東市民毋得供給其飲食日用諸物。於是英人大窘，盡出餘藏，林則徐又燒之，嚴命此後有輸入賣買鴉片者即處死刑。

時英吉利的廣東領事葉利阿（Charles Elliot）頗思用平和的手段以謀互市的復舊，然林則徐頑執不應，遂向本國請出師，英吉利政府亦決意寇清，一八四〇年下訓令於印度總督哈丁疾（Lord Hardinge），布勒墨爾（Bremer）及葉利阿（George Elliot）兩將，乃率軍艦十五隻到澳門，初遣使於林則徐，請解互市之禁，不應，乃北進，佔舟山島，轉而西渡錢塘江，攻乍浦，封鎖廈門、寧波兩港。已而葉利阿北航入直隸灣，泊於白河河口，會見直隸總督琦善於大沽，請傳達國書，然清廷要其在廣東商議，葉利阿乃拔錨南下。於是宣宗乃遣琦善及兩江總督伊里布往廣東，撤各地兵備，免林則徐以議和。然事不易如是即決，一八四一年布勒墨爾又取攻勢，奪川鼻、大頭角兩島，如是北京的主戰黨其勢復熾，宣宗乃褫琦善及伊里布職，再起林則徐而命皇姪奕山爲將，往廣東。尋英將高符（Gough）率援軍至，英吉利軍大振，進占廣東，連陷廈門、定海、鎮海、寧波、乍浦，而英吉利的軍艦則入揚子江，下吳淞，溯江攻上海縣，殺清之驍將陳化成，直攻鎮江，陷之，便將擊南京。宣宗初主戰，已見清軍屢失利，遂欲和議之成，乃起復伊里布，命和耆英、牛鑑急赴南京，與英吉利的全權公使波丁遮（Potinger）會議，結約十三條，是爲南京條約，時則西紀一八四二年八月二十九日（道光二十二年七月二十四日）也。此約要項爲：（一）清廷賠償軍費一千二百萬美金，賠償英吉利商家三百萬美金，賠償鴉片六百萬美金，總計須交付二千一百萬美金；（二）開放廣東、廈門、福州、寧波、上海五港爲互市場；（三）香港的主權讓給英國。於是比利時、荷蘭、普魯士、西班牙、葡萄牙諸國，都相繼派遣領事來廣東，而亞美利加共和國和法蘭西兩國，尤

長髮賊之興起

特派全權公使來中國。至是，清廷乃知外人之不易與，而倨傲尊大之氣亦稍挫，乃採用西洋文明的利器，設砲臺，造軍艦焉。

鴉片戰爭之後，清廷威稜漸輕，人民已不復尊重清室；會廣東、廣西之地，歲大饑，盜賊蜂起，亂乃雲興。時廣西桂平人洪秀全者，自稱爲天父的第二子，而以基督爲大兄，作金言寶誥等書以惑愚民，密與楊秀清、馮雲山謀，西紀一八五〇年舉兵金田，與其徒三百餘人，刦掠鄉鎮。於是不逞之徒，多來附集，其勢日盛，洪秀全乃建國號曰太平天國，而自稱天主，因其徒皆蓄髮，世遂目之曰長髮賊。時宣宗已死，其子文宗奕佇立，改元咸豐，遣林則徐討長髮賊，則徐病死中途，乃更遣李星沅、賽尙阿等。然洪秀全等，乘帝室承繼之交，大擾桂林一帶，出湖南，攻長沙，更轉入洞庭，取岳州，進下漢陽、武昌。清廷命徐廣縉、琦善、向榮等防之，然無功，洪軍的舟師已從揚子江東下，陷九江、安慶、蕪湖，西紀一八五三年二月，遂入據南京。洪秀全乃於茲建造宮室、輿馬、服飾，儼然王者之制，分遣諸將略大江南北，並將衝北京，江北爲之震蕩，清室遂爾大搖。於是，文

阿羅號事件

宗遂下詔徵募勤王之兵，會有湖南湘鄉人曾國藩以母喪在籍，乃應詔發鄉勇，連討土匪，先復湖南。會水陸之師，已取武昌，旋又爲洪將楊秀清奪回，尋洪將石達開率大軍自南京向武昌，湖北巡撫胡林翼拒戰，大破之，乃大舉進討，再復武昌。其間，曾國藩之弟曾國荃及左宗棠、李鴻章，亦俱起兵，盡力征討，然洪勢殊張，到處恣其刧掠。

清國以鴉片戰爭的結果，開放五港，和外國的交通遂極其頻繁，從而犯罪之徒，乃多投遁於外國船，仰其庇護。西紀一八五六年十月碇泊廣東的清國軍艦，忽派兵士闖入揚着英吉利國旗的阿羅 (Arrow) 號上，逮捕船人屬清籍者十二人，倒其國旗，棄之甲板。於是英吉利領事拔克思 (Harry Smith Parkes) 大怒，詰其不法，要求還其船人。然兩廣總督葉名琛處置此事，不得其宜，遂惹起英清間的衝突來。於是英吉利的首相拔爾馬司登(Lord Palmerston)乃諮議會，得軍費的協贊，又向法蘭西、俄羅斯、亞美利加合衆國提議，擬共派遣公使往北京。會有廣西人民殺害法國的宣教師，法帝拿破崙 (Na-

英法的北清侵伐

polcon)三世遂立與英吉利同盟出兵。英吉利的公使葉爾楨 (Lord Elgin) 和法蘭西的公使格婁(Gros) 既率兵至香港，亞美利加公使李德(Read)及俄羅斯公使卜家珍(Poutiatine)亦尋來會；然美俄兩國，實止不過欲壓迫清廷改訂通商條約罷了。

一八五七年十二月英法聯軍陷廣東城，執葉名琛送之加爾葛達(Calcutta)。其明年，北進入直隸灣，四國公使發書清廷請交涉；聯軍先佔白河河口的大沽砲臺，清廷大驚，以大學士桂良、花沙納爲全權大臣，赴天津和四國公使相見；迨一八五八年六月，天津條約成，而後英法艦隊始啓椗南歸。既歸，而清廷態度又還强硬，命僧格林沁 (Sang Kolinsin) 改築大沽砲臺，欲令條約的批准交換行之於上海。然翌年，英法兩國的公使則欲行之於北京，乃率聯合艦隊抵大沽，砲臺發砲擊之，與以很大的損害，聯合艦隊卽退歸上海以待援軍。一八六〇年七月英吉利軍集合於大連，法蘭西軍集合於之罘，凡艦船二百餘隻直向直隸灣，陷新河、塘沽的砲壘，進下大沽，取天津，奪張家灣，與

長髮賊的平息

僧格林沁戰於八里橋，破之，遂向北京。於是文宗避難往熱河，以皇弟恭親王奕訢為欽差大臣議和，不成，十月，聯軍遂入北京，燒西北城外的圓明園，掠奪清室的珍器重寶。會俄羅斯公使伊格那傑夫時在北京，乃出而執調停之勞，和議始告竣：（一）清國賠償英法兩國銀各八百萬兩；（約一千六百萬圓。）（二）承認英法兩國的公使駐劄北京；（三）南京條約的五港之外，更開牛莊、登州、（之罘）潮州、（汕頭）臺灣、瓊州、九江、漢口七港；（四）允許自由傳布基督教；（五）以香港對岸的九龍半島租與英吉利：這是北京條約，時為西紀一八六〇年十月也。

其間長髮賊之中，亦起內訌，楊秀清因欲除洪秀全而自立，被殺，馮雲山以下的諸將亦多死去。然而清廷因和英法兩國的葛藤不清，竟亦不遑討伐，故太平天國反得以乘之而振其勢，屢破官軍；陳玉成復取揚州；石達開自江西入湖南攻廣西，更入廣東；李秀成亦擾江蘇浙江，遂下丹陽。迨清既與英法和，乃專其力於征討，任曾國藩為兩江總督兼欽差大臣督理江南軍務。曾國藩於是連破石達開、陳玉成之兵。而曾國荃、左宗棠亦各破賊，所至恢復。洪秀全乃出兵浙江，欲二分官軍的兵力，一面又以兵迫上海。西紀一八六一年，會文宗死，其子載惇立，改元同治，是爲穆宗。時上海的官紳和居留的英吉利人及亞美利加人商議，決助清兵防洪軍來襲。亞美利加人瓦德（Ward 華爾）乃訓練清兵，編制洋槍隊，屢建殊功，至得常勝軍（Ever Victorious Army）之名。已而瓦德死，亞美利加人白齊文（Burgevin）代之，望賞厚，不協而去，乃投洪軍；於是戈登（Charles George Gorden 英吉利人）遂將常勝軍，屢奏奇勳。是時江蘇巡撫李鴻章已連破太平軍，而曾國藩亦恢復各地，洪將石達開、陳玉成相繼成擒，洪勢大損，於是曾國藩乘之，合諸道之軍，共圍南京，洪秀全窮蹙仰藥死，南京遂陷，時爲西紀一八六四年七月。而各省的餘賊及捻匪等亦相次平息。自長髮亂起至是凡十五年，侵擾所及，實達十六省之廣云。

清俄的關係

往歲，尼布楚條約締結以後，俄羅斯的東方侵略，曾一時頓挫。後來清國平定外蒙古及天山北路，和西北利亞的交通遂繁，俄羅斯屢遣使於淸求規定通商條約,世宗於是許之。西紀一七二八年遂訂恰克圖(Kiakhta)條約,以恰克圖爲兩國互市場,俄羅斯人並得至北京通商建設公使館及教堂。自是,清廷遂依賴條約而怠其北方的警備,如是俄羅斯的東部西北利亞總督武拉維夫(Muravief)乃乘之秉尼古拉(Nicolai)一世之命,頻頻經略東方,西紀一八五一年遂占領黑龍江口,於其地建設尼古拉福司克(Nicolaivsk)。已而俄羅斯在歐羅巴有克利米亞(Crimia)之役,英吉利、法蘭西的聯合艦隊襲堪察加(Kamtchatka)的彼得羅拔福羅福斯克(Petropavlovsk),無功而返,然武拉維夫則益感占領黑龍江地方之急,遂迫清廷欲從新訂定兩國境界。時清廷內爲長髮所苦,外又有英法的葛藤,自無北顧之暇,文宗遂令黑龍江將軍奕山於西紀一八五八年與武拉維夫會於愛暉(Aighun)協商其結果,則:(一)以黑龍江左岸之地歸爲俄領;(二)黑龍江和松花江(Sunagri)的會流點以下之地併右岸亦歸爲俄領;(三)與俄羅斯以黑龍江、松花江、烏蘇里江的自由航行權。未幾,俄國公使伊格那傑夫以調停清國和英法間的不

新疆之亂與伊犂紛議

利而結北京條約之勞，遂割烏蘇里江以東之地與俄爲酬，於是武拉維夫的希望遂全達，於彼得大帝灣頭建設弗拉第福司透克(Vladivostok)港，以圖極東經營的進展；弗拉第福司透克者，俄羅斯語乃東方領地之義。

西紀一八七五年，清穆宗死，無子，乃以皇叔醇親王載譞之長子載湉入嗣大統，改元光緒，是爲德宗。然帝是時年僅五歲，遂由慈安皇太后(文宗的皇后，即東太后)及慈禧皇太后(穆宗的生母，即西太后)垂簾聽政；慈禧皇太后乃帝之伯母，即彼有名的西太后是。初，準噶爾部日趨隆盛之時，於是占領着伊犂西北西爾河東北一帶之地的吉利吉思(Kirgiz)族，乃爲所驅逐而自西爾河下流移居於烏拉爾(Ural)河之間，裂爲大中小三部。西紀一七三〇年以後，小中二部次第歸降俄羅斯，迨一八四六年大吉利吉思部亦爲俄羅斯所攻略，故中央亞細亞及清的伊犂等地遂和俄國接壤。天山南路昔曾爲清高宗所平定，然長髮亂起，河西的回教徒東干(Dungan)族反，天山南路的回教徒亦並起應之，於是和卓的後裔布蘇格(Buzurg)乃乘機和浩罕的雄將阿古柏伯克（Yakub Bek）共侵入喀什噶爾。已而阿古柏伯克廢布蘇格而代之；降服天山南路及河西的回教徒，奠都於阿克蘇，與英吉利、俄羅斯、土耳其通好以抗清。清廷於長髮賊平定之後，卽伐之，然無功，後命左宗棠討之。阿古柏伯克於是向印度求兵器，圖擴張軍備，然其國人離叛，莫爲之用，西紀一八七七年，阿古柏伯克遂自殺，（或云被殺）內亂驟起，左宗棠乃乘機進討，一八七八年，悉平天山南路。然前者天山南路之亂也，伊犂的回教徒亦應之而起騷擾，俄羅斯乃乘此機，假保護邊境爲由，西紀一七八一年出兵伐之，遂占伊犂。及左宗棠既平天山南路，清廷數索還伊犂，俄羅斯左右支吾，不之應。一八七八年，乃遣崇厚往俄羅斯，迫其歸還，纔議定里哇滴亞（Livadia）條約：（一）由清國出償金五百萬盧布；（約五百萬圓）（二）初已決議割忒克司（Tekes）河上游之地以與俄羅斯，尋清國中羣議囂然，以讓步太過其度，擬廢約，兩國不和，卽將破裂。清廷乃以曾國藩之子曾紀澤爲全權大臣，使再往俄羅斯議之，以兩國互相讓步的結果，而後：（一）清國增賠償金爲九百萬盧布；（約九百萬圓。）（二）以霍爾果斯(Khorgos)河以西之地代忒克司河上游之地。（三）在兩國的境界上貿易自由糾紛乃至是解決，是曰伊犂條約時爲西紀一八八一年二月。

安南的一統與法蘭西

安南在阮文岳滅廣南時，阮潢的裔孫阮福映遁往暹羅，得其王華亞恰克里的援助收合舊臣襲下交趾，然爲阮文岳及阮文惠的聯軍所破，不獲逞，乃從法蘭西的宣教師披尼耀(Pigneau)之勸，約事成，則割讓化南及卜老孔多(Pulao Condor)二島，乃以其子阮景叡和披尼耀共赴法蘭西乞援。援軍既到，乃助阮福映據柴棍(Saigon)，屢破西山黨之軍。會阮文惠死，其子阮光纘嗣，殺阮文岳，廣南大亂，阮福映乘之連破廣南軍，復順化，建都於此。西紀一八〇二年，陷東京，殺阮光纘，遂一統安南，國號大南。乃遣使於淸，受册封，定二年一貢，四年一朝之約。然阮福映於披尼耀死後，乃迫害宣教師，一八一八年，法蘭西王路易十八世遣使責之，且迫奮約的割地，不應。福映之後，經福皎至福時，益事排斥，虐殺宣教師。迨其子福任立，西紀一八五六年，法帝拿破崙

安南法蘭西交戰

三世遂派遣軍艦，責履舊約，並要求保護宣教師。然福任不應，拿破崙三世乃於一八五八年派兵占領柴棍，會故黎氏之遺臣作亂，與法蘭西軍以聲援，福任知不敵，一八六二年，乃遣使赴法蘭西求和，割下交趾的邊和、嘉定、定祥三州及卜老孔多島，賠償金二千萬佛郎，(約八百萬圓)許基督教自由傳教。

東京的叛亂既定，阮福任欲收回其割與法蘭西的三州，值柬埔寨有內亂，安南亦蒙其影響，法蘭西乘之，更奪平隆、安江、河僊三州。時柬埔寨不僅苦於內亂，並苦於常受暹羅的干涉，西紀一八六三年，其王諾羅冬（Norodom）乃求法蘭西的保護，一八六七年，保護的批准終了。尋法蘭西又責安南之殺害法蘭西人，逼之獲宣教的自由及紅河航行權，並河內、東奈、寧海的開港；爰更以保護商賈爲名，乃駐兵於海內、海防兩地。會長髮殘黨入安南，稱黑旗兵，其首領劉永福有威望，阮福任乃欲假其力以排斥法蘭西人。西紀一八八二年，安南和法蘭西遂兵戎相見，法蘭西的海軍進陷安定、河南。然劉永福善能防禦，立復二地，勢燄甚，法蘭西乃更遣少將枯魯卑(Courbet)以伐安南。枯魯卑善用兵，卽進衝順化陷之，阮福任大懼請和：(一)割讓與法蘭西領接壤的平順(Binhthan)州；(二)開歸仁(Quinhon)癡冷二港；(三)以國爲法蘭西的保護國，如不經其承認，不得和他國交通：時實西紀一八八三年八月也。

初，清國見法蘭西欲樹立保護權於自己的屬國安南，乃挾異議，命駐英法的清公使曾紀澤向法蘭西抗議，又命李鴻章和駐清的法蘭西公使薄雷(Bouree)談判，然不得要領。西紀一八八四年，李鴻章在天津和法蘭西的艦長胡魯涅(Fournier)訂約：(一)法蘭西保護清國的南境；(二)清國立卽撤退東京的清軍；(三)清國不得關係法蘭西安南的條約：已而法蘭西軍爲欲履行條約，將進占諒山(Langson)，清兵逆擊破之，法蘭西政府乃命枯魯卑指揮在東京及中國的艦隊，向清國要求償金一萬萬佛郎(約四千萬圓)。清廷乃履行國境撤兵之約，償金的要求，則不之許，如是兩國的平和，遂於玆破裂。枯魯卑乃率海軍殲清國的福建艦隊，涅格烈(Negrier)則率陸軍奪諒山，侵入鎭南關。清將馮子材乃幫助黑旗兵驅逐法蘭西兵出鎭南關，恢復諒山。

時枯魯卑已轉向臺灣奪基隆砲台，略淡水附近，更派軍艦占領澎湖島。會枯魯卑病死，法蘭西的輿論也不以遠征爲是，又值內閣交迭之際，於是法國乃於一八八五年派公使拔特諾特兒(Patenotre)至天津會李鴻章講和：（一）法蘭西撤回償金的要求；（二）清國放棄對安南的權利；（三）清國承認法蘭西占領東京地方。

先是，朝鮮在仁祖時歸順清朝，世世受其册封。迨純祖以來，外戚專權，國勢漸衰。西紀一八六三年，仁祖九世孫李熙卽位年幼，乃封生父李是應爲大院君，執國政，嚴禁基督教，並虐待其徒。於是法蘭西於一八六六年遣軍艦七隻占領江華島，然無功而返。其後，法蘭西因與德意志戰，更無力東顧，大院君遂益益迫害基督教徒。是年亞美利加合衆國的商船溯大同江，朝鮮人誤認其爲法蘭西船而刧掠之，一八七一年合衆國乃派軍艦五隻至溯漢江，中罪致討，然亦無成功而去。朝鮮在此以前二百餘年之間，都和日本通好，每德川將軍襲職及凡有其他吉凶等事，恆派禮使聘問不絕。故明治維新以後，日本亦屢遣修好之使;然一拒法,再退美的大院君,卻置之不理而頑執其鎖國主義。會西紀一八七五年,日本有軍艦雲揚艦過江華島時,爲所砲擊,日本軍艦亦立應戰陷其砲台拔永宗城日本乃遣黑田清隆、井上馨往朝鮮詰問,一八七六年二月遂締修交條約十二條,約:(一)認朝鮮爲獨立國;(二)釜山而外,再開元山、仁川二港;(三)日本船得以測量朝鮮的沿海。蓋前者法蘭西及合衆國和朝鮮交兵時,清廷曾確實答覆過,謂朝鮮乃獨立國,其外交與清國初不相干,故今者日本於此條約遂認朝鮮爲獨立國也。

琉球問題和臺灣事件

琉球自西紀一三七二年始入貢於明,受太祖的册封,而一面又臣屬於日本,取兩附的態度。其後廢日本的朝貢,西紀一六〇九年日本的島津家久征服之,國王尙寧降,自是琉球遂隸於島津氏,歲時致貢;而一面則仍私向清廷具藩屬之禮,故琉球實兩隸於日本與清。日本政府乃於西紀一八七二年封其王尙泰爲藩王,派遣官吏使往執內外的政務,欲以明其爲日本之屬島;顧茲事遂大害清國的感情。會値臺灣事件起,而後日本的領權始確定焉。先

朝鮮的變亂

是，一八七一年，琉球人民有漂着臺灣爲生蕃所殺者，翌年，日本備中的住民，亦有因漂着遭害者，日本政府乃遣副島種臣往清廷質問，清廷稱生番乃化外之民，不任其責日本政府遂於西紀一八七四年命西鄉從道、谷干城等率兵往討生番，顧清廷忽食前言，唱異議，要求撤兵，日本政府乃以大久保利通爲辦理大臣，使往清廷開談判。談判不協，已將決裂之時，有英吉利公使威德(Wade)乃出任調停，由清出償金五十萬兩(約百萬圓)以謝，日本則撤其臺灣之兵。是役也，日本對於硫球的領有權乃確實定妥，遂於西紀一八七九年廢藩而置爲沖繩縣。然清廷又唱異議，適美國的前大總統格蘭特 (Grant)來遊，乃於途次執斡旋之勞，而琉球乃真入日本版圖。

朝鮮國王年既長，大院君返政退隱，然見王后閔氏的一族據要路，恣權威，心不能平，乃煽動京城的鎮兵，於西紀一八八二年亂入王宮及閔族的邸第，壓迫國王而自執政權，且襲日本公使館而燒之。日本公使花房義質率部下逃之仁川，投英吉利船而回長崎。是爲壬午之變。於是日本政府乃遣井上韓並訓令花房公使同赴朝鮮談判，朝鮮政府恃清國爲後援，不置回答，日本公使等已將退去而清國遣丁汝昌、馬建忠等至，捕暴徒的首魁，擁大院君送往天津，朝鮮政府乃迎花房公使，容其要求：(一)賠償金五十五萬圓；(二)允公使館得置護衛兵；尋又遣朴泳孝、金玉均等往日本表謝罪之意。已而清國派袁世凱至朝鮮，並選兵使駐屯；由是朝鮮國論遂分兩派，互相軋轢：一爲事大黨，以閔泳翊、閔泳駿等爲其首領，意在依賴清國，以圖安寧；一爲獨立黨，以朴泳孝、金玉均等爲其首領，意在依賴日本，以全獨立。西紀一八八四年，慶祝京城的郵政局開設之際，獨立黨遂舉事，殺傷事大黨的當路諸人，奉國王，發大政一新之令；一面則向日本公使館乞援，公使竹添進一郎乃率兵保護王宮。然事大黨則往求清國的保護，袁世凱遂率兵襲王宮，燒日本公使館，獨立黨全敗。竹添公使收兵返國，朴泳孝、金玉均等亦逃赴日本；是爲甲申之變。於是日本政府乃任井上馨爲全權大使，派兵赴朝鮮，約令朝鮮政府表謝罪之意，並出償金十一萬圓及公使館新築費二萬圓；是爲京城條約。時清廷已命吳大澂率兵走海路入京城，然因曲在朝鮮，事遂莫可如何。但是，際此事變，日本卻有和清國交涉的必要，故西紀一八八五年遂任伊藤博文爲全權大使，至清國和清的全權大臣李鴻章會於天津，談判的結果：（一）駐屯朝鮮的日清兩國兵都撤退；（二）兩國都不派教官往教練軍隊；（三）將來有事欲出兵朝鮮時，須互相發通牒通知，事定須立卽撤兵：這便是所謂天津條約。

天津條約之後，日清兩國俱自朝鮮撤兵，然清國欲箝制朝鮮的舉動，日益明顯，如袁世凱者卽結托閔族而大振其威勢，暗中實對日本而取一種反抗的態度。西紀一八九四年四月朝鮮的全羅、慶尙兩道，有排斥西教而欲與東方固有之學之東學黨一派者起而作亂，而對於政府素懷怨望的暴徒，亦蜂起應之。朝鮮兵不能鎭壓，六月，閔族乃仗袁世凱而請援於清，清兵來，屯牙山，於是日本政府亦卽命當時正在歸國的駐韓公使大鳥圭介返其任地；而一面又令大島義昌率混成旅團赴朝鮮。時日本和清國交涉，謀兩國協力以改革朝鮮的國政，顧東學黨之亂既平，而清國以鎭壓爲名，增其軍旅，欲屈朝鮮使舉外藩之實。於是日本乃命大鳥公使於七月二十三日率兵入王宮，逐事大黨一派而令大院君整理國政。會日本的軍艦吉野、秋津洲、浪速三艦與清的軍艦濟遠、廣乙二艦戰於豐沖島，敗之，又擊沈其運兵船，捕獲其砲艦操江；繼而大島義昌所率的陸軍混成旅團，驅逐成歡的清兵，乃進奪牙山敵壘。至是清日兩國，乃以八月一日同時宣戰：日本的陸軍由野津道貫率之，以九月陷平壤，掃除朝鮮的清兵；海軍則以聯合艦隊司令官伊東祐亨所率的五艦，坪井航三所率的第一遊擊隊及海軍軍令部長樺山資紀的坐乘艦西京丸，和清國的北洋及廣東水師十二艦並水雷艇六隻會於海洋島沖，激戰半日，遂擊沈清艦四隻得勝。次則日本的第一軍，山縣有朋爲司令官，經義州，奪九連城，拔鳳凰城；第二軍大山巖率之，由花園口上陸，十一月，取金州城，奪大連灣，與海軍相應而占領旅順口。其間第一軍又取大孤山及岫巖，攻略拆木城及海城。其明年（西紀一八九五年）一月，第二軍取蓋平，和第一軍聯絡，其一部則向威海衛由榮城灣上陸而取摩天嶺，二月，遂佔領威海衛。時北洋水師的殘艦多在劉公島，爲日本軍的水雷艇所擊沈，提督丁汝昌乃請降而仰毒自殺，日本軍遂收其殘艦，清的艦隊乃全滅。日本軍遂欲進擊清的都城，第一第二兩軍乃合向北京，三月，攻略牛莊、田莊臺、營口；又比志島輝所率的混成枝隊則向臺灣海峽佔領澎湖島；而參謀總長小松宮彰仁親王則爲征討大總督，以四月向旅順進發。是時，清軍屢戰屢北，更無勝算，清廷自早即欲和，顧懼講和條件之或過重，乃以人探察日本政府的意向，日本政府以此來講和之使資格不彀，兩至皆卻之，至三月清廷乃任李鴻章爲全權大臣，和李經芳同至日本的下關，日本政府乃任內閣總理大臣伊藤博文、外務大臣陸奧宗光爲全權辦理大臣，與李鴻章相見。李鴻章首請休戰，顧議猶未決，李鴻章忽爲日人要擊於途，負重傷，而後議停戰三週，至四月，李鴻章傷愈，日本乃提出講和條件，旋即議決，是爲下關條約。據此約則清國：（一）確認朝鮮的獨立，（二）割讓遼東半島及臺灣、澎湖列島；（三）給軍費賠償金二萬萬兩；（約四萬萬圓。）（四）特爲日本開沙市、重慶、蘇州、杭州四埠；（五）日本擴張汽船

朝鮮和日本及俄羅斯之關係

的航路自揚子江的上流宜昌以至重慶，又自上海入吳淞江及運河以至蘇州、杭州。但是俄羅斯以日本之領有遼東半島，實大有害於其東方政略，爰約同德意志、法蘭西兩國，協以要日本；以此半島若置之日本領下，則殊不利於東洋平和的維持爲理由，令日本還遼東半島於淸。日本無已，乃容其勸告，獲代償金三千萬兩，（約六千萬圓）乃以遼東半島還淸，遂班師歸。

其間，朝鮮頗納日本公使井上馨之忠言而謀改革其秕政，退去大院君而召還朴泳孝、徐光範，令爲大臣，專恃日本。然自日本退還遼東半島後，態度忽一變，乃欲轉而依賴俄羅斯。於是，繼井上之後的三浦梧樓大憤，乘西紀一八九五年朝鮮政府欲解散日本士官所教練的訓練隊之機，乃起復大院君，率訓練隊入王宮，斬閔后，將大行改革。而日本政府聞之，則大驚，免三浦公使而以小村壽太郎繼任，令卽赴朝鮮講求善後之方；自是日本在朝鮮的勢力日衰，俄羅斯的勢力則日見增進。朝鮮王以避春川地方的暴徒爲名，入俄羅斯公使館，日本黨的大臣金宏集等被殺，於是日本政府乃令小村公使勸朝

列國之壓迫清國及獲得權利

鮮王還宮，又別遣山縣有朋赴俄羅斯，以西紀一八九六年六月訂日俄協商，謀保全朝鮮的獨立。朝鮮王尋還宮，西紀一八九七年十月卽皇帝位，改國號爲大韓，改元光武，稍稍改其從來的面目，然俄羅斯的干涉日甚，已將失其獨立國之實，因之，朝鮮中遂起了排俄的思想。

自清日戰爭以後，清之衰勢大暴於世，歐羅巴各國乃爭起壓迫之以獲得利權。於是，俄國於一八九五年據喀西尼(Cassini)條約而開占有旅順口及大連灣之端，翌年乃提出永遠租借及關於敷設滿洲鐵路的要求，而使清廷先承認其敷設滿洲鐵路，繼至一八九八年乃訂租借旅順、大連二十五年之約。德意志則假一八九七年其宣教師被殺於山東省之機，乃派軍艦佔領膠州灣，翌年三月遂和清國訂九十九年的租借之約。而英吉利則令清廷誓言不得以揚子江沿岸地方租借或割讓給他國，一八九八年又以俄羅斯租借旅順、大連的同一條件而租借威海衛。法蘭西在此以前曾壓迫清廷改正東京境界，又得延長東京的鐵道及廣東、廣西、雲南三省的礦山採掘權，迫英吉利租借威海衛，同時亦要求永遠租借廣州灣及延長東京鐵道，並約不得以廣東、廣西、雲南三省及海南島割讓與他國；於是日本亦令清國約不得割讓或租借福建省與他國，以謀保障臺灣。然意大利忽亦於一八九九年三月派軍艦要求租借三門灣，顧爲清廷所拒，不獲逞而止。

北清事變

清國自日清戰役以後，有識者流，認改革之必要者漸多，改革黨遂起於其中而企圖急激的革新。如是廣東人康有爲者前後上書凡五回，痛論改革，以投合年少氣銳的清帝德宗之意而着手改革。但是當時廟堂的實力乃不在帝而在頑迷的西太后和保守黨的手裏，故帝於西紀一八九八年九月與康有爲等謀，引直隸提督袁世凱爲助，欲奪西太后及保守派的實權以便斷行改革。不意袁世凱察事之無成，乃密告於西太后，事露，帝被幽，康有爲逃，其徒則多被捕斬，而革新事業遂遭頓挫。西太后乃又攝行萬機，以端郡王等之保守派爲輔，如是清人的排外思想，便又旺盛起來。會西紀一八九九年夏，山東省有拳匪一團起，稱義和團，標榜扶清滅洋，專與外國宣教師及基督教徒爲難，更乘北清的歲歉，於一九〇〇年春入直隸省，破壞鐵道橋梁，切斷電信線，遮斷北京天津間的交通。而西太后的一派，卻私與團匪通聲援而煽動之，官兵反助匪徒，使愈益振其暴威。於是日英美法俄意德七國的水兵將校等四百餘人乃入北京，各各護衛公使館。然清廷竟傍觀匪徒的暴行，不加鎮壓，而後日英美法俄意德奧八國的陸戰隊二千餘人在英吉利東洋艦隊司令長官西摩亞(Seymour)的指揮之下，發天津，向北京，然爲清兵所遮，引還。繼各國公使館俱陷重圍，日本公使館書記官杉山彬及德意志公使克特烈爾(Ketteler)相次被殺，清廷遂對諸外國布告宣戰，天津的外人居留地亦爲清兵所包圍。於是，列國的軍艦乃陷大沽砲臺，旋解天津圍，更陷天津城。時列國皆決遣援兵，日本則命陸軍中將山口素臣率第五師團參加。而總指揮官德意志的元帥瓦德(Waldersee)未到之先，八月，聯軍已發天津，日英美三國兵自白河右岸進，俄法德奧意五國的兵則自左岸進，尋德奧意三國的兵還天津，法兵則留楊村，於是日英美俄的聯軍乃前進，入北京以救各國公使館。然

俄羅斯之滿洲佔領

是時，清帝及西太后則既已蒙塵往西安，故聯軍遂佔據北京，乃更出兵略山海關及北塘，迨瓦德元帥至，又奪保定。於是清廷乃遣慶親王及李鴻章於北京以和各國協議，凡得對於殺害德國公使及日本書記官而派遣謝罪之使，(十二月)處罰元兇，交賠償金四萬萬五千萬兩，(約九萬萬圓)以及破壞大沽砲臺，公使館設置軍隊，佔領北京天津間的要地等條件共十二項，而告平和結局，翌年西紀一九〇一年九月，議定書調印。

俄羅斯自清日戰役以後，卽已立定佔領滿洲的大計畫。迨逼迫清國而得自海拉爾附近的西北利亞國境地點起一直線通過滿洲以達弗拉第福司透克的鐵道敷設權後，遂設立銀行以便調達資金及經營各種事業，而其股東，則止限於俄清兩國人有此權利。而一面又令清國承諾其西北利亞鐵路支線得延長及於齊齊哈爾(Chichihal)、哈爾賓(Kharbin)各地。於是，以保護鐵路爲名，遂續續派兵入滿洲，尋又欲以旅順口作爲軍隊的根據地，遂公然送兵至此。且利用拔蕪羅夫(Pavloff)條約遂欲用鐵路以連結旅順口和俄羅斯本國，乃驟然開始築造哈爾賓至奉天的鐵路。及北清事變起，東部西北利亞總督格羅的可夫(Grodikoff)將軍乃移總督府於弗拉第福司透克，加嚴旅順口和弗拉第福司透克方面的警戒，凡船舶的出入，旅客的往復，貨物的運搬等皆密事檢查。迨拳匪圍北京時，黑龍江北岸不拉果勿司諂司克(Blagovestchensk)的知事奇傑果夫(Chichegoff)，立命居留該地的清國民退去，投到期不去者五千餘人於河而使之溺死。其間俄國凡略愛琿(Aighun)、琿春(Khonchun)取哈爾賓，脅牛莊，取大石橋及熊岳城，奪金州，總之已佔領了滿洲的大部分。而其向各國則力言其目的所在，唯在保全清國的領土及維持秩序，而對清國則又約：『在滿洲能建設永久的秩序，在鐵路的保護上能彀取必要的手段後，則俄國對於他國的行動已深知其無害於自國的利害之時，當立卽撤退滿洲的軍隊。』是時又送大軍至滿洲，並遣有力的艦隊使佔據旅順口及弗拉第福司透克。繼而又欲得清廷的承認以握滿洲實權，一九〇〇十一月乃命關東總督阿勒奇色夫(Alexeiff)向奉天將軍增祺提出條約案，卽：(一)奉天將軍幫助俄羅斯關於敷設鐵路的工事，且優待凡和軍事有關係的俄羅斯臣民而與以宿舍、食料的便宜；(二)解除這些地方的清兵的武裝而解散之，其藏於兵器製造所的武器則交給俄羅斯的武官且毀壞燒棄一切軍事的防禦物及火藥庫等；(三)俄羅斯所佔領的牛莊及其他各地，俟俄羅斯政府認爲平和秩序已經恢復之時，當仍令復歸於清國的行政之下。此條約案，遭日英美三國的抗議，卒被撤回，迨一九〇一年三月俄羅斯的外務大臣蘭斯多夫(Lamsdorf)乃又向清廷提出新條約案：(一)將滿洲還給清國而確實該地方的俄羅斯的特權；(二)其初本欲獲得滿洲、蒙古、新疆、伊犂的採礦及其他各種權利，而日英美德四國又提出抗議並警告清廷。俄羅斯悟其形勢之不利，乃撤回之，乃更以別種方法欲達其同一目的。遂於是年十月又命其駐北京公使勒沙(Lesser)向李鴻章提出條約案，然爲清廷所拒絕，尋李鴻章死，此談判遂無期延期。

日英締結同盟

在東亞細亞的俄羅斯勢力是這樣一天一天增長，日英兩國遂以爲有共相保全清韓兩國的獨立和領土之必要，爰於一九〇二年締結同盟。先是，一八八二年，在歐羅巴有德奧意的三國同盟成立，後八年即一八八九年俄法兩國亦結同盟與之對抗，惟英國則獨守孤立，兩俱不與，自矜爲名譽的孤立。然英在東洋既得香港以爲根據地，乃進至上海漸次扶植其勢力於揚子江流域，至是，乃看破和在東亞細亞有同樣利害關係的日本相與提攜之利，乃一改其向來的政策，遂與日本締結同盟。其條約係一九〇二年一月三十日訂於倫敦，內容爲：(一)相互承認清韓兩國的保全；(二)不爲全然侵略的趨向所制，而在清國的英國權利和利益及在清韓兩國的日本權利和利益，須擁護之；(三)日英兩國有一方爲防護其利益之故而與第三國開戰時，其他一方須守嚴正中立，並妨礙他國之對於其同盟國參加交戰；若他國加入交戰時，則來援助而協同以當戰鬭；(四)同盟的期限凡爲五年。此同盟實與俄羅斯以一大打擊，故是年三月俄遂以俄法同盟的名義發一宣言，謂『俄法兩同盟國政府受到日英同盟的通牒，實充分滿悅。但在極東若有第三國

日俄之戰

侵入之時，或清國發生新內亂，危及其保全及自由發達，且致令不要俄法兩國的利益之時，則兩國政府須保證其利益的意義保留於茲。』然俄羅斯究亦不能堪列國的抗議。今又見日英通盟的成立，遂亦有所反省，四月遂和清國結滿洲撤兵條約，約分爲三次而盡撤其軍隊，即第一期（一九〇二年十月爲止）則撤去至盛京省的西南部遼河地方的軍隊，且以鐵路還給清國；第二期（一九〇三年四月爲止）則撤去殘留於盛京省及吉林省的軍隊；第三期（一九〇三年十月爲止）則撤去在黑龍江省的軍隊。然第一期的撤兵，俄羅斯雖則實行，而第二期以後，則盡食其言。並且又向清國提出新要求。於是合衆國則向俄羅斯抗議，日英兩國則向清廷警告，俄羅斯設法，遂宣言開放滿洲，次則將極東總督府設於旅順口而以阿勒奇色夫爲總督，卒蹂躪其撤兵之約而盛增軍隊，又增加太平洋艦隊以促其極東經營的進步。

俄羅斯又曾於北清事變之際，向韓國政府要求願獲租其南東海岸的馬山浦，事爲日本的强硬抗議而中止。然自一九〇三年五月頃在鴨綠江畔着手採伐森林時，乃假保護爲名而頻集中其兵力於北韓方面，又令韓國政府允許租以鴨綠江口的龍巖浦而建築砲臺於其海岸。於是日本知俄羅斯不唯滿洲，並將併吞韓國，遂立即提出强硬的抗議欲以遏止；同時又決定和俄羅斯開關於滿韓問題的正式外交談判，遂於七月二十八日訓令駐俄羅斯公使栗野愼一郎開始交涉，次又移談判於東京。交涉重疊，直亘八個月之久，雖日本對於俄羅斯大有讓步之處，然終不能歸於一致。其間，俄羅斯且已露其從急準備極東戰鬬的實證。日本政府乃以一九〇四年二月五日決取自由行動，訓令栗野公使通告俄羅斯政府國交斷絕，日俄兩國俱以十日布告宣戰。先是，日俄的國交垂將斷絕之際，日本命海軍中將東鄉平八郎率千歲以下二十餘艦趨旅順口以當俄羅斯的太平洋艦隊，命少將瓜生外吉率浪速以下數艦，護衛運送船以向仁川。時仁川有俄艦哇里亞(Varyag)及珂烈慈，瓜生少將命出至港外，乃擊沈之。是時東鄉中將已率艦隊直至旅順口，放水雷，傷敵艦數隻，又砲擊港外諸艦，而後乃專其力於堵塞旅順的港口，屢屢爆毀港口的汽船，以防敵艦漏出至四月，迨施行再度的攻擊時，敵艦隊的司令官馬喀羅夫（Makalof）中將戰死，敵艦之完者殆少。先是日本的陸軍，大將黑木爲楨爲第一軍司令官，率近衞、第二、第十二的三師團，三月發品川，在鎭南浦上陸，破敵前進，五月，渡鴨綠江，取九連城，破敵軍於蛤蟆塘而佔鳳凰城。其第二軍則以第一、第三、第四的師團所編成，大將奧保鞏率之，四月，於鹽大墺上陸，略普蘭店、貔子窩、金州城、南山等地，六月，破敵的大軍於得利寺。又中將河村景明則率第十師團之兵，以五月，在大孤山上陸，六月，和第一軍共取岫巖，以便連絡第一第二兩軍。是月，元帥大山巖爲滿洲總司令官，大將兒玉源太郎爲參謀總長，以七月赴戰地。時大將野津道貫在南尖墺上陸，以第十第五的兩師團，編成第四軍，取拆木城，此際，第一軍已佔領摩天嶺、揚子嶺、海城、牛莊。於是俄羅斯軍的司令官枯婁拔特金（Kuropatkin）乃畫策，謀逆擊日本軍於遼陽附近，乃張其戰線。然日本的第一第二第四軍擊破之於遼陽，更進，又勝之於沙河附近。先是第三軍乃大將乃木希典爲司令官，係以第一第九第十一的三師團編成，和海軍相應，自七月起，攻擊旅順口。八月，旅順的敵艦中有欲破封鎖突出港外者，爲東鄉艦隊所砲擊，仍遁還港內，加之，中將上村彥之丞所率的第二艦隊破敵的弗拉第福司透克艦隊於蔚山冲，故旅順的外援，遂全然斷絕。如是，乃木大將遂激勵將卒猛攻旅順口，苦戰之餘，遂於十二月佔領二〇三高地，乃得由此俯射，而東雞冠山、二龍山、松樹山等敵壘皆陷，港內敵艦亦更不殘留。一九〇五年一月守將司特色(Stoesser)遂寄書請開城，日本軍乃入城內，收敵之軍用物件。旅順既陷落，第三軍乃北進與諸軍合，三月，破枯婁拔特金所率大軍於奉天而佔領之，乃渡渾河，取鐵嶺。先是，俄羅斯派波羅的(Baltic)艦隊東來，將以入旅順，途次，聞旅順既陷，遂欲向弗拉第福司透克，五月，抵對馬海峽，東鄉聯合艦隊邀之於冲島附近，敵艦概被擊沈，其餘則被捕獲，擒敵將羅結司特文司奇(Rozdestvensky)日本旋欲取樺太，乃以陸軍中將原口兼濟爲樺太軍司令官，以海軍中將片岡七郎爲北遣艦隊司令官。七月，至樺太，乃逐去守備兵而佔領之。日本軍是這

日英同盟擴張與日法及日俄協商

樣的海陸大勝，遂足令世界震驚。於是，美國的大總統羅斯福 (Rosevelt) 謂若繼續再戰，實非人類一般的利益乃勸兩交戰國講和日俄兩國皆應之日本乃以小村外務大臣及駐美公使高平小五郎為委員俄羅斯則派委尉迭 (Witte) 及漏淺 (Rosen) 為委員會議於美國的卜茲茅斯 (Portmouth)。九月講和條約調印，是為卜茲茅斯條約。依此條約則俄國凡約定以下各事：(一)承認日本在韓國有政治上、軍事上及經濟上的卓絕利益；(二)旅順、大連及其附近的租借權，又長春 (寬城子) 旅順間的鐵路及其支線等，均讓與日本；(三)割讓樺太島內北緯五十度以南與日本。

日本和俄羅斯戰爭之際，曾深感日英同盟的適切，而同時，英吉利見日本軍之連戰皆捷，亦悟此與國之足恃，兩國輿論遂鼓吹同盟有繼續及擴張之必要。於是，在卜茲茅斯條約談判的當中，一九〇五年八月兩國代表者之間，遂議定新協約而調印焉。如此，日英兩國，(一)結攻守同盟以確保在極東及印度地域的全局的平和；(二)保全清國的獨立和領土，並對於在清國的各國的工商業,確實其機會均等主義;(三)保維在極東及印度的日英兩國的領土權,並保護在該地域內的兩締約國之特殊利益;(四)其期間以十年爲限,延長至一九二一年,其後未幾,英吉利對於德意志的霸制主義,曾和法蘭西及俄羅斯約一三國協商,遂欲令日本亦和俄法兩國和解,日本亦應之。爰於一九〇七年六月,和法蘭西,七月和俄羅斯締結協約:(一)互相抑制其侵略的行爲以圖保全其領土;(二)須保證清國的獨立。次至一九一〇年七月,日俄兩國乃擴張其協約:(一)兩國俱謀各自改善其在滿洲之鐵路,且不得爲與此目的相違之競爭;(二)維持滿洲的現狀,即兩國俱尊重確守其從來所締結之日俄間及日清間之條約與約束等;(三)若發生有害於今後滿洲的現狀維持之時,則日俄兩國須相與協議以處置其事,以此條約,遂決定了極東方面的永久的平和。已而日本有合併韓國之意,英國則有和美國結仲裁裁判條約之意,於是日英兩國乃生出有再改訂其同盟條約以適應目前事態的必要來,一九一一年七月調印:(一)確保在極東及印度地域的全局的平和；(二)保全清帝國的獨立及領土，並確實在清國的對於列國商工業的機會均等主義，因之遂以維持列國在清國的共通利益；(三)防護在極東及印度地域內的兩締約國之特殊利益上約期限凡為十年。

日本之韓國合併

日本和韓國在日俄開戰之初，卽西紀一九〇四年二月，卽已締結國防同盟；迨翌年九月卜茲茅斯講和成立，其十一月，日本以樞密院議長伊藤博文為大使使於韓國，又從新訂一日韓協約；日本置統監於京城，以執其外交事務，又置理事官於各開港場及其他要地使攝領事官之職；由是各國的公使乃皆去京城，而韓國的駐外公使則皆自任地歸國。伊藤博文遂被任為統監，駐京城，其理事官則散在京城、仁川、釜山、元山、鎮南浦、木浦、馬山浦各地。是時韓國民有不平而謀反抗者，悉被鎮壓，卽一九〇七年六月在荷蘭海牙的(Hague)萬國平和會開會之時，韓國皇帝亦遣密使至會，哀求欲脫日本的保護。然為會中拒卻，於是韓帝遂引責退位，皇太子柘立，這便是現在的李王。這時，京城民又作亂，日本又增派軍隊而鎮壓之，至七月，遂命伊藤總監和韓國總理大臣李完用相議，又定新協約：凡關於改善韓國的施政須受總監的指導；又除親衛兵一個大隊外，其餘的韓國軍隊悉令解散。由是伊藤統監乃盡攬有韓國的庶政。一九〇九年伊藤統監罷職，副統監曾禰荒助進爲統監，七月，與李完用議，凡韓國的司法及監獄事務，盡以委託日本，並廢軍部及武官學校，士官由日本養成之。是年十月，伊藤博文視察滿洲，途次哈爾賓，爲韓人所殺。於是日本政府遂以爲有須全然將韓國併與日本之必要，乃由韓人所組織之一進會員上奏於韓帝，請早合邦。一九一〇年五月曾禰統監辭職，以陸軍大臣寺內正毅兼統監，日本政府乃與以必要的訓令使其解決併韓問題。寺內正毅乃於四年七月赴韓國，八月，和總理大臣李完用會見者數回，遂定併合條約，其大要爲『韓國皇帝以關於其國全部的一切統治權完全而且永久讓與日本皇帝，日本皇帝乃承受此讓與將韓國全然併合於日本帝國。』此約之附帶條件，則爲待遇韓帝及韓皇族與其後裔，又有功於併合的韓人之授爵與恩賜金等。國既併合，同時遂廢韓國之稱而復朝鮮的古名，廢統監府而置總督府，以寺內正毅爲總督。而總督，於委任的範圍以內，統率海陸軍，其一切政務的統轄則悉如臺灣總督府內設總務、內務、度支、農商工、司法五部，置政務總監，使監督各部事務；地方則十三道各置長官，府有府尹、郡有郡守，面有面長；至是而朝鮮半島之地，遂悉入日本版圖。

清朝的滅亡

日俄戰爭之後，清國以日本的勝利，歸於憲法政治的効果，乃陸續有提出頒布憲法開設國會之要求者。清廷遂於一九〇八年八月公布採用立憲政體及開設議院之諭文，同時並發布憲法大綱，約九年之後開設議院。是年十一月，德宗和西太后相繼死，以帝弟醇親王之長子溥儀嗣，年幼，以醇親王爲攝政王，明年改元爲宣統元年。然時則既已迫於最大危機的清朝頹勢，終已無由挽回，革命黨的運動至是時已著著發展；西紀一九一一年十月，湖北的省城武昌，因兵士與將校之間起了衝突，而革命之機遂一時爆發。時革命黨卽乘此機會與兵士結合，擁陸軍協統黎元洪爲首領，一舉而佔武昌；黎元洪爲都督，而任湯化龍爲民政長官，改年號爲黃帝紀元四六〇九年，或稱漢朝復興第一年，新設的機關名中華民國軍政府或名黃國軍政府，乃發革命宣言書的通牒於漢口的列國領事館。其後革命軍之勢日益增加，風靡揚子江流域一帶之地更及沿海諸省，四川、雲南、貴州地方亦皆起而應之，清廷乃起前軍機大臣袁世凱，任之爲內閣總理大臣，欲以收拾時局。其間武昌的中華民國政府已召集各省的代表開會議於漢口，迨南京一陷，會議乃移於茲，旋選歸國的革命黨首領孫文爲臨時大總統，黎元洪則爲副總統。會清軍陷漢陽，革命軍乃與袁世凱和，謀協力以顚覆清朝；而袁世凱亦思利用革命黨，心竊望和。如是，孫文乃與袁世凱開直接談判，妥協的結果則使清帝退位而推戴袁世凱爲大總統。一九一二年二月宣統帝退位，清朝於茲全亡；自太祖至是，實十二代，二百九十七年。

清帝既退位，孫文乃辭南京臨時大總統而推袁世凱爲中華民國政府大總統。三月，袁世凱爲正式大總統，唐紹儀組織第一次內閣，北京統一政府乃於茲始成。然至四月，制定憲法和選舉大總統孰先的問題起，袁世凱和孫文，黃興等之間意見各歧，黃興、孫文等乃於十月在南京舉第二次革命以抗袁世凱；然革命軍勢甚不振，戰遂敗，南京旋陷，中華民國的實權，乃全歸袁世凱。而後袁世凱遂實行其統一政策，十月五日公布大總統令，翌日當選第一期的正式大總統，世界列國遂亦正式承認中華民國。

評清聖祖及高宗

起自滿洲一部落的愛新覺羅氏，新遷都於北京以君臨中國，其事雖則以順治元年（西紀一六四四年）為始，而其建國則遠在三十年前。太祖奴兒哈赤始稱帝之時，實為明萬曆四十四年，（一六一六年）而下遼河以東七十餘城，定都瀋陽，（今奉天）實明天啓元年，（一六二一年）至於太宗改國號為大清，進逼北京，取十二城，次又令朝鮮降服，則為明的崇禎十年（一六三七年）。而清的世祖在位之間既掃蕩明的末裔及流賊，又繼之以聖祖高宗，祖武不墜，外耀武威，內興文教；故克舉一王之實者固為世祖，而定出一代的大規模者，則為聖祖與高宗。世祖之遷都於北京也，興文教，尙經術，優禮前朝儒臣，詔孔子六十五代孫孔胤植襲衍聖公，使滿洲子弟學習漢文漢語；及更得南京獲錢謙益、王鐸等而重用之，由是清朝遂以此時發其興學之端；迨經聖祖的康熙六十一年之間，大振斯文，牢籠天下的人傑才俊於學問文章之中，重之以高宗的乾隆六十年間，克遵父祖遺訓，修明政教，獎勵文學，於是文教彬彬以興，是古今罕覯之盛，故言清朝文化之隆者，必並稱康熙乾隆。聖祖康熙帝天資英邁，爲清朝第一的英主。彼其高才達識，好讀書，尙文學的性格，足可以並美漢武、魏武（曹操），而其雄略壯圖，勝殘撥亂以大擴其版圖的功業，則又足以擬於唐的太宗和元的世宗。他是受命於帝業既成之後的人，然卻不以小成即安，不以小康爲事，平三藩，取台灣，攘俄羅斯，征準噶爾，定西藏，塞外諸國，大爲震慴，這是他的武功。大集碩學鴻儒，勅撰圖書集成、佩府韻文、淵鑑類函、康熙字典、皇清經解、子史精華、全唐詩、四朝詩、歷代賦彙等的大箸作，這是他的文德。他自幼即好學，曾以讀書過勞而咯血，然卻不肯有一日的休息，直至老後，猶手不釋卷；上自天文、地理、音樂、算數、刑律、農政，下至射御、醫藥，以及滿蒙西域外洋的文書字母，蓋無一不通。

而曆算音律則造詣尤精；史言撰著律曆淵源之時，帝曾親加指示，則其才藝之過人，便從可證明了。而他又恭謙而愛民，改革制度以奠國基，崇儒獎學以收漢人之心，利用喇嘛教以治蒙古及西藏；此外，在政治的施張上面尤務盡其心，但有關於國利民福者，蓋無一不力事講求。是故雖則因起自夷狄統御漢人，而以恩威並行，遂至得其愛戴，終乃四海清平，文教大興，故若聖祖者實可稱爲名實相副之一極大英主也。而高宗乾隆之英才與雄武，則亦幾於聖祖面目之猶存；卽其御世之久與其治功之偉，正亦同於聖祖。蓋他的武威的發揚，如平準噶爾、攘金川，降廓爾喀者各各兩次，定回部，靖台灣，降緬甸安南者各各一回等功業，固足以比聖祖而有餘，（所以他因有武功十次，故自著十全記）若夫文事的獎勵和學者的優待，則勅撰四庫全書提要、大清一統志、大清會典、續通典、續文獻通考、續通志、皇朝通典、皇朝文獻通考、皇朝通志、御批歷代通鑑輯覽、三禮義疏、唐宋詩醇、唐宋文醇等大著述，以擬聖祖，亦無遜色。嘗思他在守成的大英主中，蓋不獨極能紹聖祖的遺志而述其遺業，且遵奉祖宗以來的國是，以成一不朽的大盛事，故世遂並稱康熙和乾隆以爲清朝文化的極盛時代。然而在康乾兩朝，達於極盛的絕頂之清朝文運，下逮嘉慶以後，遂不能無與其國勢共趨强弩之末之嘆，及夫道光而降，國家漸入多事之秋，文運愈不能以追蹤康乾，又經咸豐同治以至光緒，則外既不堪列國之擾，內復不勝蕭牆之憂，而當路重臣，既竊竊醉心於外國文明，卽在野學者，亦蔑視其千古相傳之文華而將以開闢革新之路焉。而革新的裏面則含有破壞性質，以極端的空想，遇急激的變化，兩相爆裂，清朝於以顚覆而混沌的中華民國以起。但是傳來了幾千年的中國文化之粹，他和今後的社會相接觸，時代思潮相上下，猶能永遠以持續其生命否，此問題，著者初非不能下一斷語，顧持論不涉將來，乃史家德義所重，故且擱筆於茲，欲以俟後之史家，下其明確之批判焉。

清的中央官制

有清諸制度，概循明舊而折衷以滿洲國俗者，在聖祖高宗兩代，卽已完備。茲先舉其中央政府的官制如左：

（一）內閣　內閣掌輔弼天子贊襄庶政，有大學士四人、協辦大學士二人參機務，凡自各部提出來的表章一切，皆須經由內閣而仰天子親裁，乃又由閣以指命各部，故內閣於政府蓋居最重要的地位。其後軍機處設置後軍國機務，一歸軍機處，其屬於常例的勅令則由內閣頒出至於密務樞機，則歸軍機處以指命內外，而內閣殆等於虛設也。

(2)各部　各部有吏部、戶部、禮部、兵部、刑部、工部的六衙門。每部有尙書爲長官，侍郎爲次官以分掌政務；而大學士及協辦大學士例由各部尙書兼任。吏部掌中外文官的銓敘黜陟與封爵；戶部掌歲入歲出及戶籍、鑄錢；禮部掌吉、嘉、軍、賓、凶五禮的秩序及學校貢舉之事；兵部掌中外武官的銓選及簡覈軍實；刑部掌法律、刑名；工部掌天下的工虞器用及辨物庀材。

(3)理藩院　淸初雖以內閣及六部統治中國，然其後經略塞外，遂置一理藩院以管轄內外蒙古、天山南北兩路、西藏及靑海，其長官曰尙書，次官曰侍郎。

(4)辦理軍機處　普通曰軍機處，世宗時即雍正十年(西紀一七三二年)始設，蓋爲愼密軍機起見，然其後閉之。迨高宗乾隆十九年，(西紀一七五四年)

因征討準噶爾；乃又復設。自是，軍機處遂成重要的樞府以參決軍國機務；司頒發詔諭及審查奏疏之事；置勅選大臣以親王、大學士、尚書、侍郞、京堂兼任，如是內閣實權乃漸衰。至其末世，則實際的中央政府竟全歸軍機處也。

(5)都察院　都察院有左都御史、左副都御史，所掌之事，爲察諸官的職務，辨政治的得失和官吏的邪正，而密奏於天子。右都御史、右副都御史則爲總督、巡撫的兼銜，不特設。

(6)通政使司　通政使司有通政使、副使，掌接受各省文武官的奏本而達之內閣，並司寃民的越訴。然至末葉，則越訴之事，已屬於都察院或步軍統領衙門。

(7)大理寺　大理寺有卿、少卿，掌審查刑名的重案。凡審判重案，在京師則與刑部的各司、都察院的監察御史會同而審判之；地方案件，則爲之定讞。

(8)翰林院　翰林院有掌院學士以侍從天子而書日記，講經書，掌勅撰文史及監督進士之入院者，以大學士、尚書及侍郞中人兼之。

(9)詹事府　詹事府有詹事，少詹事，職務悉與翰林院同。凡任天子及皇太子的日講起居注官及論撰文史，則與翰林院的學士共分掌之。此官原係為皇太子而設，然至高宗時雖以乾隆十八年（西紀一七五三年）的諭令不更冊立儲貳，然仍存本府，以為詞臣供職之地。

(10)太常寺　太常寺有卿、少卿，掌斟酌祭祀的儀典，及整理祭器和祭物。凡行祭祀時，則由本寺開列承祭官分獻官等人員請旨。

(11)太僕寺　太僕寺有卿、少卿，掌牧馬。每三年則閱馬匹的孳息，而知照兵部。凡分配於京畿以內的兵營之馬匹，皆為本寺所牧養者。

(12)光祿寺　光祿寺有卿、少卿。掌飲食、薦饗之事。凡天子的飲食，則監視其供饌。又凡賜廪餼與蒙古的酋長及朝貢國的使臣，亦由本寺給辦。

(13)鴻臚寺　鴻臚寺有卿，少卿，掌關於朝食、宴饗之禮節。凡天子舉行典禮時，則鴻臚寺卿及少卿為贊導官以整儀節，若有違式者即糾劾之。

(14)國子監　國子監有祭酒、司業，掌本監的學務管理，則入臣一人由大學士、尚書、侍郎內兼任之。國子監乃一特別的大學，凡入此之生徒，並無須經過那種極難的考試，便可列名於仕籍。

(15)欽天監　欽天監有監正、監副，掌制時憲書、占吉凶及漏刻。管理爲王大臣一人，無定員。監正例以西洋人一人充之，迨宣宗道光十七年（西紀一八三七年）此例遂廢。

(16)太醫院　太醫院的管理有大臣、院使、左右院判，掌供醫事。

(17)總理各國事務衙門　通稱總理衙門，乃文宗時和英法兩國和議成後所創設（咸豐十一年西紀一八六一年），管理爲親王大臣，無定員，掌關係外國之事。由親王、大臣、尚書、侍郎、京堂之內兼任，亦多以軍機大臣兼任。凡屬外國貿易的事務、選人往各國作公使、接待外國公使、傭聘外國人、派生徒往各國留學、管理設於北京的同文館（外國語學校）諸事，總之，凡和外國有關係的事件，皆由本衙門辦理而直取天子的裁決。有總辦章京、章京等書記官以掌通常事務，有事之時，則開會議。迨德宗時，乃廢總理衙門而置外務部，其職掌全同。

以上各官衙之中，其大者，爲內閣、軍機處、總理衙門、吏戶禮兵刑工的六部及理藩院、都察院，其次者爲通政使司及大理寺。六部尙書、都察院左都御史、通政使、大理寺卿，是稱九卿，凡政事之大者則使九卿會議。又刑部、都察院、大理寺，稱爲三法司，凡刑名重案例由三法司定讞。而九卿所掌雖各爲行政的一部分，然實皆有議政官的職任。至於翰林院、詹事府、太常寺、太僕寺、光祿寺、鴻臚寺、國子監、欽天監、太醫院，則皆爲獨立的官衙。此諸官衙中的高官人員，都屬偶數，滿洲人與漢人平等任用，以爲常，蓋以保兩者間的權力及地位之權衡，然而實權則在滿洲人。至德宗時，改革官制，廢內閣及軍機處，設會議政務處，掌議一切新政，軍諮所掌海陸軍事，稅務所掌全國稅務，外務部掌和外國的交涉，吏部掌官吏的銓選，民政部掌全國的民政，度支部掌財政的出納，禮部掌典禮，陸軍部掌陸軍，海軍部掌海軍，法部掌司法上之事，農工商部掌農工商業的諸務，郵傳部掌郵電船路之政，理藩部掌藩屬，都察院掌風紀，大理院掌最高審判。次至宣統帝時，遂組織新內閣，置總理大臣及各部的國務大臣，以立立憲政治的豫備。其關於帝室的官衙，則有宗人府、內務府、鑾儀衛，其職制如左：

⒅宗人府　宗人府有宗令、左右宗正以掌皇族的屬籍，以時修緝玉牒、辨昭穆、序爵祿，均其惠養而管教令；任此職者為親王以下的皇族。

⒆內務府　內務府有總管以總理帝室庶務，由滿洲文武大臣或王公內簡用之，使綜理府務。

⒇鑾儀衛　鑾儀衛有掌衛事大臣以司帝室的儀衛之事，以王公大臣兼任，有鑾儀使管理乘輿、供奉、鹵簿、秩序。

清的地方官制

清朝將其版圖分為三大部：㈠中國本部，㈡滿洲，㈢內外蒙古、青海、西藏。其地方官制，大體沿明之舊，然不無多少異同，分述如左：

㈠中國本部　中國本部共分十八省，為直隸、山東、山西、河南、江蘇、浙江、安徽、江西、福建、廣東、廣西、湖北、湖南、陝西、甘肅、四川、貴州、雲南；省吏分府，其下置廳、州、縣。地方長官曰總督，兼兵部尚書都察院右都御史銜，凡兼轄兩省或三省，在其管內掌統轄軍務監督民治之事，節制提督以下的文武官。所管地方為直隸、兩江（江蘇、安徽、江西）陝甘（陝西、甘肅）閩浙（福建、浙江）湖廣（湖南、湖北）兩廣（廣東、廣西）四川、雲貴八區；而山東、山西、河南三省無總督。各省置巡撫一人，兼兵部侍郎都察院右副都御史銜，統轄一省的軍務，監督民治，節制總兵以下的文武官；惟直隸、四川、甘肅三省無巡撫，由總督兼管其事務。而巡撫原來是爲巡察民治而設的，並不一定管兵，但至清的季年，山東、山西、河南、安徽、江西五省，卻兼任提督，蓋巡撫初非總督的次官，而可以說爲其同僚也。又各省有布政使，掌省內的錢穀出納；有按察使，掌省內的法律治獄；有道臺，董理糧儲或鹽法、驛傳或兵備、海關或巡守等事務，掌監督各府廳州縣的事務。此外府有知府、廳有同知、州有知州、縣有知縣，以各各施行其管內的行政、民事訴訟、賦稅諸務。季年，以天山南北兩路爲新疆省，設置巡撫、布政使各官，採用和內地諸省同樣的制度。

（二）滿洲　滿洲爲清祖發祥之地，故設制特異，分之爲盛京、吉林、黑龍江三省，固亦同於中國本部，但其統治之法則殊。在盛京省則奉天有戶部、禮部、兵部、刑部、工部的五部，各部有侍郎爲長官以施行政務；地方則有府尹、理事、知縣以轄理事務；而奉天府尹卽帶行巡撫事之任，以管轄所有三省的府廳州縣，掌理民事。又三省各置將軍一人以統轄省內的旗人，並有副都統幫助事務。

（三）內外蒙古青海西藏　內外蒙古及青海地方通例分之爲盟，乃更分之爲旗。盟有正副盟長，旗有扎薩克，以向來的部長及酋長任之。內蒙古的盟長及扎薩克直隸於理藩院，但外蒙古者則屬於烏里雅蘇台（Uliastai）的定邊左副將軍。青海則在西寧有西寧辦事大臣以監之；西藏則在拉薩有西藏辦事大臣（駐藏大臣）以統轄全土。

清的兵制

清的兵制，陸軍有八旗及綠旗。八旗原爲天子的親兵，始於太祖之時，將滿洲兵分爲正黃、正白、正紅、正藍、鑲黃、鑲白、鑲紅、鑲藍。其後，降蒙古取中國本部，又編制爲蒙古八旗、漢軍八旗，共凡二十四旗，主於護衞京師或令駐防地方，每旗皆有都統及副都統以統轄之。綠旗乃明亡後，編制漢人以駐劄各省及邊疆者；乃折衝外侮，鎭撫內亂的常備兵，有提督總兵以指揮之。別又有鄉勇、旗兵、番兵；

鄉勇乃設於中國本部的一種義勇兵，起於仁宗的嘉慶年間，初因討伐教匪而設，及長髮亂起，曾國藩募湖南壯勇稱湘勇，使從事討平，有功，由是遂成常設，而儼然具備軍制；旗兵乃蒙古部落中的一種民兵，將內蒙古分爲四十九旗，外蒙古八十六旗，青海二十九旗，使各各擔任地方的警備；番兵係用西藏土民所組織，以警備西藏的一種傭兵。海軍則清之季年始有設置，有北洋、南洋、長江、福建、廣東五水師。北洋水師屬於北洋通商大臣（直隸總督所兼），南洋水師屬於南洋通商大臣（兩江總督所兼），長江水師屬於長江水師提督，福建水師屬於閩浙總督，廣東水師屬於兩廣總督。在北京有海軍衙門以統轄各水師而總理海軍事務；又置船廠，造軍艦，頗稍稍近於整備。但自日清一役，幾已失其戰鬭力，戰後頗事經營，然直至清朝滅亡，終亦不能恢復。

清的稅制

清的稅制，爲田畝課地稅，人口則課丁賦，而和地稅同時徵收，而地稅則仍全代夏稅秋糧之制。夏稅以麥爲主，秋糧以米爲主，但亦得以銀錢鈔絹代納。納稅之期，分前後兩期，然其月限則因省而異，又稅率亦視各省之地之遠近肥瘠

清的法制

而不一定。丁賦依成丁（男子十六歲至六十歲）、未成丁（男子十六歲以下）、富戶、貧戶之別而課之，和地賦一同徵收，賦銀各省無一定。又有稱爲耗羨，於地賦定額以外課之者，以辦地方的經費，蓋卽地方稅。此外雜賦爲鹽課、茶課、礦課、蘆課（課揚子江沿岸的沙洲蘆地及沿海的蘆洲沙田等）、漁課，以及當稅（課典當鋪卽典商稅也）、牙行稅（課運送及以中間賣買人爲專業者之稅）、酒稅、契稅（地劵家產賣買稅）、鋪稅、牛馬稅等，種類甚爲繁多。而又有釐金稅、內地關稅、海關稅。釐金稅乃課於運搬貨物之稅，因長髮亂時，爲救濟財政的窮乏而創設者；內地關稅乃就通過內地諸關的各物而課之稅；海關稅則課於外國貿易的物品之稅。

清的法律乃依據明律，將名例的次第，分爲吏律、戶律、禮律、兵律、刑律、工律六種律。而吏律又分爲職制、公式二目，戶律分戶役、田宅、婚姻、倉庫、課程、錢債、市廛七目，禮律分祭祀、儀制二目，兵律分宮衞、軍政、關津、廐牧、郵驛五目，刑律分賊盜、人命、鬬毆、罵詈、訴訟、受贓、詐僞、犯姦、雜犯、捕亡、斷獄十一目，工律分營造、河防二日。每律皆有條例以申明其義，凡審斷則據律以定其罪，據條例而詳察其輕重，乃攙證從前的成案而下判定。刑分笞（一十、二十、三十、四十、五十五等）杖（六十、七十、八十、九十、一百五等）徒（一年和杖六十、一年半和杖七十、二年和杖八十、二年半和杖九十、三年和杖一百五等）流（二千里、二千五百里、三千里三等，均杖一百）死（絞、斬二等）五類二十等，其他贖刑、十惡、八議之類，皆與前代無異。又徒、流附加杖，然不配役，亦與明同。凡所犯爲犯十惡、殺人、强盜、竊盜、放火、發塚、受贓、詐譌、犯姦等之罪，則遇常赦亦不釋；若所犯爲常赦得釋之罪而祖父母有疾或家無次丁時，則具罪名上奏之後，許其留罪養親；又親族互爲容隱，其罪不論。犯罪之時爲壯大而發覺之時爲老疾，則依老疾論罪；犯罪之時爲幼少，而發覺之時爲長大，則依幼少論罪。其他自首減輕，再犯加重，亦如前代。又化外之人之犯罪者，自當依律擬斷，然其季年，因有治外法權之故，遂不能處斷外人。法官，在京師有刑部、都察院、大理寺握重權，有三法司之稱。地方則總督、巡撫、按察使、知府、知州、知縣，執行法權。茲略敘其順次，則人民死傷、爭鬭、訴訟，須向地方官控告，若已經知縣處斷而不服，則轉控於知府，猶不得直，則控訴於道臺，乃至更控訴於按察使，凡每更一處，皆破毀前訴而重新加以審判。軍的流徒罪，府州縣得以處斷，惟處發遣者則須經兵部認可而後得以決配。死刑由督撫擬律之後，經京師三法司的覆覈定議奏聞，得處決之旨而後決定；若重罪因既經府州縣官並按察使的審議而已由督撫擬律，然因犯心懷不服，或以前供係出於逼刼，則親族可至京師上告於都察院，都察院乃奏聞請旨，破毀前斷，使之更審，或則特派勅使覆審。德宗時，曾參考日本及西洋諸國的法律，編纂新法典，其草案曾再三修改，然卒未見實施以迄於清之滅亡。

清的選舉制

清的選舉制亦幾與明同，亦有歲試、鄉試、會試、殿試之別：歲試士民先應縣試及第，乃應府試，又及第，則府錄其名以待學政使之每歲巡閱，而受學政使在府之親試，其及第者，則稱秀才；鄉試每三年在各省省垣集省屬各府的秀才而施行之，其及第者則稱舉人；會試每五年在北京施行，使各省舉人受驗，其及第者則稱進士；殿試乃會試之後，四月二十一日令會試及第者使對策於保和殿，乃分其及第者爲三等，一等爲一甲，限三名，第一曰狀元，第二曰榜眼，第三曰探花，皆賜進士及第；二等爲二甲，皆賜進士出身；三等爲三甲，皆賜同進士出身，二甲三甲無定員。於是狀元則除翰林院撰修，榜眼、探花除翰林院編修，此外各進士，則入翰林院稱庶吉士，亦有入各部爲各種官吏之候補者，或則出爲知縣候補，以三年則除本官爲常例。又聖祖康熙十八年及高宗乾隆元年時，曾別舉行博學鴻詞科（制科）以備顧問著作之選。迨及季年，留學於日本及諸外國者甚多，上言選舉制度，乃有改正之必要，德宗光緒二十九年時，乃舉行經濟特科。總之，清的選舉制概沿明舊，惟其鄉試、會試中所試科目，則明清不無多少之差，有如左表，而殿試則明清具同爲課以時務策一道。

明清鄉試會試比較表

	明	清
一場	四書義三道 五經義四道	四書制義文三篇 五言八韻詩一首

二場	論一道 判語五道 於詔、誥、奏中科一道	五經文三篇
三場	經子時務策五道	策論五道

清的學制和明大同小異。京師設國子監，有祭酒、司業、博士、助教、學正、教習等職以爲教授。分生徒爲貢生、監生、官學生三種：貢生區爲歲貢生、恩貢生、儀貢生、拔貢生、副貢生、例貢生；監生區爲恩監生、蔭監生、優監生、例監生；官學生則爲八旗官學生。至於地方，則府設府學，州設州學，縣設縣學，各省有學政使以統轄省內學校，有教授、學正、教諭、訓導等職以爲教授。生徒則區之爲廩膳生、增廣生、附學生三種。其所教者，有經義、歷史、律令、文章、詩賦，要皆爲應選舉的準備。穆宗時，京師設同文館，教授英德俄的語言學術，其卒業生或命往外國留學，或派往海外爲交際官、翻譯官。迨德宗時，遂全然改革學制，倣日本及西洋各國設初等小學、高等小學、初級師範學堂、優級師範學堂、中學、高等學堂、大學堂。大學堂內

置經學科、政治科、文科、醫科、格致科、農科、工科、商科八門。別又設譯學館以教授外國語言，進士館以教習新進士，陸軍小學堂、陸軍中學堂、兵官學堂、海軍學堂以施軍事教育。

考證學

宋末以來，元明的學者，皆好講性理而不一顧漢唐的註疏，故至清初遂生反動，考證之學大興，而經學面目爲之一新。考證之學者，乃謂不效元明諸儒的空疏議論，而以精究經史，力求其考據的確實爲歸之謂。明遺儒黃宗羲、顧炎武實爲其先導。黃宗羲字太冲，號黎洲，學者稱之曰南雷先生，深通歷史、曆算；明滅後，雖未仕清，然於明史編纂之舉，常與於諮問之列；其所著有宋元學案、明儒學案、易學象數論等最有名。顧炎武字寧人，號亭林，明亡後，不仕清，專事著述，學問淵博，凡經學、史學、字學，無所不通；其所長者在於考證，而論據正確；著書頗多，有日知錄、天下郡國利病書、韻學五書最著。聖祖、高宗亦大獎勵學問：聖祖則勅撰佩文韻府、淵鑑類函、皇清經解、圖書集成、康熙字典等；高宗則勅撰大清會典、大清一統志、續通典、續文獻通考、續通志、皇朝通典、皇朝文獻通考、皇朝通志、四庫全書提要等此皆涉獵宏博，古所未有之著書。於是，研究經史者蠭起；如閻若璩、胡渭、毛奇齡、惠棟、戴震、錢大昕等之徒，皆以考證之書成名：閻若璩字百詩，號潛邱，最長於考證，著古文尚書疏證，證明唐孔穎達等所採用的古文尚書孔安國傳爲東晉人僞作，又著四書釋地；胡渭字朏明，號東樵，專究經義，最精輿地之學，著禹貢錐指以考證禹貢的地理，凡九州山川的形勢及古今郡國的異同，道里的遠近等，無不闡明無遺；毛奇齡字大可，學者稱曰西河先生，博聞强記，著述極富，如春秋、毛氏傳極有名；惠棟字定宇，號松厓，凡經、史、諸子、百家、雜說、釋道，靡不研悉，而尤邃於易，著周易述、古文尚書考、九經古義等，以申明漢儒之說；戴震字東原，自禮經、制度、名物，以至經傳、小學，無不精通，著考工記圖、孟子字義疏證等書，又精研訓詁聲韻之學，其門人有段玉裁、王念孫；錢大昕字及之，號辛楣，博極羣書，精通諸般的學藝，而尤擅地理歷史之學，所著有廿一史考異、地理圖說、疑年錄等；段玉裁字若膺，生平講究古義，通小學，最精字學，作說文解字註；王念孫字懷祖，學者稱石臞先生，通爾雅、說文，又研精經史子書，著有讀書雜志、廣雅疏證等；其子王引之（字伯申）亦究爾雅、說文、修聲音、訓詁、文字之學，著經義述聞、經傳釋詞等書。其他如阮元（字伯元，號雲臺）、朱彝尊（字錫鬯，號竹垞）、方苞（字靈皋，號望溪）諸人，均深於經學而兼能文章。如阮元的經籍纂詁、朱彝尊的經義考、方苞的周官析疑，皆極有名。又崔述（字武承，號東壁）考究唐虞三代孔孟的事蹟，摘發古來僞造、假託、迷信、謬說而著考信錄；邵晉涵（字與桐）精通文字的古訓，作爾雅正義；俞樾（字蔭甫，號曲園）詳審字義以通於古文假借，著羣經平議、諸子平議；翁方綱（字正三，號覃溪，其著有兩漢金石記）、孫星衍（字淵如，其著有寰宇訪碑錄）、王昶（字德甫，號述菴，其著有金石萃編）、吳大澂（字清卿，其著有說文古籀補）等，皆蒐集古器、古碑之銘文而研究字形的變遷。如是宋學遂衰，而所謂漢學者乃從而流行；學者乃推尊許愼，以爲字學之祖，推尊鄭玄，以爲註家之祖，許鄭之尊，遂乃過於程朱；由是關於爾雅、說文、詩、易、三禮以及古碑古器的著述乃出世不已。然而多半只是穿鑿文字的訓詁與形體，初非闡明孔孟之真教，而又沒有研究學術之應用的，於是學者本業，乃偏在考古學一方，益加與實用相遠。

清聖祖高宗之獎學

清聖祖幼年好學，老猶卷不離手，日令講官進講經史，曾未嘗有一日之倦怠。而自康熙二十八年（西紀一六八九年）起，尤延接耶穌會教士如拍累拉、(Thomas Pereira 徐日昇)、遮爾畢瀧 (Jean Francois Gerbilon 張誠)、布勿 (Joachin Bouvet 白進)、安多紐司、托馬司 (Antonius Thomas 安多) 等，令日日進內廷輪班講西學，如測量法、數學、天文、人體解剖、物理等；即在巡幸之中，亦每日或隔日必令進講云。而帝又集國內的碩學鴻儒使編纂大部書籍，如圖書集成、佩文韻府、淵鑑類函、康熙字典、皇清經解、子史精華、全唐詩、四朝詩、歷代賦彙之類，此外尚多；又命耶穌會教士等使講求推步之術及製造器械等事，並令編製全國的地圖。而且聖祖自己亦精通曆算、音律，撰著律曆源淵，（合曆象考成、數理精蘊、律呂正義三部而成者）皆曾親加指示。如是以聖祖六十年中獎勵誘掖之功，乃益致學術於隆盛之域，爰在世宗高宗之世，名儒碩學，因而輩出。高宗亦深能好學，長於詩文，云御製之詩，達十餘萬以上；亦命儒臣編纂大部書籍如四庫全書提要、大淸一統志、大淸會典、續通典、續文獻通考、續通志、皇朝通典、皇朝文獻通考、皇朝通志、明史、御批歷代通鑑輯覽、唐宋詩醇、唐宋文醇、三禮義疏之類，而此外尚夥。就中四庫全書提要乃淸朝勅撰的各書中最爲有益之作；四庫者，謂經史子集四部也。自乾隆三十八年（西紀一七七三年）起，淸廷開設四庫全書館，任命正副總裁以下各員，以孫子毅、陸錫熊、紀昀三人爲總纂官，凡集學者三百餘人，將內府所藏之書一萬二百二十三部、十七萬二千五百二十六卷，加以校訂整理，而一一論述其書的來歷得失，至乾隆四十七年（西紀一七八二年）始竣功。

清的詩文

詩文由明及淸，其風屢變，或模倣周漢，或歸依唐宋，而自出新機軸。如是，言文章在淸初，則不能不推侯方域、魏禧、汪琬；言詩，則不能不推錢謙益、吳偉業。侯方域字朝宗，嘗主雪苑社，排擊古文辭而採取韓歐，作爲文章，才氣橫溢；魏禧字叔子，愛左氏蘇老泉之文，故所作以氣勝，蓋長於議論；汪琬字苕文，其文本諸經典，取法史漢，而私淑韓柳歐蘇；錢謙益字受之，號牧齋，仕明福王，爲禮部尙書，明亡後，又仕清，其詩排李王而自立一家之見，所作甚多，然以其仕於異族，故爲後世所斥；吳偉業字駿公，號梅村，明亡後，擬遁山林，然終亦降清爲國子祭酒，其詩氣格恢宏，擅開闔變化之能，以出自國步艱難，社稷覆亡之際，故帶有慷慨悲愴之韻。迨康熙乾隆之間，以詩文名者，文則有朱彝尊（字錫鬯，號竹垞）、方苞（字靈皋，號望溪）、劉大櫆（字才甫）、姚鼐（字姬傳），詩則有王士禛（字貽上，號漁洋山人）、查慎行（字悔餘）、趙執信（字仲符）。朱彝尊、方苞俱長於經學，彝尊之文古樸，苞之文平正；出方苞之門者有劉大櫆，出大櫆之門者有姚鼐，世稱之曰桐城派；王士禛號阮亭又號漁陽山人，其詩尙神韻，以措辭清新秀雅爲歸，稱清朝詩之大宗；查慎行號初白或號查田，善能抒情運意，故其詩優於綿至之思；趙執信號秋谷，與王士禛對峙不相下，其詩渾括深細，務寫性真，絕去浮靡。當時又有施閏章（字尙白，號愚山）、宋琬（字玉叔，號荔裳）亦能詩，有南施北宋之稱：閏章之詩深穩，琬詩則豪宕；稍後，則沈德潛（字確士，號歸愚）、蔣士銓（字心餘，號藏園）、趙翼（字耘松，號甌北）、袁枚（字子才，號隨園）、王文治，（字禹卿號夢樓）、洪亮吉（字稚存）、黃景仁（字仲則）、張問陶（字仲治，號船山）、阮元（字伯元號雲臺）等，皆能詩，而袁枚則並能詩文。次至嘉慶年間有舒位（鐵雲）、吳文溥（詹川）、陳文述（雲伯）、楊芳燦（蓉裳）、吳嵩梁（蘭雪）、郭麐（頻伽）等詩人羣起，諸所制作，或則細緻，或則縟麗，或則飄宕，或則流亮，凡清詩之特調無不畢現。迨道光年間，張維屏（南山）、朱次琦（九江）、湯成彥等出，亦以詩鳴；然在此時代，因受着桐城派的影響，遂發動了復古的氣運。其間文章則跟着漢學勃興的氣運而浙西學派、常州學派的學者皆以六朝駢儷之文爲正宗，顧桐城派則以唐宋八家的散文與之對壘，但自嘉慶已後，初無有可以稱爲一代文宗者出，唯曾國藩以豪傑之資，兼文章之事，而如龔自珍、魏源、王韜亦皆以文章顯。其次，則北有張之洞（香濤）、南有俞樾（曲園），皆握一時的文柄。降及季年，則止有一吳汝綸以作桐城派文著。

清初流行的小說爲蒲松齡的聊齋志異，記狐、鬼和人的關係之事凡四百餘條，其文極綺縟之致，盡駢體之巧，使讀者有身歷其境目覩其事之感。其次則有鈕玉樵的觚賸、余澹心的板橋雜記、張山來的虞初新志、李漁的十二樓（合影樓、奪錦樓、三與樓、夏宜樓、歸正樓、萃雅樓、拂雲樓、十卺樓、鶴歸樓、奉先樓、生我樓、聞過樓凡十二篇）等亦皆盛行。然而通於有清一代，小說之可以稱爲一大名著者。實爲紅樓夢。紅樓夢全篇分百二十回，以男子二百三十五人和女子二百十三人錯綜配合；以年少的貴公子賈寶玉與金陵十二釵的情話爲經，以榮國寧國二府的盛衰爲緯，遂成此書。其書寫乾隆時代上流社會的狀態，觀察備極細緻，而文章益復綺麗沈綿。其書之作者不知爲誰，然謂百二十回中自一回至八十回係出曹雪芹之手，其餘四十回則爲高蘭墅所作，大概會是定論。自此書一出，跟着便有紅樓續夢、紅樓後夢、紅樓夢補，或則紅樓夢詩、紅樓夢詞、紅樓夢論贊、紅樓夢譜、紅樓夢圖詠，又或則紅樓夢傳奇等書，繼續而出，由此便足以見此書的流傳之廣了。此外著名的小說，尙有今古奇觀四十種、品花寶鑑、花月痕、儒林外史、兒女英雄傳等。而兒女英雄傳其著者說是燕北閒人，而其書則緣紅樓夢之反動而生，盛陳俠兒之心事，清季極其流行。

承明代傳奇的流行之盛，在清初的戲曲界其著名者則有吳偉業（梅村）的秣陵秋、尤侗（西堂）的鈞天樂、李漁（笠翁）的十種曲、洪昉思（稗村）的長生殿傳奇、孔尚任（雲亭）的桃花扇傳奇等。李漁爲清朝第一的戲曲家，所著甚多，十種曲之外，戲曲論則有閒情偶寄、小說則有十二樓、畫論則有芥子園畫傳，此外尚有集詩文詞隨筆等而成之笠翁一家言全集。十種曲乃風箏誤、蜃中樓、鳳求凰、意中緣、比目魚、玉搔頭、愼鸞交、巧團圓、奈何天、憐香伴，都是喜劇，蓋其著作的目的，在於欲使人於滑稽之裏面，而知曉人情的弱點和人生的行路難也。洪昉思以曲文名，有曠古之稱，其所作長生殿傳奇乃由白居易的長恨歌轉化而來，敘唐玄宗和楊貴妃的纏綿情事，而出之以豔麗無極之筆描寫之。孔尚任於戲曲以有新創見得名，其所作桃花扇傳奇以才子侯方域和佳人李香君的情事爲主而以明末諸名士爲客，於是於秦淮煙柳之中，而配之以戎馬倥偬之景，風流韻事之內，乃雜以感慨無量之聲，眞雄篇也。次至乾隆時代，高宗最好戲曲，命張照（涇南）製諸院本以進，並有御製傳世。而蔣士銓（藏園）

的紅雪樓九種曲、夏惺齋的六種曲等，亦接踵出現，並有制作至十種或十四種以上者。紅雪樓九種曲乃香祖樓、空谷香、桂林霜、一片石、第二碑、臨川夢、雪中人、冬青樹、四絃秋，都是取材於歷史上的事實，就中以雪中人及冬青樹尤爲特色。又楊潮觀的吟風閣詞曲譜，亦皆本諸史事，加以潤色，大有裨益於世道人心。故戲曲既是這樣流行，從而關於此道的批評也就大盛，如李調元（童山）及梁廷枏（藤花主人）的曲話之類，乃多有出世。不過自道光以後，此道大衰，可以稱爲作曲大家者，竟一個也沒有。

批評

康乾之際，伴着小說戲曲的流行，於是關於此事的批評也就盛有，稱批評家者輩出焉；然能特出一新機軸者，則爲金聖嘆。金聖嘆名采，字苦采，和李漁爲同時代人；好評書，其所評有離騷、莊子、史記、杜詩、西廂記、水滸傳，名之曰六才子書。就中之尤者則爲水滸傳，但切斷全篇百二十回爲七十回，不免爲學者所誹，然其文辭雄勁奇峭，觀察犀利無倫，却非他所得見。

清的史學

清初雖有谷應泰的明史紀事本末八十卷出世，然因其成於明史未出之先，故事實不免有疎略誤謬之處。又有王鴻緒的明史稿，此書凡三百十卷，唯帝紀未成，餘皆排列整備，故張廷玉等奉勅撰明史時，云卽就此書加以增删。明史以康熙十八年張廷玉等奉勅編纂爲始，至雍正二年更詔諸臣繼續其事，迨乾隆四年乃完成；其中有考究未詳之處，其後又勅命刊正之。書凡本紀十六、二十四卷，志十五、七十五卷，表五、十三卷，列傳百八十、二百二十卷，目錄四卷：總凡三百三十六卷，在有明一代的正史有事實正確之稱。而陳鶴的明紀亦有足觀。此外則有徐乾學的資治通鑑後篇百八十四卷，畢沅的續資治通鑑二百二十卷；而畢氏之書最爲精確，世稱其足以繼武資治通鑑也。又有馬驌繹史百六十卷，將自上古以至秦末的事蹟，博據古籍，仿紀事本末體，蒐錄於各題目之下，故一見便可以捉着古書的異同、僞作、依託、附會諸事，在史料上蓋爲最有價値之書。而通於有清一代，足以稱爲史學大家者則爲趙翼，其所著二十二史劄記三十六卷及陔餘叢考四十三卷，考證議論，俱有裨於史學不少。王鳴盛、錢大昕亦以史學名家：王鳴盛有十七史商榷一百卷；錢大昕有二十一史考異一百卷及其他關於歷史、地理諸考證之作。至於地理則名著有顧炎武的天下郡國利病書(百二十卷)及顧祖禹的讀史方輿紀要(百三十卷),而各省的通志及府州縣志的撰著亦復不少。又如高宗的御批歷代通鑑輯覽(百十六卷,附明唐桂二王本末三卷)、續通典(六百五十卷)、續文獻通考(二百五十二卷)、續通志(百四十四卷)、皇朝通典(一百卷)、皇朝文獻通考(二百六十卷)、皇朝通志(二百卷)、大清一統志等諸勅撰之書,亦俱爲有益史學之作;尤其如通鑑輯覽不僅事實的選擇考證極爲精確;並註有音切、訓詁、典故。又於人名之下註字及生地,地名之下舉今釋,皆極有益於讀者,而高宗的御批,可採之說亦多。清世至編纂明史後,於是中國歷代的正史遂共成爲二十四種。所謂正史者,乃紀傳體的歷史而平常的歷史之義。而紀傳體的歷史,必歷代沿作以爲例,初非如其他的編年體歷史及雜史、別史之類,或作或不作之比,故此謂之正史。就是正者,正閏之正,而非正僞之正也。正史之名,始於隋書經籍志列舉史記以下至陳書、周書六十七部,謂『自是世有著述,皆擬班馬,以爲正史,作者尤廣……

…今依其世代聚而編之以備正史』云云，至宋世，乃定正史爲史記、前漢書、後漢書、三國志、晉書、宋書、南齊書、梁書、陳書、魏書、北齊書、周書、隋書、南史、北史、新唐書、新五代史爲十七史，迨明世，又加宋史、遼史、金史、元史，是爲二十一史，又逮清高宗時，明史編纂完成，乃詔加明史及舊唐書爲二十三史，旋又加入舊五代史，遂成二十四史。而普通稱二十二史者，蓋於二十一史中加入明史故云。茲揭二十四史一覽表於左，以代說明。

二十四史一覽表

書名	卷數	撰者	年代（西紀）
1 史記	一三〇	前漢司馬遷	太古—前一二三
2 前漢書	一二〇	後漢班固	前二〇六—西紀二四
3 後漢書	一二〇	劉宋范華	西紀二五—二二〇
4 三國志	六五	晉陳壽	二二〇—二八〇
5 晉書	一三〇	唐房喬等	二六五—四一九

6	宋書	一〇〇	梁　沈約	四二〇——四七八
7	南齊書	五九	梁　蕭子顯	四七九——五〇一
8	梁書	五六	唐　姚思廉	五〇二——五五六
9	陳書	三六	唐　姚思廉	五五六——五八〇
10	魏書	一一四	北齊　魏收	三八六——五五六
11	北齊書	五〇	唐　李百藥	五五〇——五七七
12	周書	五〇	唐　令狐德棻等	五五七——五八一
13	隋書	八五	唐　魏徵等	五八一——六一七
14	南史	八〇	唐　李延壽	四二〇——五八九
15	北史	一〇〇	唐　李延壽	三八六——六一七
16	舊唐書	二〇〇	石晉　劉昫等	六一八——九〇六
17	新唐書	二五五	宋　歐陽修　宋祁等	六一八——九〇六
18	舊五代史	一五〇	宋　薛居正等	九〇七——九五九
19	新五代史	七五	宋　歐陽修	九〇七——九五九
20	宋史	四九六	元　脫脫等	九六〇——一二七九

21 遼史	一一六	元 脫脫等	九一六——一一二五
22 金史	一三五	元 脫脫等	一一一五——一二三四
23 元史	二一〇	明 宋濂等	一二〇六——一三六七
24 明史	三三六	清 張廷玉等	一三六八——一六四三

清的科學

像天文、曆法、數學等類的科學，本曾因明末東來的耶穌會諸教士的盡力，已有很大的進步，迨清而其進步乃愈著。清聖祖常常召耶穌會教士進講西洋的科學及機械學，並任用之爲曆政的顧問，因以改革明代的曆法而編纂康熙曆法。而聖祖自己亦精通曆算音律，親加指示，撰成曆象考成（天文）、數理精蘊（數學）、律呂正義（音樂）三書，合稱律曆淵源。是時梅文鼎及王錫闡亦通天文數理：梅文鼎爲聖祖所信任，斟酌西洋之法著律算全書；王錫闡著曉菴新法。而自黃宗羲以後，以經學家而兼治天文數學者亦衆，如江永著慎修數學、戴震撰算經，卽其著者。而專門家則有李銳的李氏遺書、董祐成的董方立遺書、焦循的里堂學算記、張作楠的翠微山房數學、劉衡的六九軒算書、徐有壬的務

清的基督教徒之事業

氏義齋算學、鄒伯奇的鄒徵君遺書、丁取忠的白芙堂算學叢書、李善蘭的則古昔齋算學等。此外耶穌會教士關於科學的著述亦極夥，可參觀本書第八章基督教士著譯書籍表。

明末耶穌會教士亞當沙兒（湯若望）及雅珂布司羅（羅雅谷）二人所完成了的曆書，因明之亡，遂未見諸施行。迨西紀一六四四年五月清世祖入都於北京，優待亞當沙兒等，翌年八月遂斥去大統曆，而頒行西法的時憲曆書於天下；十一月命亞當沙兒掌管欽天監印信，後來新天主堂成立時，世祖賜以『欽崇天道』的匾額，又加亞當沙兒太常寺少卿銜，累進通議大夫、光祿大夫。而當時東來的教士，亦極蒙清廷的優遇，故基督教的傳道甚盛。但是，至一六六一年世祖死，罷職欽天監員楊光先乃起排斥西教的運動，謂各省教士和亞當沙兒相結謀為不軌，並作闢邪論以謗之，由是布教遂被嚴禁，而亞當沙兒遂和路德維珂布利阿（Ludvico Buglio、利類思，意大利人）、加不烈爾馬加利安司（Gabriel de Magalhaes安文思，葡萄牙人）、斐爾蝶南斐爾畢司特（Ferdinand

Verbiest 南懷仁、比利時人）等俱被幽囚，旋受死刑的宣告，卽散在各省的教士亦俱加以拘禁，而中央及地方官吏中有皈依基督教者，悉革職或則罷黜，爲數頗夥。會有强烈的大地震起，如是大臣等皆懼，乃釋放亞當沙兒等，而以楊光先爲欽天監正。楊光先乃陷害曾學習西法的監員諸人，或令處斬、或令流徙、或令免職，於是西法遂廢，仍復明代之曆，亞當沙兒不勝憂憤，遂以一六六六年八月客死於北京。迨一六六九年聖祖命欽天監副吳明烜和斐爾畢司特各測日影使之對驗，然欽天監所測的，却有謬錯，乃褫奪楊光先、吳明烜等的官職而授斐爾畢司特以欽天監副，監禁諸教士悉放之往澳門。是時聖祖還並沒有給這些教士以布教的自由，尋就前此釋放了的二十餘人之中，招致其精於曆法的達利思諾奴司赫爾利失特（Christianus Herdtricht 恩理格，德意志人）及斐立普馬利格里馬爾滴（Philippo Maria Grimaldi 閔明我，意大利人）二人於北京，其餘則許其得往各省居住，與以自行布教之便，而後傳道乃再復其盛狀。已而三藩亂起，斐爾畢司特奉命自一六七四年至一六七六年鑄造鐵製的大小礮百二十門，送之陝西、湖廣、江西等處，旋又於一六八〇年至一六八一年更造輕便的歐羅巴式神威礮三百二十門，試放於盧溝橋時，聖祖親臨，喜其命中之準確，遂大加賞賜云。而斐爾畢司特又編神威圖說以說明銃礮，獻之於聖祖，聖祖賜以工部右侍郎的職銜。其間斐爾畢司特再掌欽天監，仍頒行採用了西法的新法時憲曆書，旋又奉命和托馬司拍累拉（Thomas Pereira 徐日昇，葡萄牙人）等修曆政，一六七四年，將曩者爲李自成之亂所破壞了的測天儀器，從新製造而置之觀象臺上，斐爾畢司特乃著新製靈臺儀象志十三卷，一六七八年又編康熙永年曆三十三卷。其後斐爾畢司特死，拍累拉代之，和安多紐司托馬司（Antonius Thomas 安多，法蘭西人）約瑟夫沙勒司（Joseph Suares 蘇霖，葡萄牙人）約阿心布勿（Joachin Bouvet 白進，法蘭西人）約安佛蘭莎遮爾畢瀧（Joannes Francois Gerbillon 張誠，法蘭西人）等共備曆政的顧問。於是，耶穌會派的教士等自天文曆算礮術以至測量製圖罔不大盡厥力以底於完成。一六八二年聖祖發北京赴盛京謁祖陵，特命斐爾畢司特攜內廷的測天測地儀器以從；一六八二年巡幸北塞，則斐爾畢司特及格里馬爾滴從；一六八九年締結尼布楚 (Nertchinsk) 條約時，則拍累拉及遮爾畢瀧二人爲譒譯；一六九一年的北塞巡幸則遮爾畢瀧扈從；一六九六年親征噶爾丹 (Galdan) 時則拍累拉、遮爾畢瀧及安多紐司托馬司陪駕；一六九九年聖祖南巡至江南，遮爾畢瀧、布勿及愛馬奴愛兒勞里非司 (Emmanuel Laurifice 潘國良意大利人) 俱隨駕進講西學：其間，聖祖既已信教士等的技能之可靠，而又知彼等爲人之誠愨，乃自一七〇八年起，遞次分遣他們往蒙古各部及中國各地以徧覽其山川城郭而測量之製爲地圖。於是，一七〇八年則遣布勿、福利德里 (Xaverius Fhrenbertus Fridelli 費隱德意志人)、勒技司 (Joannes Baptist Regis 雷孝思德意志人)、家爾托爾 (Petrus Jartroux 杜德美法蘭西人) 四人往蒙古地方；一七〇九年則遣福利德里、勒技司、家爾托爾三人往直隸；又一七一〇年則往黑龍江一帶地方；一七一一年遣勒技司及喀爾多索 (Franciseus Joannes Cardoso 麥大成，葡萄牙人) 二人往山東；又遣家爾托爾、福利德里、潘如 (Bonjour 潘如，法蘭西人)、他爾托爾 (Petrus Vincentius du Tartre)、湯尙賢，法蘭西人) 四人往山西、陝西、甘肅；一七一二年，遣麥拉克 (Joseph Francois Moyra de Maillac 馮秉正，法蘭西人) 安德烈 (Romanus Hinderer 德瑪諾，法蘭西人)、勒技司三人往河南、江南、浙江、福建；一七一三年遣他爾托爾及喀爾多索二人往江西、廣東、廣西；又福利德里及潘如二人往四川；一七一五年遣勒技司、福利德里二人往雲南、貴州、湖南、湖北；迨一七一七年此諸人者在各地所測之圖全部告竣，乃由布勿棠成總圖及各省分圖而獻上之，聖祖乃名之曰皇輿全覽圖。要之，在明末清初，耶穌會教士對於天文曆算地理礮術所盡之力及所舉之顯著的功績，直不遑枚舉，而中間尤以康熙永年曆及皇輿全覽圖之二者爲裝飾聖祖的康熙時代之雙璧，卽中國的思想界其感受著大的西洋文化，亦以資於此二大事業之處爲最多且巨也。

清的雅樂雖說是無足觀，然高宗時所制定的丹陛樂(皇帝升座時所奏)、導迎樂 (皇帝還宮時所奏)、鐃歌樂 (皇帝行幸時所奏)、凱旋樂 (皇帝親征而凱旋時所奏）、鼓吹樂（皇帝宴饗時所奏）等俱屬雅樂；又有四夷朝聘所奏的番子樂、番部合奏樂、廓爾喀樂、瓦爾喀樂、回部樂、細緬甸樂、粗緬甸樂等。聖祖尤精於音，曾親加指示撰律呂正義五卷，（凡三篇，上篇二卷曰正律、曰審音；下篇二卷曰和聲、曰定樂；續篇一卷，取西洋的律呂而以古法考證之。）高宗更撰律呂正義後篇百二十卷，（祭祀樂、朝會樂、宴饗樂、導迎樂、行幸樂、樂器考、樂制考、樂章考、度量權衡考、樂問，）因爲聖祖的律呂正義專止考證樂律，而用於宗廟朝廷的樂章則概付闕如，故高宗乃撰後篇而大成之。

清的書畫

清初以畫著者，有王時敏（煙客）、王鑑（廉州）、王翬（石谷）、王原祁（麓臺）、惲恪（南田）、吳歷（墨井），是稱四王吳惲：王時敏少見愛於董其昌，工詩文，能書，尤善畫，長於山水花鳥；王鑑爲王世貞之孫，畫宗董源巨然，能山水；王翬初學於王時敏，後見王鑑乃自於古法有所會悟，遂謂能兼有二王之粹云；王原祁爲王時敏之孫，亦擅畫，曾受聖祖命繪南巡圖，又繪萬壽成典；吳歷擅設色山水，於南宗一派，創新描法；惲恪初工詩文，好畫山水，後見王翬，自審不能更出其右，乃一棄前學而專習花卉，遂創始沒骨一派，加以題語書法，俱極工能，世稱南田三絕，南田爲惲格號也。聖祖時，曾召耶穌會教士意大利人約瑟夫喀司諦格利阿尼(Joseph Castiglione 郎世寧) 入內廷繪準噶爾貢馬圖及阿玉錫持茅蕩寇圖；其次高宗時亦召耶穌會教士奧大利人伊格納傺司細克爾拔爾特 (Ignatius Sickerparth 艾啓蒙) 入內廷，使遍繪動物。此二人者俱欲以新的描法試之於中國畫上，由是寫生一派遂開拓出一段的新境界來。此外，有歸有光之孫昌世(假菴)能山水，兼善蘭花竹木，並工草書；徐枋 (秦餘山人) 亦能山水，好畫芝蘭；毛奇齡湛深經學，並工書畫；鄭燮 (板橋) 最以蘭竹名，而書則以隸楷行之三體相參；孫克弘 (雪居) 並能山水花鳥，亦善道釋畫像，尤工篆隸，然就中以石竹蘭花人稱其最爲精妙；沈銓 (南蘋) 精於花鳥，曾至日本的長崎賣畫，遂與日本的畫風以一極大的影響。關於書畫的著書，則有聖祖勅撰之佩文齋書畫譜，蒐集關於藝事的衆說，引據備極該博；又李漁的芥子園畫傳亦盛行於世。

清的佛教

佛教自明中世以後大衰。迨清聖祖高宗二帝，雖盛獎崇儒學，而佛教則除保護喇嘛教外，曾未嘗有所盡力。尤其在高宗之世，竟並不許建立新寺院，又禁民間的獨子及男子之年在十六以下，女子之年在四十以下者出家，故佛敎益復式微。至其宗派，則雖有臨濟、曹洞、賢首（華嚴）、慈愍（淨土）、及律的五宗，然都不過纔能保持其典型罷了。而其寺院之大者，則衣食於其向來之莊田，其小者則多賃貸空房，或以募化爲生。然僧徒亦大抵缺乏學力與規律，故宗風亦次第頹壞。但是，有清一代，以經學家而兼研究佛典者則頗不少：清初王夫之（字而農，世稱船山先生）大治法相宗；次在乾隆之時，彭紹升及羅有高篤信佛法，而彭尤與戴震往復辯難；其後龔自珍學於彭紹升，晚受菩薩戒；魏源亦兼修佛典，受菩薩戒，著無量壽經會譯等書；其次楊文會深通法相華嚴兩宗而以淨土教學者著稱；譚嗣同學於楊而著仁學；章炳麟亦好法相宗，有所著述；至於晚清學者中所謂兼修佛學者，尤極衆多。

清的喇嘛教

喇嘛教因其流布於西藏、青海、內外蒙古及滿洲一帶，清廷爲懷柔藩部計，故其政策上乃大加以保護與尊崇，設關於寺院之配置及喇嘛僧之階級與任免等諸制度而令理藩院掌之，又於北京建雍和宮焉；雍和宮者，中國第一之喇嘛廟也。世宗初年外蒙古喀爾喀部的哲卜尊丹巴胡土克圖來北京而死，乃詔與達賴班禪兩喇嘛死時同一待遇，護其喪還外蒙古之庫倫（Kuron），而立爲喇嘛教之一支；其後，達賴喇嘛第五世弟子章嘉胡土克圖來北京，世宗又大加優待，尋置之於內蒙古之多倫泊（Doron Nor），遂又生出多倫泊的一支。至是，喇嘛教遂分出所謂四系來：第一支布達拉卽拉薩，爲達賴喇嘛的本系；第二支札什布倫爲班禪喇嘛一系；第三支庫倫，爲哲卜尊丹巴胡土克圖一系；第四支多倫泊，爲章嘉胡土克圖一系。

清的道教

道教至清尙盛，各地皆有道觀；云北京的白雲觀藏有道書三千卷。道教之說爲修養、仙丹、符籙等術：修養乃擇名山溪洞隔離塵世，不問人事，以練氣養神而爲上仙；仙丹乃得丹沙而熬練之，練出天地的精英，服之則長生不死；符籙乃書寫神符貼於門戶或爲佩帶或以與病者，謂如此則可以避除魑魅與病魔；以上都是從古就流傳下來的。道士皆束髮，衣黃衣，戴黃冠，不肉食，不妻子。關於道官，在京師有道錄司、府有道紀司、州有道正、縣有道會司，都是用以督統道士的。輯錄道家諸書的道藏，有明時的正統、萬曆二刻傳於今，然似乎實卽根源於宋代，其中多收古子書，故清乾隆及嘉慶學者多據之以校訂俗本。

清的回教

回教卽伊斯蘭教，蔓延於天山南路、伊犂、甘肅、陝西、四川、山西及直隸諸省；其西藏及蒙古則因喇嘛教盛行之故，故未受其浸染。其教派有黑帽回卽黑山派，與白帽回卽白山派之二者。至南方濱海的回教徒，則是緣於和亞拉伯人通商的結果而傳來者，其傳統和上所言者不同。要之，此教教徒互相親睦，互相扶助，和他教人不通婚姻，有死者，以白布包而葬之，不用棺槨，每七日則赴寺院禮拜一次以爲例；最惡豬肉，行旅必自攜炊具，常人之物，輒避不食，蓋厭其不清不淨之故。對於清廷，此教之人曾屢起反抗，然皆歸平定，而高宗旣平準噶爾後，遂將其教徒編入八旗軍中，蓋其狡猾刻薄，屢動騷亂，只有出此籠絡之一策也。

清的基督教

明末，羅馬加特力教卽舊教的耶穌會派教士先來中國。自是多美尼珂派及佛蘭西司可派教士遂相踵至。迨清初，乃更有拉雜利司特派（Lazarists）及密西翁司愛特蘭則兒派（Missions Etrangeres 巴黎布教練習所）的教士亦至布教，故第十七世紀之末，中國各省的信徒及教會之數，到處增加，其最盛時，信徒約及二十萬人，一六九六年（康熙三十五年）在北京受洗禮者達六百三十人。初，自利瑪竇以來，耶穌會派的教士等甚能承認中國固有的風俗習慣，乃自進而穿著中國人士的服裝以至其食物及生活方法，無一不與中國人同；並學習中國的語言文章，且能用下層社會的談吐，來說基督教的福音，而對於士人社會則以流暢醇雅的漢文，自科學上的理論乃漸次議論及於基督教的精神，務採自然能彀感化上下社會的方法；凡非直接與基督教相背或有戾於聖書的訓誨者，即力事注意於中國人固有的信仰和習慣以期其不相犯；即其教徒有行崇拜祖先或崇拜孔子之儀式者，亦俱加以默認；以此之故，信徒之數，乃日益增加，即清廷亦優待各教士，幾已將許其布教自由。不謂耶穌會教士所執的此諸種方便法門，迨及後年，其別派教士陸續渡來之時，乃惹出一場大紛爭來，卒致成爲布教衰頹的原因。蓋多美尼珂派及佛蘭西司可派的宣教師中或則嫉耶穌會的教士多爲滿廷所寵用，或則駁其承認崇拜祖先及孔子釋奠之教義；而多美尼可派尤其自始卽不慊於耶穌會派而恆執反對的態度。至是，遂向羅馬法王誣奏，謂耶穌會派之所以如此對於中國教義寬容者，實乃爲彼等一身的寵祿計，故爾賣教求榮，如是，一六四五年法王因諾建 (Innocent) 十世，乃認多美尼可派所言者爲是，而耶穌會派則遣馬爾諦納慈 (Martinez 衞匡國，匈牙利人) 往羅馬以辨明之，而一六五六年法王亞歷山大 (Alexander) 七世，則又認耶穌會派所解釋者爲當。其後，法王因諾建十一世，始採用一種曖昧的意見，謂這些儀式只要不把來當作禮拜偶像看待而是一種社交的儀式，那麽，便不去管他也無妨礙。但是這一種不明不白的決定，不止耶穌會派不能滿足，便多美尼可派也同樣的不滿足，於是兩派的爭論，乃益發激烈。已而索爾奔奴 (Sorbonne) 大學的博士梅格羅 (Charles M. Maigrot) 僧正，於一六八四年以來，居於南京，以當總轄在中國的舊教徒之任。彼亦否定耶穌會派的意見，上奏法王，謂耶穌會教士的報告，有種種之點實與事實的眞相不符，於是法王克勒勉十一世乃於一七〇四年發教書以詰責耶穌會教士的行爲，並宣諭此後對於基督教的神之稱謂，宜如向來所用者一般稱天主而不能用天及上帝的文字，乃更遣安卻客（Antiocia）的大主教慈爾農（Thomas Maillard de Tournon 鐸羅）爲法王的代理至中國。慈爾農以一七〇五年四月在澳門上陸，尋赴北京駐劄，迨謁見聖祖時，帝爲之說明中國崇拜祖先的意趣，並言羅馬法王乃外國的君主，對於清國的臣民，初無規定法律的權能，於是慈爾農懼清廷和羅馬法王之間或者生出葛藤，遂不敢發表其署有一七〇四年十一月二十日的法王教書，僅欲請於聖祖以承認其爲總轄在中國各派宣教師的總主教之權利，將以漸次令耶穌會的教士皆服從羅馬法王的命令。然而聖祖時已聽從耶穌會教士的勸告，謂中國人之神和基督教之神乃一而非兩，故同樣稱之以天，實不能有異論；至於釋奠的儀式和基督教的教義初非不可調和之物；乃若崇拜祖先的儀式中所用的犧牲，從基督教的教旨去解釋亦並非難事。如是，聖祖乃以此意特下諭旨而布告於全國的基督教宣教師，謂倘有不服此論者，卽立逐之出國外，於是，梅格羅遂立被放逐，卽其他受退去之命令者亦多。然慈爾農猶憚於公表法王的教書，比至南京，始用己名，摘其精要，於一七〇七年二月一日作爲公布而發表之；其中排斥聖祖對於神學上的意見同時並命令彼不服從羅馬法王的教會宣教師立卽退出中國。聖祖於是大怒，乃逮捕慈爾農送之澳門而使葡萄牙人監視之，慈爾農遂於一七一〇年飲恨病死於獄中。而清廷則已於一七〇七年發命，凡未持有由內務府所發給之印票之宣教師，悉數退往澳門。迨一七一七年又據廣東碣石總鎮陳昂的奏議，凡一切外國人都不許留居內地，否則須立誓不復還本國。於是，法王克勒勉十一世乃於一七一八年發所謂愛克司伊爾拉滴 (Ex illa die) 之教書，謂凡不從一七〇四年法王所發之教書者，悉令破門，而爲實行此教書之言，故乃特命亞歷山多利亞 (Alexandoria) 的名譽主教麥雜巴爾巴 (Charles Ambrosius Mezzabarba 嘉祿) 爲欽差至中國。麥雜巴爾巴以一七二〇年抵澳門，旋至北京，見聖祖決心之堅，又聞耶穌會教士的說明，乃知愛克司伊爾拉滴教書之難於厲行，遂自以中國傳道總管的權限，在教書之後再加條件八項，謂在中國所行的儀式，倘其僅以之爲純粹的社會上之儀式而行之之時，自亦不妨容認；然此所言，徒爲人所嘲笑，彼遂於一七二一年還歸歐羅巴。既而聖祖死，世宗卽位，會宣教師中有與宮中的陰謀有關係之嫌疑者出，一七二三年清廷乃依閩浙總督滿寶之奏，除在北京從事於欽天監及其他職務者外，凡宣教師禁其留居澳門以外之內地，又改天主堂爲公會所，嚴禁諸色人等信教。其間，羅馬的法王廳不惟不承認麥維巴爾巴的讓步，並於一七四二年由法王伯納帝克特 (Benedict) 十四世發所謂愛克司枯辛格拉里 (Ex quo singulari) 教書，確定前法王克勒勉十一世的愛克司伊爾拉滴。然爲高宗所卻斥，如是，在中國的基督教徒，若不服從法王的命令，便須受破門之罰，若不服從清帝的命令，則又須被嚴懲，由是進退維谷，而宣教事業遂於以衰頹。如此者，其後凡百數十年之間，清廷之對於基督教徒，時非無寬嚴之別，然卒未嘗撤回其禁止之令。是時拉雜利司特派在北京及南京，佛蘭西司珂派在陝西，密西翁司愛特蘭則兒派在四川，多美尼可派在福建，葡萄牙的宣教師在澳門，俱各各盡力於布教。又一八〇八年英吉利人羅巴特莫利遜(Robert Morrison)來廣東及澳門傳新教，而後基督教乃又流傳於各省，信徒之數頗見增加。顧至鴉片戰爭以後，形勢則又一變，次至一八六〇年英法聯軍侵入北京，結天津條約，清廷始撤去禁止令，而約當保護教徒，如是宣教師來者益衆，各省都會，必有教堂。於是，一八七九年羅馬的宗教總會乃將中國的傳教區域劃爲五區：直隸及滿洲、蒙古爲第一區；山西、山東、河南、陝西、甘肅爲第二區；湖南、湖北、浙江、江西、安徽、江蘇爲第三區；四川、雲南、貴州、西藏爲第四區；廣東、廣西、福建、香港爲第五區。於是傳教之外，並建醫院，設育兒院或開學校，又不吝錢財賑濟貧民，至是信徒之數，遂日有增廣，然傳教者每不能得人民之歡心，致仇視之風，至今不息。

清的農業

清的農業大抵同於明代，可參照本書第八章明的農業一條，此處從略。惟茶則因以與外國貿易之盛，故各地皆有種植；江蘇、浙江、福建、安徽、江西、河南、湖北、湖南、四川、山東、廣東、雲南、貴州，無不產茶。蠶絲和棉，則只有江蘇、浙江、河南、安徽、湖北、湖南幾省產之。

內地的商業，和前代無所異。惟內地各處皆設關，課稅於凡通過的貨物，又長髮亂後，課運送的貨物以釐金稅，故交易上甚形不便。商賈凡分字號、行商、鋪商。山西及江西人多往來於本部及塞外各地經營商業；浙江、福建及廣東人則多出至各開港場或遠航海外爲商。外國貿易初盛行於廣東，道宣宗時，因爲鴉片戰爭而開廣東、廈門、福州、寧波、上海五港，於是面目大改；次又因爲英法的侵寇，更開牛莊、登州（芝罘）、潮州（汕頭）、臺灣、瓊州、九江、漢口七港，而外國貿易乃愈加旺盛；其後又有增加，今則天津、牛莊、芝罘、上海、鎮江、蕪湖、九江、漢口、宜昌、重慶、寧波、溫州、福州、廈門、汕頭、廣州、瓊州、北海等，皆爲通商的大埠。又陸地貿易，則以聖祖時爲俄羅斯人開愛琿及恰克圖爲商場爲始，其後又依伊犂條約，定伊犂、哈密、喀什噶爾等地爲清俄互市場。至主要的貿易品，則輸出東洋各國者爲磁器、絹棉、藥材、雜貨等，輸出西洋各國者爲茶、綿絲、綿、雜貨等；而自東洋各國輸入者爲木材、乾魚、貝類、海帶、漆器、鴉片等類，自西洋各國輸入者爲毛織物、棉布、醫藥、紙、機械類、及其他雜貨。

清的製造業

製造品之著名者，有北京之景泰藍、假珠玉（珊瑚、真珠、翡翠、白玉），山東之絹綢，河南之南陽綢，江蘇、浙江之布帛、綢緞，安徽之紙、墨、筆，江西之陶磁器，湖南、四川之紙，廣東之假玉器、椅桌、漆器、象牙雕刻等類。迨近年採用西洋的學術機械，設立各種製造所，工業的進步，遂大有可以注目者。

清的幣制

清自太祖開國以來，歷代皆鑄造銅錢，如康熙通寶、乾隆通寶之類，頗極實行前人所謂『不愛銅、不惜工』之論。如是在世祖之世，於戶部則設寶泉局，於工部則設寶源局，卽各省亦多設置，便以地名名局，用以盛鑄銅錢。每錢的重量凡爲一錢（一兩的十分之一，卽四分），後爲一錢二分，再後更爲一錢四分，逮世宗時，乃定以一錢二分爲常制。又許得以銀塊代貨幣之用，如高宗時曾屢發上諭，令各省官民凡滿一貫以上必用銀塊。銀塊有約五十兩爲一錠者、有約十兩爲一錠者、有一二兩或四五兩爲一錠者，是名曰元寶、馬蹄錠、中錠、小錠，用之之時，則權其重量，其奇零不足之數則以碎銀補之；然因各地之秤大小至不一致，故不便之處，殊爲不少，且又因銀質而有足銀（每百兩中含純銀九十九兩一錢五分）、紋銀（每百兩中含純銀九十三兩五錢三分七釐四毛）、市銀（各地市場通用之銀，凡純銀之差因地而異）、票銀（市銀之一種而憑中通用者）、九二寶（不及標準銀者）、二八寶（標準銀以上者）等之區別，在商業上面的使用，甚形阻滯，多不便於流通。故到了開港通商後，開港場乃通用各外國貨幣，損失利權甚大。如是，德宗時兩廣總督張之洞乃設廠於廣東，倣外國之制，鑄造銀幣，而奉天、吉林、直隸、江西、安徽、湖北、福建諸省，遂亦繼起各設銀元局鑄造一元（庫平銀重七錢二分）、半元（重三錢六分）、二角（重一錢四分四釐）、一角（重七分二釐）的五種貨幣。（所含銀額：一元者爲十分之九，半元者爲百分之八十六，以下皆百分之八十二。）其後清廷乃收歸各省的鑄造權於戶部，設東西南北中五廠：東廠在廣東，西廠在江寧，南廠在福州，北廠在武昌，中廠在開封；此外各局悉廢。又清自國初以來，未嘗發行交鈔，而一任商人自家發行。

然不久即有失其信用者，且因和外國通商，各國紙幣亦至流通，故德宗末年遂設立大清銀行，發行紙幣。

歷史叢書

中國文化史

中華民國十五年六月初版
中華民國二十年五月四版

每冊定價大洋叁元
外埠酌加運費匯費

原著者　高桑駒吉
譯述者　李繼煌
發行兼印刷者　商務印書館　上海寶山路
發行所　商務印書館　上海及各埠

Historical Series
LECTURES ON CHINESE CIVILIZATION
By
TAKAKUWA
Translated by
LI CHI HUANG
1st ed., June, 1926　4th ed., May, 1931
Price: $3.00, postage extra
THE COMMERCIAL PRESS, LTD., SHANGHAI

N六四九自

歷史叢書

商務印書館出版

史學原論……李思純譯 一册 定價一元八角
Ch. V. Langlois and Ch. Seignobos: Introduction Aux Etudes Historoques

近代名人與近代思想……鍾建閎譯 一册 定價一元二角
Scott: Men and Thought in Modern History

社會進化史……陶孟和譯 一册 定價二元二角
Muller-Lyer: History of Social Development

泰西進步概論……伍光建譯 一册 定價三元
F. S. Marvin: The Living Past

中國文化史……李繼煌譯 一册 定價三元
日本高桑駒吉原著

中國美術史……陳彬龢譯 一册 定價一元六角
日本大村西崖原著

日本民權發達史……黃文中譯 一册 定價一元八角
日本植原悅二郎原著